Nathalie Heinich
Das »zarte« Geschlecht
Frauenbilder in der abendländischen Literatur

Nathalie Heinich

Das »zarte« Geschlecht

Frauenbilder in der
abendländischen Literatur

Aus dem Französischen von
Eva Moldenhauer

Artemis & Winkler

Titel der französischen Originalausgabe: *États de femme. L'identité féminine dans la fiction occidentale*
© Éditions Gallimard, 1996

Veröffentlicht mit Unterstützung des Ministère Français de la Culture, Paris

Die Deutsche Bibliothek – CIP-Einheitsaufnahme

Heinich, Nathalie:
Das »zarte« Geschlecht : Frauenbilder in der abendländischen Literatur / Nathalie Heinich. Aus dem Franz. von Eva Moldenhauer. – Düsseldorf ; Zürich : Artemis und Winkler, 1997
Einheitssacht.: Etats de femme ‹dt.›
ISBN 3-538-07055-5

Satz: Josefine Urban – KompetenzCenter, Düsseldorf
Druck und Bindung: Bercker, Kevelaer
Printed in Germany
ISBN 3-538-07055-5

Inhalt

Einführung 9

Erster Teil: Der Mädchenstand 21

Mädchen ohne Geschichte 23
Kindfrauen 27 Bräute der Natur 28 Heroische Jungfrauen 31 Bräute Gottes 34 Nymphen und Amazonen 36 Sapphische Gemeinschaften 38

Erwählbare Mädchen 41
Vom guten Gebrauch der Tugend 44 Das Zeitalter des Verdachts 50 Der Eintritt in die Welt 52 Die gute Wahl 57 Gesetz des Vaters, Gesetz der Liebe 63

Schlecht erwählte Mädchen 72
Zwang und Nicht-Vollzug 74 Von der Gleichgültigkeit zum Haß 75 Von der schlechten Wahl zur Bekehrung 77 Das Bemühen um die männliche Bekehrung 79 Die Risiken der weiblichen Bekehrung 81

Verlassene Mädchen 84
Die Versprochene 84 Die Kompromittierte 88 An der Schwelle des Frauenstands 102

Zweiter Teil: Der Platz der Ersten 105

Die bedrohte Erste 107

Die souveräne Erste 107   Die Bedrohung in der Ehe: von der Unterwerfung zur Enttäuschung 110   Die Bedrohung durch die andere Frau: die Vorgängerin 114   Die Bedrohung durch die andere Frau: die Zweite 117   Die Bedrohung durch die andere Frau: der weibliche Gast 121   Die Bedrohung durch die andere Frau: die Stellvertreterin 126

Die gespaltene Erste 128

Zwischen »Gesellschaft« und »Individuum« 128   Zwischen zwei Jungvermählten 130   Zwischen Familie und Frau 136   Zwischen Zeugungskraft und Schöpferkraft 138   Zwischen Ehemann und Geliebtem 145   Die Ambivalenz 150

Verzichtende, Zustimmende 155

Das Drama der Verzichtenden 156   Vom Verzicht zur Zustimmung 158   Die Tragödie der Zustimmenden 161

Die emanzipierte Erste 164

Lustige Witwe, gefährliche Witwe 166   Aufsässige Gattin, skandalöse Konkubine 168

Die exilierte Erste 172

Verbannte Frau 173   Bestrafte Frau 178   Der Inzest zweiten Grades 179

Dritter Teil: Der Komplex der Zweiten 183

Identitätskrise 185

Diejenige, die keinen Namen hat 186   Die Position: vorher, nachher 188   Die Erste 190   Die Einzige 192   Die Frau 194   Die Dame 196   Das Kleid 199

Lösungsversuche 205

Die Akzeptierung: Schweigen und Resignation 206   Die Verschiebung: Manipulation, Besitzergreifung, Vermittlung 210   Die Flucht: Selbstmord, Wahnsinn, Fiktion 217   Die Zuflucht zum Phantasma: Enthüllung, Geständnis, Umschwung 219   Das Opfer 226   Eine Geschichte, die nicht zu Ende geht 229

Vom Roman zum Mythos   241
Eine Homologie 243   Ödipus im Femininum 245   Jenseits der Sexualtheorie 253   Der Platz der Braut 257

Vierter Teil: Die Stadien der Zweiten   261

Konkubinen und Mätressen   263
Die legitimierte Illegitime 264   Frauen, die man nicht heiratet 266   Am Rande des Lebens 267

Kurtisanen zwischen Glanz und Elend   273
Die Formen der Instabilität 273   Erfolgreiche Kurtisanen 275   Bekehrte Kurtisanen 276   Erniedrigte Kurtisanen 278

Liederliche Frauen   282
Schauspielerinnen zwischen Liebe und Berufung 282   Schauspielerinnen zwischen Berufung und Verderbtheit 285   Von der Grisette zur Schamlosen 286

Vom gefallenen Mädchen zur Straßendirne   290
Gefallene Mädchen 290   Straßendirnen 291   Die Stufen der Prostitution 292   Der Abgrund 296

Fünfter Teil: Die Sicht der »Dritten«   299

Die Gouvernante   301
Die Symptome des Phantoms 301   Wenn die Abwesenheit erscheint 307   Zwischen Dienstmädchen und Gouvernante 310   Der Stand der Dritten 313

Die alte Jungfer und der Blaustrumpf 317
Alte Jungfern, alte Irre 318   Nette Tanten oder böse Vormunde 322   Von den gelehrten Frauen zu den Blaustrümpfen 327   Lehrerinnen 330   Fromme Frauen und Betschwestern 334

Die Witwe 337
Die unerwünschte Verlobte 338   Identitätsmißbrauch und platonischer Inzest 340   Wie man Dritte wird 343   Personenstand, Stand der Frau 345

Sechster Teil: Krisenzustände 351

Grenzpositionen 353
Von der Stigmatisierung zur Hexe 353   Von der Polygamie zum Wahnsinn 360   Vom Harem zum Roman 363   Vom gefallenen Mädchen zur freien Frau 366

Siebter Teil: Die ungebundene Frau 373

Auf der Suche nach der verlorenen Identität 375
Schreiben und Unabhängigkeit 376   Scheidung und Erlösung 383   Freiheit und Umherirren 388   Die unmögliche Rückkehr zu dem, was man verleugnet hat 399

Schlußfolgerung: Die elementaren Strukturen der weiblichen Identität 403
Identität und Weiblichkeit 405   Identitätsstiftende Arbeit und Funktion des Romans 420   Identität und Multidisziplinarität 424

Anhang
Anmerkungen 429
Literaturverzeichnis 463
Register der literarischen Werke 472
Register der zitierten Autoren 481

Einführung

Beginnen wir mit einem Beispiel. Jane Eyre, die Heldin des gleichnamigen Romans von Charlotte Brontë, kennt von Kindheit an das Unglück, keinen Platz zu haben: ein Unglück, das auch in ihrem Erwachsenenleben anhält, bis zu der glücklichen Auflösung, die ihr endlich, nach vielen Widrigkeiten, ein Heim beschert. Als Waise aus guter Familie von ihrer Tante aufgenommen, hatte sie weder unter den Herrenkindern noch unter den Dienstboten einen Platz. Daher kannte sie von vornherein, gleich Andersens häßlichem Entlein, das Identitätsproblem eines Menschen, der niemandem ähnelt, die Einsamkeit des Eindringlings im eigenen Haus und die Minderwertigkeit des Sündenbocks, der zur »Erniedrigung und zum Argwohn« verurteilt ist. Ausgeschlossen und verstoßen, landet sie in einem Waisenhaus, das sie nur verläßt, um in einem fernen Schloß eine Stellung als Hauslehrerin anzunehmen. Dort endet ihre unglückliche Kindheit, während sich gleichzeitig der Weg öffnet, der vom Stand eines Mädchens zu dem einer Frau führt – ein harter Weg, wie sie bald zu spüren bekommt, denn die arme Waise, die aufgrund ihres bescheidenen Rangs und der Bosheit ihrer Vormunde zum Stand einer Hauslehrerin verurteilt ist, hat einen langen Leidensweg zurückzulegen. Eine günstige Heirat wäre die einzige Möglichkeit, die in der Kindheit erlittene Ungerechtigkeit wettzumachen. Aber dieses ursprüngliche Elend, das die Erfüllung durch die Ehe so begehrenswert erscheinen läßt, ist auch der Grund, warum eine solche Möglichkeit so unwahrscheinlich ist, daß alle Mittel des Romans ausgeschöpft werden müssen, um sie der Heldin *in extremis* zugute kommen zu lassen. Zwar bleibt ihr trotzdem der höchste Stand unzugänglich, d. h. der, die erste Ehefrau eines feschen Schloßherrn zu werden, jene Apotheose, von der alle jungen Mädchen träumen, so wie die Entlein davon träumen, ein Schwan zu werden; aber zumindest hat sie die Gewißheit, eine verheiratete Frau zu sein, wodurch sie ein für allemal den Stand der alten Jungfer vermeidet, der ihr trauriges Los hätte sein müssen.

Dieser 1847 veröffentlichte Roman ist nicht nur ein Klassiker, sondern auch ein Bestseller: ein Indiz dafür, daß das Imaginäre, das er befördert, noch heute lebendig ist. Und dieses Imaginäre ist spezifisch weiblich, da die Erzählung systematisch den Raum der Möglichkeiten beschreibt, die die verschiedenen Arten, eine Frau zu sein, gestatten: Jane Eyre erprobt, vermeidet, erstrebt, verweigert oder übernimmt alle möglichen Ausprägungen des Frauenstands: von dem des jungen Mädchens bis zu dem der alten Jungfer, die zu werden sie sich anschickt, dann zu dem der ersten Ehefrau, die zu werden sie hofft, zu dem der Geliebten, in den zu fallen sie sich weigert, und endlich zu dem der zweiten Ehefrau, in den sie schließlich einwilligt. Es handelt sich also um einen wahren Bildungsroman für Heranwachsende, dessen Moral lautet, daß ein unbegütertes Mädchen nicht hoffen darf, vom Stand des jungen Mädchens unmittelbar in den der ersten Ehefrau zu gelangen, sondern sich realistischerweise mit dem der zweiten Ehefrau begnügen muß: auf diese Weise werden die jungen Mädchen lernen, ihre Hoffnungen zu mäßigen und sich damit abzufinden, einen Witwer zu heiraten – sei er auch alt, verlebt oder impotent.

Dieser Raum der dem weiblichen Werdegang gebotenen Möglichkeiten, der sich in einer Vielzahl von Romanen entfaltet, ist Gegenstand des vorliegenden Buchs. Heiratsfähiges junges Mädchen, Ehefrau und Mutter, Geliebte, alte Jungfer – alle diese Kategorien sind uns vertraut, nicht nur durch die Romankultur, ihren bevorzugten Vermittler, sondern natürlich auch durch die Erfahrung des Lebens. Freilich heißt Vertrautheit nicht Einsicht oder Verständnis: nur der »Blick aus der Ferne« des Anthropologen, der auf eine bestimmte Distanz zu einem kulturellen System achtet, ist in der Lage, nicht nur dessen Bestandteile – was in den Bereich des Wissens fällt –, sondern auch seine innere Logik und Notwendigkeit – was in den Bereich des Verständnisses fällt – zu erklären. Unser Vorhaben zielt also nicht auf ein bloßes Repertoire oder eine Nomenklatur des Frauenstands in der abendländischen Literatur. Es geht uns darum zu verstehen, wie diese Konstellationen ineinandergreifen, zu welchen Verschiebungen von einer Position zur anderen es kommen kann, und gleichzeitig die Arbeit zu beobachten, welche die Fiktion in bezug auf die Realität leistet. Es geht uns darum, das Wie und Warum, die Gesamtlogik des Systems zu verstehen: unter dieser Bedingung kann das »Selbstverständliche« der inneren Kenntnis aufgrund der Vertrautheit dem Staunen über die Entdeckung weichen, dem Verständnis der Gründe, weshalb die Dinge so verlaufen und nichts anders verlaufen können.

Bei der Beschreibung eines Vorstellungssystems macht sich das vorliegende Buch die Methode der Anthropologen zunutze, wobei diese jedoch auf die Romane der abendländischen Kultur und nicht auf die Mythen der primitiven Gesellschaften sowie auf die Darstellungen der weiblichen Identität und nicht auf den Gegensatz zwischen Natur und Kultur angewendet wird. Es beleuchtet das »Feld der strategischen Möglichkeiten« – um einen Ausdruck von Michel Foucault aufzugreifen –, das den Frauen anhand der Gestalten, welche die Fiktion konstruiert, geboten wird: eine relativ stabile Konstellation, bestehend aus einer kleinen Anzahl strukturierter, von einigen Parametern definierter »Zustände« *(états),* deren Veränderungen präzisen Regeln gehorchen. Jeder Stand schließt also alle anderen aus, da man es sonst nicht mit einem geschlossenen strukturalen System zu tun hätte, sondern mit einem unbestimmten Repertoire von Figuren, das sich endlos ausdehnen ließe.

Wie jedes strukturale System besitzt dieses Modell eine erzeugende Matrix, die sowohl jede einzelne Figur als auch die Gesamtkonstellation bestimmt: es geht um das Ineinandergreifen der beiden Kriterien des Status, d. h. der ökonomischen Subsistenzweise einerseits und der sexuellen Verfügbarkeit andererseits – womit wir uns auf Marx und Freud berufen, um die von einer Frau eingenommene Position zu definieren. Wir werden im einzelnen sehen, wie dieses doppelte Kriterium, ergänzt durch den Legitimitätsgrad der geschlechtlichen Bindung, jeden »Stand« sowie seine verschiedenen Modalitäten determiniert: sowohl auf der soziologischen und historischen Ebene der realen Erfahrung als auch auf der literarischen Ebene ihrer imaginären Darstellung und der anthropologischen und psychoanalytischen Ebene ihrer symbolischen Logik.

Diese Entschlüsselung der verschiedenen Varianten des Frauenstands in der abendländischen Literatur bezieht sich also auf die Anthropologie sowie auf die Literatursoziologie und auf die Psychoanalyse. Denn mit den Romanen der Zweiten wird man einen vollwertigen »Stand« entdecken, der im Imaginären des Romans weit prägnanter ist als in den üblichen Vorstellungen der Erfahrung. Dieser »Komplex der Zweiten« ist, wie wir sehen werden, die weibliche und romanhafte Entsprechung des im Ödipus-Mythos dargestellten Komplexes und liegt daher auf einer verinnerlichteren, unbewußteren, ursprünglicheren Ebene, die infolgedessen der psychoanalytischen Interpretation zugänglicher ist.

Da sowohl das Imaginäre als auch das Symbolische für das Reale empfänglich sind, unterliegt das System der weiblichen Positionen der Geschichtlichkeit und ist infolgedessen anfällig für historische Veränderungen: obwohl bemerkenswert stabil, ist dieses Modell dennoch, wie der abendländische Roman, in der Zeit situiert. Die im ersten bis fünften Teil analysierten Formen des Frauenstands entsprechen im wesentlichen dem Zeitpunkt, wo dieses System seinen Höhepunkt erreicht, d. h. im Roman des 19. Jahrhunderts (mit Vorläufern im 18. und Ausläufern im 20. Jahrhundert), da sich diese Periode global gesehen durch eine große historische Kontinuität auszeichnet, sowohl in bezug auf den ökonomischen Status der Frauen als auf die moralische Kontrolle des sexuellen Lebens. Und die radikale Veränderung des Status der Frauen in der heutigen Zeit, die sich vor und nach dem Ersten Weltkrieg in der Literatur auswirkt, findet sich in bestimmten Krisen des Modells wieder, die wir im sechsten und siebten Teil darlegen werden: insbesondere der letzte »Stand der Frau«, der auch der äußerste ist – der letzte insofern, als er nicht vorher auftauchen konnte, und der äußerste insofern, als er die Sprengung des Modells anzeigt. Denn dieser Stand der »ungebundenen Frau« entspricht genau der Trennung von ökonomischer Subsistenz und sexueller Verfügbarkeit, d. h. einer Veränderung der Matrix, die die verschiedenen Identitätsfiguren erzeugt, oder – um den von Thomas Kuhn auf die wissenschaftlichen Ideen verwendeten Terminus aufzugreifen – einem »Paradigmenwechsel« in der Darstellung der weiblichen Identität.

Unsere Methode beruht auf der Ortung der Konstanten in einem möglichst weit gefächerten Korpus von Fiktionen: Konstanten, die sich auf die verschiedenen Identitätsfiguren, auf die Logik ihrer Verschränkungen und ihrer Erzeugung beziehen. Wenn es nämlich in der Literatur kollektive Festlegungen gibt, ist es besser, sie nicht in einem isolierten Text oder bei einem einzigen Autor zu suchen. Das derart beschriebene Modell verrät also wenig über diesen oder jenen Roman und liefert keinen Schlüssel dafür, wie er zu lesen sei: es verrät in spezifischer Weise, was eine Gesamtheit kollektiver Vorstellungen strukturiert, von der jeder einzelne Roman nur einen besonderen Aspekt hervorhebt. Der Korpus enthält an die zweihundert-

13

fünfzig Titel: im wesentlichen Romane und Novellen, ergänzt
durch Märchen, Theaterstücke und Filme, wenn die Fiktion
hier besonders aufschlußreich ist. Jeder der aufgeführten Formen des Frauenstands liegt ein Schlüsselwerk zugrunde,
ergänzt durch kürzere Anleihen bei anderen Texten. Bevorzugt
wurden allgemein bekannte Werke, d. h. Klassiker oder Bestseller. Es handelt sich um einen Korpus, der sich von den Lesern
ausweiten und ergänzen läßt: das Modell enthält eine unendliche oder zumindest unbestimmte Anzahl fiktionaler Beispiele,
so daß sich die Stichprobe mühelos um andere Autoren oder
andere Romane bereits erwähnter Autoren erweitern läßt.
Wichtig ist weniger die Ausdehnung des Korpus als die Kohärenz der Herangehensweise: die Menge und Verschiedenartigkeit der Beispiele zielt darauf, die bemerkenswerte Stabilität des
Modells aufzuzeigen.

Die Entlehnungen aus diesen Texten reichen vom einfachen
Zitat bis zum Resümee, das die für die Problematik relevanten
Elemente in den Mittelpunkt rückt. Die Treue der Nacherzäh-
lung beruht auf einer Voreingenommenheit, die die Spezialisten der literarischen Analyse möglicherweise verwirren wird,
nämlich auf einer relativen Gleichgültigkeit gegenüber der
Interpretation oder der Hermeneutik zugunsten einer Konzen-
trierung auf die Handlung: eine Voreingenommenheit, die die
Tatsache ernst nimmt, daß der Roman in erster Linie eine
Geschichte erzählt, die sich nicht auf ihre literarischen, politischen und symbolischen Bedeutungen reduzieren läßt. Deshalb geht es vorrangig nicht darum, die Texte zu interpretieren,
einen verborgenen Sinn in ihnen zu suchen – mit Ausnahme
des »Komplexes der Zweiten« und der Gespenstergeschichten
aus der »Sicht der Dritten«, deren symbolischer Sinn eine Deu-
tungsarbeit verlangt. Die von der Erzählung geschilderten
Grundstrukturen der Identität werden fast immer klar dargelegt, so daß die theoretische Arbeit lediglich darin besteht, sie
hervorzuheben, indem man sie von denen anderer Elemente

isoliert und aufzeigt, inwiefern ihnen ein System zugrunde liegt. Und deshalb geht es auch darum, die erzählte Geschichte ernst zu nehmen, indem man sich bemüht, die einzelnen Schritte der Fabel nachzuvollziehen, und zwar auf einer dreifachen Ebene: auf der Ebene der Heldin, die sich in einer Situation befindet, deren Schlüssel sie nicht besitzt; auf der Ebene des Lesers des Romans, der vom Autor veranlaßt wird, Ereignissen zu folgen, deren Schlüssel auch er nicht besitzt; und auf der Ebene des Lesers des vorliegenden Buchs, der aufgefordert ist, hinter diesen Ereignissen die Logik ihrer Erzeugung zu erkennen. Die Lektüre schließt also weder diejenigen aus, die den Roman nicht gelesen haben, da dessen Handlung zusammengefaßt wird, noch diejenigen, die ihn gelesen haben, da sie hinter der Geschichte, die sie bereits kennen, ein Motiv entdecken können, das zwar sichtbar ist, jedoch erst durch eine angemessene Beleuchtung erkennbar wird: eine »Gestalt«, wie die Psychologen sagen, oder einfach ein »Muster im Teppich«, um einen berühmten Titel aufzugreifen.

Um jedes Mißverständnis zu vermeiden, wollen wir abschließend präzisieren, was diese Untersuchung *nicht ist.* Zunächst ist das auf diese Weise beschriebene Universum nicht zeitlos. Der Definition nach hat es lediglich in der Epoche des Romans Gültigkeit, die etwa drei Jahrhunderte umfaßt, ab Ende des 17. Jahrhunderts, wobei seine Blütezeit im 19. Jahrhundert liegt, mit Augenblicken der Entwicklung, ja des Umkippens bestimmter Figuren, während andere relativ stabil bleiben. So können einige von ihnen durch Werke ganz verschiedener Epochen veranschaulicht sein, wie der »Komplex der Zweiten«, während andere erst sehr spät aufgetaucht sind, wie die »ungebundene Frau«. In allen Fällen berücksichtigt die Analyse die spezifische Zeitlichkeit jedes Standes. Dies ist die erste, zeitliche Eingrenzung der vorliegenden Arbeit.

Eine weitere, räumliche Eingrenzung rührt daher, daß diese Konstellation der Frauenrollen nicht universell, sondern auf unsere westliche Gesellschaft beschränkt ist, in der sich die Gattung des Romans entwickelt hat. Wenn die Suche nach Invarianten oder Universalien der Sorge des Theologen untersteht, so begnügt sich der Forscher, bescheidener, aber konkreter damit, Phänomene aufzuspüren, die geringere Schwankungen aufweisen, also stabiler und verbreiteter sind als andere. Die imaginären Strukturen der weiblichen Identität könnten nur dann universell sein, wenn sie von einem genetischen Programm oder einer göttlichen Schöpfung herrührten: Hypothesen, die noch des Beweises bedürfen.

Eine dritte Eingrenzung rührt daher, daß diese »Formen des Frauenstands« nicht mit der erlebten Erfahrung übereinstimmen, daß sie nicht reale Situationen vor Augen führen, nicht die Realität der Verhältnisse beschreiben: es sind Zustände, wie die Fiktion sie konstruiert, auch wenn dies ein Weg ist, zur realen Erfahrung zu gelangen, deren Auswirkung wie deren Triebkraft sie ist. Man muß sich daher hüten, sie »realistisch«, d. h. ontologisch zu lesen und in ihnen nach dem Wesen der Weiblichkeit zu suchen: in ihnen lassen sich lediglich die romanhaften Formen einer Konstruktion der weiblichen Identität finden. Die Stabilität dieser Struktur, die innovative Figuren zuläßt, jedoch in einem bemerkenswert konstanten Modell, veranschaulicht im übrigen die Besonderheit des Imaginären im allgemeinen sowie der Welt des Romans im besonderen, auf die das Reale nur bedingt Einfluß hat.

Die vorliegende Untersuchung will die aufgelisteten Figuren möglichst erschöpfend darstellen; obwohl entwicklungsfähig, bilden die weiblichen Typologien eine Konstellation, die sich um eine kleine Zahl möglicher Figuren organisiert, deren Beschreibung eine Gesamtsicht, eine globale Behandlungsweise erfordert. Dagegen erhebt dieses Buch – die vierte Eingrenzung – keinen Anspruch darauf, die Gesamtheit *aller* Romane erschöpfend zu behandeln oder eine Konstellation vorzuschlagen, in der sämtliche Romane Platz finden könnten: beides wäre eine sowohl praktisch undurchführbare wie theoretisch vergebliche Aufgabe, weil nicht alle Romane von den verschiedenen Formen des Frauenstands sprechen. Für unser Vorhaben sind nur diejenigen relevant, in denen der Kern der Handlung auf der Zustandsänderung der Heldin oder einer Protagonistin oder zumindest auf einer mit ihrem Stand verbundenen Prüfung beruht – eine Problematik, mit der sich natürlich nicht die gesamte Romanliteratur befaßt.

Aus diesem Grund zielt diese Untersuchung auch nicht – eine fünfte Eingrenzung – auf die erschöpfende Behandlung *eines* Romans ab: immer sind auch andere Lesarten denkbar, und es werden nicht alle Aspekte berücksichtigt. Es geht nicht darum, zu den untersuchten Romanen den »Schlüssel« zu liefern, und sei es nur, weil jeder Roman auf verschiedene Weise analysiert werden kann. Das Bemühen, einen eindeutigen Leseschlüssel zu liefern, wäre ein hegemonialer Anspruch, der eher der Theologie als der Forschung eignet. Für die Untersuchung des Frauenstands, die sich mit einer bestimmten geistigen Konstellation, einer immer wiederkehrenden Struktur befaßt, wie die Fiktion sie formt, ist der Roman kein (literarischer) Gegenstand, sondern ein (anthropologisches) Feld: gerade deshalb werden auch andere fiktionale Formen – Theater oder Film – herangezogen.

Ebensowenig will dieses Buch etwas über die literarische Qualität der untersuchten Texte aussagen: diese sechste Eingrenzung ergibt sich aus dem Vergleich mit den Mythen, wie die Anthropologen sie untersucht haben, denen niemand (hoffentlich!) je vorgeworfen hat, sie hätten den formalen Wert dieser Erzählungen außer acht gelassen. Die Literaturgeschichte, die uns hier interessiert, ist nicht unbedingt die »sanktionierte« Geschichte – obwohl sie diese nicht ausschließt –, da wir uns jedes Urteils über die literarische Qualität enthalten. Denn die sanktionierte Literaturgeschichte, die den »edlen« Roman überbewertet, würde es verbieten, ihn unabhängig von seinen formalen Qualitäten auf seinen narrativen Inhalt zu reduzieren; und da sie den Trivialroman unterbewertet, würde sie es einfach verbieten, ihn in Erwägung zu ziehen. Unser Vorhaben dagegen darf es sich erlauben, Proust, Joyce und Beckett zu vernachlässigen, weil ihr Werk, wenn man so sagen darf, kein »guter Führer« durch die verschiedenen Formen des Frauenstands ist; es findet mehr Nahrung bei Georges Ohnet als bei Virginia Woolf, weil bei dem einen die Frage der Heirat im Mittelpunkt steht, während bei der anderen die Erzählung an sehr viel intimeren Zuständen interessiert ist; und wenn es eher Balzac als Sue, eher Hardy als Delly oder eher Duras als Sulitzer den Vorrang gibt, so deshalb, weil die ersteren eine größere Befähigung zur Erklärung und Vertiefung zeigen als die letzteren.

Eine letzte Eingrenzung ist schließlich, daß es sich nicht um eine feministische Untersuchung handelt. Denn die Rolle des Forschers besteht nicht darin, Urteile zu formulieren, sondern Instrumente zu liefern, die es ermöglichen, die Erfahrung zu verstehen. Diese notwendige »axiologische Neutralität« gegenüber den in der gewöhnlichen Welt gängigen Werten - in diesem Fall den Herrschaftsbeziehungen zwischen den Geschlechtern - verbietet es zwar nicht, Urteile über die epistemologische Qualität der Instrumente der wissenschaftlichen Welt zu fällen, indem man zum Beispiel den Ethnozentrismus oder den Androzentrismus kritisiert. Doch dabei handelt es sich um eine Kritik der Methode, die sich auf die Wirksamkeit der Beschreibungsinstrumente bezieht, und nicht um eine ethische Position, die sich auf die Legitimität der Normen und Handlungsvorschriften bezieht. Das Bemühen, das Los der Unterdrückten zu verbessern, läßt sich als berechtigtes Anliegen jedes demokratischen Bürgers ansehen, und der Forscher mag sich gelegentlich freuen, wenn seine Arbeit in diesem Sinne benutzt wird. Wenn er diese beiden Haltungen jedoch vermischte, würde er sich eines professionellen Verstoßes und einer intellektuellen Schwäche aussetzen, denn die rationale Erkenntnis und die

Beherrschung der Wirklichkeit sind, wie Norbert Elias gezeigt hat, dem effektiven Engagement umgekehrt proportional. Dieses Bemühen, sich jeder ideologischen Position, in diesem Fall jedes feministischen Engagements, zu enthalten, bildet daher die siebte und letzte Eingrenzung der vorliegenden Untersuchung.

Erster Teil
Der Mädchenstand

Bist du es, Margarete?
Bist du es? sag es mir.
Antworte, antworte schnell!
Nein, du bist's nicht mehr
Das ist nicht länger dein Gesicht
Es ist die Tochter eines Königs
Vor der man sich verneigt
(…)
Oh, welch ein Glück, so schön zu sein
in diesem Spiegel…

Gounod, *Faust*

Mädchen ohne Geschichte

»Bist du es?« fragt sich Margarete vor ihrem Spiegel, angetan
mit dem Geschmeide, das ihr Freier ihr geschenkt hat: was ist
ihr widerfahren, daß sie auf diese Weise nach ihrer Identität
fragt? Welch verwirrende Veränderung bewirkt ein einfaches
Halsband, wenn diejenige, die es trägt, ihr Spiegelbild fragen
muß, wer sie ist? Welcher Prüfung hat sie sich unterziehen müssen, um das Bedürfnis zu verspüren, sich im Spiegel ihrer Kontinuität zu versichern, wie um die Kluft zu überbrücken, die
sich zwischen ihr und ihr aufgetan hat, signalisiert durch die
Verdopplung, dieses »du«, das plötzlich an die Stelle des »ich«
tritt – oder, besser gesagt, an die Stelle jener Gleichgültigkeit
gegen sich selbst, gepaart mit jener Verfügbarkeit für die
Außenwelt, wie sie dem Zustand einer friedlichen Identität eignen? Sicherlich hat sich ihr Stand verändert, wenn ihr nur eine
einzige Antwort in den Sinn kommt – »Nein, du bist's nicht
mehr« –, weil sich zunächst ihr Aussehen – »Das ist nicht länger
dein Gesicht« – und außerdem ihr Status verändert, ja sogar
erheblich verbessert hat: »Es ist die Tochter eines Königs, vor
der man sich verneigt.« Und das alles wegen eines Halsbands?
Nein, natürlich nicht: diese Umwälzung, so plötzlich, daß sie
sie über ihre Identität im unklaren läßt, ist nichts anderes als
die jähe Wendung, die aus einem jungen Mädchen eine künftige Gattin macht, es dem Stand der Unschuld entreißt, um es in
die geschlechtliche Welt zu versetzen, eine Welt, die zwar noch
virtuell, aber bereits sehr präsent ist in dem männlichen Blick,
der das kindliche Mädchen plötzlich in eine junge Frau verwan-

delt, die sich der Macht ihres Geschlechts sowie dessen bewußt ist, was bewirkt, daß ein Mann sie ansieht, und die ihrerseits spürt, was dieser Blick bei ihr bewirkt – eine Frau, die weiß oder zumindest ahnt und bald wissen wird … Ihre Augen sind einander begegnet …[1]

Dieser Übertritt in die geschlechtliche Welt, ausgelöst durch die Huldigung des männlichen Blicks und das durch das Geschmeide beglaubigte Eheversprechen, ruft also die Verwirrung in bezug auf die Identität hervor, das Bewußtsein einer Veränderung, bei der die Verwandlung der äußeren Erscheinung mit dem Übergang in einen anderen, als hierarchischen Aufstieg phantasierten Status zusammenfällt. In diesem Augenblick wird der Spiegel zum unerläßlichen Zeugen, zum passiven und stummen Gesprächspartner dieses Wandels in der Beziehung von sich zu sich, dieser Verdopplung, wo das Mädchen von nun an »sich« sieht, wie »man« sie sieht, d. h. wie derjenige, der es ihr ermöglichen wird, diesen Schritt zu tun, sie sehen konnte, sehen wird oder sehen sollte: »so schön«, d. h. so begehrenswert, daß sie würdig wird, zur Ehefrau »genommen« zu werden – auf die Gefahr hin, alles zu verlieren, was bisher bewirkte, daß sie, auch ohne daß sie daran denken mußte, sie selbst war: ihren Namen und ihr Gesicht … Und sie freut sich darüber: denn nur zum Preis dieses Abschieds vom Stand eines Mädchens wird sie zum Stand einer Frau gelangen können, ohne den sie nicht diejenige wird, die zu sein sie erstrebt, d. h. eine andere als die, die sie ist und immer war. Die Heirat ist der Augenblick der Wende schlechthin, des Übergangs von der Jungfrau zur »Gattin-und-Mutter«, vom Mädchen zur Frau: der Augenblick, in dem sich der Übergang vollzieht von der Welt, die nicht vom Mann bewohnt ist oder nur von sexuell neutralisierten Männern (neutralisiert durch das Inzestverbot, was die Männer der Familie, durch das Priesteramt, was die Geistlichen, oder durch die Göttlichkeit, was Christus betrifft), zu der von Männern bewohnten, vom Unterschied der

Lieber Leser,

Sie haben ein Buch von Artemis & Winkler gekauft. Möchten Sie weiter über unsere Programme unterrichtet werden? Dann bitten wir Sie, diese Karte ausgefüllt an uns zurückzusenden. Über Ihre Zuschrift und weitere Anregungen freuen wir uns sehr.

Wir erlauben uns, Ihren Namen und Ihre Anschrift bei Rücksendung dieser Karte zu speichern, um Sie regelmäßig über unser neuestes Programm zu informieren.

☐ Winkler Weltliteraur   ☐ Kulturgeschichte

☐ Zeitgenössische Literatur   ☐ Bild-/Textbände

☐ Literatur zu Goethe   ☐ Antike / Tusculum

ARTEMIS & WINKLER

Artemis & Winkler
Werbeabteilung
Am Wehrhahn 100

40211 Düsseldorf

Absender (in Druckschrift ausfüllen)

Vorname

Name

Beruf   Alter

Straße

PLZ   Ort

Diese Karte habe ich folgendem Buch entnommen:

Ihre Bestellung richten Sie bitte an Ihre Buchhandlung.

Geschlechter geprägten, von der Sexualität besessenen Welt. Dieser Eintritt des jungen Mädchens in die Welt der erwachsenen Frau mit all ihren Facetten, den die Ehe ermöglicht, bildet das Hauptthema des größten Teils der Romanliteratur – der guten wie der schlechten. Denn er ist nicht nur ein wichtiger, ja sogar *der* Augenblick im Leben einer Frau, sondern in doppelter Hinsicht auch ein kritischer Augenblick. Einerseits auf anthropologischer Ebene, weil er jene Zustandsveränderung herbeiführt, die nicht nur für einen Unterschied zwischen »vorher« und »nachher«, sondern darüber hinaus für den Unterschied zwischen zwei Identitäten sorgt: zwischen der des geschlechtsreifen Mädchens, das nur biologisch ein geschlechtliches Wesen ist, und derjenigen der verheirateten, also institutionell geschlechtlichen Frau.[2] Und andererseits auf psychoanalytischer Ebene, weil er von dem jungen Mädchen verlangt, daß es sich die Identität einer verheirateten Frau aufbürdet und sich symbolisch an die Stelle derjenigen setzt, die seit jeher diesen Platz einnahm – den Platz der Gattin und Mutter der Kinder des Mannes. Eben dies ist der »Komplex der Zweiten«, der, wie wir sehen werden, im Fall der zweiten Ehefrauen ins Auge fällt, der aber bereits jede mögliche Heirat bedroht, auch wenn er sich nicht in all seiner Intensität äußert.

Eben dieses Thema des Opfers, das man bringen muß, um den Stand der Frau zu erreichen, durchzieht Andersens Märchen *Die kleine Meerjungfrau*. In den jungen Prinzen verliebt, den sie nach einem Schiffbruch gerettet hat, verkauft sie der Hexe das, was sie als Sirene kennzeichnet, nämlich ihre Stimme, die die Männer anlockt, sowie ihren Fischschwanz, der ihnen den Zugang zu ihrem Körper verwehrt, da er die materialisierte Negierung der Existenz eines weiblichen Geschlechts ist. Als Gegenleistung erhält sie Frauenbeine, die ihr nicht nur den Zugang zur irdischen Welt der Lebewesen, die gehen können, ermöglicht, sondern auch den Zugang zur weiblichen Welt der Lebewesen, die geheiratet und penetriert werden. Aber sie leidet

furchtbar darunter – stumm, da sie keine Stimme mehr hat, um
den Prinzen anzulocken und ihn davon zu überzeugen, daß sie
es ist, die ihn aus den Fluten gerettet hat, und nicht jenes andere Mädchen, das zu heiraten er sich anschickt. Sie kann nur
stumm für ihn tanzen, unter Tränen des Schmerzes, mit ihren
Frauenbeinen, die ihr schrecklich weh tun, und völlig vergebens, da sie die andere, ihre als Frau geborene Rivalin, nicht aus-
zustechen vermochte. Sie kann nur durch ein zweites Opfer
gerettet werden, dargebracht von einer ihrer Schwestern, die der
Hexe ihr Haar – das Symbol der Weiblichkeit – verkauft, damit
die kleine Meerjungfrau zu ihrem vorherigen Stand zurückkehren kann. Im Schutz der Unsichtbarkeit, der Zeitlosigkeit und
der Starrheit der Familienbande muß sie für immer auf die irdi-
sche Existenz, auf das Licht – und auf den Stand einer Frau verzichten.

Diese dem Übergang von der Jungfrau zur Braut innewohnen-
de Krise erklärt, warum sich die Mädchen bisweilen sträuben,
diese Warteposition auf sich zu nehmen und als potentielle
Frauen und mögliche Verlobte zu leben, zu akzeptieren, daß der
sexuelle Blick des begehrenden oder werbenden Mannes auf sie
fällt. Denn manche versuchen – als wüßten sie unbewußt um
die schwierige Arbeit an sich selbst, die der Verzicht auf die
Unschuld und die Annahme der Weiblichkeit von ihnen verlan-
gen – die Möglichkeit des Übergangs vom Mädchen zur Frau
solange wie möglich hinauszuschieben, ja sogar völlig zu ignorieren. Doch indem sie sich aus der geschlechtlichen Welt ausschließen, schließen sie sich auch aus der Welt des Romans aus,
jener Welt, in der jeder Mensch eine Person und jede Person
Subjekt einer »Geschichte« ist – jenem Etwas, das ihr widerfährt und sich erzählen läßt. Ein Mädchen ohne Zukunft in der
Ordnung des Frauenstands ist ein Mädchen, das keinen
Romanstatus, zumindest nur einen marginalen oder vorübergehenden Platz im Roman hat: außer wenn sie diesen Ausschluß als Drama erlebt, wenn sie »Geschichten macht« und

diese Zurücksetzung ablehnt, so daß sie wieder in den fiktionalen Raum zurückkehrt, in dem sich wirkliche Personen bewegen können.

So lassen sich also trotz der Kargheit des Romanmaterials bezüglich der von der geschlechtlichen Welt ferngehaltenen Mädchen – eine Kargheit, die gerade die Folge dieser Verbannung ist – einige Mittel erkennen, mit denen die Mädchen, die den Stand der potentiellen Frau ablehnen, sich der Welt der Verführung entziehen und außerhalb des Unterschieds der Geschlechter und gerade deshalb am Rande des Romanraums stehen.

Kindfrauen

Denn welchen Platz kann sie einnehmen, wenn einen Platz einnehmen bedeutet, den Platz der Anderen einzunehmen? »Ich aber werde nirgendwo die erste sein!« ruft Vinca aus, die fünfzehnjährige Jungfrau aus *Erwachende Herzen* von Colette (1923), hin und her gerissen zwischen der geschlechtslosen Welt der Kindheit und der geschlechtlichen Welt der Erwachsenen, in die nicht sie sich einführen läßt, sondern ihr Freund Phil, den eine reife Frau verführt. Vinca muß aus der Not eine Tugend machen: besser, man verzichtet von vornherein darauf, die Erste zu sein, und trennt sich von jener Welt, aus der man ausgeschlossen ist, als daß man in sie einzudringen versucht, wenn man ihre Regeln nicht kennt und ihre Waffen nicht besitzt – nicht einmal die freie Verfügung über den eigenen Körper, um den es hauptsächlich geht. Besser, man bleibt ein Kind – aber für wie lange? Diesen vorübergehenden Schwebezustand des geschlechtsreifen Mädchens zwischen Kindheit und Weiblichkeit schildert noch ein anderer, mindestens ebenso berühmter Roman von Colette: in *Claudine erwacht* (1900) hält sich die Heranwachsende am Rande der geschlechtlichen Welt durch die Nähe zur Natur und vor allem dadurch, daß sie die

Welt der Schule libidinös besetzt. Freilich wird diese Welt ständig durch das Eindringen von Liebesbeziehungen bedroht – und auf eben diesem Zutagetreten der erotischen Versuchung beruht die Existenz des Romans. Die Heldin sondert sich aber insofern ab, als sie den Begierden, deren Zielscheibe sie ist, nicht auf den Leim geht und darauf verzichtet, sich auf kleine Liebschaften einzulassen, sondern sich damit begnügt, sie lediglich mit dem Blick einer Beobachterin, eines fernen Zeugen zu betrachten. Erst in einem anderen Roman, *Claudine in Paris* (1901), geht sie ein Liebesverhältnis ein und akzeptiert ihre durch den Heiratsantrag sanktionierte Weiblichkeit: mit anderen Worten, sie geht vom Stand des Mädchens zum Stand der Frau über.

Einsame Flucht in die Natur oder Überbesetzung einer mit Kameradinnen bevölkerten Schule – dies sind die beiden großen Mittel, die es einem Mädchen ermöglichen, sich solange wie möglich von der Sexualität fernzuhalten und im Stand der Kindheit zu verharren. Man könnte versucht sein, die Konzentration auf die Familie hinzuzufügen, käme sie in den Romanen nicht so selten vor, was sicherlich daran liegt, daß sie der Fiktion wenig zu bieten hat.

Bräute der Natur

Dem Universum des Romans angemessener ist die Figur des jungen Mädchens, das sich gewissermaßen mit der Natur vermählt: eine Figur, die Mary Webb in *Heimkehr zur Erde* (*Gone to Earth,* 1917) in äußerster Reinheit dargestellt hat. Ihre Heldin, Hazel, ist aufgrund ihrer Herkunft (sie ist die Tochter einer Zigeunerin) mit der wilden Natur verbunden, vor allem aber liebt sie lange, einsame Wanderungen durch die Felder – eine Vorliebe, die sich in ihrer Zuneigung zu einer Füchsin äußert. Diese Affinität zur Natur bewahrt sie zwar nicht wirklich vor der Ehe, da sie einwilligt, den Pastor zu heiraten; aber sie macht die Erfahrung, daß sie in ihrem vorherigen Stand verharren kann, da ihr Ehemann, durch die offenkundige Ahnungslosigkeit des jungen Mädchens gleichsam gehemmt, es nicht wagt, die Ehe zu vollziehen, womit er ihr den Stand der vollwertigen Frau erspart, zu dem sie hätte gelangen müssen, sobald sie entjungfert, als Ehefrau legitimiert und sozialisiert und in ihrem Körper sowie in ihrem Status als Frau behandelt und anerkannt worden wäre. Trotz ihrer Hochzeit kann sie also die Verbundenheit mit der Natur beibehalten – jener Natur, die die Füchsin symbolisiert und in der sie gleichsam autark lebt, außerhalb der von den Männern bewohnten Welt. Doch diese Affinität des geschlechtsreifen Mädchens zur wilden Natur scheitert, sobald es mit einer Sexualität in Berührung kommt, die nicht von dieser ehelichen Sozialisierung und dieser geistigen Affinität, wie der Pastor sie ihr bietet, legitimiert, sozialisiert worden ist: Hazel wird die Geliebte eines Junkers und infolgedessen gesellschaftlich geächtet. Bei dieser erotischen Initiation, die einzig auf der sexuellen Affinität gründet, ist kein Raum mehr für die Unschuld, die die autarke Vereinigung mit der Natur kennzeichnet und die sie durch ihre Zuneigung zu der Füchsin zu verlängern sucht, der Verkörperung ihres einstigen Standes als Braut der Natur. Und bei ihrem Versuch, dem von dem verführerischen Junker gejagten Tier zu Hilfe zu eilen, kommt die junge Frau in einer Schlucht ums Leben und wird jener Natur wiedergegeben, die sich als mörderisch erweist, sobald die Initiation in die Wildheit der naturhaften Sexualität vollzogen ist. Doch suchte das junge Mädchen nicht gerade dieser Drohung der Vernichtung in einer sexuellen Natur, Synonym für Wildheit und Zerstörung, auszuweichen, indem sie sich in die ländliche Natur, Symbol der Unschuld, flüchtete? Damit hat sie zum Preis ihres Lebens jene Erfahrung gemacht, vor welcher der Roman seine Leserinnen in der Wirklichkeit vielleicht zu schützen vermag: daß nämlich die eine wie die

andere dieser radikal widersprüchlichen »Naturen« gleichermaßen unsozialisiert sind, im Gegensatz zur Zivilisierung der
Sexualität, wie die Sozialisierung durch die Ehe sie ermöglicht;
und daß ein junges Mädchen, das zu lange in einer geschlechtslosen Natur verharren will, Gefahr läuft, in eine überge-
schlechtliche Natur zu verfallen, die sie ihren Platz in der
Gesellschaft, wenn nicht sogar ihren Platz auf Erden kosten
kann.[3]

So setzt die Kindfrau, die es ablehnt, eine erwählbare Jungfrau, d. h. eine künftige Ehefrau zu werden, auf die Gemeinschaft mit der Natur, so wie andere auf die Liebesverheißungen
und auf die Freuden der Verführung setzen: so Michelle in *Inselzauber* von Elizabeth Goudge (1934), die, als sie »etwas in sich
spürte, was versuchte, sich mit der Schönheit ringsum zu verei-
nigen«, die »Offenbarung des Geistes« hatte. »Desselben Geistes, der aus einer Hyazinthe eine köstliche Blume macht und
den Gesang der Amsel mit Zauber erfüllt, jenes Geistes, der seine Schwingen über die Welt ausbreitet.« Man sieht hier, daß die
Nähe zur Natur – wie alle Wege, die sich denen bieten, die sich
von der geschlechtlichen Welt ausschließen oder von ihr ausgeschlossen werden – eine Form der Spiritualität ist, deren insti-
tutionalisierteste Verkörperung die Religion ist. Und parallel
zur Natur und zur Religion öffnet sich ein anderer Weg zur Spiritualität durch die Nähe zu den Werken des Geistes und die
Besetzung der von der Schule übermittelten Werte. Zwischen
den Bräuten der Natur und den Bräuten Gottes gibt es auch
jene Bräute des Geistes, der Wissenschaft oder der Kultur, die,
bevor sie auf die Ehelosigkeit gefaßte alte Jungfern oder zur
Heirat entschlossene Bräute werden, ausnahmsweise den Status der heroischen Jungfrau durchlaufen können.

Heroische Jungfrauen

Corinne von Madame des Staël (1807) ist der Roman der heroi-
schen Jungfrau schlechthin: als idealisierte Version der gelehrten Frau oder des Blaustrumpfs, deren Normalzustand die
Dunkelheit ist, verkörpert sie die Dichterin, die geschlechtslose
große Intellektuelle, die erleuchtete Jungfrau, die Prophetin,
deren Verzicht auf Sexualität die Heroisierung gewährleistet.
Sie verdankt ihren Status sowohl ihrer Entscheidung für die
Werte des Geistes als auch ihrer Eigenschaft als heiratsfähiges
Mädchen: da sie noch jung ist, bewahrt sie die Hoffnung auf
Ehe, die sie erst am Ende des Romans aufgeben muß. Dieser
beschreibt also faktisch den Übergang von der Dichterin zum
Blaustrumpf, anders gesagt, von der Jungfrau zur alten Jungfer:
Extreme, zwischen denen es also den – rein transitorischen und
dem Wesen nach romanhaften – Stand der heroischen Jungfrau
gibt, für den Corinne das Modell liefert.[4]
Das Merkmal einer heroischen Jungfrau besteht darin, daß sie
eine solche nicht bleiben kann – es sei denn, sie stirbt. Denn
wenn sie sich auf ihren Stand einer erleuchteten Junggesellin
versteift, kann sie nur zur alten Jungfer herabsinken; und wenn
sie die Ehe wählt, ist sie nur noch eine Frau, die Verse schmiedet
oder, bestenfalls, einen Salon führt. Madame de Staël bleibt
also nichts anderes übrig, als ihre Heldin sterben zu lassen,
sobald sie die Hoffnung auf eine Ehe aufgegeben hat, die die
arme Corinne zwar gefreut, ihren heroischen Stand jedoch
zunichte gemacht hätte. Um die Unmöglichkeit zu beschreiben, die mit der Entscheidung für die Werte des Geistes gepaar-
te Jungfräulichkeit zu bewahren, ohne zu Fall zu kommen,
bedient sich der Roman weder der realistischen Form des Dramas, d. h. der Form der Romane des heiratsfähigen jungen
Mädchens, noch der karikaturistischen Form der Komödie, in
der die Figuren der alten Jungfer meist behandelt werden: ihn
charakterisiert vielmehr die heroische Form der Tragödie,

aufgrund der unverbrüchlichen Idealisierung einer durchweg positiven Figur, deren innere Gespaltenheit im Konflikt zwischen einem authentischen Selbst und einer unheilvollen Gesellschaft veräußerlicht wird. Denn die Heroisierung ist zu Madame de Staëls Zeiten die einzige Art und Weise, zum Adel des Romans, anders gesagt zur Tragödie zu gelangen, der in diesem literarischen Kontext einzig möglichen »seriösen« Gattung.[5]

Dazu verurteilt, heroisch zu sein, ist Corinne nicht nur vollkommen, gegen die Schwächen und Ambivalenzen der Personen des realen Lebens gefeit – sie ist es sich auch schuldig, eine Jungfrau zu sein. Und diese Jungfräulichkeit ist nicht nur eine Konzession der Autorin an die Norm der Ehe, eine kleine Schwäche, die geeignet wäre, die heroische Dichterin auf den Stand eines heiratsfähigen jungen Mädchens herabzudrücken: sie ist die *conditio sine qua non* des Heroismus. Ohne diese unverbrüchliche Jungfräulichkeit, die sie bis in den Tod begleitet, wäre *Corinne* nichts anderes als der *roman rose* des Zugangs zur Ehe, in dem das junge Mädchen von der Liebe zur Poesie zur Liebe zu ihrem künftigen Ehemann überwechselt; so wie er ohne den Heroismus lediglich der traurig realistische Roman des Verzichts auf die Ehe wäre, in dem sich das in die Literatur verliebte junge Mädchen, wie so viele andere, gezwungen sieht, aus der Not eine Tugend zu machen und ihre Ehelosigkeit in poetische Erleuchtung umzumünzen. Und was ist der Heroismus hier anderes als das Opfer der Sexualität, das sich in der Treue zum Stand der Jungfrau äußert? Denn eine Heldin kann es nur als Jungfrau geben: die Erhebung in den heroischen Status verlangt von einer Frau dieses Opfer der Sexualität, das die Jungfräulichkeit nicht zu einem zeitlich begrenzten Umstand macht, sondern zu einem wahren Status, der zum Wesen der Person gehört. So ist es zu verstehen, daß die beiden großen Heldinnen der Christenheit durch ihre Jungfräulichkeit gekennzeichnet sind: die Jungfrau Maria und die Jungfrau von

Orléans. Ihr außergewöhnlicher Status hängt so eng mit dieser Jungfräulichkeit zusammen, daß sogar ihr Beiname ständig daran erinnert und dem Vornamen das Zeichen eines Standes hinzufügt, der als wahres Patronym dient, in Abwesenheit eines Vaternamens, den ihre Eigentümlichkeit ausgelöscht hat, oder des Namens eines Ehemanns, den es nicht geben kann. Denn sobald die Jungfräulichkeit mit dem Wesen der Person verschmilzt und nicht rein zufällig ist, konstituiert sie ein vom Mann *getrenntes,* seiner Berührung nicht unterworfenes weibliches Wesen: wobei die Trennung hier wie anderswo die unerläßliche Voraussetzung dieser beiden Formen der Sakralisierung ist, nämlich der Heiligsprechung im einen, der Heroisierung im andern Fall.[6]

Wenn die heroische Jungfrau nicht in der Jungfräulichkeit verharrt, wird sie wieder zu einem simplen heiratsfähigen jungen Mädchen: ein Absturz, den *Die Damen aus Boston* von Henry James (1885) beschreibt, wo in satirischer Weise der Sieg Basil Ransoms, eines Anwalts aus den Südstaaten, über Olive Chancellor, eine unverheiratete feministische Dame aus Boston, erzählt wird, ein Sieg, der die Eroberung von Verena Tarrant bezweckt, einer ungewöhnlich talentierten jungen Rednerin und Verfechterin des Frauenwahlrechts, die ihrer heroischen jungfräulichen Bestimmung durch die Entschlossenheit des jungen Mannes, sie zu heiraten, *in extremis* entrissen wird.[7] Dieses Beharren auf der Jungfräulichkeit, das sich durch die Gemeinschaft mit der Natur oder die Besetzung der Werte des Geistes so schwer verwirklichen läßt, findet eine institutionelle Basis – und damit einen anerkannten und dauerhaften Status – mit dem dritten Weg, der sich der Spiritualität jener Mädchen bietet, die sich dem Eheschicksal entziehen: dem Weg der Religion, der sie zu Bräuten Gottes macht.

Bräute Gottes

»Vernichtung, Tod: weder Augen noch Ohren mehr haben, eine empfindungslose Materie sein!«: dies wünscht sich die rührende Thérèse Letourneur in *Im Schuldbuch des Hasses* von Georges Ohnet (1891), als die Enttäuschung darüber, daß der, den sie liebt, ihr ihre Cousine vorzieht, erneut den Wunsch nach dem Klosterleben in ihr weckt, den sie schon beim Tod ihrer Mutter verspürt hatte und der nun zu einer moralisch akzeptierten Alternative zum Selbstmord wird. Auch wenn das Kloster bisweilen als der einzige Ausweg aus unerträglichen Spannungen erscheint, so muß diese Flucht aus der realen Welt doch mit einem hohen Preis bezahlt werden: von der Welt aus gesehen, der es zu entfliehen ermöglicht, kommt das Kloster dem Tod gleich, für den es ein gesellschaftlich anerkanntes Äquivalent ist (erscheint die Rubrik »religiöse Gelübde« in den Tageszeitungen nicht zwischen »Eheschließungen« und »Todesanzeigen«?). Und auch im Roman bedeutet es den Tod, sofern der Stand der Nonne akzeptiert wird oder nicht explizit abgelehnt werden kann: Die »Klosterromane« existieren lediglich in der Auflehnung gegen die Abgeschiedenheit, die die mit einem Mann geteilte Liebe verbietet und nur durch die religiöse Berufung Sinn erhält, die bei den Nonnen nicht immer vorhanden ist, denn häufig werden sie wegen fehlender Mitgift oder auf Beschluß der Eltern zum Klosterleben gezwungen.[8]
Die *Portugiesischen Briefe* (1669) veranschaulichen sehr gut diese erste Antinomie zwischen Klosterleben und Liebesgefühl. Was das Problem der fehlenden Berufung betrifft, so findet es seinen romanhaften Ausdruck ein Jahrhundert später in einem anderen großen Klassiker: *Die Nonne* von Diderot, die 1760 geschrieben, aber erst 1796 veröffentlicht wurde. Präsentiert als ein Gesuch der jungen Suzanne an ihren Rechtsanwalt, erzählt dieser Roman ihre verzweifelten Versuche, der von ihren Eltern verfügten Einschließung zu entrinnen: sie haben sie in ein Klo-

ster abgeschoben, so wie man einen Säugling in eine Mülltonne werfen würde. Diesen Wechsel vom Stand des jungen Mädchens zu dem einer Nonne erlebt Suzanne in einer Abwesenheit ihrer selbst, die genau besagt, was er für sie bedeutet: den Tod all dessen, was bewirkt, daß sie sie selbst und nicht eine andere ist, die Entfremdung, den Verlust der Identität. Und erst der wiedergefundene Wille, diesen entfremdeten Stand zu verlassen, gibt ihr die Kraft zu kämpfen, d. h. zu schreiben, um ihr Los anzuprangern – Zuflucht zu der von Diderot in Romanform fiktionalisierten Schrift.

»Was aber bedeutet das, wenn die Berufung fehlt?« ruft Suzanne in der Abgeschiedenheit ihres Klosters aus. Freilich ist ihr Problem weniger das Fehlen dieser religiösen Berufung, die unabdingbar ist, wenn man im Kloster glücklich leben will, als vielmehr das Fehlen der Autonomie, der Fähigkeit, das eigene Leben zu wählen, die Verantwortung für sein Los auf sich zu nehmen.[9] Eben die Anerkennung dieser Autonomie fordert sie von der Justiz – von Prüfung zu Prüfung: Auflehnung, Unterwerfung, gescheiterter Versuch, gerichtlich die Auflösung des unter Zwang abgelegten Gelübdes zu erreichen, Verlust einer ersten, die Güte verkörpernden Oberin; grausame Behandlung einer zweiten, die Bosheit verkörpernden Oberin; deplazierte, lesbische Liebe einer dritten; und zum Schluß die Flucht, die Heimlichkeiten und das Umherirren in der endlich wiedergefundenen Welt – doch zu welchem Preis und in welcher Ungewißheit... So gelingt es Suzanne, das Kloster zu verlassen, um in die Welt einzutreten, während es zugleich dem Stand der Nonne gelingt, in die Welt des Romans Eingang zu finden.

Doch nur weil sie diesen Stand ablehnte, weil sie um ihren Ausschluß aus der Welt der Frauen »eine Geschichte machte«, konnte sie in die Fiktion eintreten, in die Welt der Mädchen, die Ärger machen. Die Fiktionalisierung des Mädchens ohne Geschichte erscheint in der Literaturgeschichte erst mit der Ablehnung dieses Standes: diejenige, die sich aus der geschlechtlichen Welt zurückzieht oder aus ihr verbannt wird, findet in einem Roman nur unter der Bedingung einen Platz, daß sie in einer Sexualität im wilden Zustand ihre Unschuld verliert wie die kleine Braut der Natur, die mit den Elementen kommuniziert; daß sie die Hoffnung auf die Ehe ihrer Kunst opfert wie die mit der Dichtung vermählte heroische Jungfrau; oder daß sie ihren Stand als Braut Gottes ablehnt wie die zwangsweise unverheiratete Nonne. Verlust, Opfer, Ablehnung: dies sind die drei Formen der Negation jener ersten Negation, d. h. des Rückzugs aus der geschlechtlichen Welt, der es erlaubt, im Stand der Unschuld zu bleiben. Es bedarf also einer doppelten Negation, um Positives, d. h. Erzählbares, d. h. einen Roman zu erzeugen.

Die religiöse Gemeinschaft ermöglicht es, den Stand des in einem Kloster eingesperrten Mädchens einzuführen, das endgültig von der Welt der Frauen abgeschnitten ist, indem sie ihm einen Status, Regeln, eine Sozialisationsform gibt – wenn auch eine totalitäre. Dennoch ist das Kloster nur eine der Formen jener Gemeinschaft von Mädchen, die diese negative Lebensweise gewählt haben oder denen man sie aufgezwungen hat, eine Lebensweise, die im wesentlichen darin besteht, sich nicht einfangen zu lassen. Am Rande der Romanfiktion gibt es noch andere Gemeinschaften, die eine ähnliche Funktion übernehmen.

Nymphen und Amazonen

Eine Gemeinschaft ermöglicht es, den Ausschluß als Selbstausschluß und freiwilligen Rückzug, als Wahl und nicht als Fluch darzustellen. Diese Funktion wird von allen Formen weiblicher Gemeinschaften übernommen: seien sie nun geschlossen wie bei den Nonnen oder offen wie bei den sehr weiblichen Nymphen oder den sehr männlichen Amazonen. Bei beiden Gemeinschaften handelt es sich um »Mädchen-unter-sich«, die sich aus der männlichen Welt in einen nicht vom Unterschied der Geschlechter geprägten Raum geflüchtet haben. In einer solchen Gemeinschaft weicht die Einsamkeit der Junggesellinnen einer Geselligkeit, die sich nicht mehr durch den Mangel oder den Ausschluß definiert und wo das Fehlen einer sexuellen Beziehung zum Mann nicht mehr negativ, im Phantasma oder in der Phantomatisierung, erlebt wird, sondern als authentischer Zustand, durch den das weibliche Wesen grundsätzlich anderswo ist und außerhalb des Männlichen definiert wird. Indem Nymphen und Amazonen sich der Welt der Ehe entziehen, sind sie zu einer Sexualität bestimmt, die nicht anders als überschreitend, wild, von den Umständen abhängig sein kann – mit halb menschlichen, halb tierischen Satyrn oder Männern auf der Durchreise, die von ihnen bedenkenlos kastriert werden.

Diese weiblichen oder sapphischen Gemeinschaften entziehen sich meist auch der Welt des Romans: sie kommen höchstens in der Mythologie vor oder sind männlichen Autoren zu verdanken – als ob diese Frauen, die freiwillig und endgültig dem Mann unerreichbar sind, nur die Männer faszinierten, wie alles fasziniert, was sich entzieht. So verhält es sich mit Kleists Amazonen in *Penthesilea* (1808), die das Männliche nachahmen, wie um seiner besser entraten zu können, die sich sogar die Brust abschneiden, um mit dem Bogen schießen zu können – Nicht-Frauen, die ihre Weiblichkeit opfern. Als Kriegerinnen oder Jägerinnen feiern sie den Kult der Artemis, die durch ihren Bogen die Männlichkeit der Amazonen und durch ihre Schönheit die Weiblichkeit der Nymphen verkörpert. Unberührbar, unverwundbar, da von ihrer Gemeinschaft geschützt, können sie nur als Tote erobert werden wie Homers Penthesilea: Achilleus, der sie besiegt und ihren Körper durchbohrt hat, verliebt sich in ihren Leichnam und vereint sich mit ihm.[10]

Artemis untersagte ihren Nymphen jeden Verkehr mit den Männern: wie die Amazonen genügen die in Gemeinschaft

lebenden Nymphen sich selbst, in ihrem eigenen autonomen
Raum eingeschlossen – auch wenn ein solcher Raum in materieller Hinsicht offen ist, anders als der geschlossene Raum des
Klosters, in dem man die Klausnerinnen einsperrt, die, als
menschliche und nicht legendäre oder göttliche Wesen, versucht sein könnten, sich aus ihrer Lage zu befreien. Dem
Roman von Pierre Klossowski *Das Bad der Diana* (1956) zufolge
ist die Trennung zwischen dem Männlichen und der Gemeinschaft dieser »besitzbaren« und »unbessenen« Mädchen-Frau-
en absolut: die Übertretung dieses Gesetzes nimmt nicht die
Form körperlicher Gewalt an, wie die Vergewaltigung sie der
Jungfrau antut – eine Tat, die mit der Bestrafung des Mannes
durch die Justiz oder das Schuldgefühl geahndet würde –, sondern die Form der moralischen Gewalt, die der Nymphe allein
durch den Blick angetan wird – was mit der Bestrafung des
wegen seiner Übertretung bestialisierten Mannes geahndet
wird, wie bei Aktaion, der in einen Hirsch verwandelt und von
seinen Hunden zerrissen wird, weil er Artemis im Bade gesehen
hat. Denn unberührbar ist die Nymphe nicht nur, wie die Jungfrau, kraft eines menschlichen Gesetzes, das mittels der Ehe den
Statuswechsel zuläßt, sondern kraft eines supramenschlichen
Gesetzes, das die Unmöglichkeit eines Statuswechsels besiegelt.
Und eben dieses göttliche Gesetz macht die Nymphe nicht etwa
zu einem menschlichen Wesen, das der Romanfiktion zugänglich wäre, sondern zu einer Gottheit wie Artemis oder zumindest zu einem legendären Wesen wie die Nymphe Arethusa, die
nur durch die mythologischen Erzählungen in die Literatur
Eingang findet.

Sapphische Gemeinschaften

In modernerer und romanhafterer Form sind weibliche, ja
sogar sapphische Gemeinschaften in Mädchenpensionaten

anzutreffen, wo homosexuelle Liebschaften in einer Gemeinschaftsstruktur Platz greifen. Der Roman dieser Frauenlieben schlechthin ist *Olivia* von Olivia (1949), der die seltene Figur einer idealisierten Lehrerin zeigt, schön, vornehm und gebildet – eine moderne Verkörperung der antiken Sappho, der griechischen Dichterin, deren Sympathie für einige ihrer Schülerinnen Anstoß erregte. Die Liebe der Heranwachsenden, die sich Ausschließlichkeit wünscht, jedoch notwendig geteilt werden muß, grenzt an einen Kult: »Bei Tisch ihr zur Rechten sitzen zu dürfen, war an sich schon eine Initiation.« Doch die Unmöglichkeit einer sexuellen Auflösung verwehrt es der Verwirrung, sich zu fixieren, da sie sogar die Phantasie behindert und lediglich die intellektuelle Sublimierung, die Somatisierung oder die Neurose erlaubt. Unter diesen Voraussetzungen gibt es nach der Schließung des Pensionats und der Zerstreuung seiner Mitglieder keine andere Lösung als die Trennung: Trennung ohne Hoffnung, die diesem Aufenthalt im Mädchenpensionat, in der Gemeinschaft der sapphischen Liebschaften ohne Möglichkeit sexueller Auflösung, ein jähes Ende setzt.

Der Übergang zum homosexuellen Akt selbst manifestiert sich auch außerhalb jeglicher Gemeinschaft in den verschiedenen Formen der nicht von der Welt losgelösten weiblichen Homosexualität: dazu müssen wir den Raum der weiblichen Gemeinschaften verlassen, die dauerhaft den Rückzug aus der geschlechtlich vom Männlichen geprägten Welt verwirklichen, und zur gewöhnlichen Welt zurückkehren, wo das sapphische Band die Phantasie einer Welt, die nicht im Unterschied der Geschlechter gefangen ist, zu realisieren versucht – jedoch rein individuell und häufig nur vorübergehend und partiell, wie in Colettes *Claudine*-Romanen. Damit verlassen wir die Welt der Mädchen und betreten die Welt der reifen Frauen, bisexuellen Ehefrauen oder Junggesellinnen, die, obwohl wie die »Mädchen ohne Geschichte« dem männlichen Blick entzogen, dennoch die geschlechtliche Liebe, ja sogar die Partnerschaft mit einer anderen Frau praktizieren. Doch ist die Romanliteratur hier bemerkenswert dürftig: wieder einmal scheint der Zugang zur sexuellen Welt im Geschlechterunterschied den Zugang zum Raum des Romans zu öffnen.

Hier begegnen wir erneut dem literarischen Schicksal jener Mädchen ohne Geschichte, weil ohne sexuelles oder matrimoniales Projekt: den Beginn einer Geschichte und somit einen Eintritt in die Welt des Romans kann es für sie nur dann geben, wenn sie ihrer Unschuld entsagen, sich in die Liebe stürzen oder sich gegen den Ausschluß aus der von Männern bewohnten Welt auflehnen. Andernfalls gibt es keine Geschichte, weil es keine Möglichkeit eines Zustandswechsels gibt, also keine Krise, also weder ein Anlaß zur Fiktion noch, symmetrisch dazu, eine Zuflucht zur Fiktion als Bemächtigung des Realen. Die wirklichen »Geschichten«, die den Eintritt in den Raum des Romans erlauben, ereignen sich in Erwartung eines Standeswechsels, zumal dann, wenn es um den für das Mädchen radikalsten Wechsel geht, nämlich um den Übergang von der Jungfrau zur Braut: jenes Los, das die »erwählbaren«, d. h. zur Liebe bereiten, dem männlichen Blick dargebotenen Mädchen erwartet.

Erwählbare Mädchen

»Wie sonderbar er mich ansieht!« sagt Mascha, die Heldin aus
Eheglück von Tolstoj (1852), als sie ihren Vormund wiedersieht,
der sie später heiraten wird: ein einziger Blick kann ein Mädchen ohne Geschichte in ein erwählbares Mädchen verwandeln,
kann sogar ein ganzes Leben in eine völlig andere Bahn lenken,
wenn das junge Mädchen sich dem Mann verschreibt, wie sie
sich Gott verschreiben würde. Der Jungfrau, die entschlossen
ist, in die Welt der Liebe einzutreten, diesem nunmehr erwählbaren Mädchen, stehen drei Wege offen: der Königsweg der
Ehe, die sie zu einer ersten oder, wenigstens, zu einer zweiten
Ehefrau machen wird; das Abgleiten in die illegitime Sexualität,
die sie zu einer Frau mit liederlichem Lebenswandel machen
wird; oder, wenn diese beiden Möglichkeiten fehlen, der Verzicht auf die geschlechtliche Liebe durch die Ehelosigkeit oder
das Klosterleben, der sie zur Junggesellin auf Lebenszeit
machen wird. Jede Jungfrau ist der Definition nach im Warte-
zustand: eine potentielle Frau, im Ungewissen über ihren künftigen Stand, an dem Ort, wo die drei möglichen Wege zusammentreffen.[1]
Und mehr noch als in Erwartung befindet sie sich in der Hoffnung: Hoffnung auf jenen über alles begehrenswerten Stand
der Ehe, dank dem das junge Mädchen seine weibliche Identität
vollauf verwirklichen wird, »in einer Welt, in der zu heiraten
eine Tat ist und es eine Gemeinschaft von Herzen und Händen
gibt«, wie Thomas Hardy in *Die Heimkehr* (1878) schrieb. Genau
dies drückt unverblümt der Vater des Bewerbers von Maggie

aus, der jungen Heldin aus Die *Mühle am Floß* von George Eliot
(1869): »Wir fragen nicht, was eine Frau tut, wir fragen, wem sie
gehört« – und die arme Maggie träumt vergebens, sich »eine
Welt außerhalb der Liebe zu schaffen, wie die Männer es tun«,
also anders zu existieren als durch die Zugehörigkeit zu einem
Mann auf dem sanktionierten Weg der Ehe. Als wesentlicher
Faktor der weiblichen Identität ermöglicht es die Ehe zudem,
daß sie ihren Rang in der Hierarchie beibehalten oder verbessern kann, wie es mit dem Zynismus der Damen von Welt eines
der Mädchen aus *Halbjungfern* von Marcel Prévost (1894) ausdrückt: »Da ein junges Mädchen sich deklassiert, wenn es sich
nicht verheiratet, so verheirate ich mich.«
Aber normalerweise ist die Vorstellungswelt der Jungfrauen in
bezug auf die Ehe sehr viel idealistischer und nährt sich von
Legenden, Märchen und natürlich Romanen. *Der Traum* von
Zola (1888) erzählt das Warten auf den Märchenprinzen. Es ist
die Geschichte einer jungen Stickerin aus der Jugendfürsorge,
deren Träumereien von den Heiligenbiographien der *Legenda
aurea* und von den Märchen leben, in denen Königssöhne Hir-
tenmädchen heiraten: sie stirbt beim Verlassen der Kirche,
erschöpft von dem Kampf, den sie gegen den Willen des Vaters
ihres Geliebten hatte führen müssen, und erlebt daher die
Hochzeitsnacht nicht, jene Fortsetzung der Trauungszeremo-
nie, die sich die jungen Mädchen nicht ausmalen und der die
zur Jungfräulichkeit ausersehenen Heiligen entgehen. »Hatte
sie nicht das Glück bis zur Neige gekostet? Endete nicht hier die
Freude des Seins?« Mitten im Paradies der Legenden erlebt sie
also die doppelte imaginäre Erfüllung des Märchens – die Heirat mit einem reichen, adligen und verliebten Mann – und der
Heiligenlegende – den Tod in der Jungfräulichkeit –, nicht
jedoch die wirkliche Vereinigung mit dem Mann. Und dem
Roman selbst scheint es nicht zu glücken, seinen Leserinnen die
imaginäre Basis zu liefern, die es erlaubt, von einer Ehe zu träumen, die nicht nur in der Einbildung existiert, von einem Mär-

chenprinzen, der sich nicht damit begnügt, keusch ihre Lippen zu küssen.

Das ganze Problem besteht darin, diese so ersehnte Ehe zu erreichen; und zwar intakt, will man nicht den Rest seines Lebens für die Überschreitung des Mädchenstands büßen. Denn auch ohne das Schreckgespenst einer illegitimen Schwangerschaft, die die Chancen, geheiratet zu werden, verdirbt, bleibt die körperliche Evidenz der Defloration, die auf jeden Fall die Chancen verderben würde, von ihrem Mann geachtet zu werden, indem sie jenes Recht auf Souveränität geltend macht, die das – zerbrechliche – Privileg der legitimen Ehefrauen ist. Denn die Jungfräulichkeit begründet die Möglichkeit dessen, was man einen »Exklusivvertrag« nennen könnte, der sich auf zweierlei Weise in der Ehe materialisiert: für den Mann in der Unterhaltspflicht, für die Frau in der Treuepflicht. Wenn man weiß, daß die Tugend sich in einer Jungfräulichkeit konkretisiert, die sich paradoxerweise nur durch ihren Verlust beweisen läßt, begreift man, wie wichtig für ein junges Mädchen das Vertrauen ist, das sie dem Mann hinsichtlich dieser Jungfräulichkeit einflößt, denn sie garantiert die Tugend, von der die Gültigkeit und die Lebensfähigkeit des Ehevertrags abhängen wird. Die Schaffung und Bewahrung eben dieses Vertrauens in ihre Tugend nennt man Reputation, die notwendige Ergänzung – ja der Ersatz – der Mitgift.

Jede Jungfrau befindet sich daher in mehrerer Hinsicht in einer kritischen Lage. Als erstes muß es ihr gelingen, die geschlechtliche Welt libidinös zu besetzen, d. h. sich in den Reigen der Frauenrollen hineinziehen zu lassen, ohne ihm vorzeitig zu erliegen: anders gesagt, sie muß lernen zu verführen (im schwachen Sinn der Koketterie), ohne sich verführen zu lassen (im starken Sinn der körperlichen Beziehung). Genau dies lehrt der Abbé die junge Lamiel in Stendhals gleichnamigem Roman (1839): die Liebe ist »eine Art von Wahnsinn, der eine Frau in Unehre bringt, wenn sie sie mehr als vierzig Tage andauern läßt – also die gleiche Dauer wie die Fastenzeit –, ohne sie durch das Sakrament der Ehe zu heiligen. Die Männer hingegen genießen um so höhere Achtung in der Gesellschaft, je mehr junge Mädchen oder Frauen sie entehrt haben«. Sodann muß sie lernen, sich in einer weiblichen Welt zu bewegen, die in hohem Maße von Konkurrenz und Rivalität geprägt ist und in der die Attraktivität eines Freiers mit der Zahl und der Qualität der anderen Mädchen, die ihn interessieren könnten, steigt. Darüber hinaus muß sie die materiellen und hierarchischen Interessen ihrer Familie und ihre eigenen künftigen Interessen mit der amourösen Anziehung in Einklang bringen, was bisweilen dazu führt, daß sie sich mehr einer Person als deren Situation verbunden fühlt. Und schließlich muß sie sich, falls sie sich nicht in Einklang bringen lassen, auf einen Sinneswandel vorbereiten, der notwendig ist, damit die Ehe trotz allem erträglich wird. Diesen verschiedenen kritischen Momenten werden wir uns nun, in ihrer Romangestalt, nacheinander zuwenden.

Vom guten Gebrauch der Tugend

Die Prüfung des Blicks ist nicht nur die sublimierte Erfahrung der Liebesbegegnung, die innerhalb einer Sekunde eine Jungfrau in den Taumel einer absoluten Gegenseitigkeit und sodann in die Erwartung einer endlosen Wiederholung dieses Augenblicks zu reißen vermag: der Blick kann auch die Prüfung der Begegnung mit dem männlichen Begehren sein. Dieser durch den Blick ausgelöste Sturz in den Bereich der geschlechtlichen Beziehung kann ohne Trauma, sogar mit Bewunderung und in Vorwegnahme des männlichen *savoir faire* erlebt werden, sofern eine Initiation in die Liebe oder eine Möglichkeit der Ehe besteht: »Er hat mich nur eine Sekunde lang angesehen, aber er ist jemand, der ansehen kann. Ein Blick im Zickzack, auf den unteren Teil des Gesichts und auf die Hände«, bemerkt in *Clau-*

dine in Paris von Colette (1901) die aufgeweckte Jungfrau, als sie sich dem Blick desjenigen ausgesetzt sieht, der ihr Ehemann werden wird. Aber dieser »asymmetrische« Blick wird als respektlos empfunden, sobald er sich nicht zur Achtung jener Jungfräulichkeit verpflichtet, jener Abwesenheit von der geschlechtlichen Welt, die man Unschuld nennt. Mit dem Blick des Begehrens beginnt nun für das junge Mädchen das Unbehagen – und manchmal das Unglück.

Er kann verborgen bleiben, wie der hinterhältige Blick des Voyeurs oder der verwirrendere, wenn nicht anrührende Blick des Mannes, der gegen seinen Willen einem Begehren erliegt, über das er nicht Herr ist: dann ist das Unbehagen des jungen Mädchens lediglich Angst vor dem Unbekannten oder Sorge, ein mögliches Ausufern zu vermeiden. Doch sobald er sich als Blick des Begehrens erweist und zur Schau stellt, hat der männliche Blick die besondere Eigenschaft, an sich schon eine Beleidigung zu sein, eine Entwürdigung, eine stumme und ohne jede Bewegung verübte Gewalt: eine für andere unsichtbare, für die Betroffenen jedoch höchst sichtbare Gewalt. Im äußersten Fall kann der Blick ein abgemildertes Äquivalent der Vergewaltigung sein, sobald eine maximale »Asymmetrie« besteht zwischen der Welt des Begehrens, das der hartnäckig Blickende zu erkennen gibt, und der geschlechtslosen Welt, in der sich die Angeblickte bewegt; allermindestens ist er eine Art der Demütigung, sobald zwischen der Position des höherstehenden Mannes und der des Mädchens ein großer Abstand besteht. Außerdem lassen sich diese Gewalt und diese Demütigung um so schwerer ertragen, als das junge Mädchen dem kaum etwas entgegenzusetzen hat und keine Klage vorbringen kann, da streng genommen keine Tat begangen wurde. Und wenn keine Ehe in Aussicht steht, wenn das Geschlecht lediglich die Drohung bedeutet, den Mädchenstatus zu verlieren, und nicht das Versprechen, in den Stand der Frau eingeweiht zu werden, dann wird der begehrende Blick als Gewalt, Demütigung und Aggres-

sion empfunden. Eben dies erzählt Evelina in dem gleichnamigen Roman von Fanny Burney (1778): »An eben dem Tisch, an
welchem sich Lord Orville befand, saß auch ein Herr – so nenne
ich ihn, bloß weil er an eben dem Tisch saß –, welcher vom
ersten Augenblick an, da ich mich setzte, seine Augen starr auf
mein Gesicht heftete und sie die ganze Teezeit auch nicht einmal auf einen anderen Gegenstand wandte, obgleich mein Mißfallen über dieses beständige Anstarren ihm gewiß sehr merk-
lich sein mußte.« Damit untersteht der Mann nicht mehr einer
hierarchischen, sondern einer sexuellen Wahrnehmung: der
»Gentleman« ist ein solcher nur, wenn er sein Begehren verbirgt.

»Wenn ich in seinen Augen dieselbe unverschämte Vertraulich-
keit wiederfinde wie in seinem grausamen Brief, dann weiß ich
nicht, wie ich sie ertragen soll«, klagt sie später, durch die Prüfung des Blicks belehrt: wie läßt sich der Ausdruck eines männlichen Begehrens ertragen, wenn ihn der Stand des Verlobten
nicht zivilisiert, wenn ihm kein Eheversprechen zugrunde liegt?
Und mehr noch: wie verhindern, daß die immaterielle Gewalt
des Blicks in tatsächliche Gewalt, d. h. in Vergewaltigung
umschlägt? Wie die Tugend, d. h. die Jungfräulichkeit verteidigen in einer Welt, in der die Männer junge Mädchen nicht
immer respektieren, weil nur diejenigen respektabel erscheinen,
die sich heiraten, d. h. in das Spiel der Ehestrategien integrieren
lassen? Von der Schwierigkeit einer solchen Übung zeugt eine
der berühmtesten Romanheldinnen des 18. Jahrhunderts, die
Pamela von Richardson (1740), ein wahrer Bildungsroman für
junge Mädchen, die lernen müssen, tugendhaft zu sein, auf die
Gefahr hin, arm und unverheiratet zu bleiben, um nicht das
harte Los der gefallenen Mädchen tragen zu müssen. Andert-
halb Jahrhunderte nach Richardson wird Zola eine moderne
Version dieses »guten Gebrauchs der Tugend« vorlegen mit seinem Roman *Zum Paradies der Damen* (1883), in dem Denise Bau-
du, ein junges Mädchen aus der Provinz, das mittlerweile in

einem großen Warenhaus arbeitet, schließlich von dem Chef geheiratet wird, dessen Avancen sie zurückgewiesen hat, obwohl sie in ihn verliebt war, und durch ihre Standhaftigkeit die Achtung ihrer Kolleginnen erwirbt. Auch der zeitgenössische »Harlekin-Roman« greift die Thematik gerne auf.[2]

Pamela ist eine einfache Hausangestellte, Kammerzofe der (verstorbenen) Mutter ihres Dienstherrn, deren niedere Herkunft indes durch die verfeinerte Erziehung ihrer Herrin abgemildert wurde: sie kann hervorragend lesen, singen und tanzen – und vor allem schreiben, denn der Roman besteht im wesentlichen aus ihren Briefen an ihre Eltern. Darin ähnelt sie der Figur der Gouvernante, deren typisches Schicksal sie durchleben muß, d. h. den Verzicht auf die Sexualität, da aufgrund des Standesunterschieds zu dem, der sie begehrt, eine Heirat nicht in Frage kommt. Daher ist der Verzicht in keiner Weise jenes passive Sichabfinden mit der Abwesenheit jedes männlichen Blicks, wie es das Los jener Mädchen ist, deren Schönheit nicht ausreicht, diesen Mangel wettzumachen; er ist vielmehr aktiver Widerstand gegen dieses männliche Begehren, das, würde es befriedigt, ein für allemal das wichtigste Kapital eines armen Mädchens zerstörte, nämlich ihre Tugend.

Denn die Mädchen verfügen auf dem Heiratsmarkt im wesentlichen über fünf Trümpfe: die durch den Namen beglaubigte Herkunft; das durch die Mitgift beglaubigte Vermögen; die durch die guten Manieren und die Konversation beglaubigte Erziehung; die durch den guten Ruf beglaubigte Tugend; und die Schönheit, die keiner Beglaubigung bedarf, da sie unmittelbar wahrnehmbar ist. Als Deklassierte, deren Eltern arm sind, verfügt Pamela, im Gegensatz zu vielen Romanheldinnen, weder über Herkunft noch über Vermögen, besitzt jedoch außergewöhnliche Schönheit. Was die erworbenen Reichtümer betrifft, so verdankt sie ihrer Herrin die Erziehung und ihren eigenen Anstrengungen den guten Ruf. Ihre Tugend ist also ebenso außergewöhnlich wie ihre Schönheit: denn das Problem

besteht darin, daß die erstere, die ihr allgemeine Achtung einträgt, der anderen abhold ist, die ihr unglücklicherweise das
ganz besondere Interesse ihres ebenso wohlgestalteten wie
wohlgeborenen jungen Dienstherrn einträgt. Man sieht hier,
wie ambivalent die Schönheit ist. Aus dem wichtigsten Mittel,
eine gute Heirat zu bewerkstelligen, wird ein Instrument des
Verderbens, sobald das nicht vom Weg der Ehe kanalisierte
männliche Begehren angeregt wird, mit Gewalt zu nehmen, was
es vertraglich nicht erhalten kann oder will. Zu dieser der
Schönheit wesentlichen Ambivalenz gesellt sich ihr widersprüchlicher Status, denn sie ist eine rein äußerliche, also sofort
sichtbare und gleichzeitig völlig oberflächliche Eigenschaft:
was dazu führt, daß sie einerseits tatsächlich intensiv aufgewer-
tet, in Worten jedoch zugunsten persönlicherer, beständigerer,
authentischerer Werte ostentativ angeschwärzt wird. So darf
sich ein wohlerzogenes junges Mädchen nicht für seine Schönheit interessieren, will es nicht als eitel, narzißtisch, egoistisch
gelten; aber es darf sie auch nicht sichtbar vernachlässigen, will
es nicht unweiblich, ungepflegt oder gegen die Achtung anderer gleichgültig erscheinen.[3]

Die arme Pamela wird also mit den Widersprüchen konfrontiert, die gerade den Eigenschaften, die ihre Vorzüglichkeit ausmachen, innewohnen. Sie kann nichts dafür, daß sie schön ist,
und wird eben wegen dieser Eigenschaft verfolgt, die, wäre sie
wohlgeboren, ihre Chancen erheblich erhöhen würde. Und das,
wofür sie sehr viel kann, ruft dagegen nur Gleichgültigkeit, ja
sogar Mißbilligung hervor: ihre Erziehung interessierte wirklich
nur ihre Herrin, die ihr jetzt nicht mehr beistehen kann, und ihre
Tugend wird von ihrem jungen Dienstherrn angegriffen, von
dem sie nunmehr abhängig ist. Da sie kein anderes Verdienst hat
als das der Tugend, kann sie weder verstehen noch akzeptieren,
daß allein ihre Schönheit ausreicht, sie zu verlieren, indem sie
das männliche Begehren entfacht: »Ach, lieber Herr, was habe
ich nur getan, daß ich so grausam behandelt werde, als ob ich Sie

bestohlen hätte?« Trotz ihrer niederen Herkunft wird sie unablässig die moralische (also innere) Größe der Tugend gegen die soziale (also äußerliche) Größe der Geburt ins Feld führen: »Aber meine Seele, o lieber Herr, ist von ebenso großer Wichtigkeit wie die einer Prinzessin, auch wenn mein Stand niedriger ist als der der geringsten Sklavin.« Und dieses Bewußtsein einer Würde, die über den hierarchischen Konventionen steht, ermöglicht es ihr, den ehrenrührigen Anträgen desjenigen zu widerstehen, der, nachdem er es aufgegeben hat, sie zu vergewaltigen (was sie zu einem gefallenen Mädchen machen würde), nun versucht, sie mit Geld herumzukriegen (was sie zu einer Prostituierten oder bestenfalls zu einer Mätresse machen würde). Der Gefahr entronnen, die Mätresse eines allzu verliebten Dienstherrn zu werden, verliebt sich Pamela jedoch am Ende in ihn: für den Romancier die einzige Art und Weise, die erotischen Interessen seines Helden mit den materiellen und moralischen Interessen seiner Heldin zu versöhnen und es gleichzeitig den Lesern zu ermöglichen, über das weibliche Eingehen auf das Begehren, und den Leserinnen, über die männliche Unterwerfung unter das Gesetz zu phantasieren.

Wird der Herr seine Dienerin schließlich heiraten? Der Roman endet im Ungewissen, gleichsam hin und her gerissen zwischen dem Wunsch nach diesem glücklichen Ausgang und dem Bewußtsein seiner äußersten Unwahrscheinlichkeit. Erst mit der Fortsetzung, 1741, gibt der Autor auf diese grundlegende Frage eine positive Antwort. Und erst mit *Clarissa, or the History of a Young Lady* (1748) setzt er dieser rosigen Version der belagerten Tugend eine schwarze Version entgegen: Opfer ihrer Familie, die sie mit einem ihrer unwürdigen Mann verheiraten will, wendet sich Clarissa Harlow an Robert Lovelace, ohne zu wissen, daß er ein Wüstling ist; entehrt stirbt sie im Spital, womit sie veranschaulicht, was einem unvorsichtigen Mädchen widerfahren kann, der es nicht gelingt, von ihrer Tugend den guten Gebrauch zu machen, den man von ihr erwartet.

Das Zeitalter des Verdachts

Es bleibt ein Verdacht: daß diese romanhafte Verkörperung der weiblichen Reinheit nicht nur ein Geschöpf der Fiktion, sondern auch der Lüge ist – einer Lüge, die ausgerechnet die Welt des Romans nähren würde, aus der das reine junge Mädchen hervorgegangen ist. Auf diese Romanfiktion versucht Pamelas Dienstherr sie zu reduzieren, wenn er in einem Brief an seinen Vater den Ort der Wahrheit umzukehren versucht: »Doch glauben Sie mir, trotz ihrer vorgeblichen Einfachheit und ihrer gespielten Unschuld habe ich in meinem Leben noch kein Mädchen von so romaneskem Geist gesehen. Mit einem Wort, die Lektüre der Romane und ähnlicher Bücher hat ihr den Kopf verdreht, einer Lektüre, der sie sich seit dem Tod meiner guten Herrin hingegeben hat; sie setzt eine Miene auf, als wäre sie ein Muster an Vollkommenheit, und bildet sich ein, daß alle Welt ihr übel will.« Diese Art von Verdacht, wo sich die Tugend in Heuchelei und die Jungfräulichkeit in Täuschung verkehrt, ist eben jener, den zwei Generationen später jenes absolute Gegenmodell zu Pamela veranschaulicht, nämlich die *Justine* von de Sade (1791). Hier gibt es keinen guten Gebrauch der Tugend: diese kann nur »Leiden« hervorrufen, während mit Juliette, der mißratenen Schwester Justines und ihrer vollkommenen Antithese, allein das Laster »gedeiht«. Wenn *Pamela* ein Bildungsroman ist, der die jungen Mädchen lehrt, daß sie ihre Tugend bewahren müssen, um ihre Heiratschancen nicht zu verspielen, so ist *Justine* sozusagen ein Verbildungsroman, wo die zwanghafte Wiederholung sexueller Prüfungen dazu dient, die Gewaltphantasien eben derer zu nähren, gegen die sich die Jungfrauen so mühsam zur Wehr setzen müssen.

Zur Veranschaulichung seiner These, der zufolge die Männer in einer puritanischen, von einer Ethik der Beständigkeit geprägten Welt die Last der Reinheit auf die Frauen abgewälzt haben, schlägt Edmund Leites eine etwas befremdliche Interpretation der *Pamela* vor[4]: indem er ihr unwahrscheinliches Ende zum Schlüssel des ganzen Romans erklärt, zentriert er seine Analyse auf Pamelas Sexualität, auf die erotische Anziehung, die sie auf ihren Verführer ausübt. Dazu muß er Symptome überinterpretieren und gleichzeitig das beständige und explizite Thema des Romans vernachlässigen, nämlich die Notwendigkeit des jungen Mädchens, seine Tugend zu bewahren, in der Furcht, dabei zu scheitern, und der Demütigung, mitansehen zu müssen, wie ihr Wille systematisch mißachtet wird. Diese sexualistische Lesart ist insofern typisch androzentrisch, als sie mit dem impliziten Postulat einer Symmetrie zwischen dem weiblichen und dem männlichen Standpunkt sich faktisch letzteren zu eigen macht: was Leites dazu führt, spontan das Gebaren zu reproduzieren, das der Verführer im Roman an den Tag legt, ausschließlich darauf bedacht, die Befriedigung seiner erotischen Triebe zu erreichen. Denn ebensowenig wie Pamelas Dienstherr will Leites sehen, daß es dem jungen Mädchen bei der Konfrontation – und allgemeiner dem Verhalten zwischen den Geschlechtern – nicht nur um Sexualität, sondern auch um Ökonomie und vor allem um ihre Identität geht: indem Pamela ihre Tugend bewahrt, schützt sie ihre Chancen, zur Ehe zu gelangen, d. h. der Gefahr zu entgehen, wenn nicht zu verhungern, so doch in der Armut der Gouvernante oder in der Schande der Mätresse oder Prostituierten zu leben – beides Synonyme für die Einsamkeit und den Verlust familiärer und freundschaftlicher Bindungen. Würde das junge Mädchen die Sexualität außerhalb der Institution der Ehe bejahen, so verlöre es mit seiner Jungfräulichkeit auch die Integrität dessen, was es ist, all dessen, was es in der Treue zur Familienethik definiert.[5] Diese seltsame Kurzsichtigkeit, die Leites beweist, wenn er die Symptome zum Nachteil der doch so reichen Buchstäblichkeit der Rede übersetzt, verrät die Verheerungen sowohl des Sexualismus als auch des Androzentrismus, die Pamela einer doppelten Aggression aussetzen: der ihres Verführers im Roman und der des Kommentators dieses Romans, der zweihundert Jahre danach von einem sexuellen Einsatz geblendet zu sein scheint, der es ihm verwehrt, die Demütigung zu erkennen, die ein Vorgesetzter einer Abhängigen zufügt, die Mißachtung ihrer Person, die Gleichgültigkeit gegen alles, was den anderen bewegt, insofern er eben ein anderer – eine andere – und nicht die bloße Projektion der eigenen Wünsche ist.[6]

Der Eintritt in die Welt

Nicht alle jungen Mädchen sind zwangsläufig der Gewalt der männlichen Verführung ausgesetzt. Aber alle müssen diesem Augenblick des Übergangs zwischen dem geschlechtslosen Leben der Adoleszenz und der geschlechtlichen Welt der potentiellen Frauen ins Auge sehen: einem Augenblick, wo das mannbare Mädchen öffentlich als »erwählbares Mädchen« zur Schau gestellt wird, als potentielle Verlobte, offizielle Anwärterin auf das Begehrtwerden und dessen Institutionalisierung durch die Ehe. Dies nannte man in der feinen Gesellschaft »den Eintritt in die Welt«, der nicht von der Betroffenen beschlossen und organisiert wurde, sondern von den Eltern, insbesondere der Mutter, im Bewußtsein der »Notwendigkeit, unter allen Umständen fürs Leben versorgt zu sein, eine Haupttugend, die alle guten Mütter ihren Töchtern beibringen« (Thomas Hardy, *Eine Frau mit Phantasie*, 1893).

Eine Mutter hat die junge Heldin von *Evelina, oder eines jungen Frauenzimmers Eintritt in die Welt* von Fanny Burney (einem großen literarischen Erfolg des 18. Jahrhunderts) nicht mehr, da sie seit langem Waise ist. Sie hat auch keinen Vater mehr, wenigstens nicht zu Beginn dieses Briefromans, der erzählt, auf welche Weise es ihr endlich gelingt, einen Ehemann zu finden und einen Vater wiederzufinden, wobei der eine wie der andere es ihr ermöglichen würden, jene hohe Stellung zu erreichen, die sie

innegehabt hätte, wäre sie ihr nicht schon früh durch einen bio-
graphischen Unfall genommen worden (ein Schema ähnlich
dem der *Marianne* von Marivaux, 1731, bei dem die arme Waise
ihre Tugend vor den Angriffen eines Greises schützen mußte
und ihr eine Liebesheirat mit einem jungen Mann gelang, der
kein anderer war als der Neffe jenes Greises, während sie selbst
sich als Tochter eines Herzogs entpuppte). Diese anfängliche
Unordnung wird von der Wiederholung der zahlreichen weiteren Unordnungen überlagert, die Evelinas Eintritt in die Welt
umranken, unter dem fernen Schutz eines Adoptivvaters, der
sie der Mutter einer Freundin anvertraut, damit diese sie in das
Londoner Leben einführe. Diese etwas chaotische Entwicklung
in einer »Welt«, in der es von Fallen wimmelt, ist gleichsam die
Initiationsprüfung, die der Ehe der Heldin mit einem schönen,
reichen und verliebten jungen Lord, dem Objekt ihrer Begierde,
vorausgeht. Die Aufeinanderfolge dieser Prüfung veranschaulicht auf wunderbare Weise die Instabilität des Stands der Jungfrau: sie weiß nie mit Sicherheit, ob sie heiraten wird, und ihre
mögliche Heirat kann dazu führen, daß sie in der Welt entweder absteigt oder aufsteigt, und zwar sehr viel deutlicher als bei
einem Mann, dessen Universum möglicher Eheschicksale weit
eingeschränkter ist. In die Welt eintreten heißt, in jenen Stand
des erwählbaren Mädchens einzutreten, in dem sich in wenigen
Monaten oder Jahren ein sowohl persönliches als auch familia-
les Schicksal entscheidet. Daher auch befindet sich das junge
Mädchen während des ganzen Romans auf dem schmalen Grat
zwischen Aufstieg und Abstieg, der Heirat mit einem hochan-
sehnlichen Lord oder mit einem unbegüterten Kleinbürger
ohne Erziehung.
»Bisher wußte ich nicht, wie schwer es ist, ohne Geld und ohne
Herkunft Ansehen und Achtung zu erringen«: der Mangel an
hierarchischer Würde erhöht die Schwierigkeit der jungen
Mädchen, sich »Achtung« zu verschaffen, d. h. jeden Kurzschluß zwischen dem Mädchenstand und dem Frauenkörper

zu vermeiden, zwischen der Unberührbarkeit der Jungfrau und
dem Begehrenswertsein des jungen Mädchens, zwischen dem
Mädchen, das sie noch sind, und der Frau, die sie werden wollen. Dieser Kurzschluß ist kein anderer als die nicht vertraglich
festgelegte Berührung, d. h. die Berührung außerhalb der Ehe,
die buchstäblich obszön, da deplaziert ist: im schlimmsten Fall
ist es die Defloration, die entweder mit Gewalt erzwungen wird,
also die Vergewaltigung, oder durch Überredung erfolgt, d. h.
durch Verführung; weniger schlimm sind die leichte Berührung
mit der Hand, sodann die »deplazierte« Rede und schließlich
der Blick, das erste Instrument der Sexualisierung. Das ganze
Problem der jungen Evelina, nachdem sie einmal »in die Welt
eingetreten«, d. h. offiziell ein erwählbares Mädchen geworden
ist, besteht darin, diesen Kurzschluß zu vermeiden, diesen Einbruch der Sexualität in einen Stand, der zwar nicht mehr ganz
der des Mädchens ohne Geschichte ist, den Pamela vergebens
erstrebte, aber für die Verunreinigung nicht weniger anfällig ist
und daher in gleichem Maße den guten Gebrauch der Tugend
verlangt. Die in diesem Roman immer wiederkehrenden Variationen über die Beschmutzung veranschaulichen diese Ver-
kopplung von »Reinheit« und »Gefahr«, deren Allgegenwart in
vielen Gesellschaften Mary Douglas aufgezeigt hat.[7] Diese
Obsession der Beschmutzung kehrt auf mehreren Ebenen wieder: auf der sexuellen Ebene mit den respektlosen Huldigungen
des Edelmanns, der sie ungebührlich anblickt; auf der hierarchischen Ebene mit den zahlreichen Episoden, in denen Evelina
von Lord Orville in schlechter Gesellschaft gesehen wird,
zusammen mit den Mitgliedern ihrer Familie, die durch das
Unglück einer Mesalliance zu einer vulgären Welt gehören; auf
materieller Ebene mit dem Dreck des Londoner Lebens, der
sich so unangenehm von dem unschuldigen Kot ihrer ländlichen Heimat unterscheidet. So häufen sich die Szenen, in
denen das junge Mädchen sich durch Zufall sowohl ungehöri-
gen wie beschmutzenden männlichen Unternehmungen ausge-

setzt sieht: »Kurz darauf wurden wir von einem heftigen Regenguß überrascht. Wir beschleunigten den Schritt und mußten unsere Hände loslassen, um unsere Kleider vor dem Regen zu retten. Diese Herren drängten uns, ihre Dienste anzunehmen, und boten uns ihren Arm; zwei von ihnen wurden so zudringlich, daß ich bei der Bewegung, die ich machte, um ihnen auszuweichen, stolperte und hinfiel.«

Um dieses doppelte Handicap – eine scheinbar dunkle Herkunft und den fehlenden elterlichen Schutz – auszugleichen, hat Evelina, wie Pamela, zwei Hilfsmittel: ihre Schönheit und ihre Tugend. Die eine ist, wie wir sahen, ambivalent, die andere zerbrechlich; denn selbst wenn sie bei jeder Prüfung intakt bleibt (und uns ebendies zu beweisen, ist Gegenstand des Romans), so hat sie doch keinen Einfluß auf ihre öffentliche Manifestation, d. h. den guten Ruf: sogar ein tugendhaftes Mädchen kann aufgrund unangemessenen Verhaltens Kritik auf sich ziehen, Verhaltensweisen, die jenes unschätzbare und zerbrechliche Kapital angreifen, das um so wichtiger ist, als sie weder einen Namen noch Vermögen besitzt. Ihr Eintritt in die Welt hatte nun aber gerade mit einem Angriff auf ihren guten Ruf begonnen: zu ihrem ersten Ball eingeladen, hatte sie, ohne es zu wollen, eine Ungeschicklichkeit gegenüber einem Tänzer begangen. Obwohl sehr geringfügig und unschuldig, wird diese kleine Beschädigung ihres guten Rufs nachhaltig ihre Stellung in der Welt beeinträchtigen, zumindest bei dem einzigen Mann, der in ihren Augen zählt. Es bedarf jener langen Folge winziger Prüfungen, lächerlicher Verwirrungen und unmerklicher Beschmutzungen, damit *in extremis* sowohl das Unglück der Geburt, das sie seit ihrem Eintritt in die mondäne Welt daran gehindert hatte, den Namen ihres Vaters zu tragen, als auch das Unglück auf dem Ball wiedergutgemacht werden kann, das seit ihrem Eintritt in die geschlechtliche Welt den Heiratsantrag hinausgezögert hatte, der es ihr endlich erlaubt, Lord Orvilles Namen zu tragen.

Dieser erste Ball, dessen Prüfung Evelina schlecht bestanden
hat, ist die öffentliche Manifestation des Eintritts in die Welt,
durch die das mannbare und geschichtslose Mädchen offiziell
in den Stand eines erwählbaren Mädchens oder, wie es heißt,
eines Mädchens »im heiratsfähigen Alter« überwechselt. Er ist
der Ort einer vielfältigen und grundlegenden Ausbildung:
Erlernen der Codes der Geselligkeit oder des Umgangs zwischen Männern und Frauen mittels jener sublimierten und
öffentlichen Form der Kopulation, die der Tanz darstellt; Erlernen ihres eigenen Werts als Objekt der Begierde oder, mit anderen Worten, ihrer Verführungskraft; Erlernen jener unumgäng-
lichen Realität, welche die Rivalität mit den anderen Mädchen
darstellt, ebenfalls Anwärterinnen auf den männlichen Blick.
Denn der Ball ist ein Raum weiblicher Rivalität auf dem Heiratsmarkt, die Konkretisierung dieser Rivalität, in der, ob sie es
wollen oder nicht, alle eingebunden sind, die sich in der von den
Männern bewohnten, von der Möglichkeit der sexuellen Initiation geprägten Welt; zumal die Rivalität bei einem Mädchen
noch einen sehr realen Einsatz hat, der bei den verheirateten
Frauen verschwinden wird: sie bringt nicht nur den Narzißmus
ins Spiel, sondern auch die Verlockung der besten Partie, das
Aushandeln der besten Heirat – also das Schicksal des jungen
Mädchens bis zum Ende ihrer Tage.

Die *Aufforderung zum Tanz* von Rosamond Lehmann (1932)
stellt, in der Vorbereitung auf den ersten Ball verdichtet, alle
Dimensionen dieser Initiationsprüfung dar: zunächst die Erfahrung der Rivalität, die durch die Existenz einer älteren und
schöneren Schwester reaktiviert wird und die Inszenierung der
Rivalität der Mädchen im Raum des Balls vorwegnimmt,
sodann die durch die Perspektive dieser Sozialisationsprüfung
ausgelöste Identitätskrise: »Plötzlich war sie niedergeschlagen,
mutlos; dachte, ahnte, daß sie noch nicht sie selbst… noch
nicht im reinen mit sich war… sein konnte, nicht aus einem
Guß. (…) O Schreckensbilder! Einsam in der Menge! Ein Fest,

von dem sie als einzige heimkehren wird, ohne mitgemacht zu haben!« Schließlich findet jene Unsicherheit, die durch das den Blicken Ausgesetztsein an den Tag kommen wird, ihren Ausdruck in der Prüfung des Spiegels, untrennbar mit der Prüfung des Kleides verbunden, in der sich immer alles resümiert. Die Romanliteratur ist voll von »Erster-Ball-Szenen« und Kleidergeschichten, bei Natascha in *Krieg und Frieden* von Tolstoj (1867) oder auch der Eingangsepisode von Margaret Mitchells *Vom Winde verweht* (1936) mit dem Gartenfest, einer Art Inszenierung des lokalen Heiratsmarkts, auf dem Scarlett O'Hara ihr ganzes künftiges Leben verspielen wird. Als sie in der unscheinbaren Melanie eine glücklichere Rivalin entdeckt, die Ashley, den sie selbst begehrt, zur Verlobten wählt, stürzt sich die junge hübsche Scarlett aus Trotz in eine Ehe mit Charles, den sie freilich nicht lange zu ertragen braucht, da der Krieg ihr die Chance bietet, vorzeitig Witwe zu werden und eine zweite Ehe mit Rhett einzugehen, der sich schon auf dem Gartenfest in sie verliebt hatte, von dessen Liebe sie sich jedoch zu spät besiegen läßt – am Ende des Romans. Dieser internationale Bestseller ist eine der berühmtesten Variationen über das alte Thema der guten Wahl – eine wichtige Prüfung, die auf den Eintritt in die Welt folgt.

Die gute Wahl

Die Frage der guten Wahl ist in der Romanliteratur, insbesondere der »Romanze« ein vorherrschendes Thema; von Jane Austen bis zur Harlequin-Reihe unserer Tage sollte die Anfang des 19. Jahrhunderts von der englischen Autorin eingeführte Romanstruktur das Grundmuster eines großen Teils der empfindsamen Literatur bilden. Denn im Unterschied zu den Romanen des 18. Jahrhunderts, wo eine einzige Heldin (Pamela, Clarissa, Evelina) sich ihrem Schicksal stellte, weisen die

Romane von Jane Austen die Besonderheit auf, daß sie *mehrere* Heldinnen gleichzeitig auftreten lassen.[8] Diese grundlegende Vervielfältigung der Personen macht die Eigentümlichkeit des so erschaffenen Universums und, in der Literaturgeschichte, seine Scharnierfunktion für die Moderne aus. Denn da sie mehrere sind, genießen diese Heldinnen ein hohes Maß an Individualität: Es handelt sich nicht mehr um eine eindeutige und idealisierte Figur, sondern um differenzierte Individuen, die jeweils ihre Vorzüge und Fehler haben – was auch für die männlichen Personen gilt. Diese Partikularisierung der Figuren geht mit einer sehr genauen Erzählweise einher, die auf die Details und die Umstände des täglichen Lebens eingeht, was zum Reiz dieser Romane beiträgt. Und schließlich hat sie erzählerische Folgen, die geeignet sind, die verschiedenen Formen des Stands eines Mädchens zu erhellen.

Konzentrieren wir uns auf ihren ersten Roman, *Verstand und Gefühl* (1811). Elinor, die ältere Schwester, »besaß einen scharfen Verstand und ein nüchternes Urteilsvermögen, die sie, trotz ihrer erst neunzehn Jahre, zur Ratgeberin ihrer Mutter befähigten«. Marianne, ihre jüngere Schwester, ist ganz vom Gefühl bestimmt: sie »war empfindsam und klug, aber in allem überschwenglich, und in ihrem Schmerz und in ihrer Freude konnte sie sich nicht mäßigen«.[9] Dieses schwesterliche Band macht jenes Verhängnis der zu verheiratenden Töchter noch spürbarer und schmerzlicher, d. h. den Zwang, sich in einem Rivalitätsraum, einer in hohem Maße von Konkurrenz geprägten Situation zu bewegen. Diese Rivalität sowie ihre in Anbetracht ihrer unterschiedlichen Schönheit ungleichen Chancen auf dem Heiratsmarkt werden unverblümt und grausam von ihrem Halbbruder zum Ausdruck gebracht, als er Elinor von Marianne und ihrem Liebeskummer erzählt: »Sie verfügte über eine Art von Schönheit, die den Männern ganz besonders gefiel. Wie ich mich erinnere, pflegte Fanny immer zu sagen, sie würde sich früher und besser verheiraten als du. Nicht, daß sie dich nicht

über die Maßen gern hätte, aber diesen Eindruck hatte sie nun
einmal. Sie wird sich jedoch irren. Ich frage mich, ob Marianne
jetzt noch einen Mann mit mehr als fünf- oder sechshundert im
Jahr, äußerstenfalls, bekommen wird, und ich müßte mich sehr
täuschen, wenn du keine bessere Partie machtest!«
Gewiß, Marianne ist die hübschere. Aber letztlich gewinnt Elinor diese Jagd nach der »guten Objektwahl«. »Wahl« ist hier im
starken Sinn zu verstehen, da die Frage der Wahl sich tatsächlich stellen kann, sobald es zwischen den Menschen Differenzierung, Partikularisierung, Multiplizierung der Möglichkeiten
gibt – und nicht mehr wie in den Romanen des 18. Jahrhunderts Schicksal, Verhängnis oder Zufall, archetypischen Einzel-
heldinnen auferlegt, die eher Figuren denn Personen sind. Die
Frage der Objektwahl, die sich aufgrund der Individualisierung
der Personen stellt, stößt auf die Verschiedenartigkeit der Kriterien, die einen Bewerber ebenso wie eine junge Dame qualifizie-
ren oder disqualifizieren – Vermögen, Name, Erziehung, Charakter oder Reputation, Schönheit –, was die grundlegende
Dualität zwischen Vernunftheirat und Liebesheirat noch kompliziert, von denen erstere den Ehestrategien der Familien und
letztere den Sehnsüchten der jungen Mädchen entspricht. Aus
Mariannes Sicht ist die Vernunftehe eine zynische Strategie, ein
bloßer »Handel«, wie sie selbst es ausdrückt: »Wenn er eine solche Frau heiratete, spräche daher nichts dagegen. In meinen
Augen wäre es überhaupt keine Ehe, aber das will nichts besa-
gen. Mir erschiene es als ein Tauschhandel, aus dem jeder auf
Kosten des anderen seinen Vorteil zu ziehen sucht.« Dieser Einbruch des Zynismus in die Frage der Objektwahl ist für Jane
Austens Romane charakteristisch: »Ich glaube, ich könnte
jeden gutartigen Mann mit ausreichendem Einkommen heiraten«, erklärt ebenso naiv wie lapidar die Heldin der *Watsons*
(1803).[10]
Dieser Gegensatz zwischen dem Zynismus der Vernunft und
der Aufrichtigkeit des Gefühls wird noch durch den Umstand

kompliziert, daß es sich nicht um einen Widerspruch zwischen divergierenden Wünschen handelt, sondern um einen inneren Zwiespalt zwischen ebenso heterogenen wie grundlegenden Interessen: materielles und hierarchisches Interesse an einer guten Stellung in der Gesellschaft, affektives und inneres Interesse an einer guten Liebesbeziehung. Daher ist diese Wahl erst in zweiter Linie ein Kampf gegen die matrimonialen Zwangsläufigkeiten und die Diktate der Familie: zunächst ist sie eine Arbeit an sich selbst, mit der Einübung der Verführung, wenn alles gut geht, und, wenn es weniger gut geht, mit dem Erlernen der Geduld – was das Los der vernünftigen Elinor sein wird – oder des Kompromisses und der Resignation bei der gefühlvollen Marianne. Denn die eine wie die andere leiden an demselben Handicap: dem Verlust ihrer Hoffnung auf eine Mitgift, die sich durch den Tod ihres Vaters und den Egoismus ihres Halbbruders zerschlägt. Beide müssen die schwierige Frage lösen, ob wirklich ihr fehlendes Vermögen schuld daran ist, daß ein Freier sie verlassen hat: eine Hypothese, die nachträglich Zweifel an der Qualität dieser Liebe aufkommen läßt. Es stellt sich heraus, daß Mariannes Verlobter aus mangelnder Sittlichkeit das Weite gesucht hat, um ein reiches Mädchen zu heiraten, und Elinors Verlobter aus übertriebener Sittlichkeit, um gegenüber einem armen Mädchen, einer Jugendliebe, nicht wortbrüchig zu werden.

Doch noch brennender als die Frage, ob ihrer Zurücksetzung das fehlende Vermögen zugrunde liegt, ist die Frage, ob sie sich damit abfinden müssen, alte – und arme – Jungfern zu bleiben: eine ebenso lebenswichtige wie furchtbar riskante Frage. Denn das Problem der Objektwahl – das sich aufgrund der Vielfalt der Möglichkeiten stellt, durch die Verschiedenartigkeit der Kriterien kompliziert und durch den Mangel an Ressourcen verschärft wird – verstärkt sich um zwei typische Merkmale des erwählbaren Mädchens: die Dringlichkeit und die Passivität. Dringlichkeit insofern, als auf dem Heiratsmarkt Jugend ein

wesentlicher Trumpf ist: weil ein junges Mädchen ein begeh-
renswerteres Mädchen ist und ein Mädchen, das in die Jahre
kommt, allein aufgrund ihrer Ehelosigkeit im Verdacht steht,
nicht die Eigenschaften zu besitzen, die einen Mann ermutigen,
sie zu heiraten – daß sie unbegütert, zu schwierig oder nicht lie-
benswürdig genug ist. Eben dies drückt Marianne mit der
Offenheit der Gefühlvollen aus, die von Ehestrategien zu wenig
halten, um sich die Mühe zu machen, sie zu verschleiern: »Eine
Frau von siebenundzwanzig Jahren darf sich keine Hoffnung
mehr machen, noch einmal Zuneigung zu empfinden oder zu
erwecken, und wenn ihr Zuhause unbehaglich oder ihr Vermögen gering ist, so kann ich nur denken, daß sie sich vielleicht
überwindet, die Aufgaben einer Krankenschwester zu üben, um
versorgt und abgesichert zu sein.« Was die Passivität angeht, so
ist sie eine Position, zu der die jungen Mädchen *a priori* verurteilt
sind, wenn sie nicht verlieren wollen, was generisch ihre haupt-
sächliche Qualität ausmacht, nämlich die Fügsamkeit: ein
unternehmungslustiges Mädchen, das diese Passivität durch
allzu sichtbare Initiativen überschreitet, läuft Gefahr, sich zu
kompromittieren und damit ihren Ruf und mit diesem ihre Heiratschancen zu verderben. Die Passivität steht den Mädchen gut
zu Gesicht; es ist sogar ein Identitätszeichen, ein Parameter der
Weiblichkeit, insofern sie sich von der Männlichkeit unterscheidet, einer der Grundpfeiler der Asymmetrie zwischen Männern
und Frauen, einer Asymmetrie, ohne die man die Strukturen der
weiblichen Identität und die Realität des Verhältnisses zwischen
den Geschlechtern kaum begreifen kann.
Daher besteht das Problem der Mädchen nicht so sehr darin,
gut zu wählen, wozu sie kaum Zeit haben, da sie entweder von
einer fatalen Leidenschaft geleitet oder von Eltern beraten werden, die Macht über sie haben: ihr wahres Problem besteht darin, *gut gewählt,* d. h. von dem für sie geeigneten Mann gewählt zu
werden. Ihr Stand vereint also – eine schreckliche Situation auf
dem Höhepunkt der Spannung – die extreme Passivität, die

extreme Dringlichkeit und die extreme Bedeutung der Einsätze, denn ihre ganze Zukunft hängt von dieser kurzen Zeitspanne ab, in der diese Nicht-Wahl, dieses aktive Warten oder dieses
passive Werben desjenigen stattfinden kann, der, wenn alles gut
geht, es ihr ermöglichen wird, dem traurigen Los der alten Jungfer zu entgehen und, wenn alles noch besser geht, eine günstige
Ehe zu schließen. Eben dieser glückliche Ausgang wird den beiden Schwestern zuteil: Elinor erlebt, daß ihr farbloser Verlobter
zu ihr zurückkehrt, und es gelingt ihr, sich trotz der fehlenden
Mitgift von dem, den sie liebt, heiraten zu lassen, während sie
Marianne davon überzeugen kann, ihre Sicht der Welt aufzugeben, »vernünftig« zu sein und einen reichen, sehr viel älteren
Mann zu heiraten, den sie nicht liebt. Die Jüngere beugt sich
schließlich der Vernunft der Älteren und bittet sie für ihre
»mürrische Selbstbezogenheit« um Verzeihung, und sogar die
Mutter läßt ihr Gerechtigkeit widerfahren, indem sie die Überlegenheit derjenigen ihrer beiden Töchter anerkennt, der sie am
fernsten stand. Damit fällt der Sieg am Ende Elinor zu, der es
gelingt, die Liebe ihrer Mutter zu erringen, obwohl diese ihrer
Schwester den Vorzug gibt, und gleichzeitig einen Ehemann zu
erobern, obgleich es ihr an Vermögen und Schönheit mangelt.
Verstand und Gefühl, ein Bildungsroman für junge Mädchen, die
sich damit abfinden müssen, aus der Not eine Tugend, d. h. aus
dem Verstand Gefühle zu machen, ist auch ein Roman des Siegs
über die mütterliche wie die eheliche Ungerechtigkeit. Aber dieser Sieg gehört zur schieren »Romanze«, denn er wird nur zum
Preis des allerunwahrscheinlichsten Knalleffekts errungen, der
sich deutlich von dem sonst gezeigten Realismus des Ortes und
der Handlung abhebt. Der anfänglichen Logik des Romans
zufolge hätten Elinor und Marianne als alte Jungfern enden
müssen, da die Idylle mit ihren Bewerbern durch ihr fehlendes
Vermögen durchkreuzt worden wäre – woran weder der »Verstand« der einen noch das »Gefühl« der anderen irgend etwas
hätten ändern können.

Gesetz des Vaters, Gesetz der Liebe

Wenn der Zugang zur Ehe durch das Fehlen von Mitteln verhindert werden kann, so kommt es auch vor, daß die Liebesheirat, d. h. die Befriedigung des Gefühls durch die vom Vater verkörperte Familienraison verhindert wird. Dieser Konflikt zwischen dem Gesetz des Vaters und dem Gesetz der Liebe bildet sogar das Thema eines großen Teils der klassischen Literatur, sowohl auf der Bühne – von Corneille bis Racine und von Molière bis Marivaux – wie im Roman. Diese Aufspaltung der Mädchen zwischen der Familienheirat, die sie dem väterlichen Gesetz unterwirft, und der Liebesheirat, durch die sie eigenständig zu werden versuchen, läßt sich auch als Ausdruck einer anthropologischen Veränderung in den Verwandtschaftssystemen interpretieren, die einen strukturalen Konflikt zwischen zwei kopräsenten, aber gegensätzlichen Systemen nach sich zieht: dem System der elementaren Verwandtschaft, in dem die Wahl des Ehemanns auf bestimmte Kategorien gelenkt, wenn nicht vorgeschrieben wird, und dem komplexen System, das lediglich bestimmte Verbindungen im Hinblick auf Blutsverwandtschafts- oder Allianzverhältnisse verbietet. Jedenfalls ist eben dieser Konflikt zwischen Zwang und (relativer) Freiheit, Äußerlichkeit und Innerlichkeit, Kollektivität und Individualität Gegenstand zahlreicher Fiktionen in der Zeit der Klassik, als das väterliche Gesetz noch allmächtig war und das Gesetz der Liebe langsam einen Ausdruck zu finden begann.

Denn die Heirat eines jungen Mädchens geht nicht nur die Betroffene etwas an: ihre Familie hat ein Wort mitzureden, sobald nicht nur Individuen einander heiraten, sondern »Häuser« sich verbinden, Erbteile einander ergänzen, Namen sich zusammenschließen. Seine Tochter zu verheiraten ist für einen Vater die Chance, dank einem guten Ehebündnis die Stellung der ganzen Familie zu verbessern; sie nicht zu verheiraten heißt für ihn, bis zum Ende ihres Lebens für ihren Unterhalt sorgen zu müssen. Es liegt daher im Interesse der Familien, einen Teil des Vermögens für die Mitgift der Töchter zu opfern, so daß diese im Gegenzug nicht länger den Haushalt belasten und es ermöglichen, die Situation der Sippe zu verbessern. So gibt sich die Heldin in *Le Mariage de Chiffon* von Gyp (1894), von ihrer Mutter gewarnt, daß »man nicht heiratet, damit es Spaß macht«, keinen Illusionen hin: »Sie hat solche Angst, daß ich keine gute Ehe schließe! ... nicht, damit ich glücklich werde, sondern aus Eitelkeit.« Die Frage der Heirat verbindet also die Schwierigkeit, Familien in ihrem wechselseitigen Interesse in Einklang zu bringen, mit der Schwierigkeit, Personen in einer Absprache auf mehreren Ebenen und auf lange Sicht in Einklang zu bringen. Balzac sagt es in *Beatrix:* »Die Ehe besteht nicht nur aus Freuden, die in diesem Stande ebenso vergänglich und flüchtig sind wie in jedem anderen, sie schließt auch Rücksichtnahme auf Launen und Stimmungen, physische Sympathien, Übereinstimmung der Charaktere in sich, wodurch diese soziale Notwendigkeit zu einem ewigen Problem wird. Die heiratsfähigen Töchter kennen Ziele und Gefahren dieser Lotterie ebensogut wie ihre Mütter. Eben darum weinen die Frauen und lächeln die Männer, wenn sie einer Hochzeit beiwohnen. Während die Frauen ungefähr wissen, was sie wagen, glauben die Männer, daß sie nichts aufs Spiel setzen.«

Es kommt vor, daß die Mädchen, die sich dem Familieneinfluß nicht entzogen haben, den »vernünftigen« Standpunkt der Familienheirat übernehmen: die junge Charlotte in Balzacs *Beatrix,* seit langem aus Gründen der Heiratspolitik Calyste versprochen, »kannte die Liebe nicht«. Wie »ihre Umgebung, so sah auch sie in der Ehe nur ein Mittel, reich zu werden«. Häufiger aber fällt es der Mutter zu, ihrer Tochter das Gesetz des Vaters in Erinnerung zu rufen und es notfalls durchzusetzen - wie, wiederum in *Beatrix,* Sabines Mutter: »Mein Kind«, sagt die Herzogin zu ihrer Tochter, »eine Mutter muß das Leben etwas kühler betrachten, als du es tust. Die Liebe ist nicht der Zweck, sondern ein Mittel der Familie (...). Übertriebene Liebe ist unfruchtbar und tödlich.« Kaum besser ist die Situation bei den Waisen, die dann von einem Dritten abhängen – Onkel, Großvater, älterer Bruder, Vormund –, der sich für ihre Gefühle noch weniger interessiert, während der Platz der Mutter häufig von einer möglichst geschlechtslosen Frau eingenommen wird – einer Witwe oder alten Jungfer, einer Gouvernante, einer Dienstherrin oder einem weiblichen Vormund.

Das Gesetz des Vaters greift um so leichter, als das Mädchen üblicherweise nur über einen äußerst begrenzten Autonomieraum verfügt: sie kann kaum ohne Begleitung oder Genehmigung das Haus verlassen, manchmal nicht einmal in eigenem Namen sprechen oder eine Meinung äußern. Sollte sie so halsstarrig sein und die vom Vater vorgeschriebene Partie ausschlagen, so würde das Kloster auf sie warten; und sollte sie auf den Gedanken kommen, ohne väterliche Einwilligung zu heiraten und mit ihrem Geliebten zu fliehen, dann besteht die Gefahr, daß eine Fülle von Mißgeschicken diese Auflehnung bestraft. Diese schmerzliche Erfahrung machen viele Heldinnen: Fieldings *Amelia* (1751) geht durch ihren Eigensinn zugrunde; die Heldin aus *La Rustaude* von Zénaïde Fleuriot (1904) muß zu ihrem Unglück erfahren, daß sich ein junges Mädchen vom Lande über das Verbot der Familie nicht hinwegsetzen und einen Pariser ohne Religion und Ehre heiraten darf, bei Strafe, in der Sittenlosigkeit der Großstadt unterzugehen; in *Yamilé sous les cèdres* von Henry Bordeaux (1923) wird die junge maronitische Libanesin, die mit einem Moslem geflohen ist, von ihrer Familie entführt und zur Strafe von dieser getötet; und sowohl Tolstojs Natascha wie Angélique aus Zolas *Traum* entgehen nur mit knapper Not der Entführung durch ihren Geliebten.

Dieses Problem kann entweder aus der Sicht des Mädchens oder aus der des geopferten Freiers geschildert werden. In der symmetrischen Beziehung dieser beiden Sichtweisen in dem

Briefroman *Die neue Héloïse* (1761), in dem Rousseau von der unglücklichen Liebe der Julie d'Étanges und ihres Hauslehrers erzählt – einer Liebe, der die Familie des jungen Mädchens sich widersetzt, die es zwingt, den weisen und alten Herrn de Wolmar zu heiraten; und mehr noch als um den Gegensatz zwischen dem Gesetz des Vaters und dem Gesetz der Liebe geht es um den Gegensatz zwischen der »Liebe gemäß der Gesellschaft« und der Liebe »gemäß der Natur« – und um die unheilvolle Unterordnung dieser unter jene. Es kommt auch vor, daß das Gesetz des Vaters zum Gesetz der Mutter wird: Dies widerfährt, kurz nach Julie und Saint-Preux, Charlotte und Werther in *Die Leiden des jungen Werther* (1774), wo Goethe, ebenfalls in Briefen, das Drama der Liebenden schildert, die voneinander getrennt sind, weil Charlotte ihrer sterbenden Mutter geschworen hat, Albert zu heiraten; Werther stirbt daran und wählt die Lösung des Selbstmords – worin ihm einige mitfühlende Leser nacheifern. Das Gesetz des Vaters kann auch zum Gesetz des Bruders werden wie in *Sturmhöhe* von Emily Brontë (1847), wo Catherines älterer Bruder ihre beinahe inzestuöse Liebe zu dem jungen Heathcliff, dem Adoptivbruder, verhindert: Hier setzt sich der Familienroman mit dem Fluch fort, der, in der unmöglichen Versöhnung der verbotenen Liebe mit dem Familiengesetz, die folgende Generation trifft. Noch einfacher kann das Gesetz des Bruders das des Vaters ablösen, wenn dieser gestorben ist, wie in *Die Mühle am Floß* von George Eliot (1860), wo die junge Maggie erlebt, wie ihre erste Hoffnung auf eine Ehe von ihrem Vater zunichte gemacht wird, weil der Freier der Sohn seines ärgsten Feindes ist; nach dem Tod des Vaters löst der Bruder ihn ab und verhindert durch seine Unerbittlichkeit eine zweite Idylle; aber die Corneillesche Wahl zwischen dem Gesetz des Vaters und dem Gesetz der Liebe wird dem jungen Mädchen durch die Katastrophe am Ende erspart, eine Überschwemmung, bei der sie in den Armen ihres strengen Bruders stirbt. Das Gesetz des Vaters kann sogar zum Gesetz des Sohnes wer-

den: in *The Son's Veto* von Thomas Hardy (1891) wird einer ehemaligen Kammerzofe, die ihren Dienstherrn geheiratet hat, von
ihrem Sohn eine zweite Ehe verboten, einem ehrgeizigen jungen Mann, der fürchtet, selber deklassiert zu werden, wenn er
einen Mann aus dem Volk zum Stiefvater hat.
Es kommt auch vor, daß das Gesetz des Vaters von dem jungen
Mädchen derart verinnerlicht wird, daß sie von sich aus auf die
Liebe verzichtet. So Catherine Slooper in *Washington Square* von
Henry James (1881), die von ihrem Freier verlassen wurde, weil
der Vater, im Glauben, er habe es mit einem Mitgiftjäger zu tun,
den jungen Mann hatte wissen lassen, daß er seine Tochter enterben werde. Als der Vater nicht mehr da ist, um ihr sein Gesetz
aufzuzwingen, stößt sie ihn ihrerseits zurück, sobald er versucht, sich seiner ehemaligen Verlobten, die sich mit dem Stand
der reichen alten Jungfer abgefunden hat, erneut zu nähern.
Und in *Maria Chapdelaine* von Louis Hémon (1916) kann das
junge Mädchen zwar in Erwägung ziehen, das Land zu verlassen, solange die Mutter noch da ist, um die Stellung zu halten,
und das Neue und die Moderne zu wählen, indem sie Lorenzo
Surprenant heiratet; doch nach dem Tod ihrer Mutter kehrt
Maria freiwillig an ihren Platz zurück; sie findet sich damit ab,
im Land zu bleiben und die Familientradition fortzusetzen,
indem sie einwilligt, Eutrope Gagnon zu heiraten. Freilich
brauchte sie nur zwischen diesen beiden, jeweils von einem
Mann verkörperten Geschicken zu wählen, weil ihr erster
Geliebter, François Paradis, tot ist: die lebendige Liebe hätte ihr
Gelegenheit gegeben, sich entweder heftig gegen das Gesetz des
Vaters aufzulehnen oder sich die Frage der Wahl erst gar nicht
zu stellen. Und ist es nicht gerade das Paradies der Jungfrau,
nicht wählen zu müssen, sobald allein die Liebe entscheidet?
Man sieht hier deutlich, daß der Stand Vorrang hat vor dem
Subjekt, daß die Strukturen wichtiger sind als die Personen, da
der Platz der legitimen Gattin nacheinander von der Mutter
und von der Tochter eingenommen und das Gesetz des Vaters

von dieser auch dann verinnerlicht werden kann, wenn der Vater tot ist.

In Abwesenheit des Vaters und wenn die Tochter das Gesetz nicht verinnerlicht, kann es notfalls sogar von der Großmutter verkörpert werden wie in *La Jeune Fille bien élevée* von René Boylesve (1912), einem Roman, der sich einzig um den Konflikt zwischen dem Gesetz des Vaters und dem Gesetz der Liebe aus der Sicht der Tochter dreht. Ende des letzten Jahrhunderts in einer guten Bürgerfamilie aus der Provinz geboren, mußte dieses »wohlerzogene junge Mädchen« erleben, wie seine Mitgift durch die Unfähigkeit des Vaters und, nach dessen Tod, die Eskapaden eines älteren Bruders dahinschwand. Im Kloster erzogen, ist sie dort ein Muster an Tugend und entwickelt einen Hang zur Mystik, dann die Liebe zur Musik, worin Pariser Nachbarn sowie Musiker sie bestärken und ihr die Möglichkeit einer Karriere als Pianistin in Aussicht stellen. Als sie das Kloster verläßt, um »in die Welt einzutreten«, bieten sich ihr drei Wege: erstens der traditionelle und übliche Weg der Ehe; zweitens der ebenso traditionelle, jedoch unübliche Weg der endgültigen Rückkehr ins Kloster; drittens der unübliche und moderne Weg eines Lebens als Künstlerin. Die Ehe, die einzige Lösung, die das Familiengesetz für wünschenswert hält, wird erschwert durch die finanzielle Lage und den Ehrgeiz der Familie, für welche die Ehe sowohl ein Indikator als auch ein Instrument ihrer gesellschaftlichen Stellung ist: es müßte eine Partie gefunden werden, die gut genug wäre, um ihre Familie zufriedenzustellen, aber andererseits von der bescheidenen Mitgift nicht abgeschreckt wird. Nachdem sie mehrere Gelegenheiten verpaßt hat, faßt sie den zweiten Weg ins Auge und akzeptiert die religiöse Berufung, den Eintritt ins Kloster, d. h. sie findet sich damit ab, »keine Frau wie die anderen« zu sein. Aber eigentlich würde sie den dritten Weg vorziehen, den der künstlerischen Berufung, den der unabhängigen und hochangesehenen Ehelosigkeit der Berufskünstlerin, wenn sich ihre Familie und in erster Linie ihre autoritäre Großmutter dem nicht widersetzte, der zufolge »ein wohlerzogenes junges Mädchen nicht auffallen darf«.

Schließlich bietet sich eine gute Partie: ein Architekt aus Paris, der eine »wohlerzogene« junge Provinzlerin sucht, auf deren Treue er bauen kann. Sie hofft, dieser unerwünschten Lösung entrinnen zu können, aber die einzigen Menschen, die ihren Wunsch nach Unabhängigkeit unterstützen könnten, entziehen sich: so wie die Oberin des Klosters sie in der religiösen Berufung gebremst hatte, die man ihr doch so sehr empfahl, so fördern die Musikerfreunde dieses Eheprojekt, das der musikalischen Laufbahn, für die sie früher so geschwärmt hatten, entgegensteht. Der Unterstützung beraubt, die sie in ihrem Wunsch, sich der Musik zu widmen, und in ihrem Widerstreben, einen ungeliebten Mann zu ehelichen, bestärken könnte, verzichtet sie schließlich auf ihre Berufung und akzeptiert die von ihrer Familie arrangierte günstige Heirat: »Und plötzlich hatte ich den Eindruck, als würde ich zum Altar geschleppt wie ein Tier zur Schlachtbank.« Vor allem aber verzichtet sie auf sich selbst, indem sie sich dem Familiengesetz beugt, gegen das sie sich nicht einmal auflehnen kann, und überläßt sich der Passivität und dem Verlust ihrer Identität: »Von dem Augenblick, da ich spürte, wie mein Wille, mein persönlicher Geschmack, ja alles, was von mir selber kam, nichts an dem Gang der Ereignisse zu ändern vermochte, empfand ich eine Art Erleichterung. Mir schien, als wäre ein Teil von mir gestorben; ich trauerte ihm nach, aber es war der Teil von mir, der mir das meiste Leid zugefügt hatte, weil er mich ständig zwang, zu wählen, eine Entscheidung zu treffen, etwas zu wollen. Er war nun tot; das schmerzte mich sehr; aber wenigstens brauchte ich mich jetzt nur noch gehen zu lassen!«

Mehr als um einen Verzicht auf die Liebe handelt es sich hier um einen Verzicht auf die Identität, auf den Anspruch, man selbst zu sein, autonom, eigenständig, durch niemand anderen

69

ersetzbar – eine vollständige Person. Ebenso wie der Ehebruch
für die verheiratete Frau stellt die Liebe für das junge Mädchen
die Begegnung mit sich selbst dar, die Vollendung der Identität,
mindestens ebensosehr wie die Begegnung mit dem Anderen.
Dieser Verzicht, man selbst zu sein, ist eine Erfahrung, die die
Männer nicht kennen, da sie andere Orte haben als die Ehe, ihr
eigenes Leben zu führen: »Ich habe seither oft von fröhlichen
Begräbnissen des Junggesellenlebens gehört, die unsere Ehemänner feiern, bevor sie uns heiraten. Sie können sie leichten
Herzens begehen, weil fast keiner von ihnen dabei das Gefühl
hat, auf irgend etwas für immer zu verzichten. Aber wir ehrbaren Frauen, erzogen, wie ich erzogen wurde, die wir nichts
genossen haben und wirklich auf alles verzichten, wir beerdigen
nicht nur unser Leben, sondern, schlimmer noch, auch unsere
Träume.« Daher kann sie bei ihrer eigenen Hochzeit, hinter
ihrem Schleier verborgen, nur weinen wie auf einer Beerdigung:
»Ich fühlte, wie ich von mir selber Abschied nahm, ohne lebhaften Schmerz, aber mit unsäglicher Traurigkeit, die sich in
einem steten Strom von Tränen ergoß...« Balzac wußte nicht,
wie recht er hatte, als er erklärte, warum »die Frauen weinen,
wenn sie einer Hochzeit beiwohnen«, aber er ging nicht so weit
anzudeuten, daß dies bei ihrer eigenen so sein könnte.
Hätte sie ein paar Jahre später in Paris gelebt, so wäre sie vielleicht eine unabhängige junge Frau geworden wie die Heldin
von *La Garçonne* oder *La Vagabonde,* deren Schicksal wir später
untersuchen werden. Doch in der Provinz und vor dem Ersten
Weltkrieg – der in der Entwicklung des weiblichen Status eine
Wende bedeutet – kann sie nur einen kurzen Blick auf ihre Freiheit werfen, um sofort auf sie verzichten zu müssen. Aber dieser
Verzicht auf die Liebe und auf eine eigene Identität, dem das
dem Gesetz des Vaters unterworfene Mädchen zustimmen muß
– was ist er anderes als die moderne Version des Opfers der Iphigenie? Diese zivilisierte Form der Opferung hat sich lange in
den bürgerlichen Familien gehalten, nicht mehr durch die phy-

sische Zerstörung des Körpers des jungen Mädchens, sondern durch die seelische Zerstörung einer Identität, die ungerührt der Position der Familie geopfert wurde, ihrem Ansehen, ihrem Kapital an Vermögen oder Ehrbarkeit.

Schlecht erwählte Mädchen

Die aus Gehorsam gegenüber dem Gesetz des Vaters geschlossene Vernunftehe ist nur für die Familie eine Lösung: für die Betroffene dagegen ist sie der Beginn einer langen Mühsal, den Zwang zu akzeptieren, einen Kompromiß mit der Realität einzugehen, sich mit dem Verlust der Illusionen abzufinden, welche die Hoffnung auf die Zukunft nährten. Für das wohlerzogene junge Mädchen von Boylesve, jetzt zu *Madeleine jeune femme* (1912) geworden, ist der Augenblick ihrer Hochzeit die »schmerzlichste Stunde ihres Lebens«: »Ach wie beneide ich das Los derer, für die diese Stunde die Erfüllung ihrer Jugendträume ist! Ich dagegen folgte, nach einer Konvenienzheirat, wie man damals sagte, einem Mann, für den ich zwar große Achtung und Dankbarkeit, ja fast Freundschaft, aber keine Liebe empfand.« Denn es ist tagtägliche und allnächtliche Mühsal, auf seinem Denken und seinem Körper den fortwährenden Druck eines unerwünschten Mannes zu ertragen. Zwischen Chinon, ihrer Geburtsstadt, und Venedig, wo sie ihre Hochzeitsreise verbringt, gibt es lediglich den kurzen Moment, da sich die Unwissenheit in eine sogleich als Resignation erlebte Initiation verkehrt: »O mein Gott! Wie viele Prellungen und wie viele Strapazen habe ich mit mir herumgetragen in dieser Stadt, die Träume fabriziert wie andere Nudeln! ... Das Rätsel des Fleisches – für mich das größte Geheimnis meiner Jugend – ist mit einem Mal gelüftet, entlarvt! Der Gegenstand des Schrekkens ist vertraut geworden, die schändlichste Sünde ist zur gebieterischsten Pflicht geworden! ... Welch ein Blitz! Welch blendendes Licht fällt auf die Welt! Und welch ein Absturz für jene, die die Erschütterung des Vorgangs erlebt, ohne daß sie sich zuvor an ihm hatte berauschen können!...«

Die Folgen der Unterwerfung unter das Gesetz des Vaters sind hier die gleichen wie bei der schlechten Objektwahl, wenn das junge Mädchen – aus Versehen, Ärger oder Unwissenheit – einen Bewerber akzeptiert, über dessen Eigenschaften sie sich getäuscht hat. Diesem gilt der Rat von Michelet in *Die Liebe:* »Junger Mann mit deinem treuen und liebevollen Herzen, wisse von vornherein, daß es deine heilige Pflicht ist, dir von Anfang an den naiven Glauben deiner jungen Gattin, ihre achtzehn Jahre, den herrlichen Reichtum an gutem Willen, den sie mitbringt, zunutze zu machen, um dich ihrer im moralischen und physischen Sinne vollkommen zu bemächtigen, indem du ihren Körper nimmst, und ihren Geist (...). Beeile dich, ihr Herr zu werden.« So war Hazel in *Heimkehr zur Erde* von Mary Webb zu schnell eine Ehe eingegangen, auf die sie nicht vorbereitet war; *Die Fürstin von Erminge* von Marcel Prévost (1904) ist Opfer eines Ehemanns, der sie nur aus Eigennutz geheiratet hat und gleich nach der Hochzeitsreise zu seiner Mätresse zurückkehrt und sie verläßt, womit er sie dazu verurteilt, sich einen Liebhaber zu nehmen, von dem sie schwanger wird, voller »Angst vor der ehebrecherischen Mutterschaft«; im Gegensatz zu ihr wird eine andere Heldin von Marcel Prévost in *Voici ton maître* (1930) von ihrem aus dem Krieg heimgekehrten Ehemann (einem »sich anklammernden Mann« im Gegensatz zu den »flatterhaften Männern«) sexuell geradezu bestürmt, während »seine Gegenwart niemals auch nur die geringste Erregung in ihr hervorgerufen hatte«.

Zwar haben diese schlecht erwählten und enttäuschten Mädchen den Status einer Gattin; doch um sie als verheiratete Frauen betrachten zu können, müßten sie eine solche auch wirklich geworden sein, in ihrem Kopf wie in ihrem Körper. Denn das Problem besteht darin, daß sie nach ihrer Hochzeit in jenem

Übergangszustand verharren können, der nicht mehr ganz der des Mädchens ist, da sie ja verheiratet sind, aber auch noch nicht der einer Frau, da sie sich nicht dazu entschlossen haben, wirklich die Frau eines Mannes zu werden, den sie nicht lieben können. Es ergeht ihnen wie der jungen Gattin in *Auf Dienstfahrt im Westen* (1901) von Thomas Hardy: »Deren Vertrag hatte sie bis jetzt noch als eine Frau gelassen, die in ihrem tieferen Wesen noch nie aufgewühlt worden war.« Wie gelingt es diesen schlecht erwählten Mädchen, sich schlecht und recht in diesem unwahrscheinlichen Stand zu behaupten, auf der Scheidelinie zwischen dem Stand der Frau, der sie nunmehr dem Status nach definiert, und dem Stand des Mädchens, dem sie in ihrem Kopf und sogar in ihrem Körper immer noch angehören?

Zwang und Nicht-Vollzug

Aus enttäuschter Liebe oder aus Pflicht gegenüber der Familie zur Ehe genötigt, kann sich das junge Mädchen immer noch vorstellen, ihrem Vollzug zu entgehen. Höchst unwahrscheinlich ist die von Labiche erfundene Situation in der Komödie *Mademoiselle ma femme* (1864), wo ein Adjutant Napoleons, der, bevor er eine Dienstreise antritt, ein fünfzehnjähriges Mädchen heiraten muß, nach dem Hochzeitsmahl fortgeht, ohne die Ehe vollzogen zu haben. Realistischer ist, daß die junge Frau ihren Gatten zu einer Scheinehe bewegen kann, entweder für immer wie in *Eugénie Grandet* von Balzac (1833) oder vorübergehend wie viele Heldinnen von Georges Ohnet, dem großen Romancier schlecht erwählter Mädchen: sei es die junge Gattin des *Hüttenbesitzers* (1882), die *Gräfin Sarah* (1883) oder auch Jeanne de Cernay in *Sergius Panin* (1881), die sich am Tag ihrer Hochzeit vergeblich bei ihrem Ehemann um diese Lösung bemüht, einem reichen Parvenü, den sie lediglich aus Verdruß geheiratet hat und den sie bittet, er möge sie nicht zwingen, ihm zu folgen,

Schlecht erwählte Mädchen

sondern sie zu ihrer Mutter zurückkehren lassen. Aber er lehnt ab: »Nein, nein! Sie sind meine Gattin: die Frau muß ihrem Manne folgen: so will es das Gesetz!« Sie insistiert, hofft, dem Schlimmsten zu entrinnen, das für eine junge Frau die Prüfung der Defloration durch einen Mann ist, der in ihr nicht Liebe oder Zuneigung, sondern Abscheu weckt: »Und dennoch wollte sie nicht nachgeben; es schauderte sie allein bei dem Gedanken schon, diesem Mann anzugehören: sie hatte niemals an die brutale und gewöhnliche Lösung dieser Begebenheit gedacht. Jetzt, da sie dieselbe vor sich sah, empfand sie einen entsetzlichen Ekel davor.« Als ihr klar wird, daß sie keine Wahl hat, gibt Jeanne dem Willen des Mannes schließlich nach, auf Drängen ihrer Adoptivmutter, der sie später gesteht: »Ich habe mich umsonst der Pflicht geopfert, die Sie mir als Heilmittel gegen mein unerträgliches Leid empfahlen, habe geweint und gehofft, daß die mich marternde Unruhe von meinen Tränen hinweggeschwemmt werden würde. Ich flehte inbrünstig den Himmel an, daß er mich lehren würde, meinen Mann zu lieben. Vergebens! Er ist mir noch ebenso verhaßt wie früher! Und jetzt, da alle Illusionen verschwunden sind, sehe ich mich auf ewig an ihn gefesselt. Ich muß lügen, muß mein Antlitz verstellen, muß lächeln – das empört mich, wird mir zum Ekel... und ich leide schwer darunter!«

Von der Gleichgültigkeit zum Haß

Auf diese Weise kann das schlecht erwählte Mädchen von der Gleichgültigkeit – einem noch erträglichen Los, zu dem diejenigen verurteilt sind, deren Ehemänner ihrer noch nicht Herr zu werden vermochten – in Haß umschlagen: jenes weit schmerzlichere Gefühl, das all denen droht, deren Ehemann darauf besteht, sich gegen ihren Willen ihrer zu bemächtigen. Von der Gleichgültigkeit zum Haß: dies ist der innere Weg der

Thérèse Desqueyroux von François Mauriac (1927), die versucht hat, den Mann zu vergiften, den sie geheiratet hatte, ohne ihn zu lieben, und den sie ertragen muß, ohne ihn akzeptiert zu haben. Als sie ihre kurze Geschichte an sich vorüberziehen läßt, nimmt sie die Hochzeit als »unauslöschliche Beschmutzung« und die Zeit davor als den einzig authentischen Augenblick ihres Daseins wahr, auch wenn sie ihn in der Erwartung erlebt hatte. Beim Versuch, die Gründe zu verstehen, die sie veranlaßten, diesen Mann, den sie nicht liebte, zu heiraten, findet sie, neben dem materiellen Interesse, nur jene Suche nach Verwurzelung, nach einer Familienidentität, einem »Haus«, einem Status, der einer Frau herkömmlicherweise nur durch die Ehe ermöglicht wird: »Sie hatte sich beeilt, ihren Rang einzunehmen, ihren endgültigen Platz zu finden; sie wollte sich gegen die Gefahr, sie wußte selbst nicht welche, sichern. Nie schien sie vernünftiger als in ihrer Verlobungszeit; sie nistete sich in einen Familienverband ein, sie ›gelangte unter die Haube‹, trat einem Orden bei. Sie rettete sich.«

Sie erinnert sich an die »gar nicht so entsetzliche« Hochzeitsnacht und was danach kam, daß sie sich in eine Lüge verstrickte, aus der sie nicht mehr herausfand: »Ein Verlobter läßt sich leicht anführen; ein Ehemann dagegen nicht! Jeder ist imstande, verlogene Worte zu finden; die Lügen des Körpers fordern ein anderes Können. Begierde, Lust, selige Erschlaffung darzustellen, ist nicht jedem gegeben. Thérèse gelang es, ihren Körper zu solchen Finten zu bewegen, und sie fand bitteres Vergnügen daran. Ihre Phantasie half ihr zu der Vorstellung, es hätte diese unbekannte Welt der sinnlichen Erfahrungen, in die ein Mann sie einzudringen zwang, vielleicht auch für sie ein mögliches Glück gehabt – doch welches Glück? Wie wir uns angesichts einer verregneten Landschaft ausmalen, welchen Anblick sie im Sonnenschein wohl hätte, so malte Thérèse sich die Wollust aus.« So wenig sie sich diesem Mann, der ihr bestenfalls Gleichgültigkeit einflößte, hingeben konnte, so wenig konnte sie die Mutterschaft auf sich nehmen – denn wie das Kind eines Mannes lieben, den man nicht liebt? Und nach der Geburt des Kindes verweigert sich Thérèse auch jenem Eintauchen in die Mutterschaft, jener frenetischen Mutterliebe, bei der so viele Frauen Zuflucht suchen, um die Enttäuschungen der Ehe zu kompensieren. Dieses Desinteresse an der Mutterschaft hat sich nach und nach auf ihr gesamtes Dasein erstreckt: die Gleichgültigkeit gewann die Oberhand und verschonte nur ihren Ehemann, der zum Gegenstand des einzigen Gefühls geworden war, das sie in diesem depressiven Zustand noch verspüren konnte – des Hasses. Doch wohin sollte sie gehen, jetzt, da sie unter der Haube war, wie sie es sich gewünscht hatte? Einen Moment lang, als es ihr nicht gelang, sich ganz den Familienbindungen zu widmen, hatte sie von jener Befreiung geträumt, die Unabhängigkeit bedeutet, Paris, das mit einer geistigen Familie geteilte intellektuelle Leben, alles, wonach eine verheiratete Frau sich sehnen mag – Unabhängigkeit, Kreativität und Liebschaften. Doch wie eine Sehnsucht stillen, die von der harten Wirklichkeit der Ehe, der Mutterschaft, des Erbes behindert wird, wenn nicht dadurch, daß sie, kaltblütig, denjenigen beseitigt, für den sie nur noch Haß empfindet?

Von der schlechten Wahl zur Bekehrung

Nicht alle Romanheldinnen begehen einen Mord, um einen Ehebund, der in ihrem Kopf keiner ist, faktisch zu beenden: die Hoffnung kann auch eine Metamorphose herbeiführen, die ihre Gefühlskälte in Liebesglut verwandelt. Diese Möglichkeit, daß die Gleichgültigkeit in Liebe, der Abscheu in Begehren, die Frigidität in Wollust umschlägt, spiegeln die Älteren den widerspenstigen Verlobten vor. »Wenn Sie einmal seine Tatze gefühlt haben, wird sich in Ihnen manches verändert haben«: die junge Braut aus *Im Schuldbuch des Hasses* von Georges Ohnet, der man

dieses Glück verheißen hatte, bleibt dennoch ein schlecht
erwähltes Mädchen, was ihr unglücklicher Gatte bald zu spüren bekommt: »Lange jedoch konnte er solche Illusionen nicht
haben: die Kälte des Weibes, das er heiß an sein Herz zog,
erstarrte auch ihn, und plötzlich mußte er sich gestehen, daß
ihre Gefühle den seinen nicht glichen. All seine Glut konnte das
Eis in ihr nicht schmelzen, und je mehr er sich bemühte, sie zu
erwärmen, ihr seine eigene Leidenschaftlichkeit einzuflößen,
desto unempfänglicher und lebloser ward sie.«
Eine solche mögliche Bekehrung des schlecht erwählten Mädchens hatte Georges Ohnet indes der Heldin seines Romans *Der
Hüttenbesitzer* – nach den Worten Jules Lemaîtres der »größte
Bucherfolg des Jahrhunderts« – beschert und damit den
schlecht verheirateten jungen Mädchen attestiert, daß diese
nahezu wundersame Lösung immerhin im Bereich des Möglichen liegt – jedenfalls im Roman. Die junge Marquise Claire de
Beaulieu führt sich am Abend ihrer Hochzeit mit Entsetzen vor
Augen, daß sie sich einem Mann unterwerfen muß, den sie verachtet, während sie doch einen Herzog, ihren Vetter und Kind-
heitsfreund, hatte heiraten wollen, der ihr, unbeständig und
von Spielschulden bedrängt, die Tochter eines zu Reichtum
gekommenen Krämers vorgezogen hat. Aus Ärger hat Claire
ihre Hand Philippe Derblay gegeben, einem jungen Industriellen, der in sie verliebt ist und sich nichts daraus macht, daß sie
kein Vermögen besitzt, was er sie aus Zartgefühl nicht wissen
läßt. Am Hochzeitsabend verweigert sie sich ihm und gesteht,
daß sie noch immer den Herzog liebe; er gibt ihr die Freiheit
zurück, indem er ihr die faktische Trennung unter dem Deckmantel einer glücklichen Ehe vorschlägt. Doch eine Gehirn-
hautentzündung, an der sie beinahe stirbt, heilt sie von ihrem
Kummer und ermöglicht es ihr gleichzeitig, die Fürsorge ihres
Mannes schätzen zu lernen, der jedoch, in seiner Eigenliebe verletzt, kein schüchterner Liebender mehr ist, sondern ein strenger und gleichgültiger Gatte. Die junge Frau muß sich eingeste-

hen, daß sie wahre Liebe für ihn empfindet: »Sie empfand eine mit Bitterkeit gemischte Freude, sich so beherrscht zu sehen. Ihr stand ein Mann gegenüber, der seine Hand auf ihre Schulter gelegt und sie gebeugt hatte. Sie liebte diesen Mann, vielleicht gerade darum, weil er sie die Gewalt seines Willens fühlen ließ. Er war ihr Herr.« Um diese Scheinehe zu beenden, zu der sie sich entschlossen hatten, und um Philippe ihre Bekehrung gestehen und die seine herbeiführen zu können, muß es erst zu einem Duell mit dem Herzog kommen: unter Lebensgefahr wirft sie sich dazwischen, um ihren Mann zu retten. Zu diesem Preis besiegelt die zuerst durch Stolz verdorbene und dann zur Liebe zu ihrem bürgerlichen Ehemann bekehrte junge Marquise ihre Ehe mit demjenigen, der sich seinerseits von der Strenge gegenüber der Undankbaren zur Zärtlichkeit für die reuige Geliebte hat bekehren müssen.

In diesem Roman vermischen sich also zwei Bekehrungen: die der Ehefrau, die innerhalb eines Jahres vom Stand des schlecht erwählten Mädchens zu dem der beglückten Gattin überwechselt; und die des Ehemanns, der am Hochzeitsabend jählings vom Stand des unsterblich Verliebten in den des verachteten und verächtlichen Gatten wechseln mußte und dem es die Bekehrung seiner Gattin ermöglichte, erneut in den Stand eines liebenden und geliebten Gatten zu treten.

Das Bemühen um die männliche Bekehrung

Diese zweite Bekehrung, die des zynischen und gleichgültigen Mannes zum gefühlvollen Liebenden, ist ein Leitmotiv, das sich durch viele Romane hindurchzieht: wir werden es in *Rebecca* von Daphne Du Maurier (1938) antreffen, wo sich der ferne Gatte durch den symbolischen Mord an seiner ersten Frau in einen der Liebe gehorchenden Gatten verwandeln muß; in *Vom Winde verweht* wird der zynische Rhett Butler für Scarlett sanftmütiger; es ist auch das Thema von *Esclave... ou reine* von Delly (1910), einem Roman, der mit der Bekehrung des gestrengen Herrn in einen zärtlichen Gatten endet; in modernerer Form ist es auch das Thema von *Das Ruhekissen* von Christiane Rochefort (1958), wo Genevièves Leidensweg darin besteht, daß sie Renaud, den sie vom Tod errettet hat, auch von der zynischen Distanz des blasierten Mannes, der sich nur für Sex interessiert, abbringen muß, um ihn die Zuneigung des liebenden Mannes zu lehren. Lauter Variationen über ein gemeinsames Thema: Wie kann man einen Mann von dem distanziert-sexuellen Verhältnis, der männlichen Art der Liebesbeziehung, zu dem gefühlvoll-verschmelzenden Verhältnis bewegen, d. h. der weiblichen oder, genauer gesagt, der mütterlichen Art dieser Beziehung?[1]

Daß dieses Thema im Roman immer wiederkehrt, läßt sich psychoanalytisch erklären als Echo eines alten Familienkonflikts zwischen einer von den Männern, besonders vom Vater verkörperten geschlechtlichen Dimension und dem Bemühen der Mädchen, diese Dimension zu ignorieren, zu beseitigen oder in ein geschlechtsloses, rein affektives Verhältnis zu verkehren. Diese Umwandlung des geschlechtlichen Blicks in einen väterlichen Blick mißlingt *Salome* in der Version von Oscar Wilde (1893): »Es ist seltsam, daß der Mann meiner Mutter mich so ansieht. Ich weiß nicht, was es heißen soll. In Wahrheit – ich weiß es nur zu gut.« Und Herodias, ihre Mutter, warnt Herodes, ihren Ehemann: »Du sollst sie nicht ansehen! Fortwährend siehst du sie an!« – »Du sagst nichts anderes«, erwidert Herodes ironisch, und die Mutter: »Ich sage es nochmals.« Diesen Fluch, der Salome trifft (»Ich will dich nicht ansehen. Du bist verflucht, Salome, du bist verflucht«, sagt Jochanaan zu ihr), verdankt sie ausgerechnet ihrer Mutter, die in zweiter Ehe den Bruder ihres ermordeten Mannes geheiratet hat; daher ist Salome nach Jochanaans Worten eine »Tochter der Unzucht«, »Tochter einer blutschänderischen Mutter«, so daß sich diesem ersten

mütterlichen Inzest die Drohung jenes anderen Inzests anschließt, nämlich die Verführung der Tochter durch ihren Stiefvater.[2] Dieser begnügt sich nicht mehr damit, sie anzusehen: er
bittet sie um einen Tanz, mit dem sie ihm ihren Körper schenken soll und für den er ihr als Gegenleistung buchstäblich den
Platz ihrer Mutter anbietet: »Was immer du von mir begehren
magst, das will ich dir geben, und wär's die Hälfte meines
Königreichs, wenn du nur für mich tanzen willst. O Salome,
Salome, tanz für mich!« Salome: »Willst du mir wirklich alles
geben, was ich von dir begehre?« Herodias: »Meine Tochter,
tanze nicht.« Herodes: »Und wär's die Hälfte meines Königreichs. Du wirst unermeßlich schön sein als Königin, Salome,
wenn es dir gefällt, die Hälfte meines Königreichs zu begehren.«
Und Salome, die nicht imstande ist, einen männlichen Blick,
der sich endgültig in einen begehrenden Blick verwandelt hat,
in väterliche Zärtlichkeit zurückzuverwandeln, bietet mittels
der sieben Schleier ihren Körper dar: wofür sie nicht den Platz
ihrer Mutter fordert, sondern den Kopf des einzigen Mannes,
den sie begehrt. Damit beschließt der Mord des Begehrens
unausweichlich die inzestuöse Vergewaltigung, und wäre diese
lediglich mit dem Blick begangen worden.

Die Risiken der weiblichen Bekehrung

Wenden wir uns wieder der weiblichen Bekehrung zu, die es den
schlecht erwählten Mädchen ermöglicht, trotz allem die Liebe
innerhalb der Ehe zu finden – da sie andernfalls nur auf die Witwenschaft hoffen und sich solange mit der Mutterschaft trö-
sten können: eine Lösung, die die Heldin von Boylesve ergreift,
um vorübergehend ihre enttäuschende Ehe zu vergessen. Das
Problem besteht darin, daß die Mutterliebe, im Unterschied zur
geschlechtlichen Liebe, in der Fiktion ein sehr schlechter Führer ist: »Weshalb erzählen, was mir wie allen Frauen widerfah-

ren ist? Wenn wir von den Schmerzen und den Freuden einer
Mutter sprechen wollen, müssen wir alles andere völlig vergessen. (...) Während der Zeit, da mich die Sorge um meine Kinder
in Anspruch nahm, war ich eine ganz gewöhnliche Frau, die
fand, daß die Welt gut eingerichtet sei, und sich nicht im geringsten fragen wollte, ob sie anders sein könnte. Damals war
ich sicher, daß mein Leben ein klares, unangreifbares Ziel hatte,
daß es sogar nur ein einziges hatte, das ich auch erreichte.«
Weit weniger beruhigend, jedoch unendlich romanhafter ist die
Arbeit, die innerhalb der Ehe die Bekehrung von der Gleichgültigkeit zur Liebe ermöglicht: eine Prüfung, deren Risiken die
Fabel der *Woodlanders* von Thomas Hardy (1887) bilden, wo
Grace Melbury, von einem einfachen, zu Reichtum gekommenen Förster geliebt, Opfer einer schlechten Wahl wird, der
zudem eine Unterwerfung unter das Gesetz des Vaters zugrunde liegt. In diesem grausamen Roman ist jede Person in der
gesellschaftlichen Rangordnung in bezug auf denjenigen, den
sie heiraten könnte, leicht verschoben: die Bäuerin Marty steht
unter Giles, dem jungen Förster, den sie heimlich liebt; dieser
steht unter Grace, der Kindheitsfreundin, die er liebt, die ihr
Vater jedoch über ihren Rang hinausheben wollte; diese wiederum steht unter Fitzpiers, dem Arzt, der nur solange in sie verliebt ist, bis er sich entschließt, sie zu heiraten; und der Arzt
steht unter Felice, der Schloßherrin, die er liebt und von der er
wiedergeliebt wird. Nachdem alle diese Bande durch die Heirat
der Heldin in einer Reihe von Unzufriedenheiten verknüpft
worden sind, löst die Aufdeckung einer winzigen Mystifikation
die umgekehrte Bewegung aus. Als Fitzpiers erfährt, daß die
schönen Haare der Schloßherrin zum Teil falsch sind (sie hatte
sie Marty abgekauft, die sie aus Liebeskummer opferte, als sie
merkte, daß der Förster Grace liebte – und mit dem Geheimnis
dieser geliehenen Weiblichkeit hatte der Roman begonnen),
bricht er einen Streit vom Zaun, an dessen Ende sie stirbt. Über
die wahre Natur seiner Geliebten getäuscht, kehrt er zu seiner

Frau zurück, für die er nun wahre Liebe empfindet (»Es ist eine ganz andere Art von Liebe, weniger leidenschaftlich, dafür tiefer. Sie hat überhaupt nichts mit dem Äußeren der Geliebten zu tun, aber viel mit ihrem Wesen und ihrer Güte, die sich mir bei näherer Betrachtung enthüllt hat«); sie selbst kehrt zu dem Förster zurück, der daran stirbt, weil ihre Liebe keinen Platz mehr in der Hoffnung auf eine Heirat finden kann. Damit das schlecht verheiratete, da sowohl an die gesellschaftlichen Hoffnungen des Gatten als auch an die gefühlsmäßigen Hoffnungen der Frau schlecht angepaßte Ehepaar schließlich einigermaßen leben kann, bedurfte es also nicht weniger als zweier Toter (die Schloßherrin an der Spitze, der Förster am Fuß der Hierarchie) sowie eines doppelten Verzichts auf die von Giles verkörperte wahre Liebe: Verzicht der jungen Erbin über ihm, die sich am Ende zu ihrer Ehe bekennt; und Verzicht der jungen Bäuerin unter ihm auf das geopferte Haar, die, allein, in die Natur hinausgeht, deren wahre Kenntnis sie als einzige mit ihm teilte.

Dies sind einige Rollen, die den jungen Mädchen auferlegt werden, wenn sie, als junge Gattinnen, mit den schwierigen Folgen einer schlechten Wahl oder einer durch das Gesetz des Vaters erzwungenen Partie konfrontiert sind. Freilich müssen sie es zur Ehe gebracht haben, so schlecht sie auch sein mag: was nicht allen gegeben ist, denn es existiert noch eine letzte Kategorie von Prüfungen, welche die jungen Mädchen, die sich zu früh auf die Liebe eingelassen haben, noch härter treffen kann. Wenden wir uns, um mit dem Mädchenstand abzuschließen, den weit unmittelbareren Gefahren zu, die ihnen drohen, wenn sie als Verlobte vor der Hochzeit verlassen oder durch ein falsches Eheversprechen getäuscht werden.

Verlassene Mädchen

Als »kanonisches Schicksal der schuldigen Mädchen«[1] ist das
Verlassenwerden nicht die geringste Falle, die auf der Schwelle
jener radikalen Zustandsänderung, der Heirat, denjenigen auflauert, die nicht die richtige Wahl getroffen und sich einem
Mann versprochen, ja sogar hingegeben haben, der über den
Stand des Verlobten oder, noch schlimmer, des Verführers
nicht hinausgehen wird. Denn es gibt zwei Arten des Verlassenwerdens: das der Versprochenen von ihrem Verlobten sowie das
– weit schlimmere – des von ihrem Verführer kompromittierten
Mädchens.

Die Versprochene

»Wenn alle Frauen, die von ihren Verlobten oder Gatten verlassen wurden, sterben würden, so wäre die Welt entvölkert!« erwidert die Marquise von Beaulieu in *Der Hüttenbesitzer* von Georges Ohnet ihrer Tochter Claire, die sich, als sie von ihrem Verlobten verlassen worden ist, der Wut und Verzweiflung überläßt und sich »die schrecklichsten, grausamsten Martern für
ihre Rivalin« ausdenkt. Auch wenn es in der Literatur nicht an
Versprochenen fehlt, denen eine andere ihren Verlobten entreißt, so reagieren doch nicht alle mit solch rasender Eifersucht.
Es gibt sogar eine, die sich völlig anders verhält: freilich ist die
weibliche Rivalität, mit der sie sich konfrontiert sieht, nicht
mehr die zwischen Ebenbürtigen, die Mädchen desselben Sta-

tus einander entgegenstellt, wie bei Ariadne, die Theseus zugunsten ihrer Schwester Phädra verläßt –, sondern die sehr viel verwirrendere und fast schon tabuisierte Rivalität, die ein junges Mädchen einer verheirateten Frau entgegenbringt. Was kann dem jungen Mädchen widerfahren, wenn es von einer Frau ausgestochen wird, die ihre Mutter sein könnte, und wenn diese ihr denjenigen raubt, den sie heiraten sollte?

Sie »entdeckt mit Verzückung die Gewißheit, nichts zu sein« (Christian Bobin, *Éloge du rien*): es handelt sich um *Le ravissement de Lol V. Stein (Die Verzückung der Lol V. Stein)* von Marguerite Duras (1964). *Ravissement* bedeutet sowohl Raub als auch Glückseligkeit: vor aller Augen in jener Ballnacht beraubt, auf dem ihr Verlobter sie verläßt und ihr eine ältere Frau vorzieht, wird sie da ihres Status als Verlobte beraubt oder ist sie verzückt, weil er ihr geraubt wurde? Diese zweite Interpretation und ihre ekstatische Konnotation – die Verzückung als Herausgerissensein aus einer trivialen oder prosaischen Wirklichkeit – schließt an die mystische Tradition, ja an die tragischen Philosophien an und wird vom Text selbst ausdrücklich nahegelegt. Doch das Beharren auf dieser positiven Dimension des Raubs als Verzückung enthüllt auf der anderen Seite auch die negative Dimension, der sie entgegensteht und die der Inhalt der Erzählung sofort ins Spiel bringt: die Verzückung als Raub, Gewalt – den Raub ihres Standes einer Versprochenen, vor ihren Augen von ihrem Verlobten mit einer Unbekannten begangen.

Als junges Mädchen hat Lol V. Stein gesehen, wie Michael Richardson, ihr künftiger Gatte, ihr geraubt wird von Anne-Marie Stretter, mit der er die ganze Nacht vor ihren Augen tanzt.[2] Lol flieht nicht: im Gegenteil, sie scheint von dem Anblick ihres Verlassenwerdens *verzückt* zu sein und nicht unter ihm zu leiden. Sie kehrt erst wieder zur Erde, in die Realität zurück, als ihr dieser Anblick im Morgengrauen *geraubt* wird, als der Augenblick gekommen ist, den Ort zu verlassen; da es ihr nicht gelingt, das Paar zurückzuhalten, muß sie sich dazu

entschließen, es fortgehen zu sehen. Und nun, als ob ihr plötzlich klar würde, was ihr widerfahren ist, fällt sie in Ohnmacht:
»Als sie die beiden nicht mehr sah, fiel sie bewußtlos zu Boden.«
Was ist mit ihr geschehen? Ihr Platz ist ihr geraubt worden: ihr
Platz an der Seite des Mannes, geraubt von einer Frau mit Wissen dieses Mannes – und nicht von irgendeiner Frau, da diese
Frau, die älter ist und schwarzgekleidet, ihre Mutter sein könnte.[3] Es ist eine Form des »Komplexes der Zweiten«, auf den wir
später eingehen werden, jedoch vorweggenommen und in die
Dauer einer einzigen Nacht zusammengedrängt, den die in
aller Öffentlichkeit verlassene Verlobte hier an sich erlebt. Mit
einem Mal hat Lol keinen Platz mehr, es sei denn den Platz derjenigen, die dem Schauspiel ihres eigenen Verschwindens aus
den Armen des Mannes beiwohnt, den sie für immer zu haben
wähnte. Es ist ein absolutes Leid: jenes Leid, bei dem man nicht
einmal mehr jemand ist, der sich als Leidenden erlebt, der das
eigene Leid empfinden kann, da man buchstäblich nicht mehr
man selbst ist, weil man von dem Platz vertrieben wurde, an
dem man derjenige war, der man ist. Daher auch bleibt dieses
Leid in der Schwebe, solange Lol noch an diesem Schauspiel
hängt, solange sie sieht, was ihr widerfährt: solange es etwas zu
sehen gibt – und sei es ihre eigene Abwesenheit an der Stelle, die
sie einnehmen sollte, und ihre Ersetzung durch eine andere.
Doch sobald es nichts mehr zu sehen gibt, sobald sie nicht einmal mehr den Platz derjenigen einnehmen kann, die keinen
Platz mehr hat, der Beraubten, der man ihren Platz geraubt hat
– da überwältigt sie das Leid, das Reale erhält plötzlich sein ganzes Gewicht und streckt sie nieder: kein Platz mehr, nicht einmal mehr Wörter, nur die Schreie ihrer herbeigeeilten Mutter,
die an ihrer Stelle klagt.
Die Rückkehr zur Vernunft, die Rückkehr zur Normalität findet am Ende trotz allem statt, als ein anderer Mann um ihre
Hand anhält: Rückkehr zur Vernunft, Rückkehr zur Normalität, Rückkehr ins Haus, d. h. in die Geburtsstadt. Dennoch

bleibt sie bei allem, was ihr zustößt, merkwürdig abwesend, auch ihrem Status als Ehefrau, Hausherrin und Mutter, die sie inzwischen geworden ist. Es vergehen zehn Jahre, in denen sie sich gleichsam von sich selbst entfernt hat. Und dann kommt der Tag, an dem sie einen Mann in Begleitung einer Frau sieht, die seine Mätresse ist. Und diese Frau ist Tatiana Karl, die Freundin, die auch auf dem Ball war. Aus dieser Frau macht Lol das Werkzeug der Rückkehr zu sich selbst, d. h. zu jener Verzückung, jenem namenlosen Zustand derjenigen, die keinen Platz hat oder, besser gesagt, nur den Platz derjenigen, die ihrer eigenen Verdrängung beiwohnt, im Schauspiel der Umarmung, die eine andere Frau mit dem Mann vereint, dem sie selbst gehört. Es genügt, den Geliebten ihrer besten Freundin zu dem Mann zu machen, dem sie gehören kann, zu ihrem eigenen Geliebten. Jetzt ist es an ihr, den Platz einer anderen einzunehmen: um diesen Platz, der ihr geraubt worden ist, in den Armen des Geliebten zu finden; um sich dann vor das Hotel begeben zu können, wo er, komplizenhaft, die andere Frau umarmt; und schließlich um zuschauen zu können – um nur noch diejenige zu sein, die zuschaut, dem Schauspiel ihrer eigenen Abwesenheit in den Armen des Geliebten zuschaut, und die »berauscht die herbeigesehnte Verdrängung ihrer Person empfindet«.

Dies wird aus einem jungen Mädchen, das brutal aus ihrem Stand einer Versprochenen – dem Stand der Ersten versprochen – und damit von ihrem Platz verdrängt wird: »Ich war nicht mehr an meinem Platz. Sie haben mich mit sich genommen. Dann fand ich mich ohne sie wieder«, erinnert sie sich. Zum Verrücktwerden: zuerst neurasthenisch, denn neurotisch, eingeschlossen in der Perversion, im Drang, diesen Raub, diese Verzückung, die solange währt, wie das Schauspiel ihrer Geistesabwesenheit währt, endlich noch einmal zu erleben. Bis alles aufhört und dem Nichts Platz macht. Von neuem. Und alles wieder anfängt. Denn diese Art Identitätsprüfung – »Ich begreife nicht, wer sich an meiner Stelle befindet« – läßt sich nur unter zwei Bedingungen ertragen: entweder, wie Lol es während des Balls tat, sich nicht darüber klarzuwerden, in der Verzückung zu verharren, mit dem faszinierten Blick, der den Rückfall in die Wirklichkeit, d. h. ins Nichts aufschiebt; oder aber zehn Jahre später das, was ihr angetan worden war, zu wiederholen, ihrerseits diejenige zu werden, die sich an den Platz der anderen Frau drängt, mit Hilfe des Mannes, der nun nur noch ein Werkzeug in diesem winzigen, tödlichen Spiel ist, bei dem es nur einen einzigen Stuhl für zwei gibt: nur einen Platz für zwei Frauen. »Ich habe manchmal ein wenig Angst, es könnte wieder anfangen«, sagt sie … Das »*ravissement*« der Lol V. Stein läßt sich in einem ersten Schritt also durchaus als Ekstase, Verzückung, Lust verstehen. Jedoch unter der Voraussetzung, daß man den zweiten Schritt, die andere Hälfte seiner Bedeutung, verdrängt und vergißt – oder durch die Literatur sublimiert; unter der Voraussetzung, daß man durch das Schreiben die Realitätsprüfung aufschiebt und vergißt, daß bei Tagesanbruch die Zeit des Verschwindens, der Vernichtung, der Annullierung des eigenen Platzes, wie er durch und für einen Mann definiert worden ist, und damit der Annullierung ihrer Identität kommen wird.

Gewiß, »man stirbt nicht daran«, wegen einer anderen verlassen worden zu sein, wie die scharfsinnige Marquise von Beaulieu es Claire in Erinnerung ruft. Aber wenn man ein Mädchen ist und die andere eine Frau – vor allem, wenn sie ihre Mutter sein könnte –, dann kann es vorkommen, daß die eigene Identität völlig zerstört wird, daß ein Teil dessen, was man ist, für immer abhanden kommt.

Die Kompromittierte

Ein verlassenes Mädchen ist ein in seinem Ruf beschädigtes Mädchen, insofern dieser mit dem Kapital, begehrenswert zu sein, zusammenhängt: eine verlassene Verlobte ist ein Mädchen, das man nicht gewollt hat. Doch läßt sich diese Wunde mit der Zeit einigermaßen heilen: es bedarf lediglich der Geduld und, möglicherweise, der Einwilligung in eine weniger vorteilhafte Partie. Doch es gibt noch eine andere, kaum wiedergutzumachende Beschädigung des Rufs, sofern dieser nicht mit dem Kapital, begehrenswert zu sein, sondern mit dem der Sittlichkeit zusammenhängt: nämlich dann, wenn die Versprochene zur Kompromittierten wird, d. h. zum verführten Mädchen, wenn sie außerhalb der Ehe den wohlgehüteten Übergang zwischen Jungfräulichkeit und Sexualität, die Grenze zwischen Mädchen und Frau überschreitet. »Man entrinnt nicht dem schrecklichen sexuellen Verhängnis, das alle Formen, alle Gesichter, alle Entschuldigungen annimmt«, kommentiert J.-H. Rosny der Jüngere in *La Pigeonne* (1925).

Diese Mädchengestalten, deren Ruf kompromittiert ist, gibt es in der Literatur zuhauf: von der portugiesischen Nonne, die abgeschieden im Kloster lebt, nachdem sie sich von einem Waffenbruder ihres Bruders hatte verführen lassen, bis zu Mathilde de La Mole, der Heldin aus Stendhals *Rot und Schwarz* (1830), die ihrem Geliebten zu einem Adelstitel verhilft, damit sie heiraten können; von Stendhals Lamiel, die sich aus Neugier dem Erstbesten hingibt, mit einer Naivität, die an den Zynismus des blasierten Libertins grenzt (»Und dann machte der junge Normanne ohne viel Umstände und ohne eine Spur Liebe Lamiel zu seiner Geliebten. ›Sonst ist nichts dabei?‹ fragte Lamiel«) bis zur Clotilde des *Doktor Pascal* von Zola (1893), die ihr alter Onkel in einem köstlichen Konkubinat aushält, was natürlich böse endet; oder von der »Geliebten des französischen Leutnants« von John Fowles (1969), so genannt, weil sie in Gesellschaft eines Soldaten auf der Durchreise ihren Ruf eingebüßt hat, bis zur *Daisy Miller* von Henry James (1878), jener jungen Amerikanerin, die in der europäischen Gesellschaft durch ihr ungezwungenes Verhalten gegenüber ihren zahlreichen Verehrern Anstoß erregt, sich in Gesellschaft eines Römers kompromittiert und stirbt, weil sie ins Kolosseum geht, um mit ihm den Mondschein zu bewundern, womit sie zwar nicht ihre – unversehrte – Jungfräulichkeit aufs Spiel setzt, aber sich die Malaria zuzieht. Vor ihr hatte es die Heldin aus *Adam Bede* von George Eliot (1859) nicht bei dem bloßen Tête-à-tête der Bootsfahrten bewenden lassen: der Beweis ist das Baby, das Hetty Sorrel zur Welt bringt, nachdem sie verführt und dann verlassen worden ist.

Die Schwangerschaft außerhalb der Ehe ist die äußerste Form der Kompromittierung, der schwer zu verbergende Beweis dafür, daß das junge Mädchen den Ruf ihrer Unschuld usurpiert oder, gegebenenfalls, ihren Ruf eines leichten Mädchens, einer Herumtreiberin und Dirne verdient hat. Die einfachste Lösung – das einzige Mittel, das die Familien akzeptieren – besteht darin, die Hochzeit zu beschleunigen, falls der Verlobte zustimmt, das Vergehen »wiedergutzumachen«, oder andernfalls dringend nach einem anderen zu suchen, um die zu frühe Frucht des Fehltritts zu legitimieren. Doch wenn das verführte junge Mädchen sitzengelassen worden ist, wenn es zu spät ist, die Dinge zu bereinigen, dann herrscht, wenn das Kind zur Welt kommt, die nackte Verzweiflung; verschwindet es dagegen – Abtreibung, Kindsmord, natürlicher Tod oder Weggeben –, dann besteht Hoffnung, den Makel zu beseitigen und sich eine neue Jungfräulichkeit zuzulegen, um endlich zur Ehe zu gelangen und wieder einen Platz in der legitimen Ordnung der Formen des Frauenstands einzunehmen: erwählbares Mädchen, Verlobte, Ehefrau, Mutter und, später, Großmutter.

Es kommt vor, daß die Kompromittierung auch dann andauert, wenn das Kind nicht mehr da ist, um Zeugnis von ihr zu geben: eine unheilbare, nicht wiedergutzumachende Wunde der Identität verbietet es für immer, den fatalen Stand des kompromittierten Mädchens zu verlassen. Genau diese tragische Geschichte in ihrer reinsten Form erzählt einer der großen Romane von Thomas Hardy, *Tess von den d'Urbervilles* (1891), wo auf exempla-

rische Weise die Folgen dargestellt sind, die die Übertretung der
Ordnung für die Identität hat, eine Übertretung, die einen Menschen unwiderruflich verändern, ja sogar eine Existenz zerstören kann. Wie fast immer bei Hardy beginnt der Roman mit
einem Fauxpas in der Hierarchie, einem Versuch, sich über den
eigenen Status zu erheben: einem Versuch, der nicht nur fehl-
schlägt, sondern andere Menschen weit tragischere Fehlschläge
erleiden läßt. Und alles beginnt auch, wie oft bei Hardy, auf einer
Straße, auf der ein Mann allein wandert: es handelt sich um John
Durbeyfield, einen armen Bauern, dem ein Amateurgenealoge
soeben verkündet hat, daß er wahrscheinlich von der großen,
heute verschwundenen Adelsfamilie d'Urberville abstamme.
Diese Nachricht veranlaßt »Sir John«, der ohnehin dem Trunk
ergeben ist, sich zur Feier seiner neuen Identität in der Eckknei-
pe sinnlos zu besaufen, so daß Tess, seine älteste Tochter, in der
Nacht den Wagen anschirren muß, um auf den Markt zu fahren.
Es ereignet sich ein Unfall, der dem alten Pferd das Leben und
Tess ihre Unschuld kosten wird. Überzeugt, daß sie an dem
Unheil schuld ist, akzeptiert sie zur Sühne, eine sehr reiche Mrs.
d'Urberville, die in der Nähe wohnt, um Hilfe zu bitten. Bei diesen vorgeblichen Cousins, die sie nicht kennt, wird sie von Alec,
dem Sohn der Hausherrin empfangen, der verschweigt, daß er
kein wirklicher d'Urberville ist, sie jedoch, von ihrer Frische
angetan, mit Blüten überhäuft und ihr vorschlägt, sie im Geflügelhof zu beschäftigen: »Während sie voller Unschuld auf die
Rosen an ihrer Bluse hinabschaute, ahnte sie nicht, daß hier hinter dem blauen Tabaknebel das ›tragische Verhängnis‹ ihres
Dramas saß – er, dessen Bestimmung es war, in dem Farbenspek-
trum ihres jungen Lebens der blutrote Streifen zu sein.« Denn
Tess mag sich noch so sehr vor den Aufmerksamkeiten ihres jungen Dienstherrn in acht nehmen, am Ende nimmt er sich mit
Gewalt, was sie ihm freiwillig nicht geben will.
So wird die sechzehnjährige Tess eines Nachts im Wald verge-
waltigt, in ihrem Festtagsgewand.

»Warum mußte es geschehen, daß auf dieses schöne Gewebe eines Frauenschicksals, empfindlich wie zarte Gaze und bis zu diesem Augenblick unleugbar weiß wie Schnee, solch ein rohes Muster vorgezeichnet wurde, wie es das Verhängnis ihm zugeteilt hatte – warum bemächtigt sich so oft das Rohe solchermaßen des Zarten?« Brutal sieht sich Tess aus ihrem Mädchenstand gerissen: dem Stand eines Mädchens, das noch nicht einmal erwählbar ist, eines Mädchens ohne Geschichte oder doch nur mit der Geschichte jener lächerlichen Familienphantasie einer adligen Herkunft und jenes nicht weniger lächerlichen Unfalls, den ein altes Pferd erlitten hatte. So ist sie nun in diesen Stand gestoßen, der keiner ist, den in der viktorianischen Zeit wahrlich unaussprechlichen Stand des Mädchens, das nicht mehr Jungfrau ist, ohne verheiratet zu sein: halb Opfer männlicher Verachtung, halb selber schuld daran, begehrenswert zu sein, ein Stand zwischen Jungfrau und Märtyrerin, heiratsfähigem Mädchen und Freudenmädchen, Mädchen und Frau. Und weder das eine noch das andere: ein gefallenes Mädchen, ein kompromittiertes Mädchen, ein Mädchen, das innerhalb eines Augenblicks aus der geregelten Ordnung des Frauenstandes vertrieben wurde.

Unerträglich an der Vergewaltigung der Jungfrauen ist nicht nur die physische Gewalt und der dem Körper zugefügte Schmerz, auch nicht nur die moralische Gewalt und die Demütigung, die der Würde des Menschen zuteil wird; unerträglich ist auch jene Gewalt, die der Identität angetan wird, der brutale Zwang einer Berührung mit dem Geschlecht außerhalb jedes geschlechtlichen Standes, außerhalb eines der Sexualität zugewiesenen Platzes. Deshalb verstärken sich die Identitätskrisen, unter denen viele vergewaltigte Frauen leiden, im Fall der Jungfrauen und mehr noch der nicht geschlechtsreifen Frauen, und noch mehr, wenn die Vergewaltigung mit einem Inzest einhergeht, weil die Verwirrung der Zustände durch eine wahrhaft unbeschreibliche Konfusion zwischen einander ausschließenden Plätzen kompliziert wird: dem Platz des Anderen innerhalb der Familie und dem Platz des geschlechtlich Anderen, dem des Subjekts in einer Familienbeziehung und seinem Platz in einem sexuellen Verhältnis, wo sie zwangsläufig in die Lage gebracht wird, den Platz einer anderen einzunehmen. Und wenn diese andere die Mutter ist – im Fall eines vom Vater begangenen Inzests –, dann erreicht die Identitätskrise nach der Vergewaltigung ihren Höhepunkt, da das kleine Mädchen nicht nur mit der Brutalität des physischen Kippens in eine geschlechtliche Welt, die nicht die ihre ist, konfrontiert wird, sondern auch an die Stelle ihrer Mutter gesetzt, also aus dem Mädchenstand vertrieben wird, ohne deshalb Zugang zu dem Stand der Ehefrau zu haben.

Eben dieses Kippen der Identität, das der Jungfrau zugefügt wird, dieser Absturz in eine Welt der Sexualität, in der sie nur umherirren kann, da sie keinen Platz darin hat, nicht »im Stande« ist, sich in ihr zurechtzufinden, beschwört Hardy: »Ein unermeßlicher gesellschaftlicher Abgrund sollte hinfort die Seele unserer Heldin von jenem früheren Selbst scheiden, das aus ihrer Mutter Tür getreten war, um sein Glück im Geflügelhof von Trantridge zu versuchen.« Mit diesen Worten endet der erste Teil des Romans, »Das Mädchen«, dem sich der zweite Teil, »Kein Mädchen mehr«, anschließt. Hier sieht man, wie Tess auf der Flucht vor ihrem Verführer zu ihrer Familie zurückkehrt. Aber sie ist nicht mehr dieselbe: »Ein ganz anderes Mädchen stand nun da, gebeugt unter diesem Gedanken, und wandte sich zurück, um hinter sich zu schauen. Sie konnte es nicht mehr ertragen, voran ins Tal zu blicken.« Und zweifellos hat Tess auch nicht den Mut, voran in die Zukunft zu blicken: denn ein kompromittiertes Mädchen hat keine Zukunft mehr, wie sie es auf grausame Weise erfahren wird.

Sie hat sich geweigert, die Mätresse ihres Verführers zu werden. Und davon, seine Frau zu sein, kann keine Rede sein: zum einen, weil dieser Junker es ihr nicht vorgeschlagen hat (allenfalls hat er ihr im Fall der Not materielle Hilfe angeboten); vor allem aber, weil sie ihn nicht liebt, weil sie jemanden, der sie buchstäblich und moralisch in den Dreck gezogen hat, nicht zum Ehemann will. Dies war indes die Lösung, die Tess' verbrecherische Mutter in ihrer Naivität erhoffte: »›O Mutter, Mutter‹, rief das gequälte Mädchen (...). ›Warum sagtest du mir nicht, daß von männlichen Wesen Gefahren drohten? Warum warntest du mich nicht? Die vornehmen Damen wissen, wovor sie sich zu hüten haben, weil sie Romane lesen, die ihnen diese Schliche schildern; aber ich hatte nie die Möglichkeit, etwas davon zu erfahren, und du hast mir nicht geholfen!‹« Und ihre Mutter sagt: »Ich dachte mir, wenn ich von seinen zärtlichen Gefühlen sprechen wollte und wohin sie führen könnten, so wärst du hochmütig mit ihm und tätst deine Chance verlieren!«

Als man ihre Geschichte errät und sie ächtet, schließt sich Tess selbst vom Dorfleben aus und zieht sich auf den häuslichen Raum zurück, flieht in die Einsamkeit der unbewohnten Natur: »Sie hielt sich so streng zurückgezogen, daß schließlich jedermann dachte, sie sei abgereist. (...) Draußen in den Wäldern, in der Dunkelheit schien sie am wenigsten einsam zu sein.« Weder Jungfrau noch Ehefrau und ohne Anspruch auf einen Platz in der bewohnten Welt, flüchtet sie sich in den Stand einer Braut der Natur, der zuweilen der Stand jener Mädchen ist, die sich nicht wählen lassen wollen, sondern versuchen, in einer ländlichen Natur aufzugehen, in der sie gleichsam den Widerschein ihrer eigenen Lage finden, zwischen zwei Welten, und sich nach dem Nichtsein oder zumindest nach Durchsichtigkeit sehnen. Aber sie kann sich keiner wirklichen Gemeinschaft mit dieser Natur hingeben, von der sie sich nunmehr durch eigene Schuld getrennt fühlt und die sie aus jenem Stand der Unschuld vertreibt, wie ihn die Welt der Tiere und Pflanzen verkörpert. Und wenn sie sich auf dem Feld, wo sie einige Monate später arbeitet, dem natürlichen Element angleicht, in einer Art Empathie, die eine Eigenschaft der weiblichen Natur zu sein scheint – (»Der Ackersmann ist ein Mensch, der auf dem Felde arbeitet; eine Schnitterin ist Bestandteil des Feldes. (...) Sie hat sich ihm angepaßt«) –, dann tritt etwas dazwischen, isoliert sie, hindert sie daran, mit der Landschaft zu verschmelzen, unbemerkt zu bleiben: »Sie setzte sich an die äußerste Ecke des Garbenbündels, das Gesicht etwas von ihren Kameraden abgewandt (...). Sobald ihr Essen aufgetischt war, rief sie das große Mädchen, ihre Schwester, herbei und nahm den Säugling von ihren Armen; und froh, von der Last befreit zu sein, lief das Mädchen zum nächsten Garbenbündel und schloß sich dem Spiel der anderen Kinder an. Mit einer merkwürdig verstohlenen und dennoch mutigen Bewegung, und immer stärker errötend, knöpfte Tess ihr Kleid auf und begann das Kind zu stillen.«

Denn ihr ist das schlimmste Schicksal der Kompromittierten widerfahren: außerhalb der Ehe ein Kind zu bekommen. Gewiß, nur der Druck der Konventionen und des gesellschaftlichen Lebens macht eine Erfahrung schmerzhaft, die im Naturzustand ohne Drama erlebt worden wäre: das Problem ist, daß sie mit ihresgleichen lebt, also innerhalb von Beziehungen und Konventionen. Der Naturzustand, d. h. der tierische Stand der Paarung und des Gebärens, ist nicht der Stand der in Gesellschaft lebenden Menschen, wo Paarung und Gebären nur im Rahmen eines Vertrags, des Ehevertrags, Platz haben. Daher ist die Kompromittierte weder in der Natur noch unter den Menschen an ihrem Platz. Doch der Zeuge ihrer Erniedrigung verschwindet: der Säugling stirbt im Alter von vier Monaten. Das Kind war jedoch lediglich die Konkretisierung des Stands einer ledigen Mutter, eines Standes, der weiterhin der ihre ist, auch wenn nur ihre Angehörigen ihn kennen: was immer sie will oder tut, er ist ihre Identität geworden. Diese Erfahrung macht sie in der Molkerei, wo sie, fern von ihrem Geburtsdorf, Arbeit gefunden hat. Dort kann sie an eine »Genesung« glauben – der Titel des dritten Teils –, als sie hier Angel Clare begegnet, einem Pastorensohn, der die kirchliche Laufbahn aufgegeben hat.

Es ist nicht ihre erste Begegnung: sie hatten sich schon einmal gesehen, ganz zu Beginn der Geschichte, an eben jenem Tag, an dem Tess' Vater zum Unglück seiner Tochter über seine mögliche Herkunft unterrichtet worden war. Es war anläßlich des jährlichen Festes der Jungfrauen, und der junge Angel, der dort vorbeikam, hatte mit mehreren von ihnen getanzt, aber – ein weiterer anfänglicher Fauxpas – Tess nicht beachtet. Somit beginnt alles mit einem Mann, der allein auf einer Straße geht, mit einer Fehlleistung, einer verpaßten Gelegenheit, einem nicht verwirklichten Eheprojekt... Es ist zu spät, als sie sich vier Jahre danach wiedersehen, aber das weiß er nicht; er weiß nicht, daß Tess sich als eine Frau betrachtet, »die nie mit gutem Gewissen irgendeinem Mann erlauben konnte, sie jetzt noch zu heiraten, und die heilig geschworen hatte, daß sie sich dazu niemals würde verlocken lassen«. Er hat beschlossen, Tess zu seiner Frau zu machen, zu derjenigen, die sein Leben teilen soll. Denn im Gegensatz zu seiner Familie hat er keine hierarchischen Vorurteile: er weiß, »daß zwischen der guten und klugen Frau aus einer anderen sozialen Schicht der wesentliche Unterschied geringer ist als zwischen der guten und schlechten, der klugen und dummen innerhalb derselben Schicht oder Klasse«. Und für ihn ist Tess ohne den geringsten Zweifel gut und klug zugleich. Sie aber weiß, was er nicht weiß – und wofür sie »die Folgen« – Titel des vierten Teils – zu tragen haben wird.

Angel macht ihr den Hof, bittet sie, ihn zu heiraten. Zu seinem großen Erstaunen lehnt sie ab, ohne ihm den Grund dafür sagen zu können, obwohl sie ihn liebt, es ihm zeigt und sagt. Er insistiert. Doch Reue, Unentschlossenheit, Groll über eine Vergangenheit, die sie nicht auszulöschen vermag, halten sie zurück, ohne daß es ihr gelingt, anders als durch Andeutungen mit ihm zu sprechen: »Warum bliebst du nicht bei mir und liebtest mich, als ich – sechzehn war; als ich bei meinen kleinen

96

Geschwistern lebte und du auf dem grünen Rasen tanztest? Oh! warum nicht, warum nicht!« Kurz vor der Hochzeit, von dem Gefühl gepeinigt, sich eine unverdiente Liebe anzueignen, gesteht sie dem Verlobten ihre Verfehlung in einem Brief, den sie unter seine Tür schiebt, der jedoch unter einem Teppich verborgen bleibt: Angel erfährt nichts davon. Die Hochzeit findet statt.

»Als sie nach Hause kamen, war sie zerknirscht und verzagt. Freilich hieß sie Mrs. Angel Clare, aber besaß sie ein moralisches Recht auf diesen Namen? War sie nicht weit eher Mrs. Alec d'Urberville?« Erst im Augenblick des vertraulichen Beisammenseins der Eheleute nach der Trauung, kurz vor der Hochzeitsnacht, als Angel sie wegen einer früheren Liebschaft um Verzeihung bittet, wagt sie, ihm ihre Vergangenheit zu gestehen, und erwartet in der zärtlichen Stimmung ihrer neuen Vertrautheit, daß auch er ihr vergebe: »Und ihre Stirn gegen seine Schläfe pressend, hob sie an, die Geschichte ihrer Bekanntschaft mit Alec d'Urberville zu erzählen, und was daraus folgte, die Augenlider gesenkt und ohne Stocken murmelnd, Wort um Wort.« So endet der vierte Teil.

Der fünfte, »Die Frau bezahlt«, beginnt mit Angels Reaktion: »Soll ich das alles glauben?« Und als sie ihn um Verzeihung bittet, sagt er: »Verzeihung paßt nicht zu dem Fall. Du warst ein Mensch, jetzt bist du ein anderer. Wie kann Verzeihung eine so groteske – Gaukelei erfassen?« Wenn also ein Mann eine Frau gekannt hat, bleibt er auch mit einer anderen Frau derselbe Mann, hat jedoch eine Frau – ein Mädchen – einen Mann gekannt, so ist sie nicht mehr dieselbe: das vorgeblich jungfräuliche Mädchen ist, sobald es defloriert wurde, nicht mehr dieselbe Person. Und in gewissem Sinne stimmt das auch: in dem Sinne, in dem sich ihr Stand verändert hat. Sie ist kein erwählbares Mädchen mehr, sondern ein gefallenes Mädchen, das folglich nicht mehr erwählt werden kann, zumindest nicht im Rahmen der Ehe. Es wird eine Scheinehe daraus: Angel

trennt sich von seiner Frau, ohne die Vereinigung vollzogen zu haben. Vergebens versucht Tess, ihre Sache zu verteidigen, indem sie ihn der Beständigkeit ihrer Liebe und der Kontinuität ihrer Identität versichert. Diejenige, die spricht, ist für ihren Ehemann nicht mehr die, die er geheiratet und die er geliebt hat. »›Wie kannst du also, geliebter Mann, aufhören, mich zu lieben?‹ – ›Ich wiederhole: Die Frau, die ich geliebt habe, bist nicht du!‹ – ›Wer, wer denn?‹ – ›Eine andere in deiner Gestalt.‹« Hätte sie es ihm doch nur früher gesagt, dann hätte er ihr verziehen – aber er selbst hat sie doch jedesmal am Sprechen gehindert, wenn sie es versuchte, da er meinte, es könne sich nur um Lappalien handeln ... Sie insistiert: »Ich bin nicht die hinterlistige Frau, für die du mich hältst!« Und er: »Gut. Nicht hinterlistig; aber nicht mehr dieselbe.« Sie schlägt ihm die Scheidung vor; er sagt, das sei nicht möglich. Sie denkt an Selbstmord: er nimmt ihr das Versprechen ab, es niemals zu tun. Trotz allem hofft sie auf ein gemeinsames Leben, eines Tages, später – aber er sagt: »Wie können wir zusammenleben, solange dieser Mann noch am Leben ist? Er ist doch von Natur aus dein Mann, und nicht ich. Wenn er tot wäre, wäre das vielleicht anders.«
Er verläßt sie und geht ins Ausland, läßt ihr ein wenig Geld da und versichert ihr, daß sie ihn im Notfall um Hilfe bitten könne. Sie wagt nicht, sich aufzulehnen, und kehrt zu ihren Eltern zurück. Nachdem sie ihre Ersparnisse aufgebraucht hat, um das Dach des Familienhauses reparieren zu lassen, sucht sie Arbeit in den dürren Gegenden, wo man sie nicht kennt. Dort führt sie das harte und einsame Leben der Arbeiterinnen, die sich für ein paar Monate auf dem einen oder anderen Hof verdingen. Eines Tages, als sie von einer vergeblichen Wanderung zum Dorf ihrer Schwiegereltern zurückkehrt, denen sie sich schließlich doch nicht vorzustellen wagt, begegnet sie auf der Straße ihrem einstigen Verführer, der aus Reue ein Prediger geworden ist. Der Blick, den sie wechseln, löst sowohl bei ihr als auch bei ihm eine Erschütterung aus. Tess sieht sich in eine has-

senswerte Vergangenheit zurückversetzt: »Nun veränderte sich
das Wesen ihres Kummers. Jener allzulang unterdrückte Hunger nach Liebe wurde in diesem Augenblick verdrängt durch
das fast physische Empfinden einer unerbittlichen Vergangenheit, die sie immer noch in ihrem Bann hielt. Dies Gefühl verstärkte das Bewußtsein ihres Fehltritts zu völliger Verzweiflung; der Riß im stetigen Zusammenhang ihres früheren und
jetzigen Daseins, dieser Bruch, den sie erhofft hatte, war nun
am Ende doch nicht eingetreten. Das Vergangene würde nie
völlig vergangen sein, solange sie nicht selbst der Vergangenheit
angehörte.« Hinzu kommt das Gefühl der Ungerechtigkeit, der
furchtbaren Ungleichheit zwischen dem, was sie seinetwegen
durchlitten, und dem, was er dank ihrer genossen hat und was
ihm weiterhin zugute kommen wird: »Mein Gefühl empört sich
gegen Sie, weil Sie so zu mir sprechen und doch wissen, was Sie
mir angetan haben! Sie und Ihresgleichen, ihr sättigt euch an
den irdischen Freuden, indem ihr das Leben unglücklicher
Geschöpfe wie ich mit bitterem und düsterem Leid erfüllt: habt
ihr schließlich genug, dann ist es eine feine Sache, wenn ihr
euch daran macht, euch die himmlischen Vergnügen zu
sichern, indem ihr euch bekehrt! Pfui über euch – ich glaube
nicht an Sie – das Ganze ist mir verhaßt!«
Alec d'Urberville dagegen sieht sich erneut der fleischlichen
Versuchung ausgesetzt. Daher folgt er ihr, begehrt sie und stellt
ihr von neuem nach: der Bekehrte hat den Glauben verloren,
und wieder tritt der Verliebte in Erscheinung – für diesen Apo-
staten bedurfte es nur eines Blicks. Sie aber hat erneut das
abscheuliche Gefühl, die Ursache ihres Übels zu sein, ohne deshalb daran schuld zu sein, da man sie nicht für etwas verantwortlich machen kann, was ihr indes nicht zugestoßen wäre,
wenn sie nicht wäre, wer sie ist – als ob die Strafe nichts anderes
wäre als die Strafe, zu existieren: »Und wieder erwachte in ihr
die erbärmliche Empfindung, die schon oftmals über sie
gekommen war, die Empfindung, daß es fast ein Unrecht von

ihr sei, in diesem fleischlichen Tabernakel zu wohnen, den die
Natur ihr geschenkt hatte.« Aus dem einzigen Grund angegriffen, weil sie ist, was sie ist – eine Frau –, kann sie nicht leugnen,
daß sie ist, wer sie ist, als man ihr sagt, daß ihr, eben weil sie eine
Frau ist, Unglück widerfahren muß, daß sie, weil sie schön ist,
begehrt, verführt und verlassen wird. Das Verbrechen, dem Tess
zum Opfer fällt, ist das Äquivalent eines Verbrechens gegen die
Menschlichkeit, wenn der Mensch eine Frau ist, die nur deshalb
zum Opfer wird, weil sie eine Frau ist. Folglich ist es ein Verbrechen gegen die Weiblichkeit: so wie man jemanden aufgrund
dessen tötet, was er ist, und nicht aufgrund dessen, was er getan
hat, so vergewaltigt man eine Frau nur deshalb, weil sie eine
Frau ist. Und auch wenn es nicht ihre Schuld ist, so geschieht es
doch ihretwegen, weil sie ist, was sie ist: weil es »fast ein Unrecht
von ihr ist, in diesem fleischlichen Tabernakel zu wohnen, den
die Natur ihr geschenkt hatte«.

Tess versucht, sich den Artigkeiten ihres Verführers zu entziehen, fleht ihren Mann um Hilfe an, der auf ihre Briefe, ihre Bitten um Verzeihung nicht antwortet. Wegen des Todes ihres
Vaters wird sie nach Hause zurückgerufen. Die kleine Familie
muß in eine andere Gegend ziehen, woran zum Teil Tess und ihr
schlechter Ruf schuld sind. In diesem Augenblick taucht d'Urberville wieder auf und schlägt vor, ihre Angehörigen zu beher-
bergen und zu unterstützen. Abermals im Glauben, an den Mißgeschicken ihrer Familie schuld zu sein, und da sie es müde ist,
vergeblich auf eine Nachricht von Angel zu warten, gibt Tess
schließlich dem Drängen desjenigen nach, der nicht ihr Ehemann ist – und dennoch: »Doch das Bewußtsein, daß nur dieser
Mann in einem physischen Sinne ihr Ehemann war, schien sie
immer mehr zu bedrücken.« Aber Angel, von schwerer Krankheit
genesen, kehrt zurück und sucht seine Frau, denn er bereut, sie
verlassen zu haben, und will ihr versichern, daß er sie liebt und
ihr verzeiht. Er spürt sie in einem Badeort auf, wo sie mit demjenigen lebt, dessen Mätresse sie geworden ist. Zuerst versteht er

nicht, warum seine nach der neuesten Mode gekleidete junge Frau sich ihm nicht nähern und ihm nicht folgen will. »Ich habe auf dich gewartet und gewartet. (...) Aber du kamst nicht. Und ich schrieb dir, und du kamst dennoch nicht. Er sagte mir Tag um Tag, du würdest nie wiederkommen und ich sei töricht und dumm. Er war sehr gut zu mir und zu Mutter und zu uns allen, nach Vaters Tod (...). Er hat mich wieder zu sich gelockt.«

»Oh – es ist meine Schuld!« sagt Clare, als er endlich begriffen hat. Er wandert von neuem ganz allein auf der Straße: »So weit das Auge reichte, schlängelte sich wie ein Band die Straße, immer schmäler werdend, und während er schaute, schob sich ein beweglicher Fleck in die weiße Leere ihrer Fernen. Es war eine laufende menschliche Gestalt.« Es ist Tess, die ihm nachläuft, nachdem sie ihren Geliebten erdolcht hat: »Es kam über mich wie eine Erleuchtung, daß dies mein Weg sei, um dich wieder zurückzuerhalten. Ich konnte nicht länger deinen Verlust ertragen – du weißt nicht, wie ich so ganz außerstande war, die Vorstellung zu ertragen, daß du mich nicht mehr liebtest! ... Sag mir, daß du mich jetzt liebst, liebster, liebster Angel; sag ja, jetzt, da ich ihn getötet habe!« Und er sagt ihr, daß er sie liebe. Und sie fliehen zusammen, endlich vereint – bis man sie bei Morgengrauen in dem heidnischen Tempel von Stonehenge aufgreift, wo Tess auf dem Opferstein eingeschlafen ist. Sie wird hingerichtet.

Fast nur der Roman kann uns die Kraft der moralischen Werte vermitteln, die die traditionelle Gesellschaft leiteten, wenn ein außerhalb der Ehe sexuell verführtes Mädchen sich der Gefahr aussetzte, für immer ein gefallenes Mädchen zu werden. In dieser Hinsicht ist Tess nicht nur ein Bildungsroman wie *Pamela*, *Clarissa*, *Amelia* oder *Evelina*, den die jungen Mädchen lasen, um zu erfahren, was in den Familien nicht zur Sprache kam; er ist auch ein Dokument, das uns Zugang verschafft zu jener noch nicht allzu fernen Zeit, wo ein junges Mädchen, das sich verführen ließ, alles aufs Spiel setzte, sogar sein Leben.

An der Schwelle des Frauenstands

Wir werden uns später mit den Folgen dieses Risikos befassen, dem Stand der Illegimität, der ein kompromittiertes Mädchen sowie alle Frauen erwartet, die außerhalb der Ehe mit der Sexualität in Berührung kommen: ein Absturz, der eine der drei Perspektiven darstellt, die den jungen Mädchen offenstehen – neben der Ehelosigkeit der Mädchen ohne Geschichte, ein Zustand, den die erwählbaren Mädchen fürchten, und der Ehe, die sie erhoffen oder an der sie verzweifeln.

Als verheiratete Frau erfährt die Heldin, daß ihr ökonomischer Status von ihrer sexuellen Verfügbarkeit abhängt, jedoch im vertraglich festgelegten und institutionalisierten Rahmen der Ehe, der es ihr ermöglicht, in den Zyklus der Fortpflanzung der Familie einzutreten; als Mätresse oder Prostituierte hängt ihr Überleben ebenfalls, freilich in der Illegimität, von ihrer sexuellen Verfügbarkeit ab; als Junggesellin schließlich verdankt sie ihren Unterhalt nur der eigenen Arbeit oder dem Familienvermögen, muß diese Unabhängigkeit jedoch mit dem Ausschluß von jeglichem Sexualleben bezahlen. Wirtschaftliche Verhältnisse, sexuelle Situation, Grad der Legitimität der ökonomisch-sexuellen Verbindung: die Verschränkung dieser drei Hauptkriterien der weiblichen Identität strukturiert den Raum der Möglichkeiten, der den Mädchen offensteht, sobald sich ihr Eintritt in die Welt der Frauen und ihres Standes abzeichnet. Legitime sexuelle Abhängigkeit, illegitime sexuelle Abhängigkeit oder asexuelle Unabhängigkeit – dieses Los erwartet die Ersten, die Zweiten oder die Dritten; und daß die Wahl dieser Termini gerechtfertigt ist, wird die Analyse jeder einzelnen dieser drei Formen des Frauenstandes in der traditionellen Gesellschaft zeigen, wie der Roman sie darstellt. Natürlich sind sie nicht gleichwertig: der Unfall der Verführung und der Schwangerschaft außerhalb der Ehe zum Beispiel verbietet es Tess, in den normalen Zyklus der weiblichen Rollen zu treten, wie er sich

einem jungen Mädchen bietet, das eine erste Ehefrau wird, ausgestattet mit einem gesicherten ökonomischen Status, einem
Sexualleben und unbeschränkter Sichtbarkeit. Dann bleibt der
jungen Frau nichts anderes übrig, als sich damit abzufinden, in
der Einsamkeit ihr Brot zu verdienen und den Stand der Dritten auf sich zu nehmen, die zwar einen unabhängigen, wenngleich prekären ökonomischen Status, jedoch kein Sexualleben
hat. Und schließlich hat sie keine andere Wahl als die Konkubine ihres Verführers zu werden, um von neuem ihre Familie zu
unterstützen und den Stand der Zweiten einzunehmen, die
zwar ein Sexualleben hat, jedoch abhängig ist und im Schatten
steht.

Als ersten werden wir den beneidenswertesten Stand in Augenschein nehmen, den die Mädchen sowie ihre Familie anstreben.
Wir werden verfolgen, auf welche Weise die Literatur die Möglichkeiten darstellt, die verheirateten Frauen offenstehen, welche Arten es gibt, einen Platz einzunehmen, der fraglos der
höchste ist – und welcher Preis für dieses Privileg gezahlt werden muß.

Zweiter Teil
Der Platz der Ersten

HENRIETTE: *Jetzt bin ich für immer*
von den Romanen geheilt!
NOIRMONT: *Also der rechte Augenblick,*
einen Hausstand zu gründen.

Eugène Labiche, *Mademoiselle ma femme*

Die bedrohte Erste

Nicht alle Plätze sind gleichermaßen sichtbar, gleichermaßen erträumt, gleichermaßen sowohl in den Gegenständen als auch in den Gedanken ausgezeichnet. Der Platz der Ersten befindet sich unstreitig an der Spitze der Hierarchie: stolz vorgezeigte Kinder, prunkvolles Porträt, Loge in der Oper, Auftritt am Arm des Gatten, Lichter, Blicke, Geschmeide, Pelze, Schmuck, Familienvermögen und eheliche Tugend, weithin zur Schau getragen – alles beweist, daß der Platz der ersten Ehefrau wirklich der erste Platz ist daß diejenige, die ihn einnimmt, wirklich an ihrem Platz ist, und daß niemand ihr diesen Platz streitig zu machen vermag. Und niemand kann sich darin täuschen: die legitime Erste ist keine illegitime Zweite, wovon zunächst die symbolische Güterregistrierung, d. h. der Ehevertrag zeugt, der ihren Unterhalt gewährleistet; und sie ist auch keine Dritte, keine geschlechtslose alte Jungfer, wovon jene Markierung des Körpers zeugt, die Defloration, die das Wegerecht des Ehemanns und gleichzeitig den Durchbruch des Rechts der Frau auf den Status einer Mutter sichert.[1]

Die souveräne Erste

In *Back Street* von Fanny Hurst (1933) zum Beispiel sieht die im Schatten lebende Geliebte ihre Rivalin so: »Rechts in einer Loge des ersten Ranges saßen Corinne, ihre Kinder Richard und Irma, und es sah aus, als säßen sie für ein Porträt ›Frau Walter

D. Saxel und Kinder‹. Corinne trug eine kleine Nerzkappe mit Reiherfedern, ein schönes Nerzjackett, das sie geöffnet hatte und unter dem ein Spitzenjabot zwischen den beiden Perlenreihen auf ihrem kleinen hohen Busen sichtbar wurde. Jeder Zoll an ihr war stolze, geborgene, tugendhafte Ehefrau, tadellose Mutter. Für sie war das Leben richtig und normal gewesen, so wie man es erwartet hatte. Und es würde immer so sein. Das Leben würde dafür sorgen (...), sogar die Kinder waren bereits so um sie gruppiert, daß es aussah, als bildeten sie eine Barrikade, um sie zu schützen.« Als souveräne Erste, gesegnete Frau und unangefochtene Gattin hat sie in bezug auf die Mätresse nur ein Handicap: sie weiß nicht, daß sie nicht die einzige ist, daß ihr Mann eine andere liebt. Aber die Mätresse muß diesen kleinen Vorsprung in bezug auf die Hellsicht, die Fähigkeit zu sehen, mit einem ungeheuren Abstand zur Ehefrau bezahlen, mit einem nicht aufholbaren Rückstand in bezug auf die Sichtbarkeit, die Fähigkeit, gesehen zu werden; und selbst wenn sie aus dem Schatten träte, indem sie die zweite Ehefrau würde, so erlangte sie doch niemals das Privileg, die erste gewesen zu sein – was die Erzählerin aus *Rebecca* von Daphne Du Maurier auf exemplarische Weise erfahren wird. Und diejenige, die eine vorteilhafte Ehe mit allen Hoheitsrechten ausgestattet hat, kann auch von einer Dritten beneidet werden wie von Balzacs *Tante Lisbeth* (1843), einer vom Schicksal wenig begünstigten alten Jungfer: »Für Adeline war der Baron von Anfang an eine Art Gott, der unfehlbar war. Sie hatte ihm alles zu verdanken, ihr Vermögen, Pferde und Equipagen, ein prächtiges Haus und den ganzen zeitgemäßen Luxus. Sie verdankte ihm ihr Glück, denn sie war allgemein beliebt; sie war dank ihm zu einem Adelstitel gekommen und hieß jetzt Baronin Hulot. Schließlich hatte er ihr zu Ruhm und Ansehen verholfen: man nannte sie in ganz Paris nur noch die schöne Baronin Hulot. Schließlich widerfuhr ihr noch die hohe Ehre, dem Kaiser auf seine Huldigungen hin einen Korb zu erteilen. Er hatte ihr ein Diamantendiadem zum Geschenk gemacht und hielt auch nachher noch große Stücke auf sie.« Ebenso sieht die Tochter ihre Mutter im vollen Glanz ihrer Souveränität, wie Rachel du Frocq in *Inselzauber* von Elizabeth Goudge: »Sie war sehr schön, gerade und schlank wie ein Lavendelhalm, groß und stattlich wie eine Pinie in einem geschützten Tal, mit vollem braunen Haar, das geflochten und zu einer Krone aufgesteckt war; sie hatte die Haltung einer Königin. (...) Alles, was sie berührte, alles, was sie umgab, wurde von ihrem Zauber erhellt und von ihrer Glut erwärmt.«

Mädchen, alte Jungfer, Geliebte – sie alle beneiden diese Erste, die im hellen Licht steht, ruhmreich und stolz, auserwählt worden zu sein, während sie selber in die Schmach oder in den Schatten verbannt sind. Aber die idealisierenden Blicke sehen nicht alles; verborgen bleiben ihnen die latenten, undefinierbaren, sich plötzlich zu einer vorhersehbaren Katastrophe oder einer langen Enttäuschung verdichtenden Gefahren, die das Leben der verheirateten Frau bedrohen. Und eben diese Gefahren schildert der Roman, wenn er sich für die vermeintlich geschichtslosen Ehefrauen interessiert, sobald sie »Geschichten« machen, wie man von Kindern sagt, daß sie Probleme machen. Solange sie »nur« Erste sind, haben sie keine Geschichte und sind für die Erzählung gleichsam transparent: so wie bestimmte Stoffe keine Farbe annehmen, so nimmt das Glück die Fiktion nicht an, könnte man sagen. Erst Krisen verschaffen ihnen Zugang zum Raum des Romans, der zeigt, wie sie von einem Stand zu einem anderen oder von einer bestimmten Art und Weise, diesen Platz einzunehmen, zu einem anderen überwechseln. Glückliche Ehefrauen taugen nicht zu Romanheldinnen. Fügsam, angekettet, entthront: gleich den Königinnen der Tragödie droht der Ersten ständig die Gefahr, daß sie ihre Souveränität, wenn nicht sogar ihren Platz einbüßt.

Die Bedrohung in der Ehe:
von der Unterwerfung zur Enttäuschung

Wenn die jungen Mädchen davon träumen, »die Einzige, das
launische und gebieterische Götzenbild« zu werden, wie es in
Unser Herz von Maupassant (1890) heißt, so kann die Wirklichkeit diesen Traum in eine bedrückende und enttäuschende All-
täglichkeit verwandeln. Denn es bedarf nicht viel, daß eine Souveränität in sich zusammenfällt, die dem Eheleben im wesentlichen äußerlich ist oder ihm vorausgeht und sich in der Ehe nur
mit Mühe behaupten kann. Da ist zunächst jener Verlust der
Souveränität, den der Wechsel zur Unterordnung der Ehefrau
mit sich bringt, die tagsüber ihrem Mann in Taten und Worten
Gehorsam und des Nachts die Verfügbarkeit ihres Körpers
schuldet. Gewiß läßt sich die eheliche Unterwerfung im Glück
der Zugehörigkeit erleben – oder noch besser erträumen –, in
jenem Genuß der Passivität, der die traditionelle Weiblichkeit
kennzeichnet: »Doch es stand ihr ein Mann gegenüber, der stärker war als sie, der seine Hand auf ihre Schulter gelegt und sie
gebeugt hatte. Sie liebte diesen Mann, vielleicht gerade darum,
weil er sie die Gewalt seines Willens fühlen ließ. Er war ihr
Herr.« Freilich erinnern wir uns, daß die Frau, um die es hier
geht – die Heldin aus *Der Hüttenbesitzer* von Georges Ohnet –,
sich hatte bekehren müssen, um zu dieser glücklichen Unterordnung zu gelangen, nach einer ersten Regung der Auflehnung gegen die unglückliche Unterwerfung der Jungvermählten gegenüber dem, der von nun an alle Macht über sie besitzt:
»Sie mußte weiterleben, gefesselt an einen Mann, der, mit seinem Recht bewaffnet, in wenigen Minuten zu ihr kommen und
sagen konnte: ›Ich will‹, zu ihr, die bis heute stets frei gewesen,
die selbst immer Gehorsam gefunden.« Weil die Unterwerfung
unter eine Autorität nur dann annehmbar, sogar wünschenswert ist, wenn sie legitim ist, was zumindest erfordert, daß der
Beherrschende nicht tiefer steht als der Beherrschte: andern-

falls wird die Beherrschung als Machtmißbrauch erlebt, eine Erfahrung, die alle Geiseln machen, seien sie nun Geiseln der bewaffneten Macht oder der bürokratischen Willkür. Eben diese Erfahrung – die in ihrem Fall noch härter ist, da endgültig, außer bei einer vorzeitigen Witwenschaft oder der Scheidung – machen alle Ersten, die einem Ehemann gegenüberstehen, der sich als weniger vorzüglich zu erkennen gibt, als es zur Zeit der Verlobung den Anschein hatte. Zur Enttäuschung über den Ehemann kommt nun die Fessel der Ehe hinzu, die eine Frau auf Dauer einem Gatten unterordnet, der ihre Sehnsüchte nicht oder nicht mehr erfüllt.

Flaubert ist ein großer Porträtist dieser von der Ehe enttäuschten Gattinnen wie *Madame Bovary* (1857) oder, in *Lehrjahre des Herzens* (1869), Madame Arnoux, die in ihren Jungmädchenträumen enttäuscht und dann von einem Ehemann getäuscht wird, dessen außereheliche Eskapaden und finanzielle Machenschaften sie schließlich ruinieren. Der Ruin erwartet auch Gervaise in *Der Totschläger* von Zola (1877), deren dem Trunk verfallener Ehemann die blühende Position zugrunde richtet, die zu schaffen ihr gelungen war. Und auch Dorothy Brooke, die Heldin aus *Middlemarch* von George Eliot (1871) erkennt in dem würdigen Casaubon, den sie geheiratet hat, nur einen mittelmäßigen, eitlen und kleinlichen Greis. Ebenso vertraut Eveline aus der *Schule der Frauen* von André Gide (1929) ihrem Tagebuch ihre Enttäuschung an, als sie nach mehreren Ehejahren begriffen hat, daß sie einen verlogenen, mittelmäßigen, überheblichen Mann liebte. Die Heldin von *My Mortel Ennemy* von Willa Cather (1927), eine brillante junge Frau, die gegen den Willen ihrer Familie eine Liebesheirat eingegangen und deshalb enterbt worden war, gibt ihrem Ehemann die Schuld am Verfall ihrer alten Tage und an den Schrecken, im Angesicht ihres »Todfeinds« allein sterben zu müssen. Und die Heldin aus *Die Verachtung* von Alberto Moravia (1954) verachtet ihren Mann am Ende so sehr, daß sie ihn verläßt, nachdem sie ihn als einen

111

Schwächling erkannt hat, der sie dazu benutzt, einen Filmproduzenten zu ködern.

Dieser Übergang von dem »entzückenden freien Leben« des jungen Mädchens zur Verzweiflung der Frau, die »enttäuscht ist von dem erträumten und so ganz anderen Rausch, von dieser teuren und zerstörten Erwartung, von diesem zerstörten Glück«, wird in all seiner Abscheulichkeit in *Ein Leben* von Maupassant (1883) beschrieben, wo die Heldin »so schnell in die Ehe fiel, wie in ein Loch, das sich unter unsern Schritten öffnet«, und jählings vom Stand der Verlobten in den der Frau übergeht: »Am Abend vorher war in ihrem Dasein noch nichts verändert; die ständige Hoffnung ihres Lebens war nun näher gerückt, beinahe greifbar. Als Mädchen war sie eingeschlafen, jetzt war sie Frau.« Und ebenso brutal, wie sie von einem Stand in den anderen fällt, verfliegen die entzückenden Träumereien der Verlobten angesichts der ehelichen Vergewaltigung in der Hochzeitsnacht – einer brutalen und schmerzhaften Konfrontation mit einer Realität, von der sie nichts wußte, da nur einige sibyllinische Worte sie ihr angekündigt hatten, Worte, die lediglich noch ein wenig mehr Schatten auf jenen unerforschten Kontinent werfen, der für ein gerade aus dem Kloster gekommenes junges Mädchen die Sexualität ist. Auch wenn sie auf der Hochzeitsreise spürt, was Lust heißen kann, so bleibt doch das Geschlecht für sie der Ort nicht der verheißenen Souveränität, sondern der Unterwerfung, ja sogar der Erniedrigung: »Sie schlug die Augen nieder und sagte nichts mehr, ihre Seele wie ihr Leib empörten sich noch immer gegen diese unaufhörliche Begierde ihres Gatten, sie gehorchte nur mit Ekel, resigniert, aber gedemütigt, es kam ihr wie etwas Tierisches, Erniedrigendes, kurz wie eine Schweinerei vor.« Die Demütigung verschlimmert sich durch das Schweigen, in dem sie leben muß: denn wem soll sie sich anvertrauen, wenn derjenige, der ihre Stütze, ihr Freund, ihr Vertrauter sein sollte, zur Ursache ihres Leids, ihrer Demütigung geworden ist? Bei wem sich beklagen, so schlecht verheiratet zu sein, wenn nicht bei ihren Eltern, die diesen Ehemann ausgewählt haben, damit sie glücklich werde, und von denen sie sich noch weiter entfernen würde, wenn sie ihnen die Schuld an ihrem Unglück gäbe? In diesem Schweigen und dieser Einsamkeit weiß sie nicht einmal, ob jede Frau diese schmerzliche Erfahrung macht oder ob sie ihr ganz allein vorbehalten ist, Opfer eines perversen Ehemanns, an den ein unseliges Schicksal sie gefesselt hat? Denn wer weiß denn, was ihre Klostergefährtinnen erleben? Wer weiß, ob sie nicht das Glück hatten, einen »normalen« Ehemann zu finden, der ihnen diese erniedrigende Behandlung erspart?

Diese nächtliche Prüfung wird überlagert von der Trübsinnigkeit eines Lebens, in dem es keine Träume mehr gibt: »Aber nun sollte die holde Wirklichkeit der ersten Tage zur alltäglichen Wirklichkeit werden, die all den unbestimmbaren Hoffnungen, all dem entzückenden Sehnen nach einem Unbekannten das Tor verschloß. Ja, die Erwartung hatte ein Ende. Also nichts mehr zu tun, nicht heute, nicht morgen, niemals mehr. All dies wurde ihr dunkel bewußt an einer gewissen Ernüchterung, einem Zusammensinken ihrer Träume.« Denn sie hat alles bekommen, was sie als Mädchen erträumte – und noch etwas mehr, was sie sich nicht hatte vorstellen können. Das einzige, was ihr fehlt, ist, wenn man so sagen darf, etwas, was ihr fehlen könnte: etwas, worauf sie hoffen und wovon sie träumen, ein Später, das sie ersehnen kann. Aber es gibt nichts, kein Anderswo, kein Später: alles ist da. Sie ist eine verheiratete Frau. Übrig bleibt nur das Reale: ein Dasein ohne Tätigkeit und ohne Ziele, ein Ehemann, der »für sie ein Fremder geworden war, ein Fremder, dessen Herz und Seele ihr verschlossen blieben«. Denn sie ist für immer an einen geizigen, brutalen, groben, nachlässigen, trunksüchtigen, egoistischen und ehebrecherischen Mann gebunden. Das Glück, das sie erstrebte, hat die Zeit einer Hochzeitsreise nicht überdauert, auf der sie kaum jenes Gericht – die Liebe – gekostet hatte, das ihr doch das ganze Leben lang hätte aufgetischt werden müssen.

Diese Kürze der »erzählbaren« Zeit steht in Gegensatz zur gleichförmigen Zeitlichkeit ihres übrigen Lebens, das lediglich von einigen Episoden unterbrochen wird, die nur deshalb denkwürdig – man kann sagen: romanhaft –, weil schmerzhaft sind: eine Enttäuschung nach der andern, unglückliche Geburten, schmachvolle Enthüllungen, Trauerfälle und enttäuschte Erwartungen.[2] Ernüchtert, bloßgestellt, betrogen unter ihrem eigenen Dach, flüchtet sie sich in die Mutterliebe. Denn Maupassant hat seiner unglücklichen Heldin nur einen einzigen Grund für den Verlust der Souveränität erspart: die Unfruchtbarkeit – oder, in abgemilderter Form, die Unfähigkeit, einen Sohn zu gebären –, die eine verheiratete Frau der Fähigkeit, Mutter zu sein, beraubt (eine Prüfung, die die Romanciers kaum inspiriert zu haben scheint: Frauen, denen die Mutterschaft versagt ist, tauchen nur als Nebenfiguren auf wie Nancy Lammeter, die unfruchtbare Gattin von Godfrey Cass in *Silas Marner* von George Eliot, 1860). Ein zweites Kind stirbt bei der Geburt, während der Ehemann durch einen Unfall ums Leben kommt. Als Witwe ergeht sie sich in der grenzenlosen Bewunderung der geschlechtslosen Frau für einen Sohn, der sie ausnutzt, ohne ihr ihre Liebe zu vergelten, der ihr entgleitet, ein böses Ende nimmt und ebenfalls stirbt. Es bleibt ihr nur eine Enkelin, die sie am Ende bei sich aufnimmt. Und die Dienstmagd kommentiert: »Das Leben ist nie so gut oder so schlecht wie man glaubt.«

Die Bedrohung durch die andere Frau: die Vorgängerin

Abgesehen von der Unterwerfung unter die moralische, körperliche und materielle Autorität des Ehemanns äußert sich der Verlust der Souveränität auch in der affektiven oder sexuellen Unterordnung unter eine oder mehrere Rivalinnen. Auch hier ist der Mann, der die Stärke der Ersten bewirkt, indem er sie zu seiner Gattin macht, gleichzeitig der, der sie demütigen kann, indem er ihr eine andere Frau vorzieht. Und auch hier bedeutet das Unglück Schweigen: Klagen fruchten nichts bei dem, der stets leugnen, Listen gebrauchen oder sich darüber hinwegsetzen kann, und wenn das Opfer seine Umgebung zum Zeugen anriefe, würde es den privaten Schimpf nur öffentlich, also noch verletzender machen. Da die Ehefrau weder das Gesetz noch den Brauch und auch kaum die Moral auf ihrer Seite hat, ist sie gegenüber ihrem ehebrecherischen Mann machtlos, es sei denn, sie flüchtet sich in die Mutterschaft, die Resignation oder den Haß.

Die Sorge um ihre Souveränität kann die Erste auch nachträglich überkommen, wenn sie auf die Vergangenheit ihres Mannes eifersüchtig ist und mit den Frauen rivalisiert, die ihr, wenn auch nur als Geliebte, vorausgegangen sind. So ist die junge Ehefrau aus *Die Dame in Grau* von Georges Ohnet (1895) wie besessen von der geheimnisvollen, von ehemaligen Geliebten wimmelnden Vergangenheit ihres Mannes, bis zu dem Tag, an dem ihr eine Unbekannte gegenübersteht, in der sie eine ehemalige Rivalin zu erkennen glaubt – »mit zugeschnürter Kehle und pochenden Schläfen, plötzlich aufgewühlt von der jähen Ahnung, daß jene, die sie auf diese Weise ansah, sie kannte und dunkel in ihr Leben verwickelt war«. Obwohl durch ihren Status als Erste geschützt, erschreckt sie die geheimnisvolle Gegenwart dieser »Dame in Grau« – eine gleichsam gespenstische Erscheinung, eine Drohung ohne Umrisse, ein Schrecken ohne Gegenstand: »Hélène zitterte und konnte ihre Augen von dieser erwarteten und gefürchteten Erscheinung nicht abwenden. Keinen Augenblick fand sie es ungewöhnlich, daß diese Unbekannte hier stand. Es hätte sie überrascht, wäre es nicht so gewesen. Daß sie einander gegenüberstanden, war für sie unausweichliches Schicksal, und angesichts dieses geheimnisvollen Geschöpfes zitterte sie vor Schmerz, Angst und Zorn. Sie suchte Jacques an ihrer Seite, jedoch vergebens. Konnte er dort überhaupt sein, da die Dame in Grau sich nur in seiner Abwesenheit zeigte? Von einer unüberwindlichen Unruhe erfaßt und von unwiderstehlichem Neid getrieben, stand Hélène auf und gab der Unbekannten ein Zeichen mit der Hand, auf sie zu warten. Doch als hätte diese Bewegung den Bann gebrochen, verschwand die Dame in Grau wie durch Zauberei, und Madame Prévinquière sah nur noch den dunklen leeren Flur.« Sie stirbt, weil sie wissen will, wer diese Frau ist, die vor ihr da war und deren Platz sie eingenommen hat, indem sie heiratete; dann stirbt auch die ehemalige Geliebte, weil sie den Platz der Toten usurpierte, indem sie erneut mit dem Witwer Verbindung aufnahm – ein klassisches Schema, dem wir beim »Komplex der Zweiten« begegnen werden. Die Prägnanz dieser Romankonstellation zeugt sowohl von der Heftigkeit der weiblichen Rivalität zwischen der Anwesenden und der Abwesenden als auch von deren Komplexität: eine Rivalität, die zwar in erster Linie die Schwächere von beiden – die Zweite – betrifft, aber auch die Erste befallen kann, wenn sie im Herzen des Ehemanns die Fortdauer einer früheren Geliebten phantasiert oder phantomatisiert.

Das Besondere an diesen dunklen Rivalitäten zu einer Vorgängerin ist, daß alles schweigend vor sich geht. Und wenn sie sich äußern, dann in der Ablehnung und Zurückweisung seitens des Mannes, der versucht, eine Frau mit denen, die ihr vorausgegangen sind, rivalisieren zu lassen – eine Ablehnung und eine Zurückweisung, die Balzac in dem denkwürdigen Brief darstellt, der *Die Lilie im Tal* (1836) beschließt, in einer unerwarteten Umkehrung des Verführers in einen verlassenen Mann, des Siegers in einen Verlierer: Natalie de Manerville, der Félix de Vandenesse soeben einen erbaulichen Bericht über seine nicht vollzogene Liebe zu der verstorbenen Madame de Mortsauf und seiner aufgelösten Liebschaft mit Lady Arabelle Dudley geliefert hat, teilt ihm mit, daß sie lieber darauf verzichtet, ihn zu heiraten, statt sich der nachträglichen Konkurrenz dieser beiden Frauen stellen zu müssen: »Ich möchte nicht den Kampf gegen Gespenster aufnehmen. (…) Keine Frau, müssen Sie wissen, wird in Ihrem Herzen der darin gehegten Toten begegnen wollen. (…) Nein, danke, lieber Graf, ich möchte keine Rivalin, weder diesseits noch jenseits des Grabes.« Und ist es nicht gerade die Gesprächigkeit dieses von den Vorgängerinnen besessenen Mannes, der es Natalie ermöglicht, die Gefahr zu vermeiden – da das Schweigen und die Verleugnung die größten Hindernisse sind, im Realen und folglich bei Verstand zu bleiben?

Die Bedrohung durch die andere Frau: die Zweite

Konkreter ist die Rivalität mit einer anwesenden Geliebten oder die Angst vor einer solchen Möglichkeit, die die Erste ihrer Souveränität berauben würde. In *Beatrix* von Balzac z. B. erkennt Sabine du Guénic, die junge Gattin, die eine nachträgliche Eifersucht auf diejenige quält, in die Calyste einmal unsterblich verliebt war, nicht die phantasierte Bedrohung einer früheren, sondern die weit realere einer gegenwärtigen Rivalin. Als er Beatrix' Geliebter geworden war, »verfluchte er im stillen den Scharfblick der Liebe Sabinens« und kommt mit seiner Situation eines Ehebrechers sehr schlecht zurecht: »Es gibt für einen Ehemann keine größere Ungeschicklichkeit, als seiner Geliebten von der Gattin zu erzählen, wenn sie tugendhaft ist – es sei denn die, seiner Gattin von der Geliebten zu erzählen, wenn diese schön ist. Calyste war jedoch in diesen Abschnitt der Großstadterziehung, den man als Höflichkeit der Leidenschaft bezeichnen könnte, noch nicht eingedrungen. Er konnte weder seine Gattin belügen, noch seiner Geliebten die Wahrheit sagen – zwei Lehren, die man befolgen muß, um die Frauen zu lenken.« Für die junge Ehefrau wird ihr Roman zum Alptraum, da das Schlimmste darin besteht, sich vorzustellen, daß die Rivalin

117

sie nicht nur als Geliebte, sondern auch als Mutter aussticht, was ihr das letzte Vorrecht, die letzte Bastion ihrer Souveränität rauben würde – und Balzac muß einen ebenso komplizierten wie unwahrscheinlichen Plan erfinden, um die arme Sabine von ihrer Rivalin zu befreien.

Nicht alle betrogenen Ehefrauen sind in der glücklichen Lage, einen genialen Romancier zu haben, der ihr Leben in einem Sinne umschreibt, der ihrem Glück sowie ihrer Moral ansteht: die meisten müssen sich mit faulen Kompromissen begnügen, denen eher die subtilen Triebfedern der Psychologie als die spektakulären Verfahren des Romans zugrunde liegen. In der Tradition des psychologischen Romans erzählt Henry Bordeaux in *Une honnête femme* (1903) von einer glücklich verheirateten und ihren Kindern zugetanen Gattin, die auf den Ehebruch ihres Mannes mit einem Schweigen reagiert, das ihre Gesundheit sowie die Harmonie des Ehepaars gefährdet, bis das Geständnis und die Beichte das Einvernehmen wiederherstellen. Im selben Jahr erzählt Eduard von Keyserling in *Beate und Mareile,* wie Beate, eine junge Baronin, die Untreue ihres Ehemanns erlebt – ihres Cousins und Jugendfreunds –, der sie mit der Inspektorstochter Mareile betrügt, einer ehemaligen Spielgefährtin, die sich für diese hierarchische Unterlegenheit gerächt hat, indem sie eine berühmte Sängerin wurde – eine *femme fatale,* die von allen Männern bewundert und begehrt wird. Für beide Frauen hat die Geschichte ein trauriges Ende: die erste, in bezug auf die Liebe enttäuscht, muß sich mit dem Verzicht auf die Sinnlichkeit abfinden; die zweite, aus dem Schloß verbannt und von ihrem Geliebten verlassen, muß sich mit der Einsamkeit abfinden.

In modernerer und weniger moralisierender Form ist die klassische Gestalt der betrogenen und eifersüchtigen Ehefrau Gegenstand eines Romans von Colette mit dem vielsagenden Titel *La Seconde* (*Die Andere,* 1929). Fanny, die Erzählerin, ist die junge Gattin von Farou, einem älteren Theatermann, der gerade in

Mode ist und in diesem kleinen Pariser Milieu ein gewisses Ansehen genießt. Ebenso gewiß ist sein reichlich mit aktuellen und verflossenen Geliebten bestücktes außereheliches Liebesleben – und Fanny ist so klug, sich nicht verletzt zu fühlen oder es sich nicht einzugestehen. Sie leidet erst, als sie dahinterkommt, welch zweideutige Rolle ihre Freundin Jane spielt, die mit dem Ehepaar lebt; sie begreift, daß sie Farous Geliebte ist, als sie sieht, wie sie sich im Badezimmer umarmen. Da stürzt der Schutzwall gegen die Eifersucht ein, den sie bisher gegenüber möglichen Zweiten aufrechtzuerhalten vermochte, gegenüber zweitrangigen, wenn man so sagen darf, d. h. provisorischen Frauen, die außerhalb des Hauses leben. Sobald sich herausstellt, daß die Rivalin nicht nur dem Ehemann, sondern auch ihr selbst nahesteht, ist sie machtlos angesichts der Gefahr, die jede andere Frau darstellt, der ihr Mann seine Gunst schenkt.

Mit dieser Prüfung eines doppelten Verrats konfrontiert – dem ehebrecherischen Gatten, der die Schranken der Ehe mißachtet, und der Freundin, die ihr Vertrauen mißbraucht –, bleibt ihr kein anderes Mittel, als ohnmächtig zu werden: die einzige Möglichkeit, erkennen zu lassen, daß sie ihren Platz verloren und keinen Platz mehr hat, an dem sie sein kann. Die Ohnmacht der Frauen ist der Augenblick, wo der Platz entschwindet, sobald es keinen *Ort* gibt, an dem man sein könnte.[3] Als Art und Weise, sich zu entfernen und anderen die Schuld aufzubürden, kann die Ohnmacht die Form jenes tiefen Schlafs annehmen, in die sie in ihrer Theaterloge bei der Premiere des neuen Stücks fällt, das ihr Mann inszeniert hat: als zöge sie sich damit aus dem Spiel zurück, an dem die Andere im Gegenteil höchstes Interesse zeigt. Aber diese Flucht in die Abwesenheit – Ohnmacht oder Schlaf, wodurch der Körper die Depression zu erkennen gibt – kann nur von kurzer Dauer sein, es sei denn, sie radikalisierte sich im Tod. Doppelt betrogen, erwägt Fanny einen Augenblick, sich die einzige Waffe zuzulegen, die ihr ein für allemal Macht über einen flatterhaften Ehemann und eine illegitime Rivalin verleihen würde: ein Kind, dieses kostbare Werkzeug des Privilegs der Ersten, das ihr in der Pflicht und der Mutterschaft die Souveränität zurückgäbe, die sie im Begehren und der Ehegemeinschaft nicht hatte bewahren können. Doch zu dieser einfachen Lösung läßt sich die Autorin nicht herab. Sie ist mehr daran interessiert, das dunkle Motiv ans Licht zu bringen, das sich der betrogenen Frau hinter dem doppelten Verrat ihres Mannes und ihrer besten Freundin enthüllt. Denn die Entdeckung des Ehebruchs verschärft sich durch eine weitere, vielleicht noch verwirrendere Entdeckung: die Andere begnügt sich nicht damit, sie mit ihrem Ehemann zu betrügen, sie ahmt sie auch nach. »Fanny erkannte einen Tonfall, der Jane sonst nicht eigen war. ›Sie macht mich nach, meiner Treu (...). Aber das ist ja *mein* Buch, das sie da nimmt! ... Es ist *mein* Stiefsohn, dem sie Befehle erteilt, und es ist in *meinem* Haus, in dem sie ...‹« Nicht nur ihren Ehemann versucht die Andere ihr wegzunehmen, sondern ihre ganze Persönlichkeit, aus Bewunderung – denn ihre Rivalin bewundert sie auch rückhaltlos. Das Verhältnis der Anderen mit dem Ehemann erscheint damit als ein Mittel, kundzutun, wie sehr sie von der Ersten fasziniert ist und sich mit ihr identifiziert: »Sie war ich, nur eben viel schöner.« Man befindet sich in der von René Girard untersuchten Konstellation der »Triangulierung« des Begehrens, wo der Ehemann nur das scheinbare Objekt einer Liebesbeziehung ist, der weniger ein sexueller Zweck als vielmehr eine Identitätssuche zugrunde liegt, deren Mittelpunkt der Vermittler oder – in diesem Fall – die Vermittlerin des Begehrens ist, diejenige, welcher der Ehemann gehört.[4]

Wie wird Fanny mit dieser störenden Anderen umgehen, der nichts Besseres eingefallen ist, als ihr den Ehemann wegzunehmen, um sich für sie ausgeben zu können? Statt sie aus dem Haus zu jagen oder ihren Mann zu verlassen, entschließt sie sich, die ungebührliche Aneignung in eine Huldigung und den Verrat in einen Beweis der Bewunderung umzumünzen, also in ein Eingeständnis ihrer eigenen Souveränität. Denn wenn die Ambivalenz der Zweiten zwischen dem Wunsch nach Zerstörung und dem Wunsch nach Identifizierung – wobei beides über die Verführung des Ehemanns läuft –, real ist, so ist die Ambivalenz der Ersten zwischen Haß auf die Rivalin und Zuneigung für die Bewunderin ebenso real. Daher läßt sich nur schwer ein Gleichgewicht herstellen zwischen Bewunderung und Verrat, denn sie sind ebenso unermeßlich wie untrennbar: »›Aber‹, fuhr Fanny fort, während sie gehorsam zum Feuer zurückkehrte, ›wie und mit welchem Recht werde ich abwägen zwischen dem, was ich dieser Hand schulde, und dem, was sie mir genommen hat?…‹« Zu dieser Ambivalenz kommt die Nähe der beiden Frauen hinzu, jene Komplizenschaft, die sie derart miteinander verbindet, daß das, was der Ersten Schmerzen bereitet – nämlich von einer anderen an ihrem Platz und in ihrer Identität nachgeahmt zu werden –, paradoxerweise für sie auch ein Mittel gegen die Einsamkeit einer Position ist, deren Unbehagen sie mit ihrem Mann nicht teilen kann: »An ihrer Seite saß der einzige Mensch, mit dem sie reden konnte und Aussicht hatte, verstanden zu werden.« Würde sie sich ihrer Rivalin entledigen, so würde sie sich der einzig wahren Freundin und Komplizin berauben. Daher beschließt sie, der Zweiten trotz allem einen Platz an ihrer Seite einzuräumen: zwischen zwei Übeln wählt man besser die ständige Bedrohung des Übergriffs durch eine Andere als die Einsamkeit in einem ungleichen Tête-à-tête mit dem flatterhaften Ehemann. Und mit dieser labilen Lösung endet der Roman.

Die Bedrohung durch die andere Frau: der weibliche Gast

Wie *Die Andere* von Colette spielt auch *Sie kam und blieb* von Simone de Beauvoir, fünfzehn Jahre später veröffentlicht (1943), in der Pariser Theaterwelt, deren Sitten so freizügig sind, daß ein verheirateter Mann sich in aller Öffentlichkeit mit Liebschaften schmücken kann; auch hier geht es, aus der Sicht der Ersten, um ein Trio: Gattin-Ehemann-Geliebte; und der Titel bezeichnet ebenfalls nicht die Erste, obwohl diese die Hauptperson ist, sondern die Zweite – völlig symmetrisch zu *Rebecca,* wo die Erzählerin die zweite Ehefrau und die Titelgestalt die erste Ehefrau ist. Ebenso wie Farous Fanny ist die Françoise von Pierre Labrousse die legitime Gefährtin eines großen Theaterregisseurs, der in dem avantgardistischen Zirkel der Pariser Intellektuellen zwischen den beiden Weltkriegen keinen Hehl aus seinen Abenteuern mit anderen Frauen macht. Aber im Unterschied zu Fanny, die die Untreue ihres Mannes mit der schweigenden Resignation der traditionellen Ehefrauen ertrug, akzeptiert Françoise sie als ein Zeichen der Aufgeschlossenheit, das von der Modernität ihrer Ehe zeugt, einer Modernität, in deren Namen sie sich auf die gleiche Freiheit wie der Mann berufen kann, wenngleich sie kaum versucht, sie zu nutzen. Diese neue Konstellation steht in Gegensatz zur traditionellen Situation von Elisabeth, Pierres Schwester, einer weiteren Gestalt der freien Frau, die jedoch unglücklich ist in der klassischen Rolle der heimlichen Geliebten eines verheirateten Mannes, den sie vergeblich zur Scheidung zu überreden sucht. Mit diesem Gegensatz zwischen zwei Arten, die Befreiung hinsichtlich der bürgerlichen Moral auszuleben, beginnt der Roman, zwischen dem Unglück der traditionellen Elisabeth und dem – in seiner Fülle fast exzessiv wirkenden – Glück der modernen Françoise.

Diese nimmt ein junges Mädchen aus der Provinz unter ihre Obhut, das Françoise eine bewundernde Liebe entgegenbringt – wie Jane der Fanny von Colette. Und wie bei Colette verschiebt sich diese verliebte Bewunderung auf den Ehemann, mit dem es zu einer Beziehung kommt, die Françoise ausschließt. Nun tut sich in dieser ein Riß auf, der ihr Pierres Entfernung zu Bewußtsein bringt: »Erstaunt und schmerzlich berührt, blickte Fran-

çoise ihn an. Wenn sie bislang gedacht hatte: ›Wir sind voneinander getrennt‹, so war ihr diese Trennung bisher noch immer wie ein gemeinsames Unglück erschienen, das sie zusammen betroffen hatte und das sie auch zusammen von sich abwenden würden. Jetzt aber begriff sie: Getrenntsein hieß die Trennung allein erleben.« Sie wird krank davon: die Lungen sind betroffen, als wäre die Situation buchstäblich zum Ersticken geworden (genau wie bei Geneviève aus *Das Ruhekissen* von Christiane Rochefort fünfzehn Jahre später, die sich in die Tuberkulose flüchtet, nachdem alle Mittel erschöpft sind, die ihr zur Verfügung standen, um Renaud zu der Liebe, wie sie sie versteht, zu bekehren). Damit stellt sie Pierres Anhänglichkeit auf die Probe. Dennoch erklärt er an Françoises Krankenbett Xavière seine Liebe. Alle drei kommen nun überein, offen ein Trio zu bilden – jedoch ein ungleiches Trio, in dem sich lediglich die Möglichkeit einer sexuellen Beziehung zwischen dem »Gast« und Françoise abzeichnet. Die Situation erweist sich für sie als unhaltbar, da sie aus der Beziehung zwischen Pierre und Xavière ausgeschlossen ist. Und weil sie nicht mehr weiß, wo ihr Platz ist, macht sie die radikalste Identitätskrise durch, mit der eine Frau konfrontiert werden kann: »Ihr Lächeln war warm wie eine Liebkosung, und Françoise fragte sich voller Unbehagen, weshalb sie eigentlich dabeisaß, weshalb sie dies zärtliche Têteà-tête durchaus mit ansehen sollte; ihr Platz war sicher nicht hier. Aber wo war ihr Platz? Sie gehörte nirgends hin. In diesem Augenblick fühlte sie sich ausgelöscht von der Welt.«
Pierre macht schließlich mit Xavière Schluß, aber diese Entscheidung läßt sich auf zweierlei Art interpretieren: entweder tut er es – die angenehme Version – aus Liebe zu Françoise, um ihren Platz angesichts der aufdringlichen Anwesenheit Xavières zu bewahren; oder – ernüchternde Version – aus Eifersucht auf Xavière, um sie zu strafen, weil sie den jungen Gerbert zu ihrem Geliebten gemacht hat. Jedenfalls versöhnt sich Françoise, gegen ihr eigenes Interesse, mit Xavière. Auch hier sind zwei

Interpretationen möglich, um diese altruistische Antwort auf Pierres Opfer zu erklären. Entweder geht es für sie darum, sich von jeder Schuld an diesem Bruch freizusprechen; oder darum, was perverser wäre, Pierre in einer Liebesbindung zu halten, die nahe genug ist, damit sie sie kontrollieren kann, anders als damals, als er sie außerhalb ihres Blickfelds und ohne ihre Zustimmung betrog. Diese letzte Interpretation wird von der Autorin nicht ausdrücklich nahegelegt: sie würde nämlich radikal mit der angenehmen Version einer toleranten und modernen Frau brechen und diese stark von existentialistischem Voluntarismus geprägte »Freizügigkeit« in eine durchtriebene Form ehelicher Tyrannei verwandeln, wo die Gattin die Eskapaden ihres Mannes nur unter der Bedingung erlaubt, daß sie selbst deren Objekte auswählt – gleich einer besitzergreifenden Mutter, die den weiblichen Umgang ihres Sohnes überwacht, ja organisiert. Nachdem sie Xavière in Pierres Arme getrieben hat, scheut Françoise sich nicht, Gerbert zu ihrem Geliebten zu machen, ohne daß Pierre und Xavière etwas davon wissen: auf diese Weise redet sie sich ein, Xavière und Pierre aus Seelengröße versöhnt und aus Liebe zur Freiheit mit Gerbert geschlafen zu haben. Aber diese schöne Selbstwahrnehmung wird von Xavière schnell hinweggefegt, als diese erfährt, was geschehen ist: »»Ich weiß nicht‹, sagte Xavière. ›Du warst eifersüchtig auf mich, weil Labrousse mich liebte. Du hast mich ihm verleidet, und um dich noch gründlicher zu rächen, nahmst du mir Gerbert fort.‹« Nun ekelt sich Françoise vor sich selbst: mit diesem enttäuschenden Selbstbild konfrontiert, erkennt sie, daß sie in den Augen der anderen keineswegs eine edelmütige Heldin an der Spitze einer modernen, befreiten Menschheit ist, sondern eine kleinliche, erbarmungslose Juno. Dieser Ekel geht indes nicht so weit, daß sie sich selbst beseitigt; sie begnügt sich damit, Xavière zu töten, einen Selbstmord mit Gas vortäuschend. Und die Autorin selbst scheint an ein existentialistisches philosophisches Drama zu glauben, indem sie den

Roman mit einem wenig überzeugenden Ende beschließt: »Und doch genügte ein Druck auf diesen Hebel, um sie zu vernichten. Ein Bewußtsein zu vernichten. Wie kann ich das? dachte Françoise. Aber wie war es möglich, daß ein Bewußtsein existierte, das nicht ihr eigenes war? Dann existierte sie selbst eben nicht. Sie wiederholte: ›Sie oder ich‹, und drückte den Hebel herab.«

Zwischen *Die Andere* und *Sie kam und blieb,* diesen beiden Darstellungen der Ersten, die versucht, sich mit der Anwesenheit einer Zweiten zwischen sich und ihrem Ehemann zu arrangieren, liegen knapp fünfzehn Jahre, jedoch mindestens eine Generation. Beide schwanken zwischen Haß und Liebe zu einem Eindringling, der anfangs keine Rivalin, sondern eine Bewunderin ist, und die, auch wenn sie sie in ihrer Souveränität als Erste bedroht, zumindest die ehebrecherischen Gelüste des Ehemanns unter ihrer Kontrolle beläßt. Doch wenn die eine – die traditionelle – zwischen Auflehnung und Resignation schwankt, so schwankt die andere – die moderne – zwischen der hochmütigen Gleichgültigkeit derjenigen, die frei zu sein behauptet, und dem rächenden Haß derjenigen, die sich gebunden weiß und an dieser Bindung festhält wie an dem, was sie an einem Platz hält: an ihrem Platz, dem Platz der Ersten. Daher zeigt sich *Sie kam und blieb* im Unterschied zu *Die Andere* als ein Versuch, von der klassischen Gestalt der bedrohten Ersten – einem resignierten Opfer – einen Weg zu der modernen Gestalt der befreiten Frau zu finden, einer aktiven Komplizin der amourösen Freiheiten, die sich der verheiratete Mann herausnehmen darf. Aber dieser Weg bleibt eine Sackgasse, eine optische Täuschung: Hinter dieser schönen Version zeichnen sich die Ausweglosigkeit einer unerträglichen Situation sowie die Lügen der Selbsttäuschung ab, sobald die befreite, liberale, moderne Frau entdeckt, daß sie Gefangene ihrer eigenen Affekte ist, ängstlich auf ihre Vorrechte bedacht und bereit, ihren Platz bis zur Ermordung ihrer Rivalin zu verteidigen.

Die Bedrohung durch die andere Frau: die Stellvertreterin

In *Die Andere* gelang es der bedrohten Ehefrau, sich mit der Gegenwart der Anderen abzufinden, indem sie ihr wenig von ihrer Souveränität überließ; in *Sie kam und blieb* behält sie diese nur dadurch, daß sie ihre Rivalin physisch ausschaltet. In beiden Fällen geht die Erste zwar nicht als Siegerin hervor, braucht aber zumindest ihren Platz nicht abzutreten. Es kommt jedoch auch vor, daß die Ehefrau durch eine Zweite ersetzt wird, die nicht mehr nur ihre Souveränität, sondern auch ihren Platz bedroht: denn der Platz der Ersten ist der Definition nach einmalig, unteilbar – und eben darin liegt ihre Stärke wie ihre Verwundbarkeit. Ersetzt werden kann die Erste entweder »wirklich« – dies ist das Drama der wegen einer anderen Frau verlassenen Gattinen – oder aber symbolisch, sofern der Ehemann den verhängnisvollen Irrtum begeht, eine Geliebte in die eheliche Wohnung einzuführen: ein unverzeihlicher Platzfehler, denn das Los der Zweiten besteht darin, daß sie unsichtbar oder transparent bleibt, will sie nicht entsetzliche Katastrophen heraufbeschwören.

Von eben dieser katastrophalen »Plazierung« der Zweiten, die an die Stelle der Ersten tritt, erzählt *Die Dame vom Maxim* von Feydeau (1897), zwar auf komische Weise, jedoch mit einem wahrhaft tragischen Hintergrund. Denn die Einheit der Zeit macht die Tragödie aus und die Einheit des Orts die Komödie. So zeitigt die Konfusion der Rollen, wenn sie am selben Ort erfolgt, unwiderstehlich komische Effekte; weil sie jedoch auch zur gleichen Zeit stattfindet, gewinnt sie einen tragischen Charakter, den die bloße Aufeinanderfolge der Ersten und der Zweiten nicht hätte – die auf das Schema der zweiten Ehefrau verwiese, das nur dann tragisch wird, wenn der Mann während seiner zweiten Ehe noch immer der Ersten verbunden zu sein scheint. Tragisch für Gabrielle Petypon sind die Folgen der unvorhergesehenen Anwesenheit der »Môme Crevette« im Bett ihres Mannes, die »im Maxim« nicht zu den ehrenwerten, von ihrem Gatten begleiteten »Damen« gehört, sondern zu den Tänzerinnen, mit denen die Ehemänner sich eine Nacht lang vergnügen – und, wenn sie aufwachen, als letzte darüber lachen.

Von der Zweiten zur Ersten: mit der Verkehrung des Lasters in Vornehmheit und der Tugend in Konfusion, dann in Abtrünnigkeit gerät nicht nur die Ordnung des Stands der Frauen, sondern die ganze Gesellschaftsordnung ins Wanken: vom Gespenst der Entsexualisierung verfolgt, fällt die ersetzte Gattin in den Stand einer Dritten, die, vom männlichen Blick ausgeschlossen, sieht, was sie als einzige sieht, weil sie allein ist und man sie nicht sieht ...

Unterwerfung unter das Gesetz des Ehemanns, ja Unterordnung unter die andere Frau, die ihr immer den Platz oder zumindest ihren Status als einzige Frau wegnehmen kann: die Drohung der Instabilität, ja der Erniedrigung sind untrennbar mit der Souveränität der Ersten verbunden, wie es die Fiktion bezeugt – mythische Wutausbrüche der Juno, Verwechslungen der Boulevardkomödie oder subtile Ehestrategien des psychologischen Romans. Der Stand der Ersten ist also keineswegs monolithisch, sondern unterteilt sich in mehrere »Stände im Stand«: unter der Drohung, ihren Platz zu verlieren oder in den Stand einer Dritten zu fallen, kann sich die Erste auch im Stand der Zustimmung oder der Auflehnung in bezug auf das Ehegesetz, der Emanzipation oder des Exils befinden – Situationen, deren Logik wir im Folgenden untersuchen wollen.

Die gespaltene Erste

Solange die Bedrohung die Form einer anderen Frau annimmt, bleibt sie äußerlich, läßt sich also einigermaßen bewältigen, wenn auch im Schmerz der Gewalt oder des Verzichts: und sei es nur deshalb, weil dieser Schmerz ausgedrückt und seine Ursache benannt werden kann. Weniger sichtbar dagegen, weniger sagbar und daher ernster, weil der Klage kaum zugänglich, ist eine andere Bedrohung, die die Souveränität der Ersten von innen aushöhlt.

Zwischen »Gesellschaft« und »Individuum«

»Lange nachdem ich aus einem Rest von Achtung vor der bestehenden Gesellschaft das Vorwort zu *Indiana* geschrieben hatte, suchte ich noch immer das folgende unlösbare Problem zu lösen: wie läßt sich das Glück mit der Würde der von dieser Gesellschaft unterdrückten Individuen aussöhnen, ohne die Gesellschaft selbst zu verändern«, schrieb George Sand im Vorwort zur Ausgabe von 1842 ihres 1832 veröffentlichten ersten Romans. Die banale Handlung beruht auf einem Thema, das in der Literatur, von den Meisterwerken bis hin zu den Harlequin-Romanen, immer wiederkehrt: eine Frau und ein Mann lieben einander, sind jedoch durch ein Hindernis getrennt, in diesem Fall den Ehemann, und werden *in extremis,* durch ein Happy-End, vor einem tragischen Ausgang bewahrt: die Heldin heiratet in zweiter Ehe denjenigen, der sie seit jeher wirklich liebte. Es

stellt sich nun die doppelte Frage: Warum kommt diese Situation in den Romanen so häufig vor? Und was genau ist diese
»Gesellschaft«, die die Individuen unterdrückt? Was wird von
diesem Erzählschema, für das sich so viele Romanciers interessieren – die zwischen Ehemann und Geliebtem hin und her
gerissene Gattin –, zum Ausdruck gebracht und was bedeutet
seine Interpretation durch gesellschaftliche Unterdrückung?
Indem George Sand die Schuld am weiblichen Unglück der
»Gesellschaft« anlastet, womit sie sie veräußerlicht und auf eine
das Individuum transzendierende Instanz projiziert, nimmt sie
eine ganz besondere Interpretation vor, die schon bei Germaine
de Staël vorhanden war, die die Gesellschaft für Corinnes Mißgeschicke verantwortlich machte. Denn warum beschreibt man
diese Situation nicht eher als inneren Konflikt zwischen der
Treue zu einem Ehemann, einer Familie, einem Vertrag, und der
Authentizität eines Liebesgefühls, das zwei Menschen in aller
Innerlichkeit, aller Individualität vereint und das sich nicht auf
irgendwelche ihnen äußerliche Gründe reduzieren läßt? Dieser
inneren Spaltung zwischen zwei Prinzipien der Erfüllung, die
eine Frau gleichermaßen libidinös besetzt und die der Roman
auf erzählerischer Ebene sehr geschickt beschreibt, zieht George
Sand die Hypothese eines Konflikts zwischen zwei unterschiedlichen und höchst ungleichen Instanzen vor: dem Individuum
und der Gesellschaft.[1] Daher wäre es naiv, diesen als erklärende
Matrix präsentierten Gegensatz für bare Münze zu nehmen.
Denn die so beschworene »Gesellschaft« ist ein Begriff, der nur
deshalb herangezogen wird, um Konfliktsituationen in eine
annehmbare Form zu kleiden und mit einer ausdrückbaren
Kausalität zu versehen, Situationen, die andernfalls zu jener unendlich verworreneren und verwirrenderen Erfahrung verurteilt
wären, wie der innere Zwiespalt sie darstellt, in dem ein Mensch
sich befindet, der in seinem tiefsten Innern hin und her gerissen
ist zwischen zwei unversöhnlichen, aber gleichermaßen begehrten, gleichermaßen notwendigen Dimensionen.

Zwischen zwei Jungvermählten

»Warum fordert die Gesellschaft als höchstes Gesetz, daß die Frau sich der Familie opfert?« fragt auch eine Heldin der *Memoiren zweier Jungvermählter*, die Balzac 1842 veröffentlichte, im Jahr des erwähnten Vorworts von George Sand, der dieser Roman gewidmet ist. Freilich ist der von Balzac dargestellte Gegensatz weniger äußerlich und nicht so allgemein wie der Antagonismus Individuum/Gesellschaft: indem er den Gegensatz zwischen zwei Heldinnen darstellt, die einander sehr nahestehen und in vielerlei Hinsicht einander ähneln, und sie jeweils einen Pol der Spaltung verkörpern läßt, konstruiert der Romancier ein äußerst wirksames Dispositiv, das es ermöglicht, die schwache Stelle zu erklären, die jede Ehefrau aufweist. In doppelter Weise atypisch im Werk Balzacs – ein Briefroman, der nicht zur *Comédie humaine* gehört –, ist er auch in doppelter Hinsicht exemplarisch: sowohl in der Präzision der dargestellten Dualität als auch in seiner Entwicklung, die es, jenseits des bloßen Blicks auf zwei Personen, erlaubt, das Fortschreiten ihres Gegensatzes im Laufe des Ehelebens sowie die unterschwellige und gnadenlose Rivalität in der Freundschaft der beiden Frauen aufzuzeigen.
Die beiden im Kloster aufgewachsenen Freundinnen, adlig und schön, aber mit bescheidener Mitgift, geben jeder beliebigen Ehe den Vorzug vor der lebenslänglichen Abgeschiedenheit, die ihre Eltern gern gesehen hätten. Louise wählt als Ehemann einen aus dem Dienst entlassenen, aber ritterlichen Aristokraten, der sie heimlich anbetet und Gedichte für sie schreibt; Renée ist Objekt einer arrangierten Ehe mit einem unansehnlichen Provinzler. Die Spaltung zwischen diesen beiden Lebensläufen ist um so deutlicher, als Renée sich bemüht, »aus ihrem Gatten ihren Geliebten« zu machen, indem sie sich ihm nicht sofort hingibt, um ihn den Preis ihrer Gunst besser spüren zu lassen, während es Louise, die denjenigen heiratet, der sie unge-

achtet aller Ehestrategien liebt, gelingt, »aus ihrem Liebhaber ihren Gatten zu machen«. Die provinzielle Renée sieht in Louise »die romanhafte Seite ihres Daseins« und überträgt dieser Pariserin die Aufgabe, all das, was ihr nicht erlaubt ist, an ihrer Statt zu erleben, den Teil von ihr zu erfüllen, den sie aufgeben muß. Als Louise von der Heirat ihrer Freundin erfährt, scheut sie sich nicht, den Unterschied zwischen ihnen herauszustreichen: »Nanu, bald verheiratet? Geht man so mit den Leuten um? Schon nach einem Monat gelobst Du Dich einem Mann an, ohne ihn zu kennen, ohne auch nur das mindeste von ihm zu wissen? (...) Du tauschst ein Kloster gegen das andere ein!«

Renée entscheidet sich für die Resignation, in Kenntnis des überraschungslosen Wegs, den sie beschreitet: »Ich liebe Louis de l'Estorade nicht mit der Liebe, die einem Herzklopfen verursacht, wenn man einen Schritt vernimmt, die uns tief bewegt beim leisesten Erklingen einer Stimme, oder wenn ein feuriger Blick uns umhüllt; aber andererseits mißfällt er mir auch nicht. (...) Wir haben die Wahl zwischen Liebe und Mutterschaft. Nun, ich habe meine Wahl getroffen: ich will aus meinen Kindern meine Götter machen, und mein Eldorado soll dieser Erdenwinkel sein.« Wenig liebevoll brandmarkt Louise die »unendliche Eintönigkeit Deines Innern«: »All das wird sich in der Ödnis einer vulgären, gemeinen Ehe verlieren, hinschwinden in der Leere eines Lebens, das Dir zum Überdruß werden muß! (...) Und wenn Du nun an einem Tag des Glanzes einem Menschen begegnest, der Dich aus dem Schlummer erweckt, dem Du Dich anbefehlen willst...?« Diese Vernunftheirat bestärkt sie in ihrem eigenen Wunsch nach »einer schönen Leidenschaft, damit wir das Leben kennenlernen«, und sie spiegelt der Provinzlerin die Reize der Leidenschaften vor, auf die diese hat verzichten müssen: »Henarez wagte es, mich anzusehen, Liebste, und seine Augen verwirren mich, rufen in mir eine Empfindung hervor, die ich nur mit der eines tiefen Erschrek-

kens vergleichen kann.« Die Ambivalenz ist hier offenkundig
(und vielleicht der weiblichen Freundschaft inhärent) – zwischen der Großherzigkeit, ihr Glück mitzuteilen, und der Perversität, durch den Kontrast das Unglück der anderen hervorzuheben: »Du heiratest, und ich liebe.«

Die arme Renée bemüht sich, ihrer Lage Reize abzugewinnen
und wird, wenn man so sagen darf, philosophisch: »Die Ehe
setzt sich das ganze Leben zum Ziel, während die Liebe als Ziel
lediglich die Lust hat: überdies dauert die Ehe fort, wenn die
Lust längst hingeschwunden ist, und bildet die Veranlassung
zu Reizen, die sehr viel kostbarer sind als die bei der Vereinigung von Mann und Frau.« Louise läßt sich nicht abschrecken:
»Viel Philosophie und wenig Liebe, das ist Deine Diät; viel Liebe
und wenig Philosophie, das ist die meine.« Unter diesen ständigen Nadelstichen ihrer besten Freundin (»Genießt Du meine
Liebesgeschichten im gleichen Maße, wie Deine düstere Philosophie mich traurig stimmt?«) gibt sich Renée geschlagen:
»Ach, Liebste, Deine letzten Briefe haben mich alles gewahren
lassen, was ich verloren habe! Du hast mich die Größe und
Tragweite der Opfer gelehrt, die eine verheiratete Frau zu bringen hat. (...) Warum fordert die Gesellschaft als höchstes
Gesetz, daß die Frau sich der Familie opfert, wodurch notwen-
digerweise ein dumpfer Kampf im Schoß der Familie geschaf-
fen wird? (...) Du, liebes Herzlein, kannst Illusionen über die
Liebe haben; ich jedoch habe nur noch die Tatsächlichkeiten
des Haushalts.« In dieser unendlichen Enttäuschung, die der
Dämon des Vergleichs verschärft, finden die vom Liebesleben
abgeschnittenen Frauen einigen Trost in der Frömmigkeit und
vor allem in der Hingabe an ihre Kinder. Renée knüpft an die
Mutterschaft Erwartungen, die ebenso unendlich sind wie die
Aussicht auf jene Vergnügungen, die sie nie kennenlernen wird:
»Ich erwarte die Frucht so vieler Opfer, die immer ein Geheimnis zwischen Gott, Dir und mir bleiben sollen. Die Mutterschaft ist ein Unternehmen, dem ich einen riesigen Kredit ein-

geräumt habe, sie schuldet mir schon heute allzuviel, ich fürchte, ich werde nur ungenügend entschädigt.«

Louise versteift sich darauf, ihre beiden Schicksale zum Vorteil
des ihren miteinander zu vergleichen, indem sie die Intensität
der Liebesleidenschaft im Gegensatz zu den dauerhaften Freuden des Familienlebens rühmt: »So ist Dir denn also die Frucht
zuteil geworden, ohne daß Du die Blüten gehabt hättest, liebes
Rehlein, und ich habe die Blüten ohne die Frucht. Der Gegensatz unserer Schicksale dauert an. (…) Jetzt habe ich mich
bereits zehnmal innerhalb von zehn Monaten bei dem Wunsch
ertappt, mit dreißig Jahren zu sterben, in allem Glanz des
Lebens, in den Rosen der Liebe, an den Brüsten der Wollust, von
ihnen gesättigt von hinnen zu gehen, ohne Enttäuschung, da
ich ja doch in dieser Sonne gelebt habe, in der Fülle des Äthers,
und sogar beinahe durch die Liebe getötet.« Aber Renée, die
endlich Mutter ist, gewinnt wieder die Oberhand und hält die
Freuden ihrer Freundin, gemessen an dem tiefen Glück der
Mutterschaft, für recht oberflächliche Befriedigungen: »Nach
allem, was Du mir darüber geschrieben hast, liebes Herzlein,
wohnt der Liebe etwas abscheulich Irdisches inne, wogegen
irgend etwas Frommes und Göttliches in der Zuneigung ist, die
eine glückliche Mutter dem entgegenbringt, von dem diese langen, diese ewigen Freuden ausgehen. (…) Daher liegt vielleicht
für uns hier der einzige Punkt, wo Natur und Gesellschaft miteinander einig sind. (…) Die Frau befindet sich nur dann in
ihrem wahren Element, wenn sie Mutter ist; nur dann entfaltet
sie ihre Kräfte, erfüllt sie die Pflichten ihres Lebens und schöpft
daraus alles Glück und alle Freuden. Eine Frau, die nicht Mutter ist, ist ein unvollkommenes und verfehltes Wesen. Beeil
Dich, Mutter zu werden, mein Engel! Dann vervielfachst Du
Dein gegenwärtiges Glück durch alle Lust, wie ich sie jetzt erle-
be« (aber Balzac, der diese tugendhafte Lobrede wohl für ein
wenig übertrieben hält, schwächt sie mit einem Nachsatz ab:
»Ich will diesen Brief nicht ohne ein Abschiedswort für Dich

hinausgehen lassen; ich habe ihn eben nochmals durchgelesen und bin erschrocken über die sentimentalen Banalitäten, die er enthält«).

»Nun sind wir zwei Frauen: ich die glücklichste aller Geliebten, Du die glücklichste aller Mütter«: Louise-die-Liebende versucht, die Konfrontation mit einem Unentschieden zu beenden. Aber Renée-die-Mutter, die auf ihre Revanche pocht, geht das Wagnis ein, die Rollen zu vertauschen und den besseren Platz zu beanspruchen: »O mein Engel, um wieviel größer ist mein Herz geworden, während Du das Deine zusammenschnüren mußtest im Dienst der Gesellschaft!« In der Gewißheit ihres Vorteils lädt sie ihre Freundin ein, sie zu besuchen. Aber Louise reist überstürzt wieder ab, eifersüchtig auf die Mutterschaft ihrer Freundin: »Du bist eine zu schöne Frau und eine zu glückliche Mutter, als daß ich bei Dir hätte bleiben können. (...) Ich will Dich erst empfangen, wenn ich ein schönes Kind an der Brust habe, ein dem Deinen ähnliches.« Nachdem sie ihre Niederlage eingestanden hat, schlittert Louise weiter einen Abhang hinunter, der durch den Gegensatz zwischen ihrer Sterilität und Renées Fruchtbarkeit, die eine Tochter zur Welt bringt, immer abschüssiger wird: »Zum erstenmal in meinem Leben, liebe Renée, habe ich einsam vor mich hingeweint. (...) Deine Fruchtbarkeit hat mich zu mir selbst zurückgeführt, die ich nach bald dreijähriger Ehe noch keine Kinder habe. (...) Eine Frau ohne Kinder ist eine Ungeheuerlichkeit; wir sind einzig dazu geschaffen, Mütter zu sein. Oh, Du Gelehrter im Korsett, der Du bist, Du hast das Leben richtig gesehen.« Witwe geworden und kinderlos, gewinnt sie erst wieder an Boden, als sie sich heimlich mit einem mittellosen jungen Dichter verheiratet, in den sie unsterblich verliebt ist. Aber sosehr sie ihre Chance rühmt, sie verliert erneut an Boden: »Leider, liebste Renée, habe ich noch immer keine Kinder. (...) Oh, welch eine Ungeheuerlichkeit ist eine Blume ohne Frucht. Die Erinnerung an Deine schöne Familie ist für mich wie ein Dolchstich. Mein

Leben ist enger geworden, während das Deine sich vergrößert hat und ausstrahlt. (...) Dein Glück hat mich neidisch gemacht, indem ich Dich in drei Herzen leben sah! Ja, Du bist glücklich: Du hast klüglich die Gesetze des sozialen Lebens erfüllt, während ich mich aus allen herausgelöst habe. Nur liebende und geliebte Kinder können eine Frau über den Verlust ihrer Schönheit hinwegtrösten.« Dann nimmt sie sich, fälschlicherweise überzeugt, daß ihr Geliebter sie betrüge, das Leben und erfüllt sich damit ihren Wunsch, mit dreißig Jahren zu sterben, in voller Schönheit, in voller Leidenschaft, und scheint damit ihrer Freundin recht zu geben, durch deren Mund »die Gesellschaft« spricht: die Partie geht zu Ende, ohne daß man sagen könnte, welche der beiden gewonnen hat.

Damit endet der Briefwechsel der beiden Jungvermählten. Wetten wir jedoch, daß er im Kopf von Renée weitergeht, die zwischen zwei Modellen der Erfüllung gespalten ist, Modellen, die nicht nur zwei Frauen, sondern im Innern einer jeden widersprüchliche Sehnsüchte in Gegensatz bringt. Und genau dies beabsichtigt dieser Roman, nämlich zwei entgegengesetzte Erfahrungen aufeinanderprallen zu lassen, indem er die Ambivalenz des Eheverhältnisses nachvollzieht, ohne einen moralischen Schluß daraus zu ziehen, welcher der einen oder der anderen recht gäbe. Doppelt reduzierend ist insofern die Lesart von Arlette Michel, für die »die Bilanz dieser beiden verheerenden Erfahrungen von Renée de l'Estorade gezogen wird – welcher der Romancier weitgehend recht gibt«[2]: zum einen, weil sie die Form der Erfüllung vernachlässigt, die die Figur der Louise verwirklicht, indem sie die Logik der Liebe, die ihren Daseinsgrund bildet, bis zum Ende durchhält; und zum anderen, weil sie am Wesentlichen dieses Romans und, allgemeiner, an der Romanform vorbeigeht, nämlich der Freiheit, die sich der Romancier gegenüber der Moral herausnehmen darf. Und darin ist Balzac ein Vorläufer des soziologischen Blicks – weit radikaler noch als in seinen Beschreibungen der Gesellschaft seiner Zeit.

Zwischen Familie und Frau

»Warum fordert die Gesellschaft als höchstes Gesetz, daß die Frau sich der Familie opfert?« fragte Renée. Dieses Opfer, weit davon entfernt, verhängnisvollen Zufällen geschuldet zu sein, scheint vielmehr zum Wesen der Ehe zu gehören: Frau gegen Familie, oder Germaine de Staël gegen Bonald – diesen Verächter des Materialismus, des Atheismus und der Demokratie –, den die wohlgesinnten Väter ihren Töchtern, wenn sie das Kloster verlassen haben, zu lesen geben: »Während du *Corinne* lasest, las ich Bonald, und Folgendes ist das Geheimnis meiner Philosophie: mir hat sich die Familie in ihrer Heiligkeit und ihrer Stärke gezeigt.« Auf der einen Seite also die Frau als vollwertige Person mit einer autonomen Persönlichkeit und spezifischen Bestrebungen; auf der anderen die Frau als Gattin, als unerläßliches Glied einer Familiengemeinschaft, in ihren Funktionen jedoch ersetzbar, die keinen anderen Namen als den ihres Gatten, keine anderen Interessen als die ihrer Sippe hat und ihre Existenz lediglich dem Platz verdankt, der ihr zugewiesen ist in einer Konstellation, die schon vor ihr bestand und auch nach ihr bestehen wird – der zeitlosen Konstellation einer Genealogie und der räumlichen Konstellation einer Ehegemeinschaft. Darauf beruht der ganze Zwiespalt des Status der Ersten als Mitglied und Repräsentantin dieser »heiligen und starken« Familie: souverän an ihrem Platz, ist sie ganz und gar der ehelichen Ordnung unterworfen, die ihr ihn zubilligt. »Eine verheiratete Frau gehört nicht mehr sich selbst, sie ist Königin und Sklavin des häuslichen Herdes«, schrieb Balzac in *Die Frau von dreißig Jahren* (1832). In den privilegierten Kreisen, wo Veblen zufolge die Muße ein Gradmesser des Vermögens ist, kommt der Ehefrau die Funktion zu, der Bannerträger des Gatten und der ganzen Familie zu sein. Als äußeres Zeichen für Reichtum und ostentative Verschwenderin von Geld, Zeit und Mußestunden, hat sie sowohl die Aufgabe als auch das Privileg,

Trägerin von Juwelen, Pelzen, Vermögen, Beziehungen, Freizeit und sogar Kultur zu sein, wenn sie in jenen mondänen Salons herrscht, wo sie sich als oberste Dienerin einer kleinen Gemeinschaft kundiger Leute behauptet: kundig aufgrund ihres Wissens (die Intellektuellen), ihres Geschmacks (die Mondänen) oder ihres Talents (die Künstler).[3]

Ob der Eintritt in eine Familie durch die Institution der Ehe nun als Beschränkung auf der Person äußerliche Interessen erlebt wird oder als Erweiterung – durch den Anschluß an eine Gemeinschaft, die mächtiger ist als das einzelne Individuum –, immer birgt er eine grundlegende Ambivalenz. Denn einerseits hat die Ehefrau den Vorteil, nicht allein zu sein: so wie ihre Geburt gliedert die Ehe sie in eine Sippe, eine Familie ein und verknüpft damit ihr Los mit kollektiven Interessen. Aber das bezahlt sie mit der Abhängigkeit von ihrem Ehemann und manchmal von ihren Angehörigen sowie später von ihren Kindern, was ihre Autonomie beeinträchtigt. Diese Abhängigkeit kann erhofft und gewollt werden (so besteht, in der Literaturgeschichte, Louise Colet darauf, daß Flaubert sie seiner Mutter vorstelle). Sie kann aber auch als Bürde erlebt, als Entfremdung, als Angriff auf die Identität abgelehnt und verworfen werden, der die Person auf ein auswechselbares Individuum reduziert und als Mitglied eines Familienkollektivs definiert, dem sie sich innerlich fremd fühlt, falls sie nicht sogar meint, sie werde von ihm verleugnet. Diese Ambivalenz ist so tief verwurzelt, daß man sie sogar in der Sprache wiederfindet, in der widersprüchlichen Konnotation, das dem »Band« anhaftet, das sowohl fesselt als auch verbindet, oder der »Anhänglichkeit«, die sowohl behindert als auch Zuneigung erlaubt; oder dem Adjektiv »isoliert«, das sowohl vereinzelt als auch geschützt bedeutet. Es existiert also eine grundlegende Ambivalenz zwischen dem Streben nach Unabhängigkeit und dem Streben nach Bindung – wobei die Bindung der Ersten gewährt wird, die möglicherweise um Unabhängigkeit kämpft, welche mehr oder weniger das Los der Zweiten und vor allem der Dritten ist, die danach streben, sich zu binden. Über die Lage der verheirateten Frau hinaus läßt sich dieser Widerspruch auf jede der Identität geltenden Arbeit verallgemeinern[4]; aber die Frauen sind dafür wahrscheinlich sensibler, weil bei ihnen affektiv stark besetzte Bindungen im Spiel sind, während sich bei den Männern die Abhängigkeit von der Familie auf distanziertere Weise leben läßt.

Diesem äußerlichen Zeichen von Reichtum, das die Ehe darstellen kann, steht die Innerlichkeit des persönlichen Lebens entgegen, wo die Frau nicht mehr durch ihre Zugehörigkeit zu einer »anderen« – sie also »entfremdenden« – Gemeinschaft definiert wird, sondern durch Eigenschaften, die für sie kennzeichnend sind und sie zu einem autonomen, unersetzbaren Wesen machen: zu einer vollwertigen Person. Diesem Status steht die Ehe der Definition nach im Weg: »Vorher war ich ein Wesen, und jetzt bin ich ein Gegenstand!« klagt Renée nach ihrer Hochzeit. Louise dagegen rühmt die Erfüllung ihres »Ich«, anders gesagt, ihrer persönlichen Identität, die sie in einer Ehe beizubehalten versucht, die keine konventionelle Ehe ist, also nicht aus Familieninteresse geschlossen wurde, sondern aus Liebe, d. h. aufgrund einer individuellen Wahl: »Solcherlei Triumph berauscht den Hochmut, die Eitelkeit, das Selbstgefühl, kurzum: sämtliche Ich-Gefühle.«

Zwischen Zeugungskraft und Schöpferkraft

»Die Mutterschaft ist ein Unternehmen, dem ich einen riesigen Kredit eingeräumt habe«, sagte Renée: die Zeugungskraft gehört zu jenem ehelichen Pol, der den Stand der Ehefrau zu dem hinzieht, was sie mit anderen verbindet, jedoch von sich selbst entfernt. Und mehr noch: in der diffusen Unzufriedenheit der Ersten, die entdeckt, daß sie in der Ehe nicht sich selbst, sondern in erster Linie ihrem Mann und ihrer Familie gehört, kompensiert die Mutterschaft diese Entfremdung durch jenes Glück und jene höheren Ziele, wie die sensorische Erfahrung der Zeugungskraft und die psychologische Erfahrung der Allmacht über ein völlig abhängiges Wesen sie verkörpern sowie das Bewußtsein, eine Linie fortzusetzen, die die Verbindung zwischen Vergangenheit, Gegenwart und Zukunft zu realisieren erlaubt. Zwar kann jede Frau, sofern sie nicht unfruchtbar ist, biologisch zur Mutterschaft gelangen, aber nur die Ersten erleben sie in diesen drei Dimensionen, der physiologischen, psychologischen und relationalen, dank der Institutionalisierung des ehelichen Bandes, das die geschlechtliche Beziehung durch den unzerstörbaren Bund der Ehe legalisiert (unzerstörbar oder zumindest stabil genug, um nicht ständig von neuem ausgehandelt werden zu müssen), einen Bund, der ein für allemal den Status der Mutter-der-Kinder-des-Mannes gewährleistet. Im Gegensatz zu diesem privilegierten Band zwischen Mutterschaft und dem Platz einer Ersten ist der Status der Kinder einer Zweiten um so benachteiligter, als ihre Mutter illegitimer ist: auch wenn eine zweite Ehefrau, so wie eine erste, Mutter sein kann, so weiß sie doch, daß das väterliche Erbteil nicht vorrangig diesen »Kindern aus zweiter Ehe« zufallen wird; die Geliebte kann kaum hoffen, daß auch nur das Geringste an die »Bastarde« geht, die sie zur Welt gebracht hat; und was die durch einen Unglücksfall von Prostituierten oder gefallenen Mädchen geborenen »Sprößlinge« betrifft, so weiß der Vater meist gar nichts von ihnen. Das heißt, die Zweite kann nur durch einen Unglücksfall Mutter sein oder aus Versäumnis – dem Versäumnis, eine Erste zu sein.

Aus diesem Grund ist die Mutterschaft weit mehr als nur eine Erfahrung: sie ist eine Identität, die die Mütter radikal von all denen trennt, die keine Mütter sind. »Es klafft ein ständiger Abgrund zwischen den Frauen, die Kinder haben, und denen, die keine haben. Ich stehe auf der einen Seite, sie auf der ande-

ren«, stellt die Heldin aus *Wie Wind in den Straßen* von Rosamond Lehmann (1936) fest, als sie eine Mutter gewordene Jugendfreundin wiedersieht, die in der Mutterschaft eben jene Identität, jene Verankerung in einem Status suchte, der Einfluß auf die Wirklichkeit verleiht: »Alle Welt scheint ein beständiges, reales Leben zu haben, nur du nicht. Man ist wie eine Art Lüge, leer. (…) Ich hatte gemeint, ich wäre geheilt, wenn ich Kinder hätte: es ist eines der wenigen Dinge, bei denen man nicht endlos Komödie spielen kann.« Aber so wie die Identifikation mit einer Familiengemeinschaft Gegenforderungen enthält, die die Ambivalenz des Standes der Ersten ausmachen, so bringt auch die Identität einer Mutter Opfer mit sich: Opfer an Zeit und an Aufmerksamkeit für ihr persönliches Leben, ihre innere Erfahrung; aber auch Opfer der vollkommen geschlechtlichen Dimension der Ehefrau, die dem Begehren ihres Mannes sowie den Anforderungen ihrer Kinder zur Verfügung steht. Als Gattin und Mutter muß die Erste begehrenswert und ehrbar zugleich bleiben: ein doppelter und bisweilen widersprüchlicher Imperativ, worauf die Unvereinbarkeit der körperlichen Eigenschaften hindeutet – füllig die Erzeugerin, schlank die Verführerin. Wie Louise es so reizend sagt, als sie sich anschickt, Renée nach ihrer Niederkunft zu besuchen: »Ich werde sehen, ob, wie es heißt, ein Kind einem die Figur verdirbt.«
Es herrscht hier ein schwieriges Gleichgewicht zwischen den Anforderungen an die gute Mutter und den Pflichten der vollkommenen Ehefrau: zwischen dieser, die, wenn sie zu sehr die Liebe liebt und auf ihr Äußeres achtet, Gefahr läuft, ihren Nachwuchs zu vernachlässigen und eine schlechte Mutter zu werden, die weiterhin mehr ihrem Ehemann oder ihrem Geliebten als ihren Kindern gehört; und jener, die, wenn sie sich zu sehr ihren Kindern widmet, Gefahr läuft, eine schlechte Ehefrau zu werden, unfähig, sich in einer geschlechtlichen Dimension zu halten und, schlimmstenfalls, als Dritte endet. Schon das Stillen kann ausreichen, den Ehemann zu entfrem-

den, sobald er keinen Zugang zum Körper seiner Frau mehr hat, da sie sich ausschließlich dem Kind widmet. Damit erklärt Henry Bordeaux in *Une honnête femme* den Ehebruch des Gatten, der, »seiner Frau beraubt«, die »ihre Ehre darein setzte, ihr Kind selbst zu nähren«, »den niedrigsten Versuchungen ausgesetzt war und ihnen nicht immer widerstand«. Manche Frauen dagegen lehnen es ab, den Stand der Liebenden dem der Mutter zu opfern: so Catherine in *Le Plaisir* von Binet-Valmer (1912), die allmählich »Verehrung für diesen Körper empfand, den Pierre so verehrte«, und die »kein Kind wollte, um mit Pierre allein zu sein«; so auch Christine in *Das Werk* von Zola (1886). »Nach den Kümmernissen der Nacht lag eine traurige Süße darin, nur noch Mutter zu sein bis zum Abend. (...) Der kleine Jacques aber hatte zu leiden unter dieser Verlagerung ihrer Zärtlichkeit. Sie vernachlässigte ihn noch mehr, da das Fleisch stumm geblieben war ihm gegenüber, da es zur Mutterschaft nur durch die Liebe erwacht war. Der angebetete, der begehrte Mann, der wurde ihr Kind; und das andere Kind, das arme Wesen, blieb ein schlichtes Zeugnis ihrer großen Leidenschaft von einst.«[5]

Tolstoj dagegen stellt Frauengestalten dar, die völlig in der Mutterschaft aufgehen. In *Krieg und Frieden* (1867) macht die schöne Natascha nach ihrer Heirat eine wahre Metamorphose durch, indem sie jedes Verführungsstreben sowie jedes Interesse an etwas anderem ihrem Familienleben opfert, wobei sie Schlankheit, Lebhaftigkeit, Witzigkeit, Geselligkeit und Charme einbüßt: »Natascha befolgte nicht jene goldene Regel, die von klugen Leuten, besonders von Franzosen gepredigt wird: daß ein Mädchen, wenn es verheiratet ist, sich nicht gehen lassen und ihre Talente nicht vernachlässigen dürfe, daß sie sich noch mehr als früher mit ihrem Äußeren beschäftigen und ihren Mann ebenso anlocken solle wie zu der Zeit, als er noch nicht ihr Gatte war. Im Gegenteil, Natascha hatte mit einem Schlag alle ihre Lockmittel von sich geworfen (...). Sich Locken zu brennen, elegante Kleider anzuziehen und Romanzen zu singen, um ihren Mann an sich zu fesseln, wäre ihr ebenso sonderbar vorgekommen, wie wenn sie sich geschmückt hätte, um von sich selber befriedigt zu sein.« Ebenso macht die Heldin aus *Eheglück* (1852), nachdem ein dumpfer Streit das verliebte Einvernehmen zwischen ihr und ihrem Mann zerstört hat, die Erfahrung dieses vielfältigen Umkippens, d. h. daß der Gatte-als-Geliebter zum Gatten-als-Vater wird, daß die eheliche Liebe in mütterliche Liebe und das erotische Desinteresse in mütterliche Sinnlichkeit umschlägt: »›Mein, mein, mein!‹ dachte ich, und ein Wonneschauer durchbebte meine Glieder, indem ich den Kleinen an mich drückte. Ich mußte mich beherrschen, um ihm nicht weh zu tun, und fing an, seine kalten Füßchen zu küssen, seinen Körper, seine Händchen, sein kaum mit Haaren bewachsenes Köpfchen.« Ihre Aneignung des Kindes, Mittelpunkt ihres Verhältnisses zur Welt, schließt am Ende sogar den Vater aus (»niemand außer mir sollte ihn lange ansehen«), wie es am Ende dieses traurigen Liebesromans heißt: »Von diesem Tag an war mein Roman mit meinem Mann zu Ende. Das alte Gefühl wurde zur teuren, unwiederbringlichen Erinnerung, und ein neues Gefühl der Liebe für meine Kinder und für den Vater meiner Kinder legte den Grund jenes ebenfalls glücklichen Lebens, das ich bis zu diesem Augenblick noch nicht zu Ende gelebt habe...«

»Niemand außer mir sollte ihn lange ansehen«: Tolstoj resümiert hier jenen extremen Zustand der Mutterliebe, der so vertraut ist, daß man ihn schließlich für normal hält, und dahin tendiert, nichts anderes mehr gelten zu lassen als den Wunsch nach Symbiose, dem sich die Mutter in ihrer Beziehung zum Kind hingibt, unter Preisgabe aller anderen Bindungen, einschließlich ihrer Bindung zum Ehemann, der Bindung des Vaters zum Kind und des Kindes zum Rest der Welt. Es ist die Neurose der Mutterliebe, die extreme Form jener Pathologie der Zuneigung, die darin besteht, dem Anderen – dem Kind –

142

den ganzen Platz einzuräumen: was darauf hinausläuft, daß
man ihm nicht erlaubt, einen wirklich eigenen Platz einzunehmen – in einer Konfusion der Identitäten, die zwischen jenen
beiden widersprüchlichen, aber letztlich äquivalenten Extremen hin und her schwanken: zwischen der grenzenlosen Unter-
würfigkeit dessen, der mit dem Anderen zu verschmelzen trachtet, und dem unendlichen Größenwahn dessen, der sich
dadurch erhebt, daß er von der Identität des Anderen schma-
rotzt. Diese tödliche Verirrung der Mutterschaft wurzelt in der
perversen Lust, auf ein völlig abhängiges Wesen Allmacht auszuüben: eine von endloser Hingabe begleitete Allmacht, die
als Gegenleistung eine ebenso unendliche Selbstaufgabe verlangt.

Diese Zuneigung zum Kind zu Lasten des Vaters hält die Mutter noch mehr im Kreis des Familienlebens gefangen, diesem
Nährboden für alle Pathologien der Liebe. Dem ganz auf die
Familie eingegrenzten, aber äußeren Blicken offenstehenden
häuslichen Leben steht das geheime Leben der Frau auf der
Suche nach sich selbst gegenüber, die sich mit einem auf die
Ehe und die Mutterschaft beschränkten Dasein nicht zufrie-
dengibt. Dieses geheime Leben entgeht dem Ehemann, der es
sich nicht einmal vorzustellen vermag – ebensowenig wie er seiner Frau eine persönliche Identität zuerkennt: »Robert glaubt,
mich bis auf den Grund zu kennen; er ahnt nicht, daß ich außer
ihm noch ein Eigenleben haben könnte. Er betrachtet mich nur
noch als einen Ableger von sich. Ich bin ein Teil seiner Bequem-
lichkeit. Ich bin seine Frau«, bemerkt die Erzählerin in *Die Schule der Frauen* von Gide. Diese Identitätssuche kann in drei Richtungen erfolgen, die alle das Geheimnis oder zumindest Einsamkeit erfordern – denn »es gibt kein besseres Mittel, das Individuum vor dem Verfließen mit den anderen zu schützen, als
den Besitz eines Geheimnisses, das es hüten will oder hüten
muß«.[6] Die erste Richtung ist das Tête-à-tête mit der Kreativität: *Corinne* gegen Bonald; das von Virginia Woolf geforderte

»Zimmer für sich allein«; der Erkenntnisdrang der gelehrten Frauen, über die die Komödie sich lustig macht, oder der in den mondänen Salons hofierten Ratgeberinnen; und das Schreiben, das es George Sand, Colette und vielen anderen ermöglichte, dem Eheschicksal zu entrinnen, und das in der Fiktion seltsame Gestalten von Schriftstellerinnen hervorbringt, Frauen, die hin und her gerissen sind zwischen der Angst, nur ein Blaustrumpf zu sein, und dem Wunsch, autonom zu werden. So die Dichterin Ella in der Novelle von Thomas Hardy *Eine Frau mit Phantasie* (1893), »glühende Anhängerin der Musen«, die mit einem Waffenfabrikanten verheiratet ist und der es, als sie ihr drittes Kind erwartet, schwer fällt, »einen angemessenen Kanal zu finden, in den sie ihre so schmerzlich eingedämmten Gefühle ergießen konnte; denn deren frühere Leuchtkraft schien in der Eintönigkeit zu schwinden, die die Routine der Haushaltsführung und die Unzufriedenheit darüber, daß sie einem nichtssagenden Mann Kinder gebar, in ihr hervorriefen«.

Die zweite der drei Richtungen, die es einer verheirateten Frau ermöglichen, ein autonomes Dasein zu führen, ist nicht mehr jene »Schöpferkraft«, der individuelle kreative Fähigkeiten zugrunde liegen, sondern die »Schöpferkraft«, von der die erschaffene Natur zeugt. Hier geht es um das sorgfältige Anlegen eines Herbariums, um die Gestaltung eines Gartens, eine Mischung aus Natur und Kultur, die einen autonomen Raum zwischen der freien Einsamkeit und den Familienbanden schafft - zwei sowohl notwendige als auch unvereinbare Pole, zwischen denen er einen erträglichen Kompromiß schafft, wie in *Elizabeth und ihr Garten* von Elizabeth von Arnim (1898); um die melancholische oder schwärmerische Betrachtung einer geliebten Landschaft; um die Vereinigung mit den Elementen; um das fast mystische Eintauchen in eine wilde Wirklichkeit, die um so erhabener ist, als keine Menschen sie bewohnen, und die dem Zufall, der Gegenwart, der Materialität der häuslichen

Sorgen entgeht. Das Tête-à-tête mit der Schöpferkraft nimmt hier die Form einer notwendigen Einsamkeit angesichts der Elemente an, einer Einsamkeit, in der bisweilen jene romantischen Heldinnen beschrieben werden, die in der Betrachtung einer Landschaft Trost finden oder sich in einsamen Spaziergängen ergehen. Doch das sind immer nur romanhafte Augenblicke: die Frau, die im geheimen Kontakt mit der »Schöpfung«, d. h. mit der Natur, nach sich selbst sucht, ist allein deshalb noch keine Romanheldin.

Weit mehr schätzen die Romanciers die dritte Richtung, die es ermöglicht, außerhalb des Familienkreises zu leben: die Liebe. Natürlich handelt es sich nicht mehr um die eheliche Liebe zum Gatten noch um die mütterliche Liebe zu den Kindern: hier geht es um die ehebrecherische Liebe, um die Leidenschaft, von der die jungen Mädchen träumen, um die Erregung, die Renée aufgeben mußte, während Louise versuchte, sie in der Ehe zu verankern. Das Problem besteht darin, daß die Ehe in keiner Weise der geeignetste Ort für diese Art von Erfüllung ist, die, auch hier, das Geheimnis verlangt – das Geheimnis der Liebesgeschichte. Und hier fehlt es es nicht an Romanmaterial.

Zwischen Ehemann und Geliebtem

Auf der einen Seite gibt es also den Ehemann, »den man aus Vernunftgründen geheiratet und dem man sich aus Pflichtgefühl geschenkt hat, um endlich Frau zu werden!«, wie Renée bitter anmerkt. Und auf der anderen Seite gibt es den Geliebten. Es wäre jedoch zu einfach, sie einander entgegenzustellen wie die Pflicht dem Vergnügen; denn dann würde es genügen, das moralische Register des Gegensatzes zu bevorzugen, und schon gäbe es keine Ambivalenz mehr, sondern nur noch die Alternative zwischen Gut und Böse, bei der sich die richtige Wahl von selbst aufdrängt und die schlechte Wahl lediglich Verderben

oder Wahnsinn bedeuten kann. Umgekehrt wäre es aber auch zu einfach, das Eheleben dem Ehebruch als einer Entfremdung der Authentizität entgegenzustellen, denn dann würde es genügen, das ethische Register zu bevorzugen – Hedonismus oder existentielle Forderung –, und schon gäbe es nur noch die Alternative zwischen dem schlechten Leben und dem guten Leben, zwischen der erzwungenen und der selbstgewählten Zuneigung, der konventionellen Liebe und der Liebe aus Leidenschaft: eine Alternative, deren erste Seite nur den feigen, dummen oder unempfindlichen Frauen zufallen könnte. Diese Unterscheidung zwischen der auf das Wohl des Anderen gerichteten Moral und der auf die Achtung von Prinzipien gerichteten Ethik, die nur das Selbst verpflichtet, habe ich Paul Ricœur entlehnt, bei dem die »moralische Zielsetzung« auf die Verpflichtungen, die Normen, die Verbote verweist, die den Anspruch auf Allgemeingültigkeit sowie Zwanghaftigkeit implizieren, während die »ethische Zielsetzung« als »Zielsetzung des guten Lebens mit und für die anderen in gerechten Institutionen« definiert wird.[7] Wenn man mit Ricœur einräumt, daß die solcherart von der Moral unterschiedene Ethik sowohl Selbstachtung als auch Fürsorglichkeit und Gerechtigkeitssinn verlangt, braucht man diese dreifache Forderung nur auf sich selbst anzuwenden, um eine »Sorge um sich« im Sinne einer authentischen ethischen Zielsetzung herauszubilden, welche genau die derart von der Achtung der moralischen Regeln unterschiedenen Identitätsforderung definiert.[8]
Um zu ermessen, was die Verlockung des Ehebruchs bedeutet, müssen wir also alles auf die Waagschale werfen: die Moral und die Ethik, die Pflicht und die Lust, das Materielle und das Spirituelle, die Kosten und die Zinsen. Wir müssen sehen, daß der Ehemann, der zusammen mit der Familie und den Kindern den Pol der Pflicht darstellt, auch das Ansehen, den Namen, das Vermögen, die Stabilität verkörpert, alles, was das Privileg des Platzes der Ersten ausmacht; und daß der Liebhaber, der die

Gefahr heraufbeschwört, alles zu verlieren – Achtung, Ruhe, Versorgung –, auch derjenige ist, der es der Frau ermöglicht, sich als autonomes Wesen zu behaupten, mehr um ihrer selbst willen als äußerer Eigenschaften wegen geschätzt zu werden, endlich etwas zu leben, worüber sie niemandem Rechenschaft schuldig ist. Was die Erste an demjenigen, der ihr Liebhaber ist oder werden könnte, vielleicht in erster Linie interessiert, ist nicht so sehr die Tatsache, daß er ein *Anderer* ist, als vielmehr, daß er es ihr ermöglicht, *sie selbst* zu sein, indem sie ganz und gar wird, was sie ist, durch die Vermittlung eines liebenden Blicks endlich sich selbst zurückgegeben: »In deiner Liebe gibt es nur Dich, und Du liebst Gaston weit mehr um Deinet- als um seinetwillen«, bemerkte Renée feinsinnig anläßlich Louises zweiter Liebe. Der Ehemann ist also jemand, der vor dem Schlimmsten bewahrt, was immer geschehen mag, und den sich nicht zu entfremden die umsichtigen Mütter ihre Töchter beschwören, wie Louises Mutter: »Seinem Gatten alles zu opfern, ist für Frauen unseres Ranges nicht nur eine absolute Pflicht, sondern überdies die klügste Berechnung.« Aber der Liebhaber ist derjenige, der Zugang zum Besten verschafft: zur Liebe und zur Selbstliebe, zu dem, was nur einem selbst gehört. »Was beweist ein Ehemann? Daß eine Frau als junges Mädchen entweder eine reiche Mitgift bekommen hat oder wohl erzogen war, eine geschickte Mutter hatte oder den Ehrgeiz des Mannes befriedigte; ein Liebhaber dagegen ist das beständige Programm ihrer persönlichen Vollkommenheiten«, bemerkt die *Herzogin von Langeais* von Balzac (1834).

»Das immerwährende Programm ihrer persönlichen Vollkommenheiten«: auch wenn der Ehebruch von der christlichen Moral gebrandmarkt wird, so ist die *amour fou* ein beständiger Wert der literarischen Moral, wenn nicht sogar wesentlich für das Universum des Romans – von der *Prinzessin von Clèves* bis zur *Neuen Heloïse*, von *Indiana* bis zur *Schönen des Herrn*. Hier wimmelt es von Beispielen für Frauen, die zwischen zwei Män-

nern und, aufgrund dieser beiden Modalitäten der Zuneigung, zwischen zwei Definitionen ihrer selbst stehen: der ehelichen, die sie auf die Abhängigkeit von der Familie und auf die Vollkommenheit eines Platzes verweist, der mit einem Defizit an Identität einhergeht, und der auf der Liebe gründenden, die ihnen die Unabhängigkeit einer vollwertigen Person mit unveräußerlicher Autonomie und Intimität sichert, jedoch mit dem Risiko verbunden ist, den Platz der Ersten zu verlieren. Auch wenn die Aufwertung der Liebe ambivalent bleibt (und eben darin besteht zum Teil ihre literarische Kraft), so ist sie - abgesehen von der Parenthese der höfischen Liebe im Mittelalter - in unserer Geschichte ein neues Phänomen. Daher kommt es einer kleinen Revolution gleich, wenn der Roman eine Auffassung entkräftet oder zumindest abschwächt, die eine Frau, die liebt, auch wenn sie sich nicht dafür bezahlen läßt, als Hure betrachtete, während eine Frau, die sich lieben läßt, weil davon ihr Überleben abhängt, die Tugend verkörperte.[9]
Zweifellos trat diese mögliche Aufwertung der von ihrer ehelichen Form losgelösten Liebe nur deshalb in Erscheinung, weil ihre literarische Darstellung - über den moralischen Anspruch hinaus - die ethische Sorge nahelegt und, hinter der für einen anderen empfundenen *amour fou*, die leidenschaftliche Suche nach Selbstliebe ahnen läßt: eine Suche, bei der die Sexualität weniger ein Ziel als vielmehr ein Mittel ist, ein privilegierter Weg, ein möglicher Übergang. Mit der Libido vermischt, die die Jungvermählten zwangsläufig zu dem möglichen Geliebten hinzieht, vor allem, wenn sie Opfer einer arrangierten Ehe sind, gibt es das Bestreben, man selbst zu sein, um seiner selbst willen geliebt und seines Tuns wegen bewundert zu werden, eine wirkliche Intimität zu haben und das wenige, das nur von einem selbst abhängt, nach eigenem Belieben zu besorgen. »Ich wußte, was ich tat, als ich aus der Ehe zur Liebe flüchtete. Ich setzte mein persönliches Leben gegen die Ehre meines Gatten ein«, erklärt die Heldin aus *Der Schritt zur Liebe* von George Ohnet

(1902), die Ehebruch begangen hat. Dieser kann auch eine homosexuelle Form annehmen: dann zeigt sich die lesbische Beziehung einer Frau, die durch einen Mann in die Liebe eingeweiht worden ist, als eine Art und Weise, einer allzu ausschließlichen Abhängigkeit vom Männlichen zu entrinnen, sich einen autonomen affektiven und sexuellen Raum zu schaffen. So unterhält die Heldin von *Claudine in der Ehe* von Colette (1902) ein Verhältnis mit der schönen Rézi, aber die zudringliche Komplizenschaft ihres Ehemanns hält ihren kurzen Ausflug in eine rein weibliche Sexualität unter dem Blick und dem Gesetz des Mannes.

Ehemann, Geliebter – in einer solchen Romankonstellation hat der Moralismus keine Geltung mehr, ebensowenig wie die traditionellen Interpretationen eines Konflikts zwischen Pflicht und Lust, denn es kann Lust bedeuten, die Souveränität der Ersten auszuüben, und Pflicht gegen sich selbst, alles entgegenzunehmen, was das Dasein bietet. Der Gegensatz zwischen Ehemann und Geliebtem, wie der zwischen Zeugungskraft und Schöpferkraft, zwischen Frau und Familie oder auch zwischen Renée und Louise, entspricht dem Gegensatz zwischen Heteronomie und Autonomie, kollektiver Identität und persönlicher Identität: zwei ebenso notwendigen wie antagonistischen Arten der Erfüllung, so daß sich die Spaltung zwischen der einen und der anderen nicht auf einen Gegensatz zwischen Gut und Böse, Moral und Unmoral oder zwischen Knechtschaft und Freiheit zurückführen läßt. Daher findet sich diese Spaltung nicht nur bei bestimmten verheirateten Frauen, sondern grundsätzlich bei allen, weil sie nicht zufällig, sondern Bestandteil der Ehe in ihrer traditionellen Form ist. Und deshalb schließlich ist sie nicht äußerlich – zwischen einer Frau und einer anderen, wie Balzac sie darstellt, oder zwischen einer Frau und »der Gesellschaft«, wie George Sand es suggeriert –, sondern im Innern jeder Frau anzutreffen.

149

Die Ambivalenz

Die Literaturkritik neigt heute dazu, die Bedeutung des Gegensatzes Pflicht/Lust zugunsten des moderneren Gegensatzpaares Knechtschaft/Freiheit umzukehren. Doch damit verharrt sie in der Logik des Antagonismus zwischen einem positiven und einem negativen Pol und beseitigt gleichzeitig die tragische Dimension der Ambivalenz zwischen zwei begehrenswerten wie hassenswerten Polen. Es handelt sich nämlich durchaus um eine »Spaltung«: denn dieser Terminus bringt sowohl die Innerlichkeit einer Teilung zum Ausdruck, die sich, anders als die bloße Zerrissenheit, nicht auf eine bewußte Entscheidung zurückführen läßt, als auch die Unmöglichkeit, einem der beiden Pole ein einseitig positives oder negatives Zeichen zuzuordnen – in welchem Falle das Subjekt lediglich hin und her gerissen wäre zwischen dem Bösen (der Sünde), nach dem es tatsächlich trachtet, und dem Guten (der Tugend), das zu respektieren es heucheln muß, oder auch zwischen dem Bösen, das man (die Gesellschaft) ihm antun will, und dem Guten, das es (das authentische Individuum) sich selbst antun möchte. Wir sollten eine moralische Problematik des Widerspruchs zwischen Gut und Böse ebenso vermeiden wie eine politische Problematik des Konflikts zwischen Freiheit und Entfremdung und eine ästhetische Problematik des Gegensatzes zwischen Authentizität und Nachahmung, um uns eine wissenschaftliche Problematik zu eigen zu machen, die die Werturteile neutralisiert und sich damit begnügt, die Formen und Implikationen der Spaltung zu beschreiben: eine Problematik, die verlangt, daß man den Begriff der Ambivalenz, d. h. den Kern des Problems, ernst nimmt.

Die Ambivalenz hat den doppelten Nachteil, daß sie einerseits der Logik widerspricht, da sie die Kopräsenz eines Terminus und seines Gegenteils impliziert, und andererseits gegen die Kohärenz eines Menschen verstößt, der innerlich zwischen antagonistischen und dennoch authentischen Prinzipien, Wünschen, Bestrebungen gespalten ist. Daher ist sie häufig Gegenstand intellektueller Verleugnung und praktischer Vermeidung. Nun läßt sich die Realität ambivalenter Gefühle jedoch nur dann restituieren, wenn man mit dem Logizismus bricht und sich der Logik des Unbewußten nähert. Der Logizismus tendiert nämlich dazu, die Widersprüche dadurch zu beseitigen, daß er sie auf einen der Termini zurückführt oder sie ins Chaos der Konfusion oder der Unklassifizierbarkeit verweist. Indem er, nach der schönen Formulierung von Marx, »die Dinge der Logik für die Logik der Dinge« hält, bemüht sich der Logizismus des wissenschaftlichen Denkens, jedwede Kohärenz einzig auf die Logik der Widerspruchsfreiheit zu reduzieren, der zufolge etwas nicht zugleich sein und nicht sein kann. Im Namen dieses Prinzips läßt sich die Ambivalenz, wie Lévy-Bruhl es tat, auf eine »prälogische Mentalität« zurückführen, während die logische Mentalität der westlichen Gesellschaften ihr fremd wäre. Doch viele Dinge werden verständlich, sobald man akzeptiert, die Ambivalenz in unsere Kultur zu integrieren, indem man einräumt, daß, der Natur der Situationen entsprechend, Spaltungen und Widersprüche nicht nur zwischen Gruppen oder Personen, sondern auch innerhalb ein und derselben Person auftreten.[10] Doch diese Hypothese macht es erforderlich, daß man einen Übergang schafft zwischen der Äußerlichkeit des Kollektiven und der Innerlichkeit des Individuellen und, dementsprechend, zwischen den Disziplinen, denen diese Analysen obliegen, d. h. der Soziologie und der Psychologie.[11]

Die parmenidessche Logik der Ausschaltung der Gegensätze ist für die Logik das, was die euklidische Geometrie für die Geometrie bedeutet, nämlich die Anwendung eines besonderen Falles: es geht nicht mehr, was die Geometrie betrifft, um den Fall eines Raumes mit Nullkrümmung, sondern, was die Logik betrifft, um den Fall eines Vorstellungssystems mit nur einer

Werteordnung. Es genügt, das Modell zu erweitern und sich in ein System mit mehreren Ordnungen zu versetzen, um sich ein weit komplexeres und eben deshalb weit leistungsfähigeres Beschreibungswerkzeug zu verschaffen, das es ermöglicht, die nicht zwangsläufig konfliktgeladene oder chaotische Kopräsenz von Vorstellungen oder Werten zu integrieren, die auf rein logischer Ebene einander ausschließen. Nur die Hypothese einer Pluralität von Erfahrungsordnungen erlaubt es, der Kopräsenz widersprüchlicher Ansprüche einen Sinn zu verleihen, ohne auf die Hypothese einer Herrschaft der einen über die andere, auf die Denunziation der Widersprüche oder die Stigmatisierung des Relativismus zurückgreifen zu müssen.[12]
Ist dieser Bruch mit dem Logizismus und dementsprechend mit der Eindeutigkeit der Erfahrungsebenen einmal vollzogen, besteht die zweite Bedingung, die es erlaubt, der Ambivalenz ihre ganze Realität zurückzugeben, darin, in eine psychische Welt einzutauchen, in der, nach der anregenden Analyse von Juliette Boutonier, »die Logik nicht mehr herrscht«: »Bei der Ambivalenz gibt es einen Widerspruch, der mit dem Bewußtsein, das urteilt und argumentiert, unvereinbar ist. Deshalb kann sich die Ambivalenz unmöglich im Licht des Bewußtseins einrichten, sie gelangt nur rationalisiert, gerechtfertigt dorthin, wenn sie ihre wahre Identität verloren hat. Beim Normalen ist die Ambivalenz zwangsläufig mehr oder weniger unbewußt: genauer müßte es heißen, daß sie in irgendeinem Maße immer mit den Anforderungen des bewußten Denkens unvereinbar ist. (...) Eben diese Einheit der Widersprüche, die für die Logik und zuweilen für die Moral, jedenfalls für das Ich nicht hinnehmbar ist, macht die Ambivalenz aus. Zwar können wir zwischen dem Ja und dem Nein, zwischen Liebe und Haß schwanken, ihren Konflikt eingestehen, aber wir können uns nicht denken, daß sie eine Einheit bilden. Doch genau darin liegt die Ambivalenz. Daher haben die Beobachter, die ambivalente Gefühle beschrieben haben, diese nicht einzugestehende Duali-

tät häufig verkannt oder haben sie rationalisiert, transponiert, intellektualisiert, so daß die Ambivalenz selbst in ihren Analysen fehlt oder sich kaum mehr erahnen läßt.«[13] In einer nicht mehr psychiatrischen, sondern psychoanalytischen Perspektive wurde diese Fähigkeit, die Ambivalenz zu leben und auf sich zu nehmen, als grundlegendes Ziel der analytischen Arbeit hervorgehoben – von C. G. Jung bis Alice Miller oder François Roustang, der auf die Affinität zwischen Ambivalenz und Hypnose hinweist.[14]

Distanz zum Logizismus, Nähe zum Unbewußten: wenn das der Ambivalenz ausgesetzte Subjekt nicht wenigstens eine dieser beiden Haltungen einnimmt, läuft es Gefahr, in eine schwer erträgliche innere Spannung zu geraten. Dann wird es versuchen, sie in Antagonismus zu verwandeln, d. h. in einen Gegensatz zwischen zwei ungleich veräußerlichten und ungleich – die eine als positiv, die andere als negativ – bewerteten Entitäten. Auf diese Weise entstehen jene üblichen Antagonismen zwischen dem (guten) »Ich« und der (bösen) »Welt«, zwischen der (wissenschaftlichen) »Wahrheit« und dem (volkstümlichen) »Glauben« oder zwischen dem (authentischen) »Individuum« und der (entfremdenden) »Gesellschaft« – Antagonismen, die geeignet sind, eine innere Ambivalenz auf dem Subjekt äußerliche und ethisch heterogene Instanzen zu fixieren. Veräußerlichung der inneren Konflikte und Verwandlung der Ambivalenzen in Antagonismen gehören im übrigen zu den wesentlichen Rollen, die der gemeine Verstand den Sozialwissenschaften, insbesondere der Soziologie unterstellt, die berufen ist, die inneren Spannungen zu objektivieren, indem sie sie in Form des »Sozialen« oder »der Gesellschaft« veräußerlicht, die, im Gegensatz zu einem natürlichen, authentischen und guten »Individuum«, alles kristallisieren, was als kollektiv, künstlich, unauthentisch und, allgemeiner, als schlecht wahrgenommen wird. Trotzdem ist jeder Einzelne notfalls in der Lage, diese Ressourcen auf eigene Rechnung zu mobilisieren, ohne sich an die

Soziologen zu wenden, wie es, unter vielen anderen Beispielen, George Sands Vorwort veranschaulicht, in dem die Mißgeschikke ihrer Heldin der »Gesellschaft« angelastet werden – ein typisches Beispiel für die »Verwerfung der Spannung« nach Louis Dumont.[1] Diese Veräußerlichung ermöglicht es, dem Register der Tragödie zu entrinnen, wie es jeder Situation eignet, die als Widerspruch erlebt wird, um das weniger verzweifelnde Register des Dramas zu besetzen, das Menschen mit widerstreitenden Interessen einander entgegenstellt: des Dramas, das eine Lösung zuläßt und das glückliche Ende der Trivialromane gestattet, für das *Indiana* ein Modell liefert.

Nur die Ambivalenz erlaubt es also, die der Position der Ersten immanente Spaltung zwischen kollektiver Identität und persönlicher Identität, Familie und Individuum, Schöpferkraft und Zeugungskraft, ehelicher Treue und ehebrecherischer Leidenschaft zu verstehen... »Und wenn Du nun an einem Tag des Glanzes einem Menschen begegnest, der Dich aus dem Schlummer erweckt, dem Du Dich anbefehlen willst...?« fragte Louise ihre Freundin Renée. Ja, was geschieht, wenn eine verheiratete, zum Liebesleben erwachende Frau sich vom Ehebruch verlockt sieht?

Verzichtende, Zustimmende

Zwischen zwei widersprüchlichen Polen gespalten, macht die Erste eine wahre Krise durch, wenn die Ambivalenz, die sie innerlich bedroht, sich in der Eventualität eines Ehebruchs veräußerlicht: dann ist sie nicht mehr in sich selbst gespalten, sondern zwischen dem Ehemann und dem Geliebten und damit zwischen den Werten, die jeder von ihnen repräsentiert. Wenn sie auf diese Liebe verzichtet, bewahrt sie zwar ihr Selbstgefühl in bezug auf die Moral, verzichtet jedoch auf die ethischen Werte, d. h. auf den Zugang zu einer gewissen Autonomie, zu jener »Sorge um sich«, wie die Eroberung einer persönlichen Identität sie erfordert.[1] Und wenn sie ihr zustimmt, bejaht sie diese ethische Forderung nach amouröser Authentizität, verzichtet jedoch auf die Treue zu den moralischen Werten und damit auf die Achtung derer, die eine solche Treue von ihr erwarten. Auf hedonistischer Ebene schließlich impliziert diese Alternative zwischen dem Ehemann und dem Geliebten auch die Wahl zwischen der Ruhe eines in jeder Hinsicht lauteren, da den ehelichen Forderungen entsprechenden Daseins einerseits und andererseits dem Reiz eines Daseins, das dem Geheimnis und der Zerbrechlichkeit der Lust Raum läßt.

Der Geliebte, »dieser Halbgott, der im Heim einer verheirateten Frau jederzeit zugegen und doch nie sichtbar ist«, sagt Balzac in *Tante Lisbeth.* Sobald sie heimlich verliebt ist oder von einem potentiellen Liebhaber umworben wird, hat die verheiratete Frau nur die Wahl, auf die körperliche Liebe zu verzichten oder ihr zuzustimmen, wohl wissend, daß sie in beiden Fällen einen

Teil ihrer selbst opfert. Verzichtende, Zustimmende – die Literatur geizt nicht mit solchen Gestalten.

Das Drama der Verzichtenden

Paradigmatisch für die verzichtende Erste ist *Die Prinzessin von Clèves* von Madame de La Fayette (1678): dieser erste große Roman der Moderne ist auch der Roman *par excellence* der Frau, die sich, als sie die wahre Liebe erst nach der Heirat und mit einem Mann entdeckt, der nicht ihr Gatte ist, seitenlang dagegen wehrt, seine Geliebte zu werden, bis sie daran zugrunde geht. Mit dem Wiederholungszwang des Phantasmas spielt der Roman immer wieder die Szene der Versuchung durch, indem er die Einsätze verschiebt, die um so erregender sind, je winziger sie sind: nicht die Kopulation, sondern das bloße Berühren der Hand, nicht der körperliche Kontakt, sondern das Eingeständnis des Begehrens, nicht das Wort, sondern der Blick, nicht der Blick, sondern die bloße Anwesenheit – so daß der Verzicht auf die Anwesenheit am Schluß bis zum Tod der Heldin getrieben wird, der einzigen Lösung, die es der Autorin erlaubt, die Wiederholung des irritierenden Phantasmas aufzulösen, in das sich die unmögliche körperliche Liebe geflüchtet hat. Ein Jahrhundert später führt *Die Neue Heloïse* ein ähnliches Schema vor, das schon vor der Ehe begonnen hat.[2] Aber erst in einem Meisterwerk der romantischen Literatur wird die Spaltung der Ersten unter dem interessierten Blick des Freiers deutlich dargestellt, des Erzählers von *Die Lilie im Tal* von Balzac (1836). Félix de Vandenesse, Lehrer der Kinder von Madame de Mortsauf, kann es zulassen, daß zwischen ihm und seiner Beschützerin eine fast mütterliche Beziehung entsteht, in der er weniger als Liebhaber gegenüber der Geliebten, sondern eher als Adoptivsohn einer Wahlmutter erscheinen würde. Jedenfalls will sie die Liebe, die er ihr gesteht, auf die müt-

terliche Form der Zuneigung beschränken. Hundert Seiten
später freilich ist sie diejenige, die sich darüber beklagt, für ihn
nur eine Mutter zu sein. Denn inzwischen hat sich der Liebende in einen geliebten Mann, also in einen potentiellen Geliebten verwandelt. Was tun?

Sie tut nichts: besser leiden und leiden lassen, als gegen die eheliche Moral zu verstoßen; besser verzichten, als schuldig zu werden. Alles in allem wäre das ein erträgliches Übel – die Tugend
tröstet –, wenn die treue Gattin sicher sein könnte, daß sich die
Tugend unumstößlich auf seiten des Verzichts befindet. Doch
da trifft sie auf eine andere Art, die Dinge zu betrachten, auf
eine andere Auffassung der Vorzüglichkeit: und so entdeckt sie
die Ambivalenz, wird sich der Spaltung bewußt. Lady Arabelle,
ihre glückliche Nebenbuhlerin in Félix' Herzen, enthüllt ihr,
daß verheirateten Frauen die außereheliche Liebe nicht nur
möglich ist, sondern, als Stempel einer höheren Qualität, auch
beansprucht zu werden verdient, als Beweis moralischer Größe
sowie aristokratischer Vorzüglichkeit: »Lieben, mit erhobenem
Haupte, im Widerspruch mit dem Gesetz für den Abgott, den
man sich gewählt hat, sterben, indem man sich ein Totenhemd
aus dem Bettuch schneidet, einen Mann über die Welt und den
Himmel stellen, indem man so dem Allmächtigen das Recht,
einen Gott zu schaffen, raubt, ihn für nichts verraten, nicht einmal für die Tugend (...). Das ist eine Größe, die gewöhnliche
Frauen nicht erreichen. Sie kennen nur zwei allgemeine Wege,
entweder den breiten Weg der Tugend oder den schlammigen
Pfad der Kurtisane.« Die arme Madame de Mortsauf sieht, daß
sich das Unglück des Verzichts durch einen entsetzlichen Zweifel an seiner Notwendigkeit verstärkt: »Für die Gräfin wurde
die Welt auf den Kopf gestellt, ihre Gedanken verwirrten sich.
Durch die Gewalt dieses Gefühls ergriffen und ahnend, daß das
Glück dieses Opfer rechtfertigen müßte, in sich selber den
Schrei ihres aufrührerischen Fleisches hörend, wurde sie angesichts ihres verfehlten Lebens völlig außer Fassung gebracht.«

Der Zweifel wird nicht mehr schwinden, er verwandelt sich in eine Qual, dem nur der vorzeitige Tod ein Ende setzt. Und die Verzichtende, die die Liebe verloren hat, ist sich nicht einmal sicher, ob sie dadurch die Tugend gewonnen hat: »>Wenn ich mich in meinem Leben getäuscht habe, hat sie recht, sie‹, fuhr Frau von Mortsauf fort.«

Vom Verzicht zur Zustimmung

Und zwangsläufig kommt der Moment, da die Erste Ehebruch begeht. Dies geschieht um so schneller, je höher sie in der Hierarchie steht: bei der Aristokratin öfter als bei der Bürgerlichen (da die Frau aus dem Volk kaum Zugang zur Welt des Romans hat, zumindest nicht im Stand der Ersten), und bei der Pariserin öfter als bei der Provinzlerin, weil Paris der Ort des Romans schlechthin ist, d. h. der Intrige, d. h. der Liebe. Stendhal erklärt es in *Rot und Schwarz* (1830). »In Paris wäre Juliens Verhältnis Frau von Rênal gegenüber sehr rasch einfacher geworden. Aber in Paris ist die Liebe eine Frucht der Romanlektüre. Der junge Hauslehrer und seine schüchterne Herrin hatten in drei, vier Romanen und sogar in den Couplets der Operetten die nötige Aufklärung über ihr Verhältnis gefunden. Die Romane hätten ihnen ihre Rollen zugewiesen, sie hätten ihnen ein Vorbild gezeigt, dem sie nachleben konnten. Und früher oder später hätten Geltungsbedürfnis und Eigenliebe Julien gezwungen, diesem Vorbild nachzuleben, wenn auch ohne große Lust und vielleicht sogar widerwillig.« Das provinzielle und bürgerliche Leben der Frau von Rênal verzögert lediglich ihre Zustimmung zur Liebe mit dem Lehrer ihrer Kinder: eine Zustimmung, die tragisch mit einem Mordversuch endet, als sie erfährt, daß er sie mit einer Pariser Aristokratentochter betrügt. Dort, wo der Verzicht fast nur zu Dramen der Resignation führt, endet die Zustimmung regelmäßig als Tragödie.

Diesen langsamen Übergang vom Verzicht zur Zustimmung beschreibt Balzac, zwei Jahre nach Stendhal, in *Die Frau von drei-ßig Jahren* (1832). Bei der ersten Episode verzichtet Julie d'Aigle-mont, wenn auch widerstrebend. Verliebt, aber tugendhaft, beschließt sie, sich ihrem Ehemann nicht mehr hinzugeben, da sie es sich nicht gestatten kann, sich einem Geliebten hinzuge-ben: »Meine Ergebenheit für ihn wird ohne Grenzen sein, aber von heute an bin ich Witwe. Ich will mich weder in meinen eige-nen Augen noch in denen der Welt prostituieren, so wie ich Herrn von Aiglemont nicht gehören werde, so werde ich auch nie einem anderen gehören« (und man erkennt hier jenen Wechsel der Ebene, den Jean-Louis Flandrin hervorhebt, wo das Stigma der Prostitution dem Sex ohne Liebe vorbehalten bleibt, während es vorher jeder Form der Liebe um der Liebe willen galt). In der zweiten Episode hat sie sich von der Welt zurückge-zogen und beweint den Tod desjenigen, den sie insgeheim lieb-te, ohne daß sie sich dazu durchringen konnte, ihn zu ihrem Geliebten zu machen, und der auf furchtbare Weise ums Leben kommt, nur um ihre Ehre zu retten. In der dritten Episode nimmt sie sich einen Geliebten...

Frau von Mortsauf, Frau von Rênal, Julie d'Aiglemont: unab-hängig von den unterschiedlichen Haltungen gegenüber dem Ehebruch – vom schmerzhaften Verzicht bis zur allmählichen Zustimmung –, gemeinsam ist diesen drei Fällen die Jugend des Geliebten oder Verehrers. Stets zeigt sich die Erste als mütter-lich, weil sie Kinder hat und weil sie reifer ist oder wenigstens gleichaltrig, während der Ehemann älter ist. Dieser Altersunter-schied entsprach einer landläufigen Praxis in einer Zeit, wo sich die jungen Männer gern von verheirateten Frauen initiieren ließen und sich somit vor venerischen Krankheiten und unge-wollten Schwangerschaften schützten. Doch zu dieser realen Grundlage gesellt sich wahrscheinlich ein phantasmatischeres Element, das die Häufigkeit der aus männlicher Feder geschrie-benen Romane erklärt, die Ehebrecherinnen darstellen, von

Stendhal bis Balzac und von Flaubert bis Tolstoj. Darin ist wohl weniger eine Krise der weiblichen Identität zu sehen, welche die Spaltung zwischen Eheleben und Empfindsamkeit, Tugend und Sexualität, familialer Heteronomie und persönlicher Autonomie verschärft, als vielmehr die Darstellung einer Krise phantasmatischer Rivalität zwischen einem Romancier, der sich mit dem Liebhaber identifiziert, und einer vom Ehemann symbolisierten Vaterfigur. Denn die Romanciers interessiert hier offenkundig die Frau, insofern sie sich zwischen zwei Männern befindet und nicht zwischen zwei Haltungen der Ersten schwankt – verzichtend oder zustimmend, treu oder ehebrecherisch. Der Geliebte veranschaulicht nicht mehr das, was die Heldin zur Erfüllung ihrer Identität führt, sondern das, was dem Romancier einen phantasmatischen Sieg über den Nebenbuhler, d. h. den Ehemann, ermöglicht. *Fanny* von Ernest Feydeau (1858) ist der Roman *par excellence* des auf den Ehemann eifersüchtigen Liebhabers: mehr als alle anderen Romane über eine Ehebrecherin enthüllt er die unbewußte Triebkraft jener romanhaften Ausdrucksformen des männlichen Ödipuskomplexes, den der Romancier in ein Dreiecksdrama Ehemann-Ehefrau-Liebhaber umwandelt. Diese Hypothese würde zum Beispiel erklären, warum D.H. Lawrence in jener berühmten Verherrlichung der Zustimmung, wie sie 1926 *Lady Chatterley* darstellte, das Bild des Feldhüters als Verkörperung der rohen Natur und der Welt des Volkes verwischt hat, das dem aristokratischen Intellektualismus eines durch eine Kriegsverletzung impotent gewordenen Ehemanns diametral entgegensteht. Indem der Autor den Liebhaber nach und nach als einen gebildeten und sensiblen Menschen enthüllt, den lediglich frühere Mißgeschicke bewogen haben, sich aus der Elite auszuschließen, scheint er sich selbst und seinen Lesern die Möglichkeit einer Identifizierung mit diesem glücklichen Nebenbuhler eines zwar angesehenen, aber wenig männlichen Ehemanns zu verschaffen – auf die Gefahr hin, die literarische Kraft des Gegensatzes zwischen den beiden Männern abzuschwächen.

Die Tragödie der Zustimmenden

Diese Hypothese könnte auch dazu beitragen, die literarische Merkwürdigkeit des Beginns von *Madame Bovary* (1857) zu erklären. Flauberts Roman beginnt nämlich mit der Jugend nicht der Heldin, sondern ihres künftigen Gatten, und darüber hinaus aus der Sicht eines »wir« (seiner Schulkameraden), das in dem Roman nicht mehr auftauchen wird: als wäre dessen Angelpunkt in fundamentaler Weise Charles, insofern er sich mit anderen Vertretern des männlichen Geschlechts konfrontiert oder, wie Girard sagen würde, insofern er für Emma der Mittler des Begehrens ist. Läßt sich besser andeuten, daß diese Geschichten eines weiblichen Ehebruchs in erster Linie Phantasien männlicher Rivalität sind, die den Sieg des Liebhabers über den Ehemann vor Augen führen? Der Besonderheit der weiblichen Erfahrung weit angemessener dagegen ist, am Ende des Romans, Emmas Tod. Denn die Ursache ihres Selbstmords ist nicht, daß sie sich als verheiratete Frau einen Liebhaber genommen, sondern daß sie zuviel Geld für ihre Kleidung ausgegeben hat, obwohl ihr die Mittel dazu fehlten: die Sorge um sich, die Anstrengung, sich ein ihren Sehnsüchten entsprechendes Äußeres zu geben – so wie sie sich durch ihre Liebschaften eine Existenz schafft, die dem idealisierten Bild entspricht, das sie sich vom Leben einer Frau macht –, liegt ihrer Verstörung und ihrem Untergang zugrunde. Nicht die Überschreitung der Sexualmoral verursacht also ihr Unglück, sondern die Überschreitung der hierarchischen und ökonomischen Grenzen. Der Ehebruch ist weniger das Ziel als das Mittel, die notwendige Voraussetzung einer Selbstfindung, eine Art und Weise, einem Leben zu entrinnen, in dem man nicht man selbst ist, um

sich – auf die Gefahr hin, alles zu verlieren – ein Leben aufzubauen, das es ermöglicht, mit sich selbst und mit dem Bild, das
man sich von sich macht oder zumindest von dem macht, was
man sein sollte, in Übereinstimmung zu sein. Der Liebhaber ist
das Werkzeug des Übergangs zwischen sich und sich, zwischen
dem Selbst, das einer Sicherheit bietenden, aber äußeren En-
tität – der Familie – ausgeliefert ist, und dem Selbst, das eine ris-
kantere, aber authentischere, persönlichere, innerlichere Wirklichkeit erstrebt, und sei diese Wirklichkeit, wie bei Don Quijote, dem Imaginären des Romans entlehnt.

Das tragische Schicksal der Emma Bovary genügt, um auf die
Gefahren hinzuweisen, die all jene eingehen, die, wenn sie der
Liebe zustimmen, der ehelichen Bevormundung entrinnen.
Denn die Zustimmende begibt sich in vielerlei Hinsicht in
einen Zustand äußerster Zerbrechlichkeit. Zerbrechlich ist
zunächst das Band zu ihrem Liebhaber, für das keine Institution, kein Vertrag, kein anderer Zwang bürgt als das im Augenblick des Liebesüberschwangs gegebene Versprechen; zerbrechlich ist sodann das Band zu ihrer Welt, die sie für die Freiheiten,
die sie sich gegenüber deren Werten herausnehmen zu können
glaubte, teuer zahlen lassen kann. Eben darauf weist die Herzogin von Langeais ihren Anbeter Montriveau hin, der sich der
Ungleichheit zwischen dem wenigen, das er verlöre, wenn er ein
Verhältnis mit ihr einginge, und der Ungeheuerlichkeit dessen,
was sie selbst dabei riskiert, kaum bewußt ist: »Ich bin verheiratet, Armand. Wenn die Art, wie ich mit Herrn von Langeais lebe,
mich zwar über mein Herz verfügen läßt, so haben mir doch die
Gesetze und Konventionen das Recht genommen, über meine
Person zu verfügen. Und eine entehrte Frau wird, welchen Rang
sie auch einnimmt, aus der Welt verstoßen; bisher kenne ich
keinen einzigen Mann, der wußte, wozu unsere Opfer ihn verpflichten. Mehr noch (...), diese Opfer sind fast immer die
Ursache, daß ihr uns verlaßt.«

Soll damit suggeriert werden, daß der Liebhaber einer verheira-

teten Frau als erstes von ihrer Stellung in der Gesellschaft angezogen wird und daß sie, wenn sie ihm diese Stellung opfert, sich
des Wesentlichen ihrer Verführungskraft beraubt? Vielleicht
liegt es an der Vorahnung dieses jeder außerehelichen Beziehung innewohnenden Mangels, die in Tolstojs Roman (1877)
Anna Karenina so pessimistisch stimmt, was die Zukunft ihres
Lebens mit dem Fürsten Wronski angeht, nachdem sie ihrer
Leidenschaft endlich Ehemann, Kind und Ehrbarkeit geopfert
hat. Und mehr als pessimistisch: als Opfer ihrer »sich selbst
erfüllenden Prophezeiung« ist sie sogar eine Verliererin, denn
da sie ihrem Gefährten ständig sagt, er werde sie eines Tages
nicht mehr lieben und sie verlassen, er fange bereits an, ihres
Zusammenlebens überdrüssig zu werden, entfremdet sie ihn
am Ende tatsächlich oder macht ihr Zusammenleben zumindest so unerträglich, daß sie es vorzieht, auf ihr eigenes Dasein
zu verzichten.

Dieses »Anna Karenina-Syndrom« ist nicht nur ein individueller Charakterzug der Heldin, sondern ein strukturelles Merkmal jeder verheirateten Frau, die Ehebruch begeht, und die
zwangsläufige Folge der diesem Stand inhärenten Zerbrechlichkeit; denn in dieser instabilen Position neigt sie dazu, eine
objektiv durch die unsichere Zukunft und das Fehlen jeglicher
Garantie gekennzeichnete Situation auf die affektive Beziehung zu projizieren (und dasselbe Syndrom findet man in der
traurigen Geschichte von Louise Colet wieder, die Flaubert so
lange mit ihren Bitten um Liebesbeweise, mit ihren Anklagen
und Zweifeln bedrängt, bis sie ihn sich tatsächlich entfremdet).
Wenn das Schlimmste nicht immer gewiß ist, sorgt man am
besten dafür, daß dem so sei...[3]

Die emanzipierte Erste

Der Gegensatz zwischen Verzicht und Zustimmung kann nicht nur auf der moralischen und der Identitätsebene erfahren werden, sondern auch auf hierarchischer Ebene, zwischen der Vortrefflichkeit der souveränen Ersten und dem Elend der gefallenen Ersten, oder zwischen Eingliederung und Ausschließung durch die Gesellschaft, die dank ihrer Ehe die ihre ist. Denn ins Lager der Zustimmenden übergehen heißt, sobald das Geheimnis nicht gut gehütet wird, sich aus der Gesellschaft der Verzichtenden ausschließen, auch wenn man die marginalere, aber freiere Gesellschaft der emanzipierten Frauen betritt, wo der Ehebruch die Initiation in ein Leben besiegelt, das den Genuß materieller Behaglichkeit mit den Freuden der Liebe in einem fast normalisierten Status verbindet – wie dem der getrennt lebenden, geschiedenen oder verwitweten Frauen.
Die sexuelle Freiheit, anders gesagt, die Möglichkeit einer Frau, außerhalb der Ehe ein ausgefülltes Liebesleben zu führen, bleibt in der traditionellen Gesellschaft dennoch eine Übertretung, die mit der Indizierung und dem Ausschluß aus dem gesellschaftlichen Leben bezahlt wird, der vom schlechten Ruf bis zur legalen Verstoßung reicht: dafür sorgt ein Sittlichkeitstribunal, abgehalten von den Frauen, die mit der Zirkulation von Gerüchten und mit der Kontrolle der Beziehungen betraut sind. Die emanzipierte Gattin läßt sich daher nicht mit der freien Frau vergleichen, die sich, wie wir sehen werden, in einer modernen Welt bewegt, in der die Sexualmoral sehr viel lockerer ist; denn völlige Handlungsfreiheit würde langfristig den

Tod jeder Beziehung bedeuten, das Ende jeden gesellschaftlichen Lebens, die Verbannung in Schimpf und Schande. Innerhalb des kleinen Freiheitsspielraums, den sie sich zugestehen kann, ist sie zu unzähligen Vorsichtsmaßnahmen genötigt, will sie ihrem Liebesleben nicht jede Verbindung zu ihren Angehörigen opfern. Daher ist das einigermaßen idyllische Los der Emanzipierten, die sich frei in ihrem Milieu bewegt, nur einigen wenigen Privilegierten zugänglich: ein prekäres Gleichgewicht, das sich in der Aristokratie, die gerne die reine Konvenienzehe praktiziert, etwas leichter verwirklichen läßt, in Paris, dem Ort des romanhaften Sittenverfalls schlechthin, und allgemeiner in den Großstädten oder in den Ländern, auf die sich die Freiheitsphantasien fixieren: das Italien der Romantiker, das Amerika der Viktorianer, das Europa der Amerikaner.

Zu der kleinen Schar der Emanzipierten gehört zum Beispiel die Sanseverina aus *Die Kartause von Parma* von Stendhal (1839), eine geborene Gina del Dongo, Witwe des Grafen Pietrasanta und nacheinander Geliebte des Grafen Mosca in der Zeit, als er verheiratet war, Gattin des Herzogs von Sanseverina, mit dem sie eine Scheinehe eingeht, zweite Gattin des verwitweten Mosca – und immer platonisch in ihren Neffen Fabrice verliebt. Wir treffen hier auch Lady Arabelle Dudley aus *Die Lilie im Tal* wieder, jene Pariser Aristokratin, die ihre amouröse Freiheit stolz zur Schau trug. In *Adultera* von Theodor Fontane (1882) durchlebt eine verbürgerlichte Emanzipierte ihr Konkubinat mit dem Geliebten in ehelichem Glück, das einzig durch den materiellen Untergang und den Ausschluß aus der guten Gesellschaft getrübt wird. Noch später findet man moderne Emanzipierte unter den jungen Frauen zwischen den Weltkriegen, ehebrecherische Gattinnen oder sogar Geliebte, die ihren Liebhabern untreu sind, wie sie Drieu la Rochelle in seinem *Journal d'un homme trompé* (1934) beschreibt. Der Höhepunkt der (bis zur Bestrafung freilich geheimen) Emanzipation ist dann die Prostitution, wie sie die *Belle de jour* von Joseph Kessel (1928) aus

165

Vergnügen in einem Bordell praktiziert. Im Bereich reiner Män-
nerphantasien trifft man sogar *La Madone des sleepings* von Maurice Dekobra (1925): aristokratisch, jung, schön, verdorben...
und verwitwet.

Lustige Witwe, gefährliche Witwe

Es gibt kaum eine Situation, die der Emanzipation günstiger ist
als die Witwenschaft, vor allem wenn die Frau noch jung ist –
ein häufiger Fall zu der Zeit, als man junge Mädchen gern mit
sehr viel älteren Männern verheiratete und als die Lebenserwar-
tung gering war. Noch günstiger ist ihre Witwenschaft, wenn
sie über einige Einkünfte verfügt, die ihr finanzielle Unabhängigkeit sichern. Und sofern ihr die Liebe nicht durch die Ehe
oder die Frömmigkeit verleidet wurde, hat sie eine gewisse Freiheit, ein Liebesleben zu führen, ohne sich deshalb aus ihrer
eigenen Gesellschaft auszuschließen. Allerdings muß sie sehr
vorsichtig sein, wie Michèle de Burne in *Unser Herz* von Maupassant (1890): Witwe eines despotischen Gatten, achtet sie
darauf, sich als »unabhängige Frau, die ehrbar bleiben will«, zu
verhalten, mit Hilfe ihres Vaters, »der ihr als Anstandswärter
und Respektsperson diente«. Doch das berühmteste Beispiel
dieser für die männliche Moral zur öffentlichen Gefahr gewordenen lustigen Witwen ist die Marquise von Merteuil aus den
Gefährlichen Liebschaften von Choderlos de Laclos (1782), eine
treulose Gattin, der es der Tod ihres Ehemanns ermöglichte,
vom Stand der zustimmenden Ersten zu dem der galanten Witwe überzugehen: worin sie der prüden Frau von Trouvel entgegensteht, einer »empfindsamen Frömmlerin«, die Valmont zu
verführen sucht – der klassischen Gestalt der zuerst verzichtenden und dann, nach langem Zögern und zum Preis eines schweren Schuldgefühls, zustimmenden Ersten. Im 82. Brief berich-
tet Frau von Merteuil ihrem Komplizen, mit welcher List sie

sich ihre Situation einer emanzipierten Frau geschaffen hat, ohne deshalb ihre Ehrbarkeit einzubüßen. Witwe geworden, zieht sie sich zunächst aufs Land zurück, wo sie sich eine doppelte Eroberung vornimmt: die Eroberung der Männer, zu denen die »Koketterie« sie hinzieht, d. h. der Wunsch zu verführen um des Verführens willen, und die Eroberung des Vertrauens anderer in ihre Ehrbarkeit, um sich vor der Verfemung und der Schande zu schützen, die sie gewärtigen müßte, falls ihr Verhalten an den Tag käme. Um ihre Eroberungschancen bei den Männern zu maximieren und gleichzeitig die Gefahren des Argwohns zu minimieren, bedient sie sich der Technik der großen Verführer (der realen wie Casanova oder der fiktionalen wie Dom Juan), nämlich der Schnelligkeit, »weil ich beobachtet habe, daß die lang vorbereitenden Mühen fast immer die Frau verraten«. Doch diese Schnelligkeit, die die Stärke der großen Libertären ausmacht, ist eine Schwäche hinsichtlich des Romans, der im Gegenteil die ausführlichen Umschreibungen der Liebesintrige, die langen Annäherungen, die Langsamkeit der Erregungen liebt. Dies ist einer der Gründe, warum im Mittelpunkt des Romans, der die Missetaten dieser gefährlichen Witwe erzählt, nicht deren eigene Verführungspraktiken gegenüber den Männern stehen, die nur zu gern bereit sind, sich von einer allzu leicht zu erobernden Frau verführen zu lassen – sondern die ihres *alter ego* Valmont, der es mit jenen unendlich schwierigeren und daher romanhafteren Zielscheiben zu tun hat, wie eine tugendhafte Ehefrau und eine verliebte Jungfrau sie darstellen.

All ihre Menschenkenntnis kann die Merteuil indes nicht vor der göttlichen Strafe bewahren, den Pocken, die sie *in extremis* entstellen und damit ihres wichtigsten Mittels berauben, der Schönheit. Allerdings ist anzumerken, daß diese Heldin nur deshalb eine emanzipierte Frau ist, weil sie in der Person Valmonts einen Zeugen ihres Triumphs besitzt: sonst würde sie als Romanfigur gar nicht existieren. Denn der Stand der emanzi-

pierten Frau ist äußerst zerbrechlich, da er zwischen zwei
Gefahren der Eliminierung pendelt; einerseits dem absoluten
Geheimnis, das es der Betroffenen verbietet, sich anderen
gegenüber ihrer Erfolge zu rühmen und somit voll und ganz die
zu sein, die sie ist, und als solche in Erscheinung zu treten – und
andererseits der Preisgabe des Geheimnisses, die sie zur Isolation verurteilt, indem sie es ihr untersagt, Bindungen zu ihrer
eigenen Gesellschaft beizubehalten, d. h. überhaupt in Erscheinung zu treten. Diesem Unglück entgeht eine andere Heldin
von Balzac, dem großen Romancier der ersten Frau in all ihren
Rollen, nur mit knapper Not.

Aufsässige Gattin, skandalöse Konkubine

Einer ganzen Reihe von Ausschlußprüfungen muß die Dinah
aus Balzacs *La Muse du département* (1843) ins Auge sehen: Ausschluß aus einer Provinzgesellschaft, die so beschränkt ist, daß
sie eine brillante junge Frau allenfalls tolerieren kann; später,
als sie von ihrem Mann getrennt ist und in Paris mit ihrem
Geliebten zusammenlebt, Ausschluß aus einer Pariser Gesellschaft, die sich über ihren Mut empört, ihre wilde Ehe offen zu
zeigen. Dinah ist eine herausragende Frau und deshalb in ihrer
Provinzstadt der Stigmatisierung ausgesetzt, dem Ausschluß
aus der »Gesellschaft« der anderen Frauen – ein Opfer der
Ambivalenz des Besonderen, die ein als außergewöhnlich wahr-
genommenes Wesen dazu verurteilt, sowohl Haß als auch
Bewunderung zu erregen, ein Wesen, das sich in einen Sündenbock oder aber in einen Helden, ein Genie oder einen Heiligen[1]
verwandeln läßt. Mit einem kränkelnden Greis verheiratet, verliebt sie sich in einen Pariser Journalisten auf der Durchreise in
ihrer Provinz. Nicht genug, daß sie auf seine Anträge eingeht,
fährt sie ihm nach Paris nach und zieht mit ihm zusammen, in
der Hoffnung, bald Witwe zu werden. Ihre Position wird nun in

den Augen ihres Provinzmilieus schlechterdings skandalös und in der Pariser »Welt« einigermaßen stigmatisierend. So beginnt sie eine Art von parallelem Leben mit allen Merkmalen kleinbürgerlicher Ehrbarkeit: einer Wohnung, in die sie ihre Mutter, ihre Kinder, den Vater dieser Kinder und sogar einige Freunde oder Bekannte dieses Mannes einlädt, Leute, in deren intellektuellen und künstlerischen Kreisen Frauen in zweifelhafter Situation nicht völlig geächtet werden.

Dennoch darf sie aufgrund ihrer zweideutigen Position – von ihrem Ehemann getrennte Aristokratin, verbürgerlichte Konkubine – nicht hoffen, sich in der Pariser Welt zu halten, wie sie es bald zu spüren bekommt. Das Opfer ihrer Ehrbarkeit, dem sie aus Liebe zugestimmt hat, tritt ihr in all seinen Ausmaßen eines Abends vor Augen, als sie sich, offenkundig schwanger, im Theater zeigt: »Aber dort erwartete sie eine entsetzliche Pein. Durch einen Zufall, wie er ziemlich oft vorkommt, befand sich die Loge, die bei Premieren dem Journalisten gegeben wurde, neben der von Anna Grossetête. Die beiden engen Freundinnen grüßten sich nicht und wollten einander nicht kennen. Nach dem ersten Akt verließ Lousteau seine Loge und ließ Dinah allein zurück, dem Feuer aller Blicke, der Schärfe aller Lorgnons ausgesetzt, indes die Baronin de Fontaine und die Gräfin Marie de Vandenesse, die mit Anna gekommen waren, einige der vornehmsten Herren der feinen Welt empfingen. Dinahs Einsamkeit war um so quälender, als es ihr nicht gelang, sich mit ihrem Opernglas eine Haltung zu geben, indem sie die Logen betrachtete; sie mochte sich noch so sehr bemühen, eine edle und nachdenkliche Pose einzunehmen, ihren Blick ins Leere schweifen zu lassen, sie spürte nur allzugut den Stachel aller Augen; sie konnte ihre Besorgnis nicht verbergen, sie benahm sich ein wenig provinziell, sie breitete ihr Taschentuch aus und machte krampfhaft die Handbewegungen, die sie sich untersagt hatte.«

Inmitten der feindseligen Blicke isoliert, von ihren Freunden verlassen, sieht sie sich mit einemmal der Gefahr ausgesetzt, nicht nur die Achtung der anderen, sondern auch ihre Fassung, die Herrschaft über ihre Bewegungen und ihre Erscheinung zu verlieren: an einem einzigen Abend kippt ihre ganze Identität und verweist auf jenes elende Bild einer tolpatschigen Provinzlerin, das sie immer hatte vermeiden wollen. Und zur Qual einer offenkundigen Minderwertigkeit gesellt sich die Tortur einer unerbittlichen Sichtbarkeit, die nicht aus Bewunderung oder Neid, sondern aus Verachtung oder aus Mitleid besteht: Mitleid, das ein früherer Verehrer mit ihr empfindet, immer schüchtern und immer beschützend, der sich bei dieser Prüfung als ihr einziger Verbündeter erweist – der einzige, der sich in ihrer Loge zeigt. Er macht ihr die Situation klar, in die sie sich gebracht hat und aus der sie sich nur retten könnte, wenn »sie Madame de Staël wäre oder zweihunderttausend Livres Rente besäße«! Da Dinah keine dieser Trümpfe aufzuweisen hat, versucht sie, in die Hinnahme ihrer Ausschließung zu flüchten, die in Geringschätzung der Ehre, dieser oberflächlichen Tugend, umschlägt. Indem sie die »Philosophie« derer zu praktizieren sucht, die, da sie auf das öffentliche »Erscheinen« verzichten müssen, nur noch dessen »Eitelkeit« sehen, macht sie aus der Not eine Tugend.

Aber es kommt noch schlimmer: nachdem sie die Zugehörigkeit zu ihrer eigenen Welt verloren hat, verliert sie auch die Liebe, die diesem Opfer zugrunde lag, und muß die Liebe-als-Leidenschaft in den Wind schreiben – Folge jener den ehebrecherischen Beziehungen eignenden Fatalität, die will, daß das von der verheirateten Frau gebrachte Opfer am Ende den Geliebten von ihr entfernt? Ihr Ehemann, den sie hat wissen lassen, daß sie bereit sei, auf den Stand einer Konkubine zu verzichten, um zu dem weniger entehrenden Stand einer getrennt lebenden Frau zurückzukehren, bietet ihr aus Eigennutz eine Pension, ein Haus in Paris und die damit einhergehende Position an: so »wurde die Gräfin von La Baudry eine ehrbare Frau«. Balzac liebt es, diesen allzu offenkundig emanzipierten Ersten, die ihre

Unvorsichtigkeit oder ihre Leidenschaft aus der eigenen Gesellschaft vertreibt, zu Hilfe zu eilen: wie Beatrix in einer ähnlichen
Situation entgeht auch Dinah dem Exil, zu dem, wie wir sehen
werden, jene Ehefrauen verurteilt sind, die, ohne Vorsichtsmaßnahmen zu treffen, der ehebrecherischen Liebe zugestimmt
haben.

Die exilierte Erste

»Ich bin eine verlorene Frau«, sagt sich, in den Armen ihres künftigen Geliebten, Anne de Guilleroy in *Stark wie der Tod* von Guy de Maupassant (1899): »Während dieser wenigen Minuten, die sich nicht verwischen lassen, habe ich mich jenes schändlichen Vergehens schuldig gemacht, wie es kein schändlicheres für eine Frau geben kann.« Eine Ehebrecherin zu werden, ist durchaus ein Standeswechsel, und nicht der geringste, wenn man an die tragischen Folgen denkt, die sich daraus ergeben können. Falls sie nicht daran stirbt wie Emma oder Anna oder keinen Unterschlupf für ihre Emanzipation findet, kann die Ehebrecherin zu einem endgültigen Exil außerhalb ihrer Gesellschaft verurteilt werden. Verbannung oder Umherirren: dies ist das letzte Mißgeschick, das der Ersten droht. So wird die *Effi Briest* von Fontane (1895) von ihrem Ehemann verstoßen, von ihrer Tochter getrennt und von ihren Eltern abgelehnt, die sie, auf Initiative der Mutter, zum Verzicht auf jedes gesellschaftliche Leben verurteilen: »Du wirst einsam leben, und wenn Du das nicht willst, wahrscheinlich aus Deiner Sphäre herabsteigen müssen. Die Welt, in der Du gelebt hast, wird Dir verschlossen sein.« Und wenn, wie Doralice in *Wellen* von Eduard von Keyserling (1911), eine junge Aristokratin ihren alten Ehemann wegen eines jungen Malers niederer Herkunft verläßt, hat sie keinen Halt, keinen Knoten mehr, der verhindert, daß die Nähte aufgehen: »Ach, unsere Frauen, wenn die mal so ganz offen aus Reih und Glied treten, dann finden sie auch keinen Halt mehr. Das ist so wie bei dem Kettenstich auf der Nähmaschine;

172

trennen Sie einen Stich auf, dann geht die ganze Naht los.« Die schönsten Beispiele für diese Strafe, die der Zustimmenden auferlegt wird, und um so mehr, wenn sie Mutter ist, stammen nicht zufällig aus der allerpuritanischsten Gesellschaft, nämlich aus Nordamerika.

Verbannte Frau

Der scharlachrote Buchstabe von Nathaniel Hawthorne (1850) beginnt erst nach vielen Vorsichtsmaßnahmen, am Ende eines langen Prologs, der die Umstände darlegt, unter denen der Autor den Bericht entdeckt hat, den er dem Leser vorlegen möchte. Dieses Verfahren – Erbe einer Zeit, in der die Fiktion noch als minderwertige Gattung galt –, das auf eine lange Romantradition zurückblicken kann, präsentiert den Roman nicht als imaginäre Erfindung, sondern als ein von einem Zeugen vorgelegtes Dokument, in einem Verfahren der *mise en abyme*, in dem mehrere Erzählschichten ineinandergreifen: die von den Protagonisten erlebte Geschichte, das von den Zeitgenossen hinterlassene Zeugnis, der Bericht eines Erzählers, die Wiederherstellung dieses Berichts für den Leser. So wird uns die Geschichte einer Frau erzählt, die von der Gemeinde geächtet und öffentlich dazu verurteilt wurde, den Schimpf der auf sie gehefteten Blicke über sich ergehen zu lassen: »Die unglückliche Schuldige hielt sich so gut, wie sie es als Frau vermochte unter dem starren Bann tausend unerbittlicher Augen, die sie alle auf sich und ihren Busen gerichtet sah. Es war schier unerträglich.« Man hatte sie dazu verurteilt, in der Einsamkeit zu leben und jenen auf ihr Mieder genähten scharlachroten Buchstaben zu tragen, jenes »A« [für *adulteress*, Ehebrecherin], das sie für immer stigmatisieren und auf den einzigen und unauslöschlichen Stand der Ehebrecherin reduzieren sollte, d. h. in der puritanischen Gesellschaft den Stand einer Frau, die verloren ist, sobald sie entdeckt wird – verloren aufgrund der außerehelichen, also deplazierten Sexualität, außerhalb des Platzes der Ersten, und wäre sie Witwe.

Sie wird ins Gefängnis geworfen, dann durch die Kennzeichnung bestraft, die sie verstößt, isoliert und stigmatisiert, auf die einzige Dimension ihrer Identität reduziert, die der wie mit glühendem Eisen eingebrannte Buchstabe zusammenfaßt, so wie man es den Zuchthäuslern antat und später, mit dem gelben Stern, den Juden antun sollte. Diese Stigmatisierung materialisiert diejenige, der traditionellerweise jede Ehebrecherin sich aussetzt, so die Fanny von Ernest Feydau, die von ihrem Ehemann verdächtigt wird (»Und immer war es dieselbe Beleidigung, dasselbe schändliche Wort, das sich auf ihre Stirn brannte, wie ein glühendes Eisen, und das sie, wie sie sagte, auf die tiefste Stufe aller Frauen herabwürdigte«) – Fanny, die ihrem Geliebten versicherte: »Das Haus ist der Ehrenposten, den man der Frau anvertraut. Die Frau, die sich achtet, verläßt ihn niemals.« Und aus ihrem Haus – dem Ort der weiblichen Souveränität schlechthin – wird Hawthornes Heldin vertrieben, dazu verurteilt, am Rande der Gemeinde zu leben, eingesperrt in jenes Gefängnis ohne Mauern, das die Aberkennung der Beziehungen zu anderen ist, in eine armselige Behausung, die sie mit ihrer aus dem Ehebruch hervorgegangenen Tochter teilt. Denn mit ihrer Sünde ins Gefängnis gegangen, hat die Frau es mit ihrem Kind verlassen.

Daß die Gemeinde den Fehltritt öffentlich macht, ermöglicht es der Betroffenen immerhin, ein Schuldgefühl zu veräußerlichen, das sonst ihre Selbstachtung von innen her für immer zerstören könnte. Die Bestrafung ist eine Art und Weise, das schuldige Subjekt von der Verantwortung für die Pein und der Wiedergutmachung zu befreien, indem sie die Kennzeichnung durch andere mit der Vorstellung und der Selbstwahrnehmung des Subjekts in Übereinstimmung bringt, eine Überstimmung, ohne die die Identitätskrise nicht überwunden werden kann.

Der Beweis dafür ist das scheinbar bessere, innerlich jedoch
unerträgliche Los des Pfarrers, für und durch den diese Frau
zur Ehebrecherin wurde: seine Mitbürger, die von seinem Fehltritt nichts wissen, begegnen ihm weiterhin mit Ehrerbietung,
von der er weiß, daß sie ungerechtfertigt ist, und die er wie eine
Wunde oder, christlich gesprochen, wie ein Kreuz trägt. In
Ermangelung einer öffentlichen Sanktion muß er sich heimlich
selbst bestrafen, durch Kasteiung und Fasten. »Er trägt keinen
Buchstaben der Schande auf sein Gewand geheftet wie du, doch
ich werde auf seinem Herzen lesen«, sagt über den schuldigen
Pfarrer jemand, der es an der jungen Frau erraten hat, die ihre
Sühne auf das Stigma konzentrieren und beschränken kann.
Dank ihrer Begabung als Stickerin macht sie sogar ein glorrei-
ches Ornament daraus: vom Stigma zum Ornament und von
der Schande zur Glorie – gerade die Ambivalenz des Besonderen ermöglicht die Umkehrung, indem sie ihr im Unglück die
Wohltat eines gewissen Mitgefühls bietet, den Beginn einer
Wiedereingliederung in die Gemeinschaft der Bindungen: »Wie
es der Fall zu sein pflegt, wenn jemand irgendwie eine Sonder-
stellung in der Gemeinde einnimmt, dabei jedoch weder öffentlichen noch privaten Interessen und Vorrechten in die Quere
kommt. So hatte auch Hester Prynne schließlich ein gewisses
Ansehen gewonnen.«
Aber diese relative Milderung ihrer Pein bezahlt sie mit der
erzwungenen Isolation und deren erster Folge, dem Verzicht
auf Sexualität. Damit kippt sie sichtbar in den Stand der Dritten, denn dies ist der Preis, in der Gemeinschaft zu bleiben und
sei es nur am Rande: »Selbst der Reiz ihrer Erscheinung hatte
einen ähnlichen Wandel durchgemacht. Es mochte teils der
gesucht strengen Einfachheit ihrer Kleidung, teils der Un-
auffälligkeit ihres Auftretens zuzuschreiben sein. Auch war es
eine bedauerliche Verwandlung, daß ihr volles, üppiges Haar
verschwunden war. (...) Eine Eigenschaft hatte sie verloren, die
sie hätte behalten müssen, um weiter Frau zu bleiben.« Alle ihre

affektiven Fähigkeiten überträgt sie auf ihre Tochter, die kleine
Pearl – bis zu dem Tag, an dem sich erneut die Möglichkeit einer
Liebesbeziehung mit dem Pfarrer eröffnet. Da das kleine Mädchen nun aufhört, den Platz des Mannes einzunehmen, verändert sich das Verhältnis zwischen Mutter und Tochter, ohne
daß diese, ein passives Werkzeug der affektiven Verschiebungen
ihrer Mutter, etwas davon begreift und etwas dagegen tun
kann: Es handelt sich hier um die Manipulation der Töchter
durch ihre Mutter als eines Ersatzobjekts, wie in *Das Piano* von
Jane Campion (1993) und wie bei so vielen unbefriedigten oder
entsexualisierten Ehefrauen. In diesem Schwanken zwischen
Entsexualisierung und Sexualisierung, Mutter und Geliebter
ist das Stigma desto sichtbarer, je mehr die sexuelle Versuchung
sich nähert, deren Kristallisierung es ist, Erinnerung an ihre vergangene Anwesenheit und gleichzeitig Verbot ihrer Rückkehr.
Und das Haar ist das Zeichen der Sinnlichkeit, das man verbergen muß, um den Verzicht auf die geschlechtliche Liebe zu
signalisieren, korrelativ zur Annäherung an das Kind: »Sie hatte eine Stunde frei geatmet! – und da war nun die rote Pein und
glitzerte an der alten Stelle! (...) Darauf nahm Hester ihre
schweren Haarflechten auf und barg sie unter der Haube. Wie
unter einem Zauber des traurigen Buchstabens verwelkt,
schwanden ihre Schönheit, die Wärme und der Glanz ihrer
Weiblichkeit dahin wie verblassendes Sonnenlicht, und grauer
Schatten schien auf sie zu fallen. Als die trübselige Veränderung
vollzogen war, streckte sie die Hand nach Pearl aus. ›Kennst du
deine Mutter nun wieder, Kind?‹ fragte sie vorwurfsvoll, doch
in gedämpftem Ton. ›Ja‹, antwortete das Kind, sprang über den
Bach und schloß Hester in die Arme. ›Nun bist du wirklich meine Mutter! Und ich bin deine kleine Pearl!‹«
Aber der Stand der Dritten fällt ihr erneut zu, als sich ihre Hoffnung zerschlägt, die Gemeinde in Begleitung des Mannes zu verlassen. Dieser melancholische Verzicht erlaubt es ihr, die Beziehung zu dem Kind aufrechtzuerhalten, zu dem kleinen Mäd-

chen, das die Stelle des Mannes, die Stelle des Geschlechts einnimmt und, von nun an Gegenstand zauberhafter Beschreibungen, ein elfenhaftes Geschöpf wird. Auf diese Weise wandelt sich die Ehebrecherin aus einer von ihrer Gemeinschaft ausgeschlossenen Randfigur nach und nach zu »einer Frau-die-hilft«[1]: »Die Leute trugen all ihre Sorgen und Nöte zu ihr und erbaten ihren Rat als den eines Menschen, der selbst viel Trübsal durchgemacht hatte. Ganz besonders Frauen (...) kamen zu Hesters Hütte und fragten, warum sie so elend seien und was man dagegen tun könne.« Wie man sieht, ist es vom Stigma zur Heiligkeit kein weiter Weg: immer handelt es sich um die Ambivalenz des Besonderen. Und von der Heiligkeit (oder der tröstenden Weisheit) zur Prophetie ist es ebenfalls nicht weit, als Hester überraschend eine neue Wahrheit verkündet, deren Vorform sie selbst wäre: »Hester tröstete und beriet sie, so gut sie konnte. Sie versicherte ihnen auch, daß sie fest glaube, daß in einer helleren Zeit, wenn die Welt dafür reif geworden sei und es dem Himmel gefiele, eine neue Wahrheit geoffenbart werden würde, um die ganzen Beziehungen zwischen Mann und Frau auf einen festeren Boden gegenseitigen Glücks zu stellen. Früher im Leben hatte Hester gewähnt, sie selbst sei vielleicht zur Prophetin dieser künftigen Zeit bestimmt, hatte jedoch längst erkannt, wie unmöglich es sei, daß irgendeine Sendung von göttlicher und geheimnisvoller Wahrheit einer Frau anvertraut werde, die von der Sünde befleckt, von Schande gebeugt oder auch nur mit lebenslänglichem Kummer beladen ist. Der Engel und Apostel der künftigen Offenbarung müßte freilich eine Frau sein, aber hehr, schön und rein.«

Diese »künftige Zeit« könnte durchaus ein neuer weiblicher Stand sein – aber dazu muß man diese Gesellschaftsordnung verlassen, die der Ehebrecherin so ausgeklügelte Behandlungen angedeihen läßt. Nach der Sühne durch Stigmatisierung und Verbannung, nun die Sühne durch die Auflösung der mütterlichen Bindungen und das Umherirren.

Bestrafte Frau

Was geschieht, wenn eine Erste ihre Sexualität nicht der Mutter zum Opfer bringt, sondern Mann und Kind verläßt, um ihr eigenes Leben zu führen? Dies versucht in der guten Gesellschaft New Yorks zu Beginn dieses Jahrhunderts die Heldin von *Mother's Recompense* von Edith Wharton (1925). Sehr früh von ihrem Mann getrennt, lebt sie allein im Exil an der Riviera und entdeckt die Liebe während einer kurzen, aber intensiven Liaison mit einem jungen Liebhaber. Witwe geworden, wird sie nach Hause gerufen von ihrer Tochter, einer reichen Waise im heiratsfähigen Alter. Es entwickelt sich eine fast amouröse Idylle zwischen Mutter und Tochter, deren aufgrund der langen Trennung überschwengliche Beziehung an platonischen Inzest grenzt, eine Beziehung, bei der die Tochter an die Stelle des verbotenen Geliebten tritt, in der Hingabe einer ebenso normalisierten wie zerstörerischen Mutterliebe: »Manchmal erschrak sie darüber, wie sehr diese mütterliche Leidenschaft der jähen und verzehrenden Flamme ihrer einstigen Liebe glich.« Die Mutter könnte sich durchaus bis zum Ende ihrer Tage ein gemeinsames Leben mit ihrer Tochter vorstellen, wie ein altes Ehepaar. Aber das herangewachsene junge Mädchen verliebt sich in einen Mann, ohne zu wissen, daß er früher die große Liebe ihrer Mutter war, und ohne daß er weiß, wessen Tochter sie ist. Als die Mutter es erfährt, bricht sie zusammen: zu der Eifersucht und dem Gram, den jede Frau empfindet, die sich im Herzen eines Mannes von einer anderen verdrängt sieht, gesellt sich die Rivalität mit ihrer eigenen Tochter, dem einzigen Wesen, das sie liebt und von dem sie geliebt wird.

Sie versucht, die Heirat zu hintertreiben, doch es gelingt ihr nur, einen Bruch herbeizuführen, der ihre Tochter unglücklich macht und sie gegen sich aufbringt, bis ihre Einwilligung in die Ehe den Frieden wiederherstellt. Aber sie kann sich weder dazu durchringen, mit dem jungen Paar unter einem Dach zu leben, noch den alten Freund zu heiraten, der sie an ein Heim binden könnte und sie zu der Gattin machen würde, die still und leise in den Stand einer Dritten sinkt, die zu werden sie bereits bei ihrem Ehemann abgelehnt hatte. Daher flieht sie ein weiteres Mal und erlebt erneut »ihr altes Übel, eine Entwurzelte zu sein«, indem sie von neuem zur Vagabundin wird, zur Umherirrenden, ohne Hoffnung auf Rückkehr und, diesmal, ohne Hoffnung auf Liebe. Aus dieser dreifachen Niederlage an allen Fronten der Ersten – als Gattin, Geliebte, Mutter – geht sie gebrochen und einsam hervor: als Verlierende wie als Verlorene. Die Moral der Geschichte liegt auf der Hand: Eine Erste muß wohl oder übel auf ihr Liebesleben, auf ihre geschlechtliche Identität verzichten, will sie nicht in eine tödliche Rivalität mit ihrer Tochter geraten, der einzigen Frau auf der Welt, deren Niederlage sie nicht wünschen darf; anders gesagt, wenn sie nicht will, daß dieser »Lohn einer Mutter«, den eine liebende und geliebte Tochter darstellt, zur Strafe derjenigen wird, die den mütterlichen Verzicht auf die Sexualität ablehnt.

Der Inzest zweiten Grades

Ähnlich ist die Situation der *Damen von Croix-Mort* von Georges Ohnet (1886), wo eine achtunddreißigjährige keusche Witwe, Mutter einer heranwachsenden Tochter, der Versuchung der Liebe erliegt und einen Mann ihres Alters heiratet, der sich bald für seine Stieftochter interessiert, in der er, zu spät, diejenige der beiden Frauen erkennt, die er eigentlich hätte heiraten sollen. Das junge Mädchen versucht, die Werbungen des Stiefvaters vor der Mutter zu verbergen, aber zu deren Verzweiflung wird er enttarnt, und sie jagt ihn aus dem Haus. Als er heimlich zurückkehrt und seine Stieftochter belästigt, tötet ihn diese, womit sie nicht nur ihre Unschuld, sondern auch die Schönheit ihrer Jugend einbüßt sowie das, was sie von ihrer Mutter unterschied: »Als man sie in der Umgegend wiedersah, war ihr Haar gebleicht. Zwischen ihr und ihrer Mutter war auf den ersten Blick kaum mehr ein Unterschied.« Somit verursacht die deplazierte Rückkehr der Witwe in die sexuelle Welt ihr ebenso deplaziertes Eindringen in die asexuelle Welt der Tochter; und das inzestuöse Klima, das durch den Mord an dem Mann und den Verzicht auf jede Sexualität völlig verschwunden ist, hinterläßt zwischen Mutter und Tochter nicht nur die tödliche Ununterscheidbarkeit, sondern auch die Unmöglichkeit einer Rückkehr zur Komplizenschaft der beiden Frauen, denn »zwischen ihnen steht immer der unheimliche Schatten des schönen Jünglings«, der, als er die Mutter heiratete, eigentlich die Tochter besitzen wollte.

Dieselbe Sanktion ereilt Anne de Guilleroy in *Stark wie der Tod* von Maupassant: War ihr Ehebruch nicht deshalb so tragisch erschienen, weil sie die schreckliche Strafe vorausahnte, die ihr Jahre später auferlegt wird, als ihr Geliebter sich in ihre Tochter verliebt? Das Porträt, das am Anfang ihrer Liaison stand, offenbart sowohl ihre Ähnlichkeit als auch die unmögliche Liebe des alternden Malers für die Heranwachsende, was die Mutter in Verzweiflung stürzt und ihn selbst in den Tod treibt. »Und er schritt vor sich, ebenso bezaubert von der einen an seiner rechten, wie von der anderen an seiner linken Seite, ohne zu wissen, welche rechts und welche links schritt, welche die Mutter und welche die Tochter war. (...) Mutter und Tochter, die sich so ähnlich sahen, konnten ja nur eins sein! Und wurde die Tochter nicht geboren, um seine alte Liebe für die Mutter zu verjüngen?«

Wenig später erzählt Paul Bourget in *Ihr Schatten* (1901) von der gleichen Ununterscheidbarkeit von Mutter und Tochter aus der Sicht des Mannes, der die Tochter seiner früheren Geliebten heiratet. Sie spürt genau, daß sie von ihrem Ehemann »etwas trennt, was man weder erklären noch ausdrücken kann, und was doch da ist...«: jener »verschlossene Winkel, das Zimmer,

das man nicht betritt«, wo ihr Mann das Gefühl hat, als berge es
ein Gespenst. Das »Gefühl des Inzests«, verstärkt durch die
Ähnlichkeit der beiden Frauen, stürzt ihn in eine Nervenkrise,
an der das Paar fast zerbricht, bis die junge Frau die Wahrheit
erfährt und sich aus Liebe zu ihrem Kind entschließt, weiterhin
mit dem Geliebten ihrer Mutter zusammenzuleben. Als Mora-
list verurteilt Bourget die Situation aufs heftigste: »Diese emotionale sowie körperliche Ersetzung der Geliebten durch die
Gattin, der Mutter durch die Tochter war wahrhaft ungeheuer-
lich.« Aber der Freund der Familie entschärft den Fehltritt, den
der Ehemann sich vorwirft: »Dieses Verbrechen haben Sie nicht
begangen. Läge in Ihrer Heirat eine blutschänderische Versün-
digung, so müßten Sie sich einfach das Leben nehmen. Aber es
liegt darin kein Inzest.«
Genauer gesagt, es liegt darin ein Inzest »zweiten Grades«, wie
Françoise Héritier das Verhältnis nennt, das »zwischen zwei
Blutsverwandten besteht, die zwar keine sexuellen Beziehungen
unterhalten, sich jedoch denselben Partner teilen« – wobei das
Paradigma eben dieses Mutter-Tochter-Verhältnis ist.[2] Ein
Inzest im ursprünglichen Sinn des Wortes würde nämlich nur
dann vorliegen, wenn der Mann, der diese Mutter in sexuelle
Rivalität mit ihrer Tochter bringt, deren Vater wäre – was bei
keinem der genannten Autoren der Fall ist. Diese Konstante
läßt sich sicherlich als die in der Romantradition beschönigte,
folglich annehmbare Neuübersetzung einer streng ödipalen
Situation interpretieren. Aber der Inzest zweiten Grades, dem
wir hier begegnen, ist an sich gewiß verheerend genug, um eine
äußerst dramatische Triebfeder zu bilden. Denn für die Mutter
führt er zur Verzweiflung, zur Phantomatisierung oder zur Irrfahrt der Exilierten, die wie Ödipus zur Verbannung und zur
Einsamkeit verurteilt ist, weil sie es nicht verstanden hat, den
Platz einzunehmen, der ihr zukam – den der treuen Ehefrau,
der asexuellen Mutter, der Hausfrau.[3] Und für die Tochter
bedeutet er den Schrecken der Ununterscheidbarkeit: »»Wissen

181

Sie, was mich am meisten quälte? Mir zu sagen, daß er mich niemals geliebt hat... Nein! Nicht mich hat er in meiner Person geliebt... Nicht mich... O‹, stöhnte sie mit einem Blick des Schreckens, ›lassen Sie mich schweigen!...‹«, sagt Bourgets Eveline.

Wir erinnern uns, welche ebenso verheerenden Folgen die Rivalität mit einer Frau, die ihre Mutter hätte sein können, für Lol V. Stein von Duras hatte. Und wenn eine Tochter vom Verehrer ihrer Mutter verführt wird, wie in Fontanes *Schach von Wuthenow* (1882), braucht sie nicht einmal zu fürchten, »der Welt das Bild einer eifersüchtigen Tochter« zu geben, weil der Mann, der gezwungen ist, seinen Fehler wiedergutzumachen, noch am Abend ihrer Hochzeit Selbstmord begeht. Denn die Rivalität und die Angst, von der anderen Frau verdrängt zu werden, übertragen sich nicht nur von der Mutter auf die Tochter (bestrafte Erste) und von der Ersten auf die Zweite (bedrohte Erste), sondern auch von der Tochter auf die Mutter und, wie wir sehen werden, von der zweiten auf die erste Ehefrau: es handelt sich um den »Komplex der Zweiten«, bei dem die Rivalität zwischen Mutter und Tochter auf einer noch tieferen, symbolisierteren Ebene wirkt, in einer unbewußten Dimension des Frauenstands, die der Hilfe der Psychoanalyse bedarf.

Dritter Teil
Der Komplex der Zweiten

Pomme, poire, abricot,
Y'en a une y'en a une,
Pomme, poire, abricot,
Y'en a une de trop.

Abzählreim

Identitätskrise

Der Stand der zweiten Ehefrau erscheint marginal, verglichen mit jenen so deutlich unterschiedenen Zuständen des jungen Mädchens, der verheirateten Frau, der illegitimen Geliebten und der alten Jungfer. Aber ihre juristische Nähe zum Platz der Ersten – beide sind legitime Gattinnen – sowie ihre hierarchische Nähe zum Stand der Zweiten – mit der sie das Gefühl der Unterlegenheit in bezug auf die Erste teilt – schaffen eine verwirrende Situation, die eine Identitätskrise zu verschärfen vermag, deren Ursache so tief verborgen ist, daß sie sich nur durch die doppelte Vermittlung des Imaginären und des Symbolischen darlegen läßt: mit anderen Worten der Fiktion und der Interpretation.

Rebecca von Daphne Du Maurier ist der Roman des Komplexes der Zweiten *par excellence*, da er dem Drama der zweiten Ehefrau und seinen unbewußten Triebkräften eine überaus reine Form gibt. Im übrigen ist er noch heute ein Bestseller seit seinem Erscheinen im Jahre 1938, wo er überaus erfolgreich war, ebenso wie der Film, den Alfred Hitchcock und David O. Selznick nach diesem Buch gedreht haben.[1] Weil seine Handlung in einer unbewußten Dimension der weiblichen Identität wurzelt, erfordert seine Analyse eine längere Ausführung, in deren Verlauf sich Schritt für Schritt der Bericht und gleichzeitig seine Bedeutung herausschälen, aus der Sicht der Erzählerin sowie des Lesers – oder vielmehr der Leserin, da es sich um eine spezifisch weibliche Sicht handelt.

Diejenige, die keinen Namen hat

Rebecca ist nicht diejenige, für die man sie hält: sie ist nicht diejenige, die im Roman erzählt, auch nicht diejenige, die man im Film sieht. Rebecca ist die *Andere*, die andere Frau: jene, die einen Namen hat und durch diesen Namen in die Legende eintritt, indem sie dem Roman seinen Titel gibt, ebenso sicher, wie sie ihren eigenen Titel als legitime Ehefrau trägt – ihren Titel und ihre Macht. Diejenige dagegen, die spricht und die Geschichte erzählt, verrät uns ihren Namen nicht.[2] Die mondäne alte Amerikanerin, deren Gesellschafterin sie zu Beginn des Romans ist, begnügt sich damit, als sie sie vorstellt, »eine flüchtige Handbewegung in meine Richtung zu machen und meinen Namen zu murmeln«: ein »wunderschöner und ungewöhnlicher Name« Maximilian de Winter zufolge, einem reichen englischen Witwer, den sie bei dieser Gelegenheit kennenlernt. Sie hat also durchaus einen Namen und wahrscheinlich auch einen Vornamen – aber mehr erfahren wir nicht: von Anfang bis Ende bleibt die Erzählerin anonym, ebenso hartnäckig, wie die *Andere* das Eponym ist.[3]

Zusammen mit dem Gesicht ist der Name ein Träger der Identität, insofern er die Identifizierung eines Menschen erlaubt. Doch im Unterschied zum Gesicht ist er es auch insofern, als er es diesem Menschen erlaubt, mit sich selbst identisch zu bleiben und sich in der Zeit fortzusetzen: weil er nach dem Tod unversehrt bleibt, was ihm im Geist der Lebenden das Überleben sichert. Schon allein die Unterschrift würde genügen: »Der Name Rebecca hob sich tiefschwarz ab, und das ausladende schiefe R drängte gleichsam die kleineren Buchstaben beiseite...« Die Initiale überragt die folgenden Buchstaben, die an zweiter Stelle kommen – und stellt sie in den Schatten. Oder erdrückt sie, verweist sie in die Anonymität. Die Geschichte wird also der Bericht von der Eroberung eines Namens – Mrs. de Winter – sein oder vielmehr des Rechts, ihn zu tragen, diesen

Namen, welcher der einer anderen war und auf den die junge Erzählerin sich so wenig beruft, daß sie am Tag ihrer Ankunft im Schloß, als neue Ehefrau von Mr. de Winter, der Stimme, die am Telefon nach ihr verlangt, antwortet: »Ich fürchte, Sie haben sich geirrt. Mrs. de Winter ist schon vor mehr als einem Jahr gestorben.« ....»Mrs. de Winter«: Lange muß sie sich damit begnügen, diese nur für ihre Zofe zu sein, die die erste nicht gekannt hat und von der anderen, von Rebecca, nichts weiß: »Für sie war ich die Herrin, war ich Mrs. de Winter.« Doch für sich selbst und anscheinend auch für alle anderen bleibt sie diejenige, die weder ein Recht auf den Namen »Winter« noch auf den Titel hat, einen Titel, der sowohl ein Ehe- wie ein Adelstitel ist. »Mrs. de«. Erst ganz am Schluß, nachdem das Geheimnis gelüftet ist, kommt sie in den Besitz ihres Namens, indem sie sich die Identität aneignet, die bisher lediglich ihr Personenstand war: »Jetzt bin ich Mrs. de Winter.«

Zwischen derjenigen, die einen Namen hat, und derjenigen, die keinen hat, ist der Mann der legitime Inhaber eines großen Namens sowie mehrerer Vornamen, deren Verwendung genügt, die Menschen, die mit ihm in Beziehung stehen, zu klassifizieren: Maximilian de Winter für die Fremden, Maxim für die Angehörigen und Max für – Rebecca. »In der Familie werde ich immer Maxim genannt, und ich möchte gern, daß Sie mich auch so nennen«, sagt er der Erzählerin zu Beginn ihrer Bekanntschaft. Und sie: »Ich war noch Kind genug, um den Vornamen als die Krone der Freundschaft zu empfinden, obwohl er mich ja gleich mit dem meinen angeredet hatte.« Aber schon wenig später entdeckt sie auf der Titelseite des Buches, das er ihr gerade geliehen hat, eine Widmung von Rebecca: »Max. Sie nannte ihn Max. Das war vertraut, heiter und ging leicht über die Lippen. Die Familie konnte ihn Maxim nennen, wenn sie dazu Lust hatte. Großmütter und Tanten; und Menschen wie ich: still und langweilig und jung, die keine Rolle spielten. Sie hatte sich für Max entschieden, das Wort war ihr Besitz, sie hatte es mit solcher Selbstverständlichkeit auf die erste Seite geschrieben.«

Was war ihr bloß widerfahren, der anonymen Erzählerin, der unnennbaren Verführerin eines an Patronymen wie an Patrimonien gesegneten Mannes, eines reifen Mannes (»Sie sind jung genug, um meine Tochter zu sein«), vergangenheitsbeladen und geheimnisumwittert? Was ist ihr bloß widerfahren, daß sie daraus einen ganzen Roman machen muß, dem *eine Andere* den Namen gibt?

Die Position: vorher, nachher

Sie hat geheiratet. Ganz einfach. Denn er hat sie zur Frau genommen, sie, eine ebenso arme wie ehrbare junge Waise, gedemütigt von der Vulgarität ihrer Dienstherrin auf Sommerfrische in Monte Carlo, die jedoch, zur Verblüffung dieser ebenso grausamen wie barmherzigen Rabenmutter, ungewollt Maximilian de Winter erobert, einen verführerischen und reichen Witwer (ihm gehört das herrliche Schloß Manderley, dessen farbige Reproduktion auf Postkarten sie als Kind bewunderte), von dem es heißt, er sei untröstlich über den Tod seiner Frau Rebecca, die ein Jahr zuvor im Meer ertrunken ist: »Man erzählt sich, daß er über den Tod seiner Frau nicht hinwegkommen kann...« Er macht ihr den Hof, erklärt sich, heiratet sie, macht mit ihr eine Hochzeitsreise nach Venedig. Es könnte die Geschichte des in die Schäferin verliebten Prinzen sein – ein richtiges Märchen; oder des in die Sekretärin verliebten Chefs, des in die Krankenschwester verliebten Arztes – ein richtiger Liebesroman, der wie die Märchen hier enden könnte: »Sie heirateten, waren glücklich und hatten viele Kinder...« Aber das Leben ist kein Märchen, woran der Roman erinnern muß, sofern er keine »Romanze« sein will, sondern ein »Roman« im edlen Sinn des Wortes: keine *romance,* sondern eine *novel,* um die von der angelsächsischen Kritik vorgeschlagene Unterscheidung aufzugreifen.[4] Denn hinter dem Märchen, hinter dem schönen Schein, den die Fiktionalisierung dieser Phantasie nährt, liegt die Wirklichkeit. Und die vom Roman beschriebene Wirklichkeit ist der Alptraum: hinter der jungen Ehefrau steht die *Andere*.

Hinter ihr und dann sehr schnell – gleich nach der Ankunft im Schloß, an den Orten der Vergangenheit – *vor* ihr, d. h. zwischen ihm und ihr: sie überragend, in den Schatten stellend. Denn *vorher* war bereits die Andere da: hinter, vor, nachher, vorher – so werden nacheinander die Plätze festgelegt, im Raum und in der Zeit; der Reihe nach werden die Positionen eingenommen und die Identitäten definiert – die »Rollen«, nach dem von der Sozialpsychologie bevorzugten Terminus. Was aber wird aus dem Identitätsgefühl, wenn die eine, die einen Platz einzunehmen wähnte, gewahrt, daß es der Platz einer anderen ist? Wer wird sie, wenn sie dazu verurteilt ist, dort, wo sie glaubte, die Erste geworden zu sein, die Zweite zu bleiben?

Es ist der Beginn der Identitätskrise: wie in jeder Situation, wo das Gefühl dessen, was man für sich ist, was man anderen von sich zeigt, nicht mehr übereinstimmt mit dem Bild von sich, das andere uns zurückwerfen; wo der Ort und der Augenblick, die dem, was man ist, was man zu sein glaubt, was zu sein man aufgefordert ist, nicht mehr angemessen sind; wo das, was man war, ist und sein möchte, nicht mehr zusammenpaßt. Und es handelt sich durchaus um eine Identitätskrise, deren Etappen uns die Geschichte dieser Ehe auf exemplarische Weise beschreibt, anhand einer doppelten Positionskrise: im Raum (Frage der Priorität) wie in der Zeit (Frage der Vorzeitigkeit). Um einen Konflikt zwischen dem Nachher und dem Vorher, zwischen derjenigen, die zurückbleibt, und derjenigen, die in den Vordergrund rückt, zwischen der Zweiten und der Ersten...

Die Erste

»Apfel, Birne, Aprikose / Da ist eine, da ist eine / Apfel, Birne, Aprikose / Eine ist zuviel«, singen die Mädchen auf dem Schulhof. *Ein* Apfel, *eine* Birne, *eine* Aprikose: ein Maskulinum für zwei Feminina, und ob Birne und Aprikose nun »arm« oder »gut« sind, bei keiner von ihnen ist zu vermuten, daß sie *a priori* die bessere Rolle hat... Und doch muß entschieden werden, wer jenen erlesenen Platz bekommen wird. Sobald es um Rivalität geht, sobald »eine zuviel« ist, d. h. im Herzen des Mannes zwei statt nur eine an dem von ihm festgelegten Platz, stellt sich die Frage nach der Vorzeitigkeit. »Wer war zuerst da?« fragt man, wenn etwas Wichtiges auf dem Spiel steht – und eben dieser wird belohnt, in den vollen Genuß seines Besitzes gebracht, an seinen angemessenen (und einzigen) Platz gesetzt. Oder, wenn ein Fehler begangen wurde: »Wer hat angefangen?« – und eben dieser wird bestraft, enteignet, ausgeschlossen.
Wer war die Erste an dem der Geliebten zufallenden Platz? Natürlich Rebecca. Und wer hat angefangen, ihr diesen Platz streitig zu machen? Die Erzählerin. Für die alles mit der Trauung anfängt, bei der die Dinge wirklich nicht so verlaufen, wie sie es sich vorgestellt hatte: das Märchen ist nicht ganz so, wie es sein müßte, wie es für *die Andere* sicher gewesen war. So wird es keine weiße Hochzeit geben: »›Nicht in der Kirche?‹ fragte ich. ›Ohne weißes Kleid, ohne Brautjungfern, Glockengeläute und Chorgesang? Was werden deine Verwandten und alle deine Freunde dazu sagen?‹ – ›Du darfst nicht vergessen‹, sagte er, ›daß ich das ganze Hochzeitstheater schon einmal genossen habe.‹« Tatsächlich hatte sie bereits vergessen – und wie leicht –, daß sie nicht die erste war: bis zum Augenblick der Zeremonie und dann ihres Einzugs ins Schloß, an der Stelle einer anderen. »Ich war nicht die erste, die es sich dort im Stuhl bequem machte. (...) Eine andere Frau hatte aus derselben silbernen Kanne den Kaffee eingeschenkt, hatte die Tasse an ihre Lippen geho-

190

ben, hatte sich zu dem Hund hinabgebeugt, ganz wie ich jetzt.« Und da sie nur die Zweite ist, hat sie nur Anspruch auf die Reste, auf die zweitklassigen Zimmer: während das schönste Zimmer des Hauses – dasjenige, dessen Fenster auf den Rasen und das Meer gehen – das unverändert gebliebene Zimmer von Rebecca ist, wohnt die neue Ehefrau in einem anderen Flügel, in einem bescheideneren Zimmer, als ob es »irgendwie unansehnlich und Manderley nicht ganz würdig sei, ein zweitklassiges Zimmer, gut genug für einen zweitklassigen Menschen wie mich«.

Auf diese Weise schleicht sich nach und nach der Dämon des Vergleichs ein: die Dinge sind nicht so, wie sie es sich vorgestellt hat. »Ich weiß noch, wie ich dachte, daß ich mir meinen ersten Morgen auf Manderley ganz und gar nicht so vorgestellt hatte. Ich hatte mir ausgemalt, wie wir Arm in Arm spazierengehen würden, bis zum Meer hinunter, und dann spät, müde und glücklich, zurückkehren würden.« Genauer gesagt, die Dinge sind nicht so, wie sie sie sich mit der *Anderen* vorgestellt hat: »Bisher hatte er noch nichts davon gesagt, daß er mich liebte. Keine Zeit vielleicht. (...) Nein, er hatte nichts davon gesagt, daß er mich liebte. Nur, daß wir heiraten würden. Kurz und entschlossen, sehr originell. Ein origineller Heiratsantrag war viel schöner. Viel ehrlicher. Nicht so wie andere Menschen. (...) Nicht so wie er selbst, als er sich zum erstenmal verlobte und Rebecca bat ... Ich darf nicht daran denken. Fort damit. Ein verbotener Gedanke, den mir der Teufel eingeflößt hat.« Da sie es sich ebensowenig gestattet, von dem, was sie quält, zu sprechen, wie sich den Namen anzueignen, den sie gerade geerbt hat, schweigt sie. Und in die von der Abwesenheit der Wörter hinterlassene Leere sickern die Dämonen: *die Andere*. Und der Zweifel: sie wird nicht geliebt, nicht *wirklich* geliebt. Denn sie bräuchte Beweise, aber an Beweisen fehlt es notgedrungen, da die Eigenschaft der Zweiten, zu der sie in dem Augenblick geworden ist, wo ihr bedeutet wurde, daß sie nicht die Erste ist, deren Platz sie

eingenommen hat –, darin besteht, das zu sehen, was fehlt, um
zu sein, wer man ist, voll und ganz, ohne *weniger* zu sein als die
Andere: zum Beispiel weniger geliebt zu werden als sie. Als zeitlich Erste ist die Andere auch der ihr geschuldeten Priorität
nach die Erste: die zeitliche Ordnung ist eine Rangordnung.
Auf diese Weise erhält das schreckliche Omen, mit dem ihre
Dienstherrin die Ankündigung ihrer Heirat aufgenommen hatte (»Sie haben sich doch nicht etwa eingebildet, daß er in Sie
verliebt ist? Das große, leere Haus ist ihm ganz einfach so auf
die Nerven gegangen, daß er fast wahnsinnig geworden wäre –
das ist alles. (…) Er hält es dort allein einfach nicht länger aus«),
zweihundert Seiten später einen Sinn, als sich herausstellt, daß
der Mann nur deshalb fast wahnsinnig geworden wäre, weil er
hier nicht allein war, weil eine andere in seinem Kopf herumspukte: »Maxim liebte mich nicht, er hatte mich nie geliebt.
Unsere Hochzeitsreise in Italien, unser Zusammenleben hier
bedeuteten ihm nichts. Was ich für Liebe, Liebe für mich ganz
allein, gehalten hatte, war keine Liebe. Er war ein Mann und
einsam, und ich war eine Frau und jung, das war alles. Er gehörte mir gar nicht, er gehörte Rebecca.«[5]

Die Einzige

Das war alles: ganz und gar nicht. Nichts für die eine, alles für
die andere. Und in diesem »Alles oder Nichts« kommt eine für
das Identitätsgefühl charakteristische Regelmäßigkeit zum
Ausdruck, insofern es nicht von einem äußeren Anspruch auf
Selbstkohärenz bestimmt wird, sondern von einem äußeren
Anspruch, nämlich einem *Platz* adäquat zu sein - einem begehrten, geforderten oder zugewiesenen Platz. Und zweifellos ist es
eine der grundlegendsten, obwohl am wenigsten sichtbaren
Formen von Abhängigkeit, wenn man seine Identität der Position verdankt, die man einem anderen gegenüber einnimmt: eine

Abhängigkeit, die traditionellerweise den Frauen eignet, die in der Definition dessen, was sie sind, zur Heteronomie verurteilt sind. Als Töchter eines Vaters oder Gattinnen eines Ehemanns verdanken sie dem einen oder dem anderen ihren Lebensunterhalt, ihren Status und sogar ihren Namen: Frau oder Fräulein? Nun kann aber jeder in der Familienordnung zugewiesene Platz nur von einer einzigen Person gleichzeitig eingenommen werden. Dies ist der Fall der Mutter aufgrund einer biologischen Regel sowie der der Gattin aufgrund einer juristischen Regel. Daher führt jede Rivalität bei der Besetzung eines Platzes unausweichlich zu einem Kampf auf Leben und Tod, zu einer agonistischen Lösung: sie oder ich. Denn es ist *alles* (genau dieser Platz, voll und ganz, der ganze Platz für mich allein) – oder *nichts*. Selbst wenn man *genau weiß*, daß in der Ordnung des Realen die Plätze – die Räume – geteilt werden können, so dürfen *trotzdem*, in der Ordnung des Symbolischen, die Plätze – die Identitäten – nicht vermengt werden, es sei denn, man riskiert die geistige Verwirrung. Wenn die Arbeit der Selbstkohärenz, die den Prozeß der Identität begründet, Gegenstand einer Konstruktion, eines Kompromisses, vieler Anstrengungen der Anpassung an das Reale ist, so verträgt dagegen die Besetzung des in bezug auf einen anderen definierten Platzes lediglich eine konflikthafte und gewaltsame Infragestellung: ein Platz läßt sich nicht teilen. Er kann nur erobert und bewahrt – oder ausgeschlagen werden.

Da die Erste einfach deshalb den ersten Platz einnimmt, weil sie als erste dort war, muß sie die wahre, die einzige, die legitime Ehefrau sein: denn auch wenn ihr – physischer – Körper mit dem Tod verschwindet, so bleibt doch ihr – symbolischer – Platz. Und die Zweite ist zwangsläufig nur ihre blasse Kopie, eine Fälschung, ein schlechtes Plagiat, zu jener Form der Vernichtung verurteilt, die darin besteht, die Allgegenwart der anderen zu ertragen, die *ganz* gegenwärtig ist, erdrückend – wie der Anfangsbuchstabe ihres Vornamens, wie die Rhododendronbüsche von Manderley, »Ungeheuer, die sich gen Himmel reckten, so dicht gedrängt wie ein Heerhaufen, zu schön, zu mächtig«. Allgegenwärtig ist die erste Frau auch in der Erinnerung der Verwandten: »Wer ist denn dieses Mädchen? Warum hat Maxim nicht Rebecca mitgebracht?« fragt die senile Großmutter, der man die junge Gattin vorstellt; ebenso für die Dienstboten: »Ich spüre ihre Gegenwart überall. Sie auch, nicht wahr? (...) Glauben Sie, daß die Toten wiederkommen und die Lebenden beobachten?« sagt die Erzieherin; sogar für die Hunde: »Sie kamen zu mir und beschnupperten zurückhaltend und mißtrauisch meine Füße«, und als die alte Hündin »etwas geschnuppert und gemerkt hatte, daß ich nicht diejenige war, die sie erwartet hatte, drehte sie ihren Kopf mit einem Seufzer zur Seite und fuhr fort, beharrlich ins Feuer zu starren«. Denn immer wissen die Mütter (Hundemütter oder Großmütter in Ermangelung einer wirklichen Mutter, deren Gatte, wie die Erzählerin und wie Rebecca, Waise ist) den Eindringling zu erkennen: »Ich war nicht diejenige, die sie erwartete.«

Die Frau

Diejenige, die man erwartet, diejenige, die die Zweite selbst zu werden erwartet, ist *die* Frau; und *die* Frau ist für sie *die Andere*: diejenige, die es verstanden hat, die durch den Personenstand erworbene Identität voll und ganz in Besitz zu nehmen, und zwar in doppelter Hinsicht. Denn Frau ist die Erste insofern, als sie rechtmäßig – als Ehefrau – demjenigen gehört, der sie geheiratet hat und der im Gegenzug für immer ihr gehört; und Frau ist sie auch insofern, als sie rechtmäßig – als Weib – dem weiblichen Geschlecht angehört.

Denn um diejenige zu sein, die vorher kommt und als einzige den ganzen Platz einnimmt, ohne für eine andere Raum zu lassen, muß die Erste dazu befugt sein. Wie ließe sich sonst erklä-

ren, wie akzeptieren, daß sie es bis zu diesem Punkt ist und
bleibt? Sie muß also Qualitäten besitzen: jene Qualitäten, die
eine Frau zu einer Frau machen – denn nicht jede Frau ist es,
oder nicht in gleichem Maße. Denn um *total* Frau zu sein, um
sich als solche zu erkennen und erkannt zu werden, genügt es
nicht, deren vom Personenstand und vom Blick der anderen
beglaubigte biologische Merkmale zu besitzen. Man muß sich
zu jenem Parameter der Identität, den das Geschlecht darstellt,
in diesem Fall der Zugehörigkeit zum weiblichen Geschlecht,
auch bekennen als zu einer privilegierten Achse der Selbstdefinition, und die anderen Parameter – Nationalität, Religion,
Beruf usw. – in den Hintergrund rücken. Und außerdem muß
man sich die Qualitäten aneignen, die mit den Vorstellungen
von Weiblichkeit einhergehen: von den allerpersönlichsten, die
in der Erinnerung realer Personen eingeprägt sind, bis hin zu
den kollektivsten, wie sie die Bilder – Gemälde, Fotos, Filme,
Erzählungen – befördern, in denen sich die »Vollblutfrau« herausbildet, das durch Klischees festgelegte ewig Weibliche.
»›Ich wünschte‹, sagte ich heftig, ›ich wünschte, ich wäre eine
Frau von sechsunddreißig in einem schwarzseidenen Kleid und
mit einer Perlenkette.‹« Das Bekenntnis zur Weiblichkeit instru-
mentierend, nährt sich dieses in die Zukunft projizierte Selbstbild von der Vergangenheit, einer Vergangenheit, in der ein ebenfalls verklärtes Mutterbild herumspukt: von jenen Bildern, die
die kleinen Mädchen verzaubern, wenn ihre Mutter sich zum
Ausgehen anschickt, um einen Abend lang ihr geheimnisvolles
Frauenleben zu führen, »für ein Diner gekleidet, ganz in Weiß,
mit etwas Rosigem und Schillerndem, das sie umfloß. (…) Sie
hatte sich über das kleine Bett gebeugt, geheimnisvoll mit den
Augen und den Lippen lächelnd, und sah glücklich aus; und
Judith hatte ihr Gesicht von dieser engelgleichen Erscheinung
abgewandt«, erinnert sich die Heldin aus *Mädchen auf der Suche*
von Rosamond Lehmann (1927). Bekenntnis zur Weiblichkeit,
Anpassung an deren typisierte und idealisierte Darstellungen:

195

diese Qualitäten besitzt die Erste offenkundig in den Augen der Zweiten, für die sie *die* Frau ist, nicht nur weil sie vorher da war (und kraft ihres Ranges die Erste ist) und aus Prinzip (und kraft Gesetzes die Einzige ist), sondern auch *aufgrund ihrer Vortrefflichkeit*, d. h. dem Wesen nach, kraft der Natur, kraft ihrer Geburt. Und das vollendetste, spektakulärste Merkmal der Weiblichkeit ist jene überragende Eigenschaft der Frauen, die als »Vollblutfrauen« so ganz und gar Frau sind, daß man sich auch hier nur verneigen, zurücktreten kann, sobald man aus dem Mund eines Fremden die Wahrheit vernimmt: »>Sagen Sie mir<, fragte ich gleichgültig, ganz ungezwungen, >sagen Sie mir – war Rebecca sehr schön?< Frank zögerte einen Augenblick mit der Antwort. Ich konnte sein Gesicht nicht sehen. Er hatte sich von mir abgewandt und betrachtete das Haus. >Ja<, sagte er langsam, >ja, ich glaube, sie war das schönste Geschöpf, das ich in meinem ganzen Leben gesehen habe.<«

Sie hat also die Schönheit auf ihrer Seite, und sogar die absolute Schönheit, die den Superlativ verdient (»Spieglein, Spieglein an der Wand, wer ist die schönste im ganzen Land?« fragt Schneewittchens hochmütige Stiefmutter). Eine solche Schönheit würde schon für sich allein jeder Frau das Recht eintragen, auf den ersten Platz Anspruch zu erheben. Aber da ist noch mehr.

Die Dame

»Eine Frau von sechsunddreißig in einem schwarzseidenen Kleid und mit einer Perlenkette«: das Phantasma der Weiblichkeit ist gleichzeitig das Phantasma der Vornehmheit, in dem sich im Geist der Zweiten das Gefühl einer nicht nur existentiellen, sondern hierarchischen oder, wenn man so will, gesellschaftlichen Minderwertigkeit festsetzt. Denn indem sie das Risiko eingeht, sich nicht wirklich als Frau zu fühlen, setzt sie sich auch der Gefahr aus, keine wirkliche »Dame« zu sein in jenem Universum der »müßiggehenden Klasse«, in dem, Thorstein Veblen zufolge, der Hausherrin die Sorge obliegt – durch den Schmuck ihres Interieurs und ihres Exterieurs, ihres Hauses, ihrer Erscheinung, ihres Geistes, ihrer Konversation – kundzutun, daß ihr Gatte imstande ist, mit seinem Geld die Attribute der Vornehmheit zu bezahlen: das Geschmeide, die Kleidung, das Mobiliar oder die Manieren, wobei er in der Person seiner Gattin auch die Zeit, sie zur Geltung zu bringen, bezahlt.

»Sie werden allerhand Pflichten haben als Herrin von Manderley. Um es frei heraus zu sagen, meine Liebe, ich zweifle sehr, daß Sie dieser Aufgabe gewachsen sind. (...) Sie haben einfach nicht die Erfahrung. Sie kennen dieses Milieu ja gar nicht. Bei meinen Bridgetees haben Sie auch nicht zwei Sätze hintereinander herausgebracht; wie wollen Sie da eine Unterhaltung mit seinen Freunden führen können? Die Gesellschaften auf Manderley waren berühmt, als seine Frau noch lebte.« Abermals scheinen sich die finsteren Prophezeiungen der ehemaligen Dienstherrin der Erzählerin zu bestätigen, da ihr die nötigen Mittel fehlen, diesen Platz einzunehmen, ihrem Rang gerecht zu werden. Und die Zweite empfindet schmerzlich den Mangel jener Eigenschaften, die ein menschliches Wesen nicht nur zu einer Frau – einer wirklichen Frau –, sondern auch zu einer Dame – einer wirklichen Dame – machen. Sie hat keine Ahnung von den Umgangsformen. Sie weiß nicht, wie sie sich gegenüber den Dienstboten verhalten soll, es fällt ihr schwer, in den Normen einer Welt, mit der sie nicht vertraut ist, die Grenze einer Position einzuschätzen, der sie lange Zeit nahe gewesen ist: sie weiß nicht, daß es nicht ihre Aufgabe ist, die Wagentür zu öffnen oder ihren Handschuh aufzuheben, daß sie dem Butler nicht die Hand zu geben hat. Und daß sie gesellschaftlich zu tief steht, um »auf der Höhe« zu sein, das nehmen die Dienstboten natürlich als erste wahr: »Ich bemerkte, wie sich ihr

Mund zu einem verächtlichen kleinen Lächeln verzog, und ich
erriet sofort, daß sie mich nicht für voll nahm. (...) Es entging
mir nicht, daß sie mich verachtete, daß sie mir mit dem ganzen
Snobismus ihresgleichen zu verstehen geben wollte, daß ich
keine richtige Dame, daß ich unbedeutend, schüchtern und
unsicher sei.«

»Haltung, Anmut und Sicherheit waren mir nicht angeboren,
diese Eigenschaften mußte ich mir erst allmählich und mühe-
voll erwerben.« Da es ihr an *Natürlichkeit* fehlt - an jener Sicherheit im Umgang mit den Gepflogenheiten, die sogar die Spuren
ihrer Einübung verwischt, so daß sie spontan und angeboren
wirken[6] -, verrät sie durch die Unnatürlichkeit ihrer Bewegungen, daß auch ihre Situation *unnatürlich* ist: nichts erlaubt ihr,
sich diesen Platz anzueignen. Die *Andere* dagegen ist diejenige,
deren Eigenschaften - sogar die »sozialsten«, wie die Beherrschung der Umgangsformen in der vornehmen Gesellschaft -
»natürlich« wirken, weil sie ihr in die Wiege gelegt wurden: so
die Schönheit, diese Gabe der von der Natur verwöhnten Leute,
und die Erziehung, dieses Privileg der Leute aus gutem Hause.
»Eine Frau, die niemals linkisch, sondern stets anmutig war
und die beim Tanzen denselben zarten Duft verbreitete wie eine
weiße Azalee«: die Erste besitzt von Natur aus diese höchste
Eigenschaft der Menschen, die gewohnt sind zu sein, was sie
sind, diese Anmut (»jemand, der dafür geboren und erzogen
worden war und der all diesen gesellschaftlichen Verpflichtungen ganz selbstverständlich und mühelos nachkam«), dieses
Talent (»sie hatte ein erstaunliches Talent, mit Menschen
umzugehen, ob es nun Männer, Frauen, Kinder oder Hunde
waren«), diese Weiblichkeit, der es, sollte sie allzu offensichtlich
durch eine Arbeit an sich selbst erworben worden sein, an dem
unerläßlichen, unwägbaren Zusatz, nämlich der Anmut man-
geln würde - einer Anmut, mit der Rebecca ebenso gesegnet
war, wie sie der Erzählerin versagt ist, ein Geschenk der Natur,
vor dem man sich nur verneigen kann. »Und täglich mache ich

mir von neuem klar, was mir alles fehlt: Selbstvertrauen, Anmut, Schönheit, Intelligenz, Witz – all diese Eigenschaften, die bei einer Frau das Wesentlichste sind – und die *sie* eben besessen hat. Daran ist nichts zu ändern, nichts.«[7]

Das Kleid

»Eine Frau von sechsunddreißig in einem schwarzseidenen Kleid und mit einer Perlenkette«: es geht hier nicht nur darum, was zu werden sie sich erträumt, sondern mehr noch darum, was sie *sein will,* sofort, inbrünstig – so wenig fühlt sie sich als Frau. Und noch weniger als Dame und folglich »schlecht angezogen, wie gewöhnlich« – was ihre Schwägerin ihr bald vorhält: »Ich sehe schon, so wie du dich anziehst, ist es dir augenscheinlich ganz einerlei, was du trägst. (...) Es wundert mich wirklich, daß Maxim nicht ein paar Tage in London geblieben ist, um dir ein paar anständige Sachen zu kaufen. Offen gestanden finde ich das sehr egoistisch von ihm. Es sieht ihm auch so gar nicht ähnlich. Im allgemeinen ist er so eigen darin.«
Das eindeutige Zeichen dieser hierarchischen wie identitären Unterlegenheit, dieses Manko, keine Dame und keine Frau zu sein, ist *par excellence* die Kleidung. Denn auch für das Kleid muß man »geboren« sein: es gehört zu jenen Hilfsmitteln, deren Fehlen sich nicht überspielen läßt. »Selbstvertrauen, Anmut, Sicherheit waren mir nicht angeboren« – und auch nicht »Eleganz«, könnte man hinzufügen, jene Eleganz, die der *Anderen* rechtmäßig zukommt: »Ich sehe mich noch deutlich: unvorteilhaft angezogen wie gewöhnlich, obwohl ich schon sieben Wochen verheiratet war, in einem gelbbraunen Baumwollkleid, einen kleinen Marderpelzkragen um den Hals, und das Ganze unter einem formlosen Regenmantel versteckt, der viel zu weit war und bis zu den Knöcheln reichte. Dieser Aufzug, dachte ich, war geradezu eine Verbeugung vor dem Wetter, und

zudem machte die Länge die Mantels mich größer.« Diese naive Argumentation beweist, daß man zu den Benachteiligten der Eleganz und des guten Geschmacks gehört. Denn so wie der künstlerische Geschmack darin besteht, ein Werk nicht nach äußerlichen Kriterien wie Treue zum Sujet, Schicklichkeit des Dekors oder Ähnlichkeit mit dem Modell zu beurteilen, sondern nach inneren Kriterien, die sich durch den Vergleich mit anderen Werken des kulturellen Erbes eingebürgert haben, was eine spezifische Akkulturation erfordert, so verlangt auch der Geschmack auf dem Gebiet der Garderobe, daß man nicht nur die äußeren Umstände in Betracht zieht, d. h. das, was einem Körper oder einer Funktion angemessen ist, sondern auch die spezifische Beziehung zwischen dem, was die Qualität einer Kleidung ausmacht – ihr Material, ihr Schnitt, ihre Linie, ihre Farbe – sowie die Gesamtheit der möglichen Materialien, Schnitte, Linien und Farben. Auch dies ist eine Kenntnis, die eine Kultur der Mode, ein Erlernen des Schicks erfordert, Dinge, die nur »Damen« eigen sind.

»Als ich sie betrachtete, bereitete mir der verzweifelte Wunsch, eines Tages so zu sein wie sie, genauso gekleidet zu sein wie sie, beinahe Übelkeit«, sagt eine Figur aus *Unersättliches Herz* von Rosamond Lehmann (1944) – die in *Aufforderung zum Tanz* ein Ballkleid zum Angelpunkt einer Identitätskrise machte. In *Das neue Kleid* (1925) zeigt Virginia Woolf, wie ein einfaches Kleid eine Identitätskrise auszulösen vermag: »Nein! Es stimmte nicht. Und sofort legte sich das Elend, das sie immer zu verbergen suchte, die tiefe Unzufriedenheit – das Gefühl, das sie schon als Kind gehabt hatte, anderen Menschen unterlegen zu sein – über sie, unbarmherzig, gnadenlos. (...) Sie wußte (sie konnte nicht aufhören, in den Spiegel zu sehen, tauchte ein in diesen schrecklich verräterischen blauen Tümpel), daß sie verdammt war, verachtet, so zurückgelassen in einem toten Wasserarm, weil sie so war, eine schwache, wankende Kreatur; und es schien ihr, als sei das gelbe Kleid eine Strafe, die sie verdient hatte...« In *Augenblicke* (1940) erfolgt die Prüfung wegen eines billigen und ein wenig exzentrischen Kleides: »Er musterte mich von oben bis unten, als wäre ich ein Pferd, das man zur Rennbahn führt. Dann nahm sein Gesicht diesen gequälten Ausdruck an, einen Ausdruck, in dem man nicht nur ein ästhetisches Mißfallen, sondern etwas Tiefergehendes spürte: Moralisch und sozial witterte er eine Art Revolte und Ablehnung der gesellschaftlichen Formen. Ich wurde von viel mehr Gesichtspunkten her kritisiert, als ich analysieren kann, während ich, im Bewußtsein dieser Kritik und im Bewußtsein von Furcht, Scham und Verzweiflung, dort stand – ›Geh hinauf und zerreiß es‹, sagte er schließlich.«

Diese Beispiele, die englischen Romanschriftstellerinnen aus der Zeit Daphne Du Mauriers entlehnt sind, veranschaulichen wie viele andere, welche Funktion die Kleidung für die Identität hat.[8] Daß dieses Thema in der Literatur, insbesondere in der Frauenliteratur, so häufig wiederkehrt, zeugt von seiner Bedeutsamkeit: es ist die weibliche Domäne schlechthin, in der sich die Probleme der Identität entwickeln, verdichten und (zuweilen) auflösen. Daß die Zweite nicht einmal Zugang zur vestimentären Würde hat, deutet nicht allein auf ein hierarchisches Problem der Integration in ihr neues Milieu hin, auch nicht nur auf ein sexuelles Problem der Verführung und der Attraktivität: sehr viel tiefer ist es das Zeichen eines Identitätsproblems, bei dem es um den Platz und die Selbstdefinition geht.[9] Und insofern sie ein wahrer Angelpunkt der Identität ist, ist die Kleidung der Ort der weiblichen Rivalität schlechthin: »Armide hätte die Worte jener Frau wiederholen können, die man gerade fröhlich vom Tod ihrer Todfeindin unterrichtet hatte: ›Was für ein Unglück! Nur ihretwegen habe ich mich angezogen!‹ Denn daß sie seit zwanzig Jahren soviel Sorgfalt auf ihre Person verwandte, geschah vor allem *für* oder besser *gegen* Madame Quatreville. Da sie heute zum erstenmal bereit war, sie bei sich zu empfangen, währten ihre Vorbereitungen schon seit dem frühen Morgen« (Lucie Delarue-Mardrus, *L'Amour attend*, 1936).

Henry James hatte in *Die zwei Gesichter* (1900) dieses Thema der Kleidung als Mittel des Kampfs zwischen zwei Frauen behandelt, eines Kampfs um affektive wie hierarchische Anerkennung, der zwangsläufig mit dem Sieg derjenigen endet, die von beiden am besten gewappnet ist, d. h. der Ersten – die dabei freilich Gefahr läuft, daß ihre Monstrosität ruchbar wird. Es ist die Geschichte einer reifen, eleganten, verführerischen Frau, die von ihrem ehemaligen Geliebten gebeten wird, sich um seine junge Gattin zu kümmern und sie anläßlich eines Balls in die Londoner Gesellschaft einzuführen. Ostentativ legt sie ihren guten Willen an den Tag, putzt jedoch ihre junge Rivalin auf lächerliche Weise heraus: »Er sah vieles, zu vieles – und es schienen Federn und Fransen, ein Geriesel von Seide und Spitzen zu sein –, das aufeinandergehäuft war und miteinander stritt, und nach einigen Sekunden tauchte aus ihnen ein kleines Gesicht auf, das ihm angstverkrampft oder krank vorkam.« Sie brauchte es also nur *allzu* gut zu meinen, um die junge Frau in den Augen der vornehmen Gesellschaft und vielleicht ihres Ehemanns lächerlich zu machen. Nur der Erzähler, der derzeitige Geliebte der Ersten, ergreift innerlich Partei für das Opfer und gegen die Grausamkeit einer Mätresse, deren »anderes Gesicht« er anprangert – und von der er sich schließlich löst.[10]

Bei James ist die Erste zwar lebendig und verfolgt die Zweite tatsächlich, statt sie wie in *Rebecca* als Tote zu peinigen. Aber das Schema bleibt das gleiche: zwei Frauen – zu beiden Seiten eines Mannes; die Souveränität der ersten, die Unschuld der zweiten; die Naivität, die Blindheit oder die unbewußte Grausamkeit des Mannes, der seine junge Gattin ihrer Rivalin ausliefert; die Niederlage der Zweiten mittels eines Kleides und die daraus folgende Sanktion in Form des Ausschlusses – eine Niederlage, die sich freilich in beiden Fällen gegen die Erste kehrt, da die Sympathie der Romanciers (und der Leser) natürlich dem unschuldigen Opfer gilt. Der Roman von Du Maurier, *von* einer Frau, *für* eine Frau und *gegen* eine andere Frau (gegen *die Andere*) geschrieben, räumt der Kleidung den zentralen Platz ein, der ihr im weiblichen Universum zukommt, da, wie in der Erzählung von James, eine Kleidergeschichte der Angelpunkt der Erzählung ist: das Kostüm, das die Zweite anzieht, ohne zu wissen, daß es das *der Anderen* war: ein unverzeihlicher Fehler, der das Drama auslöst.

Dieses *entlehnte* Kleid – in der doppelten Bedeutung desjenigen, das man der anderen wegnimmt, und desjenigen, in dem man nicht man selbst ist – ist lediglich die letzte Etappe einer panischen Identitätssuche; denn die Zweite, deren Kleider um sie schlottern wie ihre eigene Identität und die ihre Unfähigkeit erkennt, zu sein, was sie ist, hat begonnen, von einer Identität, einer Kleidung zur andern zu schwanken. Auf diese Weise gibt sie nacheinander alle Plätze auf, die einzunehmen sie sich bemüht, vom begehrenswertesten bis zum bescheidensten. Sie fühlt sich weniger als Frau denn als Kind (»Ich wollte kein Kind sein. Ich wollte seine Frau sein, seine Mutter!«), dann als Schulmädchen (»Ich war wie ein kleines schüchternes Schulmädchen, das in einen größeren Kameraden verliebt ist«), ja wie eine Dienstbotin (»Ich war wie ein unerfahrenes kleines Stubenmädchen«) oder gar wie ein Hund: »Ich bin jetzt wie Jasper, so dicht an ihn geschmiegt. Wenn es ihm gerade einfällt, streichelt er mich, und ich bin froh und kuschele mich noch näher an ihn. Er liebt mich auf dieselbe Art, wie ich Jasper liebe (...). Wieder war ich Jasper. Ich war genauso weit wie zuvor. Ich nahm ein Stück Gebäck und verteilte es an die beiden Hunde.«

Kind, Schulmädchen, Dienstbotin, Hund – irgendwer, irgendwas, aber immer tiefer sinkend, denn alles schwankt und verfällt, sobald man nicht an seinem Platz ist und aus diesem Grunde nicht weiß, wer man ist. Deshalb probiert sie alle Plätze aus, da sie kein Recht auf denjenigen hat, den sie für den ihren hielt: den Platz der Ersten (Gattin), den Platz der Frau (Weiblichkeit), den Platz der Dame (Distinktion), jenen einzigartigen Platz, der sich schon im Augenblick der Hochzeit als der der *Anderen* herausgestellt hat – eine schaurige und verhängnisvolle Entdeckung, wie die in Blaubarts Schrank versteckten Leichen. Und in dieser Konfusion der Identitäten, diesem panischen Versuch, Personen auszuprobieren, leiht sie sich deren Kleider, »wie ein Schuljunge, der triumphierend den Pullover seines Helden trägt«. Dieser »Pullover« im übertragenen Sinne erweist sich nun aber, im eigentlichen Sinne, zu ihrem Entsetzen und ihrem Verderben als das Kostüm, das einst Rebecca trug und das sich die Erzählerin unschuldigerweise, auf Empfehlung, ausgesucht hat für den großen Maskenball, der in Manderley gegeben wird, um – wie in *Die zwei Gesichter* – die neue Gattin der feinen Gesellschaft vorzustellen. In diesem Kostüm, in dem sie sich bezeichnenderweise nicht »wiedererkennt« (»Ich erkannte das Gesicht, das mir aus dem Spiegel entgegenstarrte, kaum wieder«), wird sie auch von den anderen nicht »wiedererkannt«, vor allem nicht von ihrem Mann, denn sie sehen in dieser unheimlichen Maskerade nur einen lachhaften Versuch, den Platz der Toten einzunehmen, die, *als Erste,* diese Verkleidung trug.

So bestätigt die wichtigste Prüfung der offiziellen Inthronisierung erbarmungslos ihr Scheitern gegenüber der *Anderen* – während es gleichzeitig zum rettenden Knalleffekt kommt. Denn nach dieser Kleidergeschichte schlägt in der Ökonomie des Romans alles um. Wenn das erste Drittel des Buchs der Bericht von der Eroberung des Mannes ist und das zweite der Bericht von der Niederlage gegenüber der anderen Frau, so ist der dritte Teil der Bericht des Siegs über die Erste: einer Niederlage, die mit diesem Kleiderdrama ruchbar wird, und eines Sieges, der von hier aus errungen werden kann.

Lösungsversuche

Was wir hier auf dem Umweg der Fiktion dargestellt haben, ist nichts anderes als der geregelte Verlauf einer Identitätskrise. Nacheinander sehen wir die Überschreitung einer Schwelle (die Heirat); den Zugang zu einem Platz (die Ehefrau), der die Identität des Subjekts radikal neu definiert; die Entdeckung, daß dieser Platz bereits besetzt ist, von einer ersten Ehefrau, deren Gegenwart sich aufdrängt; und die Abschiebung der neuen Ehefrau an einen Platz, der nicht nur zweitrangig, sondern, spezifischer, der Platz der Zweiten ist. Dieser besitzt seine eigene Logik, artikuliert durch eine bestimmte Anzahl von Symptomen, die die Identitätskrise verraten: Unsicherheit in bezug auf die eigene Position, Obsession einer verherrlichten *Anderen,* Selbsterniedrigung und Selbstverleugnung, Übernahme immer herabwürdigenderer Rollen. Dies ist kurz zusammengefaßt der »Komplex der Zweiten«.

Gibt es eine Lösung für diese Situation? Es gibt lediglich mehr oder weniger befriedigende oder gelungene Lösungsversuche, um es derjenigen, die ihren Platz symbolisch von einem in Wahrheit abwesenden Menschen besetzt sieht, zu ermöglichen, nicht daran zu sterben, ob nun tatsächlich oder symbolisch. Auch diese verschiedenen Arten, mit der Krise umzugehen oder sie gar zu lösen, beschreibt der Roman: die Akzeptierung, die Verschiebung, die Flucht und, als letzte Möglichkeit, das Phantasma.

Die Akzeptierung: Schweigen und Resignation

Wir haben gesehen, wie sich die Verinnerlichung vollzieht, wenn die Zweite das Privileg der Ersten akzeptiert, deren Herrschaft in den Augen der Zweiten am Ende gerechtfertigt erscheint: Wenn diese ist, was sie ist, dann doch zweifellos deshalb, weil sie dazu befugt ist, weil sie das von den anderen anerkannte Recht und das von der Natur verliehene Talent dazu hat. Die Erste ist nicht nur deshalb die Erste, weil sie es nach dem beschreibenden Modus des Tatsachenurteils tatsächlich *ist*, sondern auch weil sie es dem normativen Modus des Werturteils zufolge *sein muß,* so daß nach dem Modus der Handlungsvorschrift die Zweite es *sich schuldig ist,* nur eine Zweite zu sein.[1] Wenn also die Zweite, die sich vor der Überlegenheit der Ersten verneigt, die Hoffnung verliert, das zu werden, was sie erträumte – die Auserwählte, die Bevorzugte –, gewinnt sie im Gegenzug die Sicherheit, den Werten der Welt, in die sie hineingeheiratet hat, weiterhin zustimmen zu können – eine Zustimmung, ohne die sie nicht nur ihren Rang, sondern den Grund ihrer Anwesenheit in dieser Welt und wahrscheinlich auch ihren Verstand verlieren würde. Indem sie durch die Akzeptierung des Primats der *Anderen* ihre Selbstliebe und ihre Sehnsüchte opfert, versucht sie, außer ihrem Gerechtigkeitsgefühl auch die Liebe zu einem Ehemann zu bewahren, der, sofern er tatsächlich ist, was er sein soll, ihr *mit vollem Recht* eine andere vorziehen muß. Einzig eine solche Hypothese macht einen so schweren Verzicht akzeptabel – und sei es zum Preis der Selbsterniedrigung und der Demütigung. Es ist also besser, sich anzupassen, als sich aufzulehnen.

Und selbst wenn sie sich auflehnen würde – wem könnte sie dieses Unrecht, dem sie zum Opfer fällt, wohl anzeigen? Eben demjenigen, den sie anklagen würde, d. h. ihrem Ehemann, der so sehr mit seiner Liebe geizt, daß er sie der *Anderen* vorzubehalten scheint: »Er gehörte mir gar nicht, er gehörte Rebecca.«

Wenn sie sich bei ihm beklagte, würde sie ihren Ehemann nicht nur zum Richter erklären, der allein imstande ist, sie wieder an ihren Platz zu stellen, sondern auch zum Angeklagten, zur Zielscheibe eines Angriffs häuslicher Gerichtsbarkeit, den er dadurch abwehren könnte, daß er ihn gegen die Anklägerin kehrte und ihre Zweifel als Gemütszustände, weibliche Launen und gar als Halluzination oder Wahnsinn abqualifizierte. Ebensogut könnte man sich beim Staatsanwalt über den Henker beschweren oder von jemandem Gerechtigkeit fordern, der einen zu Unrecht bestraft hat – eine wohlbekannte Situation, die zum Alltag des Familienlebens gehört, wo der Elternteil, der schlecht liebt und schlecht behandelt, gerade der einzige ist, bei dem das Kind Einspruch dagegen erheben könnte, daß es schlecht geliebt und schlecht behandelt wird. Mit einer Beschwerde würde sie also nur die Entfernung vergrößern, statt sie zu verringern: also empfiehlt es sich zu schweigen. Und außerdem ist die Anzeige die Waffe der Starken, derer, die sich genügend im Recht fühlen, um die Verantwortung für eine arglistige Täuschung auf andere zu projizieren. Aber dafür ist die Zweite viel zu schwach: weil sie eine Frau ist, weil sie jung ist, weil sie arm ist, weil sie fremd ist, weil sie allein ist und – wie das Kind im Familienleben – ohne äußere Unterstützung. Und so bleibt ihr nichts anderes übrig, als die Verantwortung für ihr Unbehagen sich selbst zuzuschieben, anders gesagt, sich zu demütigen, sich herabzuwürdigen. Auf diese Weise entwickelt sich die erste »Lösung«, der erste Versuch, das Unrecht, das ihr angetan wird, akzeptabel zu machen: die Gerechtigkeit aufrechtzuhalten, die Liebe ihres Ehemanns zu bewahren, indem sie sich von den Verdiensten der *Anderen* überzeugt, von deren Recht, den Platz einzunehmen.

Sie wird also im Schweigen, der einzigen Zuflucht der Schwachen, Schritt für Schritt die erste Etappe ihrer blinden Suche nach einer Lösung der Identitätsprüfung hinter sich bringen, in die ihre Heirat sie gestürzt hat – eine Etappe, die einen Namen hat: Resignation. Aber die Resignation tritt nicht von selbst ein, sie ist eine Arbeit und, im Gegensatz zur Denunziation, eher eine Arbeit an sich selbst als an der Welt, da sie nicht mehr darin besteht, eine Klage zu veräußerlichen, sondern einen Schmerz zu verinnerlichen.[2] Und auf welche Weise ließe er sich besser verinnerlichen als dadurch, daß man ihn zu dem seinen macht, ihn als gerecht, als verdient ansieht? Die Wiederherstellung der Gerechtigkeit durch die Akzeptierung der Größe anderer läßt sich nicht bewerkstelligen ohne die umgekehrt symmetrische Operation, nämlich sich selbst von seiner Kleinheit, seiner subalternen Position zu überzeugen. Wenn sie also die Zweite ist, so muß das daran liegen, daß sie es verdient, daß sie nichts Besseres verdient: sonst wäre der geliebte Mensch, von dem sie abhängt, ungerecht und die Welt unerträglich. Auf diese Weise macht sich diejenige, die in der chronologischen Ordnung der Plätze als zweite kommt, in der axiologischen Ordnung der Werte selbst zur Zweiten, so wie sie die zeitlich Erste auch rangmäßig zur Ersten gemacht hat. Bezeichnenderweise (da wir es mit einem Roman zu tun haben) wird dieser Augenblick durch das Verhältnis zur Schrift eingeleitet, als die Erzählerin Rebeccas Schreibtisch entdeckt: »Zum erstenmal fiel mir auf, wie steif und unausgeglichen meine eigene Handschrift war, ohne jeden persönlichen Ausdruck, ohne Stil, ja, geradezu ungebildet, die Schrift einer mittelmäßigen Schülerin, die nur eine zweitklassige Schule besucht hatte.« Und dann ist abermals die Rede von der Kleidung: »Ich bin linkisch und ungeschickt, ich ziehe mich schlecht an, und ich bin schüchtern im Umgang mit Menschen.« Nun braucht sie nur noch hinter der Anderen zurückzutreten, wie sie es bei den Dienstboten tut: »Halten Sie es doch ruhig so, wie Sie es gewohnt sind, wie Mrs. de Winter es angeordnet haben würde«; »Ich war eine Statistin, zu nichts und für niemanden nutze.« Statistin *versus* Star - und nach und nach verschwindet ein Gesicht hinter dem anderen.

Resigniert senkt das Subjekt buchstäblich den Kopf. Es verzichtet auf jede Auflehnung, da es weder in sich selbst noch in der Welt ausreichende Waffen findet, und statt das Risiko einer Konfrontation mit einem allzu mächtigen Anderen einzugehen, gibt es lieber der langsamen Selbstauslöschung nach. Es ist der Verzicht, man selbst zu sein (»Ich wünschte, ich hätte einmal vergessen dürfen, wer ich war«), die Verinnerlichung des Gefühls, daß man fehl am Platz, ein »Eindringling« ist (»weil ich mich plötzlich schuldbewußt fühlte und mir so indiskret vorkam«), eine Diebin (»weil ich glaubte, ertappt worden zu sein«, »auf Zehenspitzen«) oder aber ganz einfach ein Gast im eigenen Haus: »Wieder fühlte ich mich als Gast in einem fremden Haus. Ein ungebetener Gast, der versehentlich das Schlafzimmer der Hausfrau betreten hatte. Dort auf dem Frisiertisch lagen ihre Bürsten; ihr Morgenrock hing über dem Stuhl, und davor standen ihre Pantoffeln.« Und gerade in dieser Beziehung zu den Gegenständen, ebenso wie in der Beziehung zu den Personen, entwickelt sich nach und nach jene in der Resignation erlebte Selbstenteignung, wo die Aufrechterhaltung der Verbindung mit anderen und der Zugehörigkeit zu einer Wertegemeinschaft mit dem Verzicht auf die eigene Würde, ja die eigene Identität bezahlt werden muß.[3]

Akzeptierung, Schweigen und Resignation: dies ist also eine erste Art und Weise, die Identitätskrise wenn nicht zu lösen, so doch die Vernichtung, mit der sie das Subjekt bedroht, zu umgehen und gleichzeitig die kaum zu ertragenden Spannungen, die sie hervorruft, abzulenken. Eine so radikale Selbsterniedrigung kann freilich nicht endgültig sein, da sich die Resignation in keiner Weise von selbst versteht (wovon schon die Existenz dieses Romans zeugt): dazu bedarf es noch anderer Mittel.

Die Verschiebung: Manipulation, Besitzergreifung, Vermittlung

Nach dieser mentalen Manipulation der jeweiligen Größen wird nun die symbolische Manipulation der Präsenz der *Anderen* es ermöglichen, die Affekte zu verschieben: eine Art und Weise, mit dem Realen zu spielen, um gerade dort einen Anschein von Herrschaft zurückzuerlangen, wo man meint, jeden Einfluß darauf verloren zu haben; vielleicht auch eine Art und Weise – indem man den Anderen sozusagen präsent macht –, in die widersprüchlichen Beziehungen zu ihm, wenn er sowohl abwesend wie anwesend ist, verworfen und zugleich herbeigesehnt wird, wieder einen Zusammenhang zu bringen.

»Ich hatte es endlich ausgesprochen, das Wort, das mir seit Tagen auf der Zunge gelegen hatte. Ihre Frau«: Es ist das gesprochene Wort, das dieses Spiel mit dem Anderen einleitet, und zwar jenes eminent symbolische Wort: das Aussprechen des Namens. »Ich konnte es selbst kaum glauben, daß ich den Namen über meine Lippen gebracht hatte. (…) Ich hatte ihn tatsächlich ausgesprochen, ich hatte laut den Namen Rebecca genannt. Es war eine ungeheure Erleichterung. Es war so, als ob ich eine Medizin geschluckt hätte, die mich von einem unerträglichen Schmerz befreite. Rebecca. Ganz laut hatte ich es gesagt.« Als entscheidendes Element jeder Identitätsprüfung ist der Name das erste Mittel einer Distanzierung vom anderen, worauf *a contrario* die Verbote hinweisen, ihn auszusprechen – von der judaischen Tradition bis zu den Zauberritualen.[4] Vom Verbot zu seiner Übertretung durch das Benennen: indem die Erzählerin jenen Teil der Anderen, der ihr Name ist, veräußerlicht, befreit sie sich von einem Teil jener Bürde, jener verinnerlichten Präsenz, die im Schweigen auf ihr lastete.

Die symbolische Manipulation, das Spiel mit dem Auftauchen und Verschwinden dessen, was sowohl fasziniert wie bedroht, erfolgt auch über die Zerstörung der Objekte, die, in Abwesenheit des Anderen, an dessen Stelle treten, ihn re-präsentieren. Von neuem kommt nun die Schrift ins Spiel, deren Spur der zerstörerischen Geste des Herausreißens unterzogen wird (»Ich riß die Seite ganz aus dem Buch heraus. Ich ließ keine gezackte Kante zurück, und das Buch sah weiß und sauber aus, als die Seite draußen war. Ein neues Buch, wie unberührt«), und außerdem, als ob das nicht genügte, das Verbrennen: »Selbst jetzt noch hob sich die Tinte schwarz und dick von den kleinen Papierstückchen ab. Die Schrift war unversehrt geblieben. Ich zündete ein Streichholz an und verbrannte die Fetzen. (...) Der Buchstabe R hielt sich am längsten, er krümmte sich in der Flamme, wölbte sich einen Augenblick nach außen, schien zu wachsen. Dann schrumpfte er zusammen; das Feuer vernichte-te ihn. Zurück blieb nicht eigentlich Asche, sondern mehr eine Art federiger Staub. (...) Ich ging zum Waschtisch und wusch mir die Hände. Ich fühlte mich besser, viel besser. Ich hatte das frische, zuversichtliche Gefühl, das man zum Jahresbeginn beim Anblick des neuen Kalenders an der Wand empfindet.« Sich von der Macht befreien, die ein anderer aus der Ferne auf einen ausübt, indem man einen Gegenstand zerstört, der ihm gehört hat, ist eine magische Beziehung zur Welt, das einzig ver-fügbare Mittel, eine Krisensituation wenn nicht aufzulösen, so doch zu ertragen, wenn das Reale keine Möglichkeit bietet, ihr zu trotzen.

Doch worauf beruht jene Macht, welche die *Andere* aus der Fer-ne auf die Erzählerin ausübt? Sie beruht – ein weiteres magi-sches Thema – auf der Besitzergreifung. In einer abgemilderten und als normal geltenden Form kann es sich lediglich um jene Selbstprojektion auf andere handeln, welche die Identifizie-rung darstellt: jene, die beispielsweise die kleinen Mädchen gegenüber ihrer Mutter praktizieren und die von der psycholo-gischen und psychoanalytischen Literatur analysiert wurde. In einer bereits pathogeneren, aber dennoch weit verbreiteten Form könnte es sich um jene Besetzung des Selbst durch einen anderen handeln, der Menschen zum Opfer fallen, die ein Mächtiger mit sich identifiziert, indem er sich dessen bemächtigt, was sie sind, um aus ihnen zu machen, was er will, oder, noch schlimmer, was er selbst sein will: die Besitzergreifung der Kinder durch ihre Eltern, insbesondere der Töchter durch ihre Mutter sorgt dafür, daß sich die Mißgeschicke der Familie ständig wiederholen.[5] Doch die Aufhebung der Grenzen zwischen dem Selbst und dem Anderen, von der hier die Rede ist, gehört zu einem Stadium, das die Psychiatrie als pathologisch und der gemeine Verstand als irrational bezeichnen würde. Denn in diesem kritischen Stadium, wie die Erzählung es darstellt, ist die Identifizierung mit dem Anderen bei der Arbeit der Identitätsbildung kein Mittel mehr wie für die Kinder, noch eine Übung oder ein Spiel wie bei den Schauspielern, deren Beruf ja gerade darin besteht. Sie wird zur Dekonstruktion, zur Vertreibung der eigenen Identität, welche die Besitzergreifung durch den Anderen nach sich zieht. Obwohl erwachsen, also theoretisch autonom und ein vollwertiges Subjekt, handelt der Besessene dennoch so, als ob er völlig vom Anderen abhinge. Davon zeugt sein Verhalten, das zwanghaften Forderungen nachzugeben scheint, die von der gegenwärtigen Realität abgekoppelt sind, da an die geheimen Verbindungen angeschlossen, die es mit dem in der Abwesenheit agierenden Anderen unterhält.

Eben dies widerfährt eines Tages der Erzählerin, als ihr Ehemann sie beobachtet, während sie intensiv an Rebecca dachte: »Weißt du, daß du eben gar nicht wie du selbst aussahst? Du hattest einen ganz fremden Gesichtsausdruck.« Nicht wie man selbst auszusehen, ist die typische Formel der identitären Verwirrung, in der das Subjekt entdeckt, daß es entweder niemandem ähnelt (dies ist die Vernichtung, die von der Leere ergriffene Identität), oder jemand anderem ähnelt (und dies ist die Inbesitznahme, die Ergreifung durch einen anderen). So wechselt die Erzählerin vom Gefühl, nichts zu sein, zum Gefühl, der

212

Schatten einer anderen zu sein. »Nicht ich sprach. Ich war gar nicht da, ich spürte in meinen Gedanken einem Phantom nach, dessen Schattengestalt endlich Form angenommen hatte. Die Züge waren verschwommen, die Farben unscharf, die Stellung der Augen, die Beschaffenheit des Haares noch nicht zu erkennen, erst noch zu ergründen. Diese Schattengestalt besaß eine Schönheit, die nicht verging, und ihr Lächeln, das nicht vergessen war. Irgendwo weilte der Klang ihrer Stimme noch, die Erinnerung an ihre Worte. Es gab Plätze, die sie besucht, und Dinge, die sie berührt hatte. Vielleicht hingen in Schränken noch Kleider, die sie getragen hatte, und der Duft haftete ihnen noch an.« Von diesem Moment an ist klar, daß sie sich verfolgt fühlt, gleichsam von einem Phantom beherrscht, d. h. von einem sowohl abwesenden wie anwesenden Geschöpf: »Glauben Sie, daß die Toten wiederkommen und die Lebenden beobachten?«

Dieses Besessensein von der Allgegenwart der *Anderen* beginnt mit der verzaubernden Form einer nahezu amourösen Faszination: »Es war, als hätte mich jemand erwartet in dem kleinen Garten, in dem die Brennesseln wuchsen, jemand, der mir auflauerte.« Doch allmählich wird es zum Alptraum der Selbstentfremdung, zum Sturz ins Entsetzen: »Mich erfaßte wachsendes Entsetzen, das an Verzweiflung grenzte.« Und nun scheint die ganze Welt von diesem abwesenden Geschöpf durchdrungen zu sein, dessen Präsenz an sich die eigene Präsenz verbietet: »Vielleicht verfolgte ich sie, wie sie mich verfolgte; vielleicht blickte sie von der Galerie auf mich herab (...), oder setzte sich neben mich, wenn ich an ihrem Schreibtisch Briefe schrieb. Der Regenmantel, den ich angezogen, das Taschentuch, das ich in der Tasche gefunden hatte, gehörten ihr. Vielleicht wußte sie, daß ich diese Dinge benutzte. Jasper war ihr Hund gewesen und war jetzt mein Gefährte. Die Rosen, die ich schnitt, gehörten ihr. Fürchtete sie mich und quälte sie mich, wie ich sie fürchtete und ich sie quälte?« Die Andere ist überall, die Andere ist gleich-

213

sam lebendig, so daß das Leben auf ihrer Seite zu sein scheint, obwohl sie tot ist (»Sie war ein sehr liebenswertes Geschöpf, strahlend vor Lebensfreude«, erinnert sich jemand, der sie gekannt hat) – während die Existenz und die Zukunft derjenigen, die ihrem Einfluß erliegt, irreal werden: »Ich würde Briefe schreiben (...), ich würde durch diese Allee gehen (...). Wir würden hier zusammen alt werden, wir würden als alte Leute genauso wie heute hier bei unserem Tee sitzen, Maxim und ich...« Dabei ist die *Andere,* abwesend und anwesend zugleich, wirklich tot: und da sie mächtig ist, entlehnt sie den Toten das, was ihre Stärke ausmacht, nämlich ihre Unzerstörbarkeit. Denn Rebecca, die nicht altern wird, ist absolut unverwundbar, und um so stärker, als sie tot ist, um so lebendiger, als sie in Wirklichkeit abwesend, in der Imagination jedoch anwesend ist: »Gegen eine Lebende hätte ich mich wehren können, aber einer Toten gegenüber war ich hilflos. (...) Rebecca würde nie alt werden. Rebecca würde immer die gleiche bleiben. Und ich konnte nicht gegen sie kämpfen. Sie war stärker als ich.«
Symbolisches Einwirken auf den Anderen und Besessensein vom Anderen: dies sind die beiden Formen – die aktive und die passive – der Manipulation, bei der das Subjekt abwechselnd manipulierend und manipuliert ist. In beiden Fällen handelt es sich um den Versuch der Verschiebung: Verschiebung des *Anderen* durch Zerstörung der Gegenstände, die ihn repräsentieren, oder Verschiebung des Subjekts, das sich im Umkreis des *Anderen* gleichsam absorbieren läßt. Trotzdem ist die Verschiebung keine Lösung: ob dieses Spiel mit der Anwesenheit und der Abwesenheit nun ins Delirium umschlägt oder ob es bei einer geheimen Obsession haltmacht, die mit der Zeit von selbst abklingt, immer bleibt das Problem ungelöst, es wird lediglich aufgewühlt, wiedergekäut oder – verschoben. Und auf dieser Stufe der Fernwirkung taucht nun eine dritte Form der Verschiebung auf: die Vermittlung.
Im Gegensatz zur Besessenheit, wo die eine wie die andere letzt-

lich dahin tendiert, *eine* zu werden – auch wenn sie »eine andere«, d. h. entfremdet worden ist –, ist die Vermittlung ein Vorgang nicht der Reduktion, sondern der Multiplikation der
Handlungsträger. Zwischen ein Subjekt und ein Objekt schiebt
sich ein Dritter, durch den die Affekte hindurchgehen. Dies ist
zum Beispiel die Rolle des Entzauberers, zwischen Verhextem
und Zauberer, in der Triangulation des von Jeanne Favret-Saada untersuchten Hexenglaubens; es ist auch die Rolle des Ver-
mittlers, zwischen dem liebenden Subjekt und dem geliebten
Objekt in der von René Girard analysierten Triangulation des
Begehrens. Und im Roman ist es die Rolle, die Mrs. Danvers,
Rebeccas ehemaliger Erzieherin, zufällt: »Eine Gestalt löste sich
aus der Menge, hager und groß, in tiefes Schwarz gekleidet; die
hervorstechenden Backenknochen und tiefliegenden großen
Augen gaben ihrem pergamentenen Gesicht das Aussehen eines
Totenschädels. Sie kam auf mich zu, und ich streckte ihr meine
Hand entgegen und beneidete sie um ihre würdige und gemes-
sene Haltung; aber die Hand, die die meine ergriff, war schwer
und schlaff, eiskalt, und fühlte sich an wie ein lebloses Ding.«
Diese morbide Erzieherin betete ihre Herrin an, deren idealisierte Erinnerung sie, einer Totenwächterin gleich, zu bewahren
sucht: »›Sie hatte auffallend kleine Füße, das hätte man bei
ihrer Größe nie gedacht‹, sagte sie. ›Und wie schlank sie dabei
war. Wenn sie neben mir stand, vergaß ich ihre Länge immer.
Sie war auf den Zentimeter genauso groß wie ich.‹« Wenn Mrs.
Danvers die Vertreterin ihrer einstigen Herrin auf Erden ist
(»Sie und Rebecca durften über mich triumphieren«), dann
also auf zweierlei Weise: insofern sie durch die Erinnerung ihr
Überleben auf Erden sichert – sie, die »sich noch der Farbe ihrer
Augen, ihres Lächeln erinnerte, und wie weich ihr Haar gewesen
war«; und insofern sie sich, obwohl lebendig, dem Reich der
Toten anzugleichen scheint, in dem die Erste wohnt, zu deren
unterlegenem Double, zu deren Gespenst sie gleichsam wird:
»Eine schwarze Gestalt erwartete mich oben auf der Treppe, die

tiefliegenden Augen in dem weißen Totenschädel prüfend auf
mich gerichtet.«

Dieses Wesen am Rande der Menschheit gehört dennoch zur
Welt der Lebenden (die sie bezeichnenderweise am Ende des
Romans als einzige verläßt) und teilt deren Verwundbarkeit:
»Ich sagte mir, daß sie ein lebendiger Mensch aus Fleisch und
Blut war wie ich. Sie war nicht tot wie Rebecca. Mit ihr konnte
ich sprechen, aber mit Rebecca nicht.« Durch diese Mittelsperson zwischen dem Tod und dem Leben, der Toten und der
Lebenden, der Ersten und der Zweiten können, wie durch einen
»guten Leiter«, die von ihrer Herrin ausgesandten oder gegen
sie gerichteten Kräfte hindurchfließen, deren Verwahrerin sie
lediglich ist, denn sie selbst besitzt überhaupt keine Macht: »Sie
kann mich nicht mehr erschrecken. Sie hat gleichzeitig mit
Rebecca ihre Macht über mich verloren.«

Schließlich ist noch anzumerken, daß die durch die Erzieherin
geleistete haßerfüllte Vermittlung zwischen der zweiten und
der ersten Ehefrau ihr Gegenstück in der durch den Ehemann
geleisteten liebevollen Vermittlung zwischen der zweiten und
ihrem toten Vater zu finden scheint. Diese Beziehung wird freilich nur angedeutet, als die Erzählerin das Gefühl hat, ihr Mann
erfasse »etwas von der vitalen Persönlichkeit meines Vaters und
der Liebe meiner Mutter zu ihm«. Aber es ist überaus verständlich, daß in dieser doppelten – weiblichen und männlichen –
Triangulation die Person, die die Liebesbeziehung zwischen der
Erzählerin und ihrem Gatten knüpft, in der Erzählung weit
weniger zur Sprache kommt als diejenige, die die Haßbezie-
hung zwischen der Zweiten und der Ersten knüpft, da letztere
in der Tat der wahre Gegenstand des Romans ist. Fest steht, daß
für die Erzählerin der Ehemann, obgleich für ihren Geschmack
zu oft abwesend, durchaus den Vater zu vertreten scheint, dessen Alter er hat, während die Erzieherin Rebecca vertritt – und
wir beginnen zu ahnen, wen diese vertritt. So befindet sich die
junge Ehefrau am gemeinsamen Endpunkt zweier Ketten, die

jeweils zu einem verstorbenen Menschen führen: zu einem schmerzlich abwesenden Toten – und zu einer nur allzu anwesenden Toten.

Die Flucht: Selbstmord, Wahnsinn, Fiktion

Doch ebensowenig wie die Verschiebung der Objekte durch Manipulation oder der Subjekte durch Besitzergreifung ändert diese Verschiebung der Affekte durch Vermittlung irgend etwas an der Situation, in der sich die Betroffene befindet, wenn es ihr nicht gelingt, zu resignieren, zu akzeptieren, daß es ihr unmöglich ist, den Platz einzunehmen, der der ihrige hätte sein müssen, wenn er nicht derjenige der *Anderen* gewesen wäre: im Gegenteil, diese Vermittlung verstärkt sogar das in einer dritten Person objektivierte Dispositiv. Bleibt noch, wenn die schwachen Mittel der Akzeptierung und der Verschiebung ausgeschöpft sind, ein dritter Weg aus der Krise, den ihr die Vermittlerin selber zeigt: »»Warum gehen Sie nicht?‹ sagte sie. ›Niemand will Sie hier haben. (...) Sie gehören in die Gruft auf den Friedhof, nicht meine Herrin. (...) Sehen Sie dort hinunter. Es ist ganz einfach. Warum springen Sie nicht?‹«
Diese Flucht, zu der die Erzieherin sie schließlich ermuntert, ist nicht einfach eine Flucht, wie sie unter ähnlichen Umständen, wie wir sehen werden, Jane Eyre ergriff: es handelt sich um eine weit radikalere Flucht, nämlich um die Selbstzerstörung durch Selbstmord. Dieser nimmt den Platz einer anderen Form der Flucht ein, der sich die Erzählerin mehrfach nähert: dem Wahnsinn. Denn diese Flucht aus dem Realen durch Abgleiten in den Wahnsinn lauert, an der Grenze der Depression, den lebenden Toten auf, die sich mit dem Schweigen abfinden (Akzeptierung); ebenso wie jenen, die sich, an der Grenze der Obsession, auf Rituale und Fetische verlassen (Verschiebung durch Besitzergreifung); schließlich jenen, die, an der Grenze der Erotoma-

217

nie oder der Paranoia, mit ihrer Liebe oder ihrem Haß verzweifelt ein Objekt verfolgen, das nichts damit zu tun hat, lediglich ein Vermittler von Affekten ist, die einem anderen gelten (Verschiebung durch Vermittlung). Depression, Obsession, Schizophrenie, Paranoia: dies sind die hauptsächlichen Formen der Geisteskrankheit, denen sich der Reihe nach – ohne ihnen völlig zu erliegen – die Heldin des Romans nähert, als sie jene besondere Identitätskrise durchmacht, die der »Komplex der Zweiten« darstellt.[6]

In Ermangelung einer wirklichen Lösung bedeutet die Verlockung des Selbstmords zumindest die Hoffnung auf jene *Lösung* durch Flucht, die die *Selbstauflösung* im Nichts darstellt. Dies ist der Schlüsselmoment des Romans, der Angelpunkt jener Kostümszene, in der die Erzählerin verzweifelt begreift, daß sie das Kostüm angelegt hat, das einst das ihrer verstorbenen Rivalin gewesen war, und deshalb von ihrem Ehemann vom Ball weggeschickt wird. Und nun ist sie im Begriff, der Versuchung zu erliegen, aus dem Fenster von Rebeccas Zimmer zu springen, in das sie sich geflüchtet hat: »›Springen Sie doch‹, flüsterte Mrs. Danvers an meinem Ohr. ›Es tut nicht weh.‹ (...) Nur der weiße Dunst umgab mich, der nach Tang und Seewasser roch. Ich schloß die Augen.«

Und genau in diesem Augenblick – ein Knalleffekt – fällt ein Schuß; und wir verlassen das Reale – wo die unlösbare Krise sich nur durch ein ständiges Herumbasteln, ein panisches Ausprobieren der Umgehungswege, der Ausweichmöglichkeiten bewältigen ließ –, um ins Phantasma einzutreten, die letzte Zuflucht derer, denen das Reale keine Mittel bietet. Hier verlassen wir eine fiktive Realität (den Roman), um in ein fiktives Phantasma (die Romanze) einzutreten: anders gesagt, eine Fiktion im Quadrat, eine Fiktion in der Fiktion, die dem Imaginären alle – fiktionalen – Vollmachten bei der – fiktiven – Auflösung der Spannungen erteilen wird, die das Zusammentreffen einer symbolischen Anwesenheit und einer realen Abwesenheit erzeugt hatte.

Die Zuflucht zum Phantasma:
Enthüllung, Geständnis, Umschwung

Vom Roman des Realen zum Roman des Phantasmas, von der *novel* zur *romance:* genau hier nimmt die Autorin nicht nur Zuflucht zur Fiktion – jenem für andere konstruierten Imaginären –, sondern zur Selbsttäuschung, wie jede Fiktion sie vorschlägt, sobald sie nicht mehr die Realität darstellt, wie sie erlebt wird, sondern die Realität, wie das Subjekt sie ersehnt, d. h. phantasiert. Und dieses Umkippen innerhalb des Romans selbst in einen »Roman im Roman« ermöglicht es, die Krise zu überwinden – so wie in *Verstand und Gefühl* von Jane Austen oder, wie wir sehen werden, in *Jane Eyre* von Charlotte Brontë. Denn nachdem die Erzählerin nacheinander erfahren mußte, daß die Krise sich weder lösen noch wirklich umgehen ließ, macht nun die Autorin von ihrem literarischen Recht Gebrauch und greift zum äußersten Mittel, d. h. zur Umkehrung der Situation: durch jene »Umkehrungen«, jene »Knalleffekte«, wie sie in der reinen Fiktion die Verfahren des Romanhaften erlauben.[7] Sie häufen sich im letzten Teil des Romans, der in erzählerischer Hinsicht der stürmischste und gleichzeitig – was kein Zufall ist – in literarischer Hinsicht der schwächste ist, im Roman wie im Film. Sie nehmen die Form einer Reihe (romanhafter) Enthüllungen an, denen ein (tragisches) Opfer folgt. Die erste Enthüllung kündigt sich in dem Augenblick der Detonation an, die die Erzählerin innehalten läßt, als sie unter dem hinterhältigen Druck der Erzieherin im Begriff war, aus dem Fenster zu springen. »›Was war das?‹ fragte ich ganz benommen. ›Was ist geschehen?‹ Mrs. Danvers gab meinen Arm frei. Sie blickte starr in den Nebel hinaus. ›Die Signalraketen! Es muß ein Schiff in der Bucht gestrandet sein.‹«
Es muß ein Schiff in der Bucht gestrandet sein – ein auf dem Meeresgrund verborgenes Geheimnis –, dessen Bergung sich nun etappenweise vor unseren Augen abspielt: »Nicht das

gestrandete Schiff war mir unheilvoll erschienen, noch die kreischenden Möwen (...). Das stille schwarze Wasser, das tausend Geheimnisse in seinen Tiefen bergen mochte, hatte dieses Gefühl in mir geweckt.« Mit dieser »Umkehrung« der Handlung, entsprechend der »Umkehrung« des Romans ins Romanhafte, wird sich die geheime Verwirrung der in einen inneren Kampf verstrickten Erzählerin in einem offenliegenden Geheimnis objektivieren, in das alle eindringen können, was sie von der Last jener abwesenden Anwesenheit befreit, die sie seit ihrer Ankunft im Schweigen umtrieb. Denn irgendwo gibt es ein Geheimnis, das sie zur gleichen Zeit wie die anderen Protagonisten und zur gleichen Zeit wie der Leser entdecken wird: ein beunruhigendes Geheimnis (»aber irgendeine andere Stimme in meinem Unterbewußtsein warnte mich davor, zu viel zu wissen, zu viel hören zu wollen«), das jedoch alles erklären wird. Es gibt, mit anderen Worten, einen Schlüssel, der es erlaubt, der Handlung, im Roman, ein Gefälle zu geben, und gleichzeitig, in der Phantasie, dem ein Ende setzt, was im Realen kein Ende finden konnte.

Dieses Thema des Geheimnisses läßt die Beziehung zu Rebecca in einem anderen Licht – oder einem anderen Schatten – erscheinen, eine Beziehung, die von Anfang an nicht nur von Unwissenheit geprägt war (»Ich wußte nichts von dem vergangenen Jahr, nichts von der Tragödie, die sich hier in der Bucht abgespielt hatte«), sondern, schlimmer noch, vom Gefühl des Ausgeschlossenseins, von der dunklen Empfindung, daß man ihr etwas verheimlicht: »Bisweilen fing ich diese oder jene Bemerkung auf, die mich über die Vergangenheit aufklärte und meine geheime Kenntnis davon ergänzte. Hier ein zufälliges Wort, dort eine Frage, ein flüchtiger Satz. Und wenn Maxim nicht bei mir war, verursachte mir ihr Anhören eine Art schmerzliches Vergnügen wie eine Erfahrung, die man mit einem Gefühl von Schuldbewußtsein auf verstohlene Weise erwirbt.« Unwissenheit, Ausschließung, Schweigen: wie soll

man im Unglück der Zweiten nicht die Isolation des Kindes
wiedererkennen, dem man die Geheimnisse der Erwachsenen
verheimlicht? Und wie soll man in der Macht Rebeccas, in der
sich der Ort des Geheimnisses kristallisiert – Rebecca die Erste,
Rebecca die Verstorbene, Rebecca die Gattin schlechthin –,
nicht eine Gestalt der Mutter erkennen, die sowohl den Gegenstand wie den Schlüssel des Geheimnisses verkörpert?

»Ich kannte alle Zweifel und Qualen eines Kindes, dem gesagt
wurde: ›Von diesen Dingen spricht man nicht, das ist verboten.‹« Gewiß, die Kraft des Geheimnisses, seine Fähigkeit, die
Bande in seinem Sinne umzugestalten, rührt kaum von seinem
Inhalt her, der zwangsläufig schwach und enttäuschend ist.
Dies ist, neben dem erwähnten Umkippen ins Romanhafte, ein
weiterer Grund für den enttäuschenden Charakter dieses letzten Teils des Romans. Denn die Kraft jedes Geheimnisses
besteht in erster Linie in der Tatsache, daß ein Geheimnis vorliegt: in der Angst und der Demütigung, von ihm ausgeschlossen zu sein, und dementsprechend in dem leidenschaftlichen
Wunsch, eingeweiht zu werden. Dieses Geheimnis wird das
neugierige kleine Mädchen lüften wollen, nicht so sehr aus
Neugier, sondern weil es dabei um nichts Geringeres als um den
eigenen Platz in der Welt geht: draußen oder drinnen. Also: Was
ist der anderen Frau widerfahren? Wer war denn die Erste? Was
ist ihr Geheimnis?

»Als du ein kleines Mädchen warst, war es dir da nicht verboten,
gewisse Bücher zu lesen, die dein Vater wohlverwahrt hinter
Schloß und Riegel hielt? (...) Und ein Ehemann ist nun einmal
in mancher Beziehung nicht viel anders als ein Vater. Ich halte
es für dich am besten, wenn du von gewissen Dingen nicht viel
weißt. Und die halte ich dann auch unter Schloß und Riegel«,
erklärt ihr, zuvorkommend, ihr Ehemann. So ist sie also durch
die Heirat Blaubarts Frau geworden, außerstande, der Versuchung zu widerstehen, »verbotenes Gebiet zu betreten« und
nachzusehen, was sich hinter der Tür befindet: »Am anderen

Ende des Zimmers gab es noch eine zweite Tür, und ich ging darauf zu und öffnete sie, bereits etwas furchtsam, ein wenig verängstigt, denn ich hatte das sonderbare, unbehagliche Gefühl, daß ich etwas entdecken könnte, was ich gar nicht sehen wollte. Das war natürlich Unsinn, und ich öffnete die Tür.«

Das »Geheimnis hinter der Tür«: ein klassisches Thema der weiblichen Vorstellungswelt in der Romanliteratur. Dieses schon in *Jane Eyre* zentrale Thema findet man in *The Room Upstairs* von Mildred Davis (1950) wieder, wo es ebenfalls um die weibliche Rivalität geht, diesmal jedoch unter Schwestern, dargestellt an einer sowohl bedrohlichen als auch inexistenten, schönen wie entstellten Frauengestalt, deren abwesende Anwesenheit im oberen Teil des Hauses verborgen gehalten wird. *Das Geheimnis hinter der Tür*, so lautet auch der Titel eines berühmten Films von Fritz Lang (1948, mit Joan Bennett und Michael Redgrave), in dem, mit verwirrender Ähnlichkeit, die wesentlichen Figuren von *Rebecca* auftreten: eine Frau erfährt, daß der Mann, den sie gerade geheiratet hat, Witwer ist, daß sie also nicht die Erste ist. Die Vergangenheit ihres Mannes lädt sich mit einem Geheimnis auf, das von seinen jähen und unbegreiflichen Anfällen von Gleichgültigkeit oder Abscheu reaktiviert wird. Als sie endlich hinter einer der sieben Türen, die sie nicht hatte öffnen dürfen, das monströse Geheimnis entdeckt, das den Tod der ersten Frau verursachte und beinahe den ihren herbeigeführt hätte, wird das Haus von einer dritten Frau angezündet, die bislang im Hintergrund stand: einer Sekretärin, deren Besonderheit darin besteht, daß sie unter einem Halstuch die Narbe einer Verletzung verbirgt – einer imaginären Verletzung, deren Geheimnis die Heldin lüftet, anders gesagt, deren Abwesenheit, denn es handelt sich um die Quintessenz des Geheimnisses, d. h. des Geheimnisses ohne Gegenstand. Als Mittlerin des Todes, Personifizierung ihres Geheimnisses, übernimmt diese dritte Frau nun *in extremis* und inmitten der

Flammen die undankbare Rolle des Monsters – genau wie in *Rebecca*. In jüngerer Zeit inszenierte auch *Fedora* von Billy Wilder (1978, mit Marthe Keller und Mel Ferrer) zwei Frauen (Erste und Zweite), das Geheimnis, das Halstuch über der Wange, die Wunde sowie jenes (heilige) Monstrum, den Star. Diesmal sind explizit Mutter und Tochter einer dritten Frau als Vermittlerin (der Erzieherin) ausgeliefert, die neben der Monstrosität auch die Aufgabe auf sich nimmt, durch ihren Selbstmord die Auflösung herbeizuführen. Lauter Geschichten weiblicher »Monster«, die um so furchterregender wirken, als sie nicht diejenigen sind, die man sieht, oder das sind, wovon man nur den Schatten sieht.

Rebeccas Geheimnis – das den Roman sowie das Schicksal der Erzählerin umkippen läßt, die nun die Rolle der Heldin übernehmen kann –, dieses Geheimnis kommt ganz langsam zum Vorschein, wie ein langer Aufstieg an die Wasseroberfläche. Zuerst taucht ihr Boot auf, das man anläßlich eines Schiffbruchs auf dem Meeresgrund findet; dann ihre Leiche, die man in der Kajüte entdeckt, während man doch geglaubt hatte, sie sei im offenen Meer ertrunken; schließlich der von außen verschlossene Türriegel. Einen Augenblick lang verdächtigt man Max de Winter, doch die Untersuchung schließt auf ein falsches Manöver und einen Unfall: Ende des Kriminalromans. Doch dann kommt – aber nur für die Heldin und den Leser – die Wahrheit an den Tag. Es ist der Moment des Geständnisses: »Es hat gar kein Bootsunglück gegeben. Rebecca ist nicht ertrunken. Ich habe sie getötet. Ich erschoß Rebecca.«

Enthüllung, Wende – und die ganze Welt kehrt sich mit dem Geständnis um: er liebte die *Andere* nicht. Schlimmer noch, oder vielmehr besser, sehr viel besser: er haßte sie so sehr, daß er ihren Tod wollte: »Du dachtest, ich liebe Rebecca? Du dachtest, daß ich sie getötet habe, obgleich ich sie liebte? Ich haßte sie, will ich dir sagen; unsere Ehe war von Anfang an eine Farce.«

Die meisten Frauen, bemerkte Rousseau feinsinnig, wollen

223

nicht so sehr geliebt als vorgezogen werden ... So ist unsere Heldin nun endlich zufrieden, als sie erfährt, daß sie *wirklich* geliebt, da vorgezogen wird, da die *Andere* verabscheut worden war. Und diesmal ist die *Andere* wirklich tot, von dem Geständnis des Mannes getötet, der sie als einziger endgültig erledigen konnte: in der Vergangenheit begraben, zusammen mit dem Grauen verschwunden. Also Abgang der Ersten und damit auch der Zweiten – denn es gibt keine Zweite mehr, sobald sie in den Vordergrund, auf den ersten Platz gerückt ist. Es gibt nur noch *eine* Geliebte – nur noch *die* Geliebte: »»Ich liebe dich so sehr‹, flüsterte er. Das hatte ich Tag und Nacht von ihm zu hören gehofft, und jetzt sagte er es endlich.« Damit besiegelt das Geständnis des Mannes nicht nur den Mord an der *Anderen,* sondern auch die Heraufkunft der *einen,* endlich einzigen, in den Stand einer *Frau,* die endlich Frau ist – Frau und natürlich potentiell Mutter: »Und Kinder wollen wir auch haben.«
Nach der Aufdeckung des Geheimnisses um den Tod der anderen Frau (er hat sie getötet) und der Umkehrung der Situation durch das Geständnis (er haßte sie) kommt ganz natürlich die unverhoffte Vertauschung der Rollen, die systematische Umwertung der Werte: nicht nur ist die *Andere* nicht mehr, sie ist auch nie gewesen, was sie war, da sie sogar ihr völliges Gegenteil war. In dem Maße, wie der Konflikt sich auflöst, entsteht nach und nach die »richtige Form«: die vollkommene Rebecca verwandelt sich in die nichtswürdige Rebecca, das Gute verkehrt sich in das Böse, das »Wer ist die Erste?« – wem gebührt der erste Platz? – kann sich in »Wer hat angefangen?« wandeln: Wer hat denn angefangen, zu tun, was man nicht tun darf, und zu sein, was man nicht sein darf? Wer hat denn behauptet, die Erste zu sein? »Stück um Stück ging das Puzzlespiel seiner Vollendung entgegen, und die wahre Rebecca nahm vor meinen Augen Gestalt an.« Jene, die eine Zeitlang den Platz der Ersten eingenommen hatte, war bloß eine vulgäre Verführerin (»Sie wußte genau, wie sie die Menschen zu nehmen hatte«); eine

herzlose Frau (»Sie war durch und durch verdorben und böse und verkommen. Wir haben einander nie geliebt, wir sind nicht einen Tag glücklich zusammen gewesen. Rebecca war unfähig zu lieben; Zärtlichkeit und Anstand waren ihr fremd. Sie war nicht ganz normal«); eine Circe (»Wir alle waren von ihr bezaubert, verrückt nach ihr«); eine Dirne (»Es fing damit an, daß sie ihre Freunde hierher einlud. (...) Dann veranstaltete sie Picknicks unten im Bootshaus«); ein Dämon (»Es ist schwer, normal zu bleiben, wenn man mit einem Teufel zusammenlebt«), oder auch eine Schlange: »›Groß und dunkel war sie‹, sagte er, ›wie eine Schlange‹« – und in einem Traum »hielt Max ihre Haare in der Hand, und während er sie bürstete, flocht er sie zu einem langen dicken Seil. Es wand sich wie eine Schlange, und er ergriff es mit beiden Händen, lächelte auf Rebecca hinab und legte es sich um den Hals«. Erstaunlich ist die Ähnlichkeit dieser unheilvollen »wahren« Rebecca mit der archaischen Gestalt der Lilith, diesem »weiblichen Dämon«, den man sich, dem Talmud zufolge, mit langen Haaren vorstellte: Lilith, die auch die erste Frau war, d. h. das erste Weib Adams, die zu beseitigen er Gott bat, um sie durch Eva zu ersetzen. Als Nachtgespenst stellt sie in den östlichen Mythologien den bösen Engel der Unzucht dar. Lilith ist auch der Name, den die Astrologen dem Neumond geben, da er sowohl mit der ausschweifenden sexuellen Tätigkeit als auch mit der unheilbringenden spirituellen Tätigkeit wie der schwarzen Magie assoziiert wird.

Diejenige, die bisher *die* Frau schlechthin verkörperte, war also nicht einmal eine Frau: sie war lediglich ein androgynes Wesen (»In ihrem Segelanzug sah sie wie ein Junge aus, ein Junge mit dem Gesicht eines Botticelli-Engels«, erinnert sich Max – und da tötete er sie), von einer unheilbaren Krankheit befallen, am geheimsten Ort ihrer Weiblichkeit, einem Gebärmutterkrebs. Und als ob das nicht genug wäre, konnte sie auch nicht Mutter werden, dem Arzt zufolge, den das Ehepaar befragt, um sich

Gewißheit zu verschaffen: »Die Röntgenaufnahme gab eine
leichte Deformierung der Gebärmutter zu erkennen, das heißt,
daß sie niemals ein Kind hätte bekommen können. Aber mit
der eigentlichen Krankheit hatte das nichts zu tun.« Merken
wir an, daß diese letzte Enthüllung des Arztes keine narrative
Funktion hat, da sie mit der Handlung wirklich »nichts zu tun«
hat. Im Gegensatz zur Enthüllung der Krankheit, die auf einen
verkappten Selbstmord schließen läßt (Rebecca, die ihren
Mann so sehr provoziert, daß er sie tötet, was sowohl ihre Perversität als auch Maxens Unschuld verstärkt), ist das Motiv der
Unfruchtbarkeit rein psychologischer Natur, gleichsam eine
der Romanautorin entschlüpfte Abrechnung, um besser ver-
künden zu können, daß die andere nicht wirklich Frau war und
sein konnte, denn selbst dann, wenn sie durch den Krebs nicht
eben dort tödlich bestraft worden wäre, wo sie gesündigt hatte
– aus exzessiver Weiblichkeit –, so hätte sie dennoch niemals
Mutter werden können.

Das Opfer

Damit hätte die Geschichte enden können, mit der zauberhaf-
ten »Romanze«, in der sich, in der Ordnung des Phantasmas,
eine Krise auflöst, die in der Ordnung des Realen keine andere
Lösung finden konnte als ein hoffnungsloses Herumbasteln an
zwei vergeblichen Ausflüchten. Dank der Umkehrung der Positionen hätte die Zweite endlich die neue Identität erlangt, die
sie sich von der Heirat versprach: »Mir war, als hätte ich einen
neuen Abschnitt meines Lebens begonnen, in dem nichts wie
früher sein würde. Das Mädchen, das sich gestern abend zum
Kostümball angezogen hatte, hatte ich hinter mir gelassen. Das
alles war vor langer Zeit geschehen. Jetzt saß ein neues, ganz
anderes Ich hier am Fenster.« Indem sie den Platz der Ersten
einnahm, wäre sie endlich die von Maximilian de Winter aner-

kannte Gattin geworden, die wahre Herrin von Manderley, das sie mit Autorität zu leiten gewußt hätte: »Ich hatte nicht gedacht, daß es so leicht wäre, streng zu sein.« Damit wäre sie von der Last jener Identität befreit worden, die sie nicht mehr alleine würde tragen müssen, die sie teilen könnte, vom »ich« der Junggesellin zum »wir« der Ehefrau und schließlich der Mutter übergehend: »Ich würde nie mehr ein Kind sein. Nicht ich, ich, ich würde es in Zukunft heißen, sondern wir und uns. Wir würden zusammen sein.« Es wäre wie in den Märchen, die sich, wie der Roman, fiktional der Krisen der weiblichen Identität annehmen: »Sie heirateten, wurden glücklich und hatten viele Kinder...«

Aber im Hin und Her zwischen diesen beiden gegensätzlichen Fiktionalisierungen des Imaginären, d. h. dem romanhaften Zauber des Märchens, der die glückliche Auflösung herbeiführt, und der tragischen Entzauberung des Mythos, die die Verwicklungen schafft, aus denen man nicht herausfindet, ohne den Knoten zu durchhauen, neigt sich der Roman *in extremis* letzterem zu, indem er das, was in einer »sentimentalen« Fiktion durchaus bei dem Drama-das-gut-ausgeht hätte stehenbleiben können, in eine letzte und düstere Tragödie stößt. Das Tragische übersteht niemand unbeschadet: irgend etwas stirbt dabei zwangsläufig, und zwar keines schönen Todes, sondern durch einen Akt der Gewalt. Dieses Etwas, das untergeht, kann einfach ein bestimmter Stand der Unschuld sein, jener Stand, der den *Preis* der Weiblichkeit ausmacht, in dem doppelten Sinn dessen, was dieser ihren Wert verleiht, sowie dessen, was man dennoch opfern muß, um Zugang zu ihr zu erlangen. Eben dies bemerkt Max: »Der drollige, rührend junge Ausdruck in deinem Gesicht, den ich so liebte, ist für immer verschwunden. Er wird nie wiederkehren. Den habe ich auch getötet, als ich dir von Rebecca erzählte. Innerhalb eines einzigen Tages hast du ihn verloren. Du bist so viel älter geworden...« Und, materieller, kann es auch die Verkörperung der männlichen

Macht sein, die ebenfalls geopfert wird, gleichsam als Preis, der gezahlt werden muß, damit das geschlechtslose Wesen »wirklich« zu seiner Identität als Frau, das junge Mädchen zum Status der Ehefrau und die Zweite, endlich, zum Platz der Ersten Zugang erhält. Hier ist es das herrliche Schloß von Manderley, dessen Anblick die Erzählerin entzückte, als sie noch ein kleines Mädchen war – am Schluß zu Asche geworden durch die wahnsinnige Eifersucht der Erzieherin, der letzten Inkarnation des gefallenen Idols auf Erden, der furchtbaren Göttin. Weil man den Preis – durch das Feuer, das Exil, die Irrfahrt – zahlen muß, um die Zerstörung dessen zu überleben, was geopfert worden ist und was die Lebenden nur noch als Erinnerung quält: Die junge Mrs. de Winter und ihr alternder Mann, die von Hotel zu Hotel ziehen, freiwillig aus der »Welt« Verbannte, das ist auch Antigone, die, nach seinem Sturz, Ödipus führt; es ist Jane Eyre und ihr blinder Ehemann, die sich von allem zurückgezogen haben und den Tod der Ersten sühnen – jenen Tod, der es der Zweiten ermöglichte, die Gattin zu werden, endlich eine Frau zu werden.

Verlust der weiblichen Unschuld im Sieg über die Erste, Verlust der männlichen Macht, die mit dem Schloß dahinschwand – das tragische Ende führt über ein doppeltes Opfer zum Exil des Umherirrens. Insofern könnte man in *Rebecca* eine moderne *Jane Eyre* sehen: der reife Mann, der ihr Vater sein könnte; die erste Frau, der er gegen seinen Willen noch immer angehört; die beängstigende Erzieherin, das Geheimnis und das Geständnis; der Kampf auf Leben und Tod; die niederträchtige Feuersbrunst, die Verstümmelung des Mannes, der in den Stand des Ehemanns zurückkehrt (im Film von Robert Stevenson aus dem Jahre 1944 wurde die Heldin, wie in *Rebecca,* von Joan Fontaine gespielt). Aber es wäre zu einfach, in Daphne Du Maurier nur eine – wenn auch unbewußte – Nachahmerin von Charlotte Brontë zu sehen. Das hieße, einem kalkulierten Spiel zwischen der persönlichen Erfindung einer Originalautorin und der

Unechtheit einer Plagiatorin etwas anzulasten, was einer
gemeinsamen Vorstellungswelt entstammt, die ebenso grundlegend ist wie ein mythologisches Schema – wovon die Zahl und
der Erfolg der Wiederholungen des Themas sowohl im Film als
auch in der Literatur zeugen: ein Beweis für seine außerordentliche und verwirrende Beständigkeit.

Eine Geschichte, die nicht zu Ende geht

Eines der ersten Beispiele in dieser langen Folge ist *Jane Eyre,*
und auch eines der bemerkenswertesten in der Art und Weise,
das Hindernis, den Platz der Ersten einzunehmen, darzustellen. Fast hundert Jahre vor Daphne Du Maurier rückt Charlotte Brontë einen Moment, der vor der Ehe liegt, in den Mittelpunkt der Erzählung: die Heldin stößt nicht, wie in *Rebecca,*
auf die rein innerlichen Hindernisse, die es der zweiten Ehefrau verwehren, den Platz der ersten einzunehmen – obwohl
diese eher psychische als ereignishafte Dimension die Beispielhaftigkeit des Romans ausmacht –, sondern auf ein äußeres
Hindernis, das der Heirat im Wege steht. Wie in *Rebecca* ist die
Verlobung der jungen Hauslehrerin mit dem Schloßherrn der
glückliche Augenblick, wo sich der Stand der Ersten abzeichnet, ohne daß die Drohung, die undeutlich umherspukt,
manifest wird; und die Hochzeit soll ohne Zeremonie, ohne
Prunk, fast heimlich stattfinden, denn dies ist das Los der
zweitklassigen Ehefrauen, deren Rang das Getöse der großen
Familienorgeln nicht rechtfertigt. Doch im Gegensatz zu
Rebecca findet diese Hochzeit nicht statt, die Urkunde wird
nicht unterzeichnet, da im letzten Augenblick das Gesetz in
der Person eines »Gesetzeshüters« einschreitet, der die Existenz einer ersten, noch lebenden Ehefrau aufdeckt: einer
Wahnsinnigen, die man im oberen Stockwerk des Hauses verborgen hält und deren mysteriöse Anwesenheit die junge

229

Hauslehrerin bei ihrer Ankunft im Schloß beunruhigt hatte. Damit befindet sich das Hindernis der Ersten nicht mehr nur im Kopf der jungen Braut, sondern verkörpert sich in einem lebendigen (zum Leidwesen des Ehemannes, der lieber Witwer wäre) und sehr realen, jedoch aufgrund seines Wahnsinns in den Schatten verbannten Wesen – eines Wahnsinns, der das Abbild der geistigen Zerrüttung zu sein scheint, wie sie jeder Zweiten auflauert, die der Obsession der Ersten erliegt… In diesem Punkt weichen die beiden Romane voneinander ab, da nicht nur die Ehe nicht zustande kommt, sondern außerdem der Vergleich zwischen den beiden Frauen von vornherein zugunsten der zweiten ausfällt, die der Mann auch dann der ersten vorziehen würde, wenn diese nicht verrückt wäre. Dieser Wahnsinn der unheilvollen Ersten ist ein fast zufälliger Makel, der ihrem Stand nicht eigentümlich ist, sondern nur ihre Unsichtbarkeit rechtfertigt, der es zu verdanken ist, daß die Zweite einen Augenblick lang glauben konnte, sie würde sich auf diesen so beneidenswerten Platz schieben können. So daß in *Jane Eyre* die Entdeckung der unseligen Anwesenheit der ersten Frau mit der Enthüllung ihrer Unerwünschtheit zusammenfällt, während in *Rebecca* die Handlung des Romans in dem langsamen Auftauchen dieser Anwesenheit und dem mühsamen Zusammenbruch ihrer Macht besteht.

Aber Gesetz ist Gesetz, das Evangelium ist das Evangelium, und die Erste ist die Erste… Und die Zweite ist gar nichts mehr. Sie hat keinen Platz mehr, ja nicht einmal mehr einen Stand. Sie verflüchtigt sich also, in Ermangelung eines Platzes in der Welt, in Ermangelung einer Identität. Denn was anfangen mit einem Körper ohne Stand, einer Person ohne Bindungen, einem Wesen zwischen zwei Namen, einer von jedem Band abgetrennten Frau? Brutal aus dem Stand der Ersten vertrieben, weil sie Rochesters Frau nicht werden kann, und da sie nicht akzeptieren kann, in den Stand der Dritten zurückzufallen, nicht länger die Lehrerin bleiben kann, nachdem sie die Verlobte war, bleibt

230

ihr als einzige Alternative nur, sich anzubieten oder fortzuge-
hen. Denn entweder muß sie sich, wozu ihr ehemaliger Dienstherr und ehemaliger künftiger Ehemann sie auffordert, im
Stand der Zweiten einrichten und den Platz der Konkubine einnehmen, den Rang jener Kurtisanen, die er früher gekannt hat,
jener statuarischen Mätressen, jener professionellen Zweiten:
aber dies liefe dem Evangelium, d. h. ihrem Ruf zuwider, dem
einzigen Kapital mittelloser Frauen, vor allem aber ihrem
Wunsch, in den Stand der Ersten zu treten, in dem sie sich voll
und ganz hat wiedererkennen können. Oder aber sie verschwindet, da sie keinen Stand hat – weder Erste noch Zweite noch
Dritte –, in dem sie in Erscheinung treten könnte. Indem sie in
die Natur flieht, sich der bewohnten Welt und jedem anerkannten Stand entzieht, sieht sie sich von allem entblößt – von
jedem Objekt, das sie mit der Vergangenheit verbindet, von
jedem Anhaltspunkt, von jeder Identität.
Dieser Augenblick markiert den Punkt, wo die Fiktion – wie wir
schon bei *Rebecca* sahen – von der *novel* in die *romance* umschlägt, vom Roman des Realen, der einigermaßen wahrschein-
liche Situationen beschreibt, in den Roman des Phantasmas,
der die imaginäre, höchst unwahrscheinliche Auflösung extre-
mer Situationen in Szene setzt. Denn in diesem ersten Teil war
nichts rundheraus unwahrscheinlich: nur die erste Begegnung
zwischen Jane Eyre und ihrem Dienstherrn auf einem Weg, wo
er vor ihren Augen vom Pferd fällt, gehörte zu jenen glücklichen
Zufällen, bei denen man, wenn sie einem widerfahren, sagt, es
»wäre wie im Roman«. Der zweite Teil dagegen, der mit dem
Weggang der Heldin beginnt, kippt in eine andere Romanebe-
ne, wo sich die Unwahrscheinlichkeiten häufen, gleichsam
überdeterminiert durch die Verbissenheit, mit der die Autorin
auf die Fiktion zurückgreift, um eine verfahrene Situation aufzulösen, für die das Reale keine Lösung mehr bieten kann – die
Vernichtung der Heldin, für die es keinen Stand gibt, den sie
einnehmen könnte. Daher geschieht von nun an alles *durch*

231

Zufall. In einem unbekannten Land umherirrend, in das sie *durch Zufall* gelangt ist, flüchtet sich Jane Eyre, halb verhungert, in ein einsam gelegenes Haus, das sie *durch Zufall* gesehen hat und das von zwei reizenden – wie einem Roman von Jane Austen entsprungenen – Schwestern und deren Bruder bewohnt wird, der Jane Eyre eine Stelle als Dorfschullehrerin anbietet, d. h. die Rückkehr zu ihrem ursprünglichen Stand der Dritten. Die beiden Schwestern machen Jane Eyre zu ihrer Freundin, während der Bruder ihr vorschlägt, sie zu heiraten: wenn sie schon nicht Schloßherrin werden konnte, würde sie, zwar bescheidener, aber wahrscheinlicher als Gattin eines Landpfarrers enden. Doch da entpuppt sich diese kleine Traumfamilie *durch Zufall* als wirkliche Familie, da es sich um entfernte Verwandte handelt, und diese Enthüllung fällt mit dem Augenblick zusammen, wo man *durch Zufall* vom Tod des fernen reichen Onkels erfährt, der Jane Eyre zur Alleinerbin eingesetzt hatte, so daß sie dank diesen glücklichen Fügungen erneut bei ihrem Dienstherrn und Ex-Verlobten vorstellig werden kann, jedoch in einem weit würdigeren Stand als dem einer einfachen Erzieherin, in dem sie ihn getroffen und dann verlassen hatte: ausgestattet mit einer echten Familie, einem Haus und einem kleinen Vermögen. Und so befindet sie sich, durch den allerfiktivsten Kunstgriff der Romanfiktionen, wieder in dem Stand, der sich für jedes junge Mädchen schickt: dem einer gutdotierten Jungfrau, die in der Lage ist, sich um den Stand der Ersten zu bewerben – oder um den der Zweiten, falls sie sich entscheidet, nicht ihren Vetter, sondern ihren ehemaligen Dienstherrn zu heiraten. Denn der ist inzwischen Witwer, nachdem das Schloß völlig abgebrannt war, wie in *Rebecca,* was die erste Frau das Leben (»eine starke Frau mit langem schwarzen Haar, das sich gegen die Flammen abhob«) und den Mann das Augenlicht kostete, der zum Teil impotent geworden ist – wie der gealterte Gatte aus *Rebecca* nach der Zerstörung des Phantoms der Ersten. Unsere Heldin heiratet ihn trotzdem und »übernimmt«

damit, in voller Kenntnis der Dinge, ihren Stand einer Zweiten.

Diese imaginäre Auflösung birgt trotz aller Unwahrscheinlichkeit in bezug auf das Reale auf einer tieferen Ebene eine symbolische Wahrheit über die verschiedenen Ausprägungen des Frauenstands: nämlich daß der Platz der Ehefrau immer schon besetzt ist und daß man ihn nicht erlangt, ohne daß eine andere – die Erste – daran stirbt.

Diese Erfahrung macht auch die Camille aus *Man spielt nicht mit der Liebe* von Alfred de Musset (1834), die sich der Heirat mit Perdican widersetzt, da sie der Überzeugung ist, daß die Ehefrau immer Gefahr läuft, von einer Mätresse ausgestochen zu werden. Ihre eigene Geschichte gibt ihr recht, denn nachdem sie seine erste Verlobte war, bringt sie ihn durch ihre abweisende Kühle dazu, sich Rosette zuzuwenden, ihrer Milchschwester – also im doppelten, hierarchischen wie zeitlichen, Sinne der Zweiten. Camille findet Perdican nur zum Preis von Rosettes Tod wieder: denn vor jeder Verlobten gibt es immer eine andere Frau – Camille für Rosette ebenso wie Rosette für Camille –, die die zweite beseitigen muß, um auf den ersten Platz zu gelangen.

Das Motiv des »Komplexes der Zweiten« kennt in der Literatur unzählige Variationen: chronologische, kontextuelle, narrative, strukturale. So kann die Bosheit der Ersten nicht von der Zweiten, sondern von ihrem eigenen Ehemann gesehen werden wie in einem kurzen Roman von George Eliot, *The Lifted Veil* (1859), wo ein junger Mann dank seiner Sehergabe vorausahnt, daß sich das reine junge Mädchen, in das er verliebt ist, wenn er sie geheiratet haben wird, als schreckliche Megäre, als egoistisch und dumm entpuppen und versuchen wird, ihn zu vergiften; und wie Rebecca und wie die erste Mrs. Rochester in *Jane Eyre* hat sie eine beängstigende Zofe, mit der sie ein furchtbares Geheimnis teilt. Die Kraft, durch die der Schleier sich lüftet, die Macht, die das Phantasma aktiviert, ist bei Eliot die übernatürliche Gabe des die Zukunft voraussehenden Dichters, während es bei Du Maurier der die Vergangenheit offenbarende Unfall und bei Brontë das die Wahrheit der Gegenwart verkündende Wort des Gesetzes ist. Entschleierung, Offenbarung oder Erklärung; Vorahnung, Nachforschung oder Veröffentlichung; übernatürlich, akzidentell oder juristisch; Zukunft, Vergangenheit oder Gegenwart – lauter Modalitäten, mittels derer sich ein Phantasma der Wiederherstellung der Plätze, die das Reale nicht gestattet, in die Fiktion einschreiben läßt. Freilich muß man den Preis dafür zahlen. Bei Eliot hat der Erzähler, ein kränkelnder, überempfindlicher Dichter, einen älteren Bruder, Liebling des Vaters, der vor seinem Unfalltod Berthas erster Verlobter war: also befindet er sich selbst in der Position eines »Zweiten«. Dasselbe gilt für die Autorin: Zur Zeit, als Marian Evans diese Erzählung unter ihrem Pseudonym schrieb, war sie die Geliebte eines verheirateten Mannes. In ihrer Position einer Zweiten träumte sie wahrscheinlich davon, daß sich der Schleier über dem wahren Wert der glücklichen Rivalin lüfte und die geliebte Erste zur verhaßten Ex-Ersten herabsinke: ein Sturz, der hier nicht in der eigenen Position, sondern in der des Mannes phantasiert wird, der, obwohl er den Platz des Ehemanns einnimmt, dreifach ein »Zweiter« ist: durch seinen Rang als jüngerer Bruder, durch seine Position als Freier und durch seinen Platz im Herzen des Vaters ...

Die Frau, die einer geliebten Ersten nachfolgt, kann, wie wir sahen, eine von der Existenz einer früheren Geliebten bedrohte erste Ehefrau sein: dann ist der Komplex weniger rein und weniger heftig, da die Ehefrau nur zeitlich und nicht dem Rang nach die Zweite ist; dennoch stiftet er Unruhe, sowohl aus der Sicht der von einer Vorgängerin bedrohten Gattin als auch aus der Sicht der durch eine Ehefrau ersetzten Geliebten. Letzteren Fall stellt *Der verdorrte Arm* von Thomas Hardy (1888) dar, in dem die Heldin Rhoda, eine verlassene ledige Mutter, sieht, wie der Vater ihres Sohnes in die Heimat zurückkehrt, in Begleitung einer jungen Ehefrau, die sie sich ausführlich von ihrem Sohn beschreiben läßt: ja, die andere ist wirklich so jung und so schön, und so gut. Eines Nachts träumt sie, daß die Rivalin versucht, sie unter ihrem Gewicht zu ersticken, wobei sie ihren Ehering glänzen läßt, wie um sich über sie lustig zu machen; im Schlaf gelingt es ihr, den Inkubus zu besiegen, indem sie diesen linken Arm heftig packt. Kurz darauf erfährt sie, daß die junge Frau seit jener Nacht Schmerzen an diesem Arm verspürt, der seltsamerweise Fingerspuren aufweist und nicht aufhört, zu schmerzen und langsam zu verdorren, so daß dieses Gebrechen nach und nach ihren Ehemann vertreibt. Die ehemalige Geliebte verläßt schließlich mit ihrem Sohn das Dorf, während die junge Ehefrau auf den Rat eines Heilers hin in den Gefängnishof geht, um den Hals eines Gehenkten zu berühren – das einzige Mittel, diese mysteriöse Krankheit zu heilen. Der Gehenkte aber ist kein anderer als der Sohn von Rhoda, die gekommen ist, um den Leichnam ihres Sohnes zu holen, in Begleitung des Ehemanns, da er dessen Vater ist. Vor Schreck stirbt die junge Ehefrau mit dem verdorrten Arm vor ihren Augen. Diese Gestalt vereint also den Neid der (illegitimen) Zweiten auf die (legitimen) Ersten mit der Eifersucht der (älteren) Ersten, die zugunsten der (jüngeren) Zweiten verlassen werden[8]: eine doppelte Gewalt, die sie gegen ihren Willen zur Hexe macht, ausgestattet mit unheilvollen Kräften, die es ermöglichen, ihre unbewußten Mordgelüste gegenüber der Ersten zu befriedigen – jedoch zum Preis des Lebens ihres Sohnes, der, Opfer eines Justizirrtums, die seiner Mutter angetane Ungerechtigkeit auf sich genommen zu haben scheint.

Es kommt auch vor, daß der Platz der Zweiten von einem Mann eingenommen wird, der sich in der Position eines Anwärters auf den Status des zweiten Ehemanns befindet, wie in einem anderen Roman von Daphne Du Maurier, *Meine Cousine Rachel* (1951): Der Erzähler ist diesmal keine zweite Ehefrau und junge Waise, die ihrem älteren Gatten, der als symbolischer Vater fungiert, sehr zugetan ist, sondern ein verwaister junger Mann (auch er ist »ohne Mutter aufgewachsen«), der seinem älteren Cousin, der als Adoptivvater fungiert, sehr zugetan ist. Als dieser im Ausland eine Cousine, Rachel, heiratet, empfindet der junge Mann ihr gegenüber eine Mischung aus Faszination und Abscheu; in seiner Vorstellung sieht er in ihr »ein Ungeheuer, größer als das Leben selbst. Ihre Augen waren schwarz wie Schlehen (...), und sie glitt durch die modrigen Räume der Villa geräuschlos und heimtückisch wie eine Schlange«. Dieser Widerwille schlägt in Leidenschaft um, als die Witwe gewordene junge Frau im Schloß eintrifft. Auch jetzt ist der Erzähler kurz davor, daran zu sterben, und die Geschichte endet tragisch mit dem Tod des faszinierenden Eindringlings. Doch in diesem Fall ist die Position des »Zweiten« nicht das Homolog der zweiten Ehefrau, d. h. ein junger Mann, der aufgrund der zudringlichen Gegenwart eines vorangegangenen Gatten daran gehindert wird, seinen Platz als Ehemann einzunehmen. Es ist vielmehr eine Variation über das Thema der dualistischen Natur der Ersten: faszinierend und abstoßend, prachtvoll und böse, souverän und dem Tod geweiht.

Diese Obsession der Ersten, die die Zweite daran hindert, ihren Platz einzunehmen, findet sich noch in vielen anderen Romanen. In *Die Dame in Grau* von Georges Ohnet (1895) kann die Frau, die einer verstorbenen ersten Gattin nachfolgt, sich nicht von dieser abwesenden Anwesenheit lösen, die verwirrender ist, als eine wirkliche Rivalin es wäre. »Von einem inneren Dämon gepeinigt«, fleht sie den geliebten Mann an: »Ich möchte sicher sein, daß ich keine Rivalin habe, nicht einmal in deinem Gedächtnis... Der Gedanke, du könntest bei mir Vergleiche anstellen, Erinnerungen haben, Bedauern empfinden, ist mir unerträglich, das zerfrißt mir das Herz... Schwöre mir, daß ich für dich alles ersetze, was du je geliebt hast...« Mit dem Porträt der Toten konfrontiert, ruft sie aus, »nach Atem ringend, mit verkrampften Fingern, sich auf die Lippen beißend«: »Das ist sie!« – denn »Annie leidet unter ihrer toten Rivalin mehr als unter ihrer lebenden Rivalin«. Einige Jahre später, in *Une honnête femme* von Henry Bordeaux, steht das Schweigen der betrogenen Ehefrau in Gegensatz zur Faszination, die die Geliebte ihr gegenüber empfindet: »Ist sie noch immer so schön? (...) Deine Frau ist immer bei uns«; und er: »Du bist ja ganz wild darauf, sie hier zu haben.« Wenig später greift Delly in *Esclave... ou reine* in karikaturistischer Form das Motiv von *Rebecca* auf: die junge Ehefrau, Nachfolgerin einer Toten, der unergründliche und ambivalente Ehemann, die Ankunft in einem großen, befremdlichen Anwesen, die Depression, das Geheimnis, seine Entschleierung und schließlich die glückliche Wendung des Status der Ehefrau, die nicht länger Sklavin des Mannes ist, sondern endlich die Königin seines Herzens wird.

Im Jahr darauf wird in *Granatapfelkerne* von Edith Wharton (1911) eine zweite Ehefrau vom Phantom der ersten verfolgt, die Briefe an ihren Ehemann schreibt, der jedesmal unleidlich wird, wenn sie erhält. Das Eintreffen dieser »grauen Briefe« durchdringt das Leben des Paares mit der unausgesprochenen Anwesenheit der ersten Gattin (»Meinen Sie nicht, daß sie überall ist in diesem Haus, und ihm um so näher, als sie für alle anderen unsichtbar geworden ist?«) – bis der Ehemann verschwindet. Und genau mit demselben Motiv beginnt *Vera* von Elizabeth von Arnim (1921): Ein junges Mädchen, das ihren angebeteten Vater verloren hat, verliebt sich in einen Witwer, der selbst vor kurzem unter mysteriösen Umständen seine Frau verloren hat (deren Vorname, wie bei Daphne Du Maurier, dem Roman den Titel gibt). Sie heiraten in aller Stille noch vor Ende der Trauerzeit. Es kommt der so gefürchtete Augenblick der Ankunft in dem Haus, das Veras Haus gewesen ist und in dem der Ehemann nicht die geringste Änderung vorzunehmen gedenkt, da er überzeugt ist, daß diese Nachfolge einer Lebendigen auf eine Tote keinerlei Probleme aufwirft. Doch nun kehrt sich die Quelle des Unglücks um: nicht mehr die Obsession einer unheilvollen Ersten vergiftet das Zusammenleben mit einem Ehemann, der keinen anderen Fehler hat, als für das Drama seiner jungen Frau blind zu sein, sondern die Entdeckung des Charakters dieses Mannes, der sich als egoistisch, selbstgefällig, despotisch, grausam erweist. Der Roman endet in der Schwebe und läßt die junge Frau wehrlos in den Händen dieses modernen Blaubart zurück, der wahrscheinlich seine erste Frau in den Selbstmord getrieben hat... Elizabeth von Arnim greift dieses Thema erneut in *Die Reisegesellschaft* (1909) auf, jedoch in der persiflierenden Form einer Erzählung in der ersten Person, deren Erzähler kein anderer ist als der lächerliche deutsche Baron, der, ohne es zu merken, alle seine Reisegefährten gegen sich aufbringt und sich die Achtung seiner jungen Gattin verscherzt, die er genötigt hat, den fünfundzwanzigsten Hochzeitstag zu begehen, den er mit seiner ersten Frau hätte feiern müssen, wenn sie noch am Leben gewesen wäre (»›Liebe Frau‹, entgegnete ich überrascht, ›du weißt sehr gut, daß es meine Silberhochzeit ist, und daß, was mein ist, von Rechts wegen auch dein ist, und daß sie daher ohne den geringsten zulässigen logischen Zweifel die deine *ist*.‹«)

Noch erstaunlicher ist, daß der Komplex der Zweiten auch in zeitgenössischen Romanen vorkommt. *Une femme empêchée* von Henriette Bernier (1994) zeigt ihn in einer modernen und bäuerlichen Version mit der Geschichte von Mariette, der Tochter kleiner Landwirte, die im Frankreich der dreißiger Jahre Paulin heiratet, Witwer einer im Kindbett gestorbenen Frau, die ihm eine kleine Tochter hinterließ. Über dem Ehebett hängt das eingerahmte Foto der ersten Frau: die zweite kann es nicht verwinden. »Sie ist jung, zart und schön, und am Abend ihrer Hochzeit hat das plötzlich alles keine Bedeutung mehr... Denn da ist die dritte Person. Eine erste, stumme Frau, deren Blick sich auf die beiden anderen senkt, sie jedoch nicht sieht.« Anhand winziger Gegenstände und überaus trivialer Situationen zeigt die Autorin nach und nach, warum ein junges Mädchen »durchdrehen« muß, das sein Leben als verheiratete Frau unter dem Blick einer Toten beginnt, deren Platz es eingenommen hat, so daß es seinen eigenen Platz – seinen Platz als Ehefrau, Hausherrin und Mutter – nie finden kann. Der Mann, der sich nach diesem Unbehagen fragt, begreift schließlich, daß es vielleicht mit dem Foto zusammenhängen könnte: »Und Paulin stiehlt sich ins Schlafzimmer, hängt das Bild ab und trägt es auf den Dachboden. Doch die Tapete ist abgeblaßt, und über dem Bett zeichnet sich nun ein dunkleres Oval ab.« Der Platz der Ersten ist gekennzeichnet; er läßt sich nicht mehr auslöschen. Die Zweite schließt sich in einer larvierten Depression ein, die ihren Namen nicht verrät: sie wird bulimisch, manisch-depressiv. »Ihr fehlt, daß sie nicht mehr weiß, wo ihr Platz ist«, erklärt der Arzt. Man muß sie ins Krankenhaus bringen, in eine Abteilung, deren Name nicht genannt wird: zu den Irren, wo sich der einzige Platz befindet, den sie einnehmen kann.

Moderner, weil in der heutigen Zeit in Paris spielend, stellt *Sa femme* von Emmanuèle Bernheim (1993) eine Version des Komplexes der Zweiten aus der Sicht der Geliebten vor: Eine unverheiratete junge Ärztin hat ein Verhältnis mit einem Familienvater; sie denkt viel an »seine Frau«, die sie zwar nicht kennt, sich jedoch gerne vorstellt. Am Tag, an dem er ihr gesteht, daß er gar nicht verheiratet ist, sondern diese Fiktion nur erfunden hat, um seine Freiheit zu bewahren, weigert sie sich, ihn zu heiraten, und verläßt ihn, um sich einem ihrer Patienten zuzuwenden, dessen Frau sie kurz gesehen hat. Hier handelt es sich also um eine perverse Version des Komplexes der Zweiten, der zum Zwang geworden ist, sich mit einer anderen Frau – der ersten – zu messen, mit Hilfe eines Mannes, der lediglich das Werkzeug eines Kampfs um die Identität ist, bei dem es weniger darum geht, zu siegen und sich den Mann anzueignen, als vielmehr darum, die jeweiligen Plätze zu instituieren, zu markieren, zu wiederholen: Zweite und Erste zu beiden Seiten des Ehemannes, in einem endlosen Trio – einem perversen Dispositiv ähnlich dem, das Lol V. Stein erfand, um mit ihrer besten Freundin und deren Liebhaber den Platz der Abwesenheit wiederzufinden, der ihr in einer Nacht ein für allemal zuteil geworden war.

Diesen Romanen der jungen Frau, die angesichts eines reifen Mannes mit der Rivalität gegenüber einer Ersten konfrontiert ist, war meist ein großer Erfolg beschieden, sie wurden zu Klassikern oder Bestsellern – ein Zeichen für die emotionale Fracht dieses Themas.[9] Bleibt die Frage, was an diesem Motiv Autoren und Leser – und vor allem Leserinnen – so fasziniert.

Vom Roman zum Mythos

Ob nun symbolisch wie in *Rebecca* oder real wie in *Jane Eyre,* der Zugang zum Stand der zweiten Ehefrau erfolgt nur um den Preis der – hier symbolischen, dort realen – Beseitigung der bloßgestellten Rivalin, was unmittelbar den Verlust der Potenz des Ehemanns zur Folge hat: der symbolischen Potenz des Schlosses, das am Ende durch die Feuersbrunst zerstört wird; der körperlichen Potenz durch das vorzeitige Altern des Ehemanns in *Rebecca* und, in *Jane Eyre,* durch die Verstümmelung des heroischen Gatten, der sein Augenlicht und eines seiner Glieder (den Arm) verliert. Das heißt, daß das, was die Verführungskraft des Mannes ausmacht, nicht zu trennen ist von der Obstruktionskraft, die die Rivalin seiner Inbesitznahme entgegensetzt; und die Auflösung letzterer kann nicht ohne die Schwächung, ja die Vernichtung jener erfolgen. Damit bestätigt sich die Theorie von René Girard: Es gibt keinen Wunsch ohne einen Vermittler, der das Objekt genau deshalb als begehrenswertes Objekt bezeichnet, weil er es begehrt oder bereits besitzt. Anders gesagt, es gibt keinen Wunsch ohne Behinderung des Wunsches, da das begehrte Objekt zwangsläufig einem anderen gehört – sonst würde es nicht als begehrenswert erscheinen und daher nicht begehrt werden. Wenn die Erste nicht bereits da wäre, um bei einer anderen den Wunsch zu nähren, ihrerseits von dem Gatten begehrt zu werden, hätte die Zweite kaum einen Grund, einen so heftigen Wunsch zu entwickeln, ihren Platz an seiner Seite einzunehmen, ihn zum Objekt ihres Wunsches, begehrt zu werden, zu machen: so will es das harte

Gesetz, das uns die romanhafte Wahrheit der Triangulation des Begehrens enthüllt, während die romantische Illusion des verliebten Beisammenseins sie uns gleichzeitig verhüllt.

Diese Interpretation reicht jedoch nicht aus, der Besonderheit des Komplexes der Zweiten Rechnung zu tragen: denn im Unterschied zum Modell Girards, das für beide Geschlechter gleichermaßen gilt, scheint dieses Motiv spezifisch weiblich zu sein, zumindest was den Gegensatz zwischen seiner ständigen Wiederkehr im Roman und der Seltenheit seiner männlichen Äquivalente betrifft. Eine Ausnahme scheint der Fall der *Liebenden vom Tajo* von Joseph Kessel (1968) zu sein, eine Art umgekehrte *Rebecca,* da von einem Mann als einem wahren »Zweiten« aus gesehen: Ein Liebender, vom idealisierten Bild des Ehemanns seiner Geliebten besessen – die einwilligte, ihren Gatten zu töten, während er, symmetrisch dazu, zum Mörder seiner Frau wurde –, bleibt eifersüchtig auf die Vergangenheit, die der ermordete Ehemann verkörpert, ein Mann, der alle Anzeichen von Vollkommenheit aufweist, in Wirklichkeit aber, wie sich herausstellt, ein »perverser Irrer« war, den sie vor allem deswegen getötet hat, weil sie ihn haßte. Man findet hier also, im Maskulinum, das Drama der Zweiten wieder, die in ihrer Liebesbeziehung durch die »Anwesenheit« einer Ersten behindert wird, und zwar einer Ersten, die zuerst idealisiert, dann – Happy-End verpflichtet – in ihrer Niedrigkeit oder Perversität erkannt wird.

Die Obsession des »Ersten« im Roman von Kessel betrifft freilich nur die Fähigkeit des »Zweiten«, mit der Geliebten eine dauerhafte Beziehung einzugehen, ohne deshalb seine Identität zu beeinträchtigen wie bei der Zweiten, die Gefahr läuft, ihren Verstand, ja ihr Leben zu verlieren. Dies ist ein erster, narrativer Unterschied zu unserem Modell. Ein weiterer, historischer Unterschied ist die Seltenheit dieses Falls im Roman. Bleibt also zu verstehen, was nicht nur die Häufigkeit und den Erfolg des »Komplexes der Zweiten« in der abendländischen

Literatur ausmacht, sondern auch seine spezifisch weibliche
Dimension, zu deren Verständnis das zwar zutreffendere, aber
zu allgemeine Modell der Triangulation des Begehrens nicht
ausreicht.

Eine Homologie

Wir müssen zu einem anderen Interpretationsmodell greifen,
das in all seiner Deutlichkeit zutage tritt, sobald man sich nicht
nur von den *Personen* des Romans (die Erzählerin, Max, Rebecca), sondern auch von den narrativen *Figuren* (die zweite Ehefrau, der Witwer, die erste Frau) löst und sich der strukturalen
Position dieser Personen und Figuren zuwendet. Die Person Max,
die Figur des Ehemanns, nimmt dann die Position des Familien-
vaters ein; die Person Rebecca, die Figur der ersten Ehefrau,
nimmt die Position der legitimen Gattin, ja der Frau schlechthin
ein, so wie sie für ein Kind die Mutter verkörpert; was die Person
der Erzählerin betrifft, die Figur der zweiten Ehefrau, so nimmt
sie die jeder »Zweiten« zufallende Position ein: sei es in der hierarchischen Ordnung der Legitimität, wie im Fall der Geliebten
gegenüber der Gattin, oder in der zeitlichen Ordnung, wie im
Fall der zweiten Gattin gegenüber der ersten – und der Tochter
gegenüber der Mutter.
Es genügt, diese strukturale Transformation vorzunehmen,
indem man zu den jeweiligen Positionen der von den Romanpersonen verkörperten Figuren zurückgeht, um in dieser Rivalität auf Tod und Leben, die zwei Frauen bei der Eroberung der
Liebe eines Mannes gegeneinanderstellt, die Homologie – die
strukturale Identität – zwischen der Situation der mit der
ersten Gattin um die Liebe des Ehemanns rivalisierenden Gattin und der Situation der mit ihrer Mutter um die Liebe des
Vaters rivalisierenden Tochter deutlich zu machen. In dieser
strukturalen Konstellation ist die Zweite das Homolog der

Tochter (oder der Stieftochter), so wie die Erste das Homolog der Mutter (oder der Stiefmutter) ist: die zweite Ehefrau verhält sich zur ersten wie die Tochter zur Mutter. Es zeigt sich nun, daß die Person Rebecca, die im Roman so sehr im Mittelpunkt steht, daß sie ihm seinen Titel gibt, nicht nur die imaginäre Figur der ersten Ehefrau, sondern auch den symbolischen Platz der Mutter verkörpert. Diese ist symbolisch um so präsenter, je verdeckter sie auf narrativer Ebene ist, da präzisiert wird, daß der Ehemann, wie die Erzählerin und Rebecca selbst, keine Mutter hat (das gleiche gilt für Jane Eyre): dort abwesend, wo man sie erwartet, ist die Mutter dort allgegenwärtig, wo man sie nicht erwartet, vor allem gerade dort, wo sie nicht sein sollte.

Im Licht dieser Homologie fügen sich andere Romane in denselben Reigen ein, die nicht eine zweite Ehefrau vorstellen, sondern ein junges Mädchen im Kampf mit einer Frau, die im Herzen des Vaters als »Erste« fungiert, auch wenn sie den Status einer Zweiten hat: zweite Ehefrau oder Geliebte, die die Mutter ersetzt haben. So führt *La Louve dévorante* von Delly (1951) in die Intimität eines reinen jungen Mädchens eine Verkörperung der bösen Stiefmutter ein, einer ehemaligen Gesellschafterin, die die zweite Frau des Vaters geworden ist, um sich das Familienvermögen zu erschleichen – eine »gefräßige Löwin«, wie man jene Fremde nennt, »die im Haus zur unumschränkten Herrin geworden war«. So erscheint auch *Bonjour tristesse* von Françoise Sagan (1954) als eine moderne und aufgeklärte Version des Komplexes der Zweiten, denn hier tritt eine heranwachsende Halbwaise auf, die, mit der Geliebten ihres Vaters konfrontiert, dieser gegenüber von der haßerfüllten Ambivalenz zur Traurigkeit eines dunkel ersehnten Verschwindens übergeht. Kurz zuvor, in *Die Favoritin* (1951), präsentierte Françoise Mallet-Joris die gleiche Ambivalenz im Verhältnis der Tochter zu der vom Vater geliebten Frau nicht in Form der Rivalität und des Todeswunsches, sondern in Form der Faszination und der homosexuellen Beziehung, die aufgrund der Heirat des Vaters mit seiner Geliebten für die Tochter tragisch endet.

Auffällig selten hingegen wird die Rivalität einer Tochter mit ihrer Mutter um die Eroberung der Liebe des Vaters in Szene gesetzt: hier würde es sich um die primäre – und nicht mehr durch Verschiebung auf die erste Ehefrau oder die Stiefmutter symbolisierte – Version des Komplexes der Zweiten handeln, der dann für die Frau das genaue Äquivalent des Ödipuskomplexes wäre.[1] Dies rührt wahrscheinlich daher, daß der moderne Roman, anders als die griechische Tragödie, die direkte Fiktionalisierung verbotener Gefühle nicht gestattet.

Ödipus im Femininum

»Todeswunsch gegenüber dem Rivalen als Person gleichen Geschlechts und sexueller Wunsch gegenüber der Person des entgegengesetzten Geschlechts«[2]: diese kanonische Definition des »Ödipuskomplexes« im Drama von Sophokles – die Geschichte desjenigen, der einen Mann tötete, ohne zu wissen, daß er sein Vater war, und eine Frau heiratete, ohne zu wissen, daß sie seine Mutter war – gilt ebenso für die Geschichte von *Rebecca,* deren Heldin es gelingt, symbolisch eine Frau zu töten, die den Platz der Mutter einnahm, und die Liebe des Mannes zu erringen, der ihr Vater sein könnte. Die Romane der Zweiten erscheinen somit als Ausdruck eines weiblichen Komplexes, den die Autorin in ein Drama des Dreiecksverhältnisses Erste/ Ehemann/Zweite umgewandelt hat (genauso wie die Romane der zustimmenden Ersten mit einem jungen Liebhaber romanhafte Ausdrucksformen des männlichen Ödipuskomplexes waren, die der Romancier in ein Drama des Dreiecksverhältnisses Ehemann/Ehefrau/Liebhaber umgewandelt hat). Und der »Komplex der Zweiten« erweist sich als das romanhafte Äquivalent des Ödipusmythos – was man geneigt wäre, als »weiblichen

Ödipus« zu bezeichnen, wenn es sich dabei nicht um eine *contradictio in adjecto* handelte, da der Name »Ödipus« mit dem Dreiecksverhältnis Vater/Mutter/Sohn auf eine zwangsläufig männliche Konstellation verweist.

Nicht dem Roman, sondern der Mythologie entnahm Freud das fiktionale Gerüst seiner Theorie. Doch wenn er es sich ungeachtet der kulturellen Hierarchien seiner Epoche gestattet hätte, dem Roman Aufmerksamkeit zu schenken, dann hätte er dort ein Element gefunden, das bei ihm fehlt: die fiktionale Gestaltung dessen, was der Ödipusmythos, im ursprünglichen Dreiecksverhältnis Vater/Mutter/Kind, für die Töchter wäre. Die Freudsche Theorie hat sich indes mit dieser Abwesenheit abgefunden, da sie diese, ohne sich mit der Hypothese einer Lücke im empirischen Material zu befassen, als eine Gegebenheit des Erlebten konzeptualisierte: entweder weil der Ödipuskomplex für die Töchter keine strukturierende Gegebenheit ist, oder weil es keinen spezifisch weiblichen Ödipus gibt. Diese doppelte Lösung besitzt jedoch in Freuds Schriften keinen affirmativen Charakter, als stieße er sich hier an einer Ungewißheit, einem Gefühl der Unfertigkeit: »Wollen Sie mehr über die Weiblichkeit wissen, so befragen Sie ihre eigenen Lebenserfahrungen, oder Sie wenden sich an die Dichter, oder Sie warten, bis die Wissenschaft Ihnen tiefere und besser zusammenhängende Auskünfte geben kann«, erklärte er 1932 in seiner Vorlesung »Die Weiblichkeit«, womit er selber auf die Grenzen seiner Theorie hinwies und empfahl, auf die Fortschritte der Wissenschaft oder auf die Literatur zu setzen. Bleibt, ihn beim Wort zu nehmen und die literarische Fiktion als Forschungsmaterial zu behandeln.

Wenn also die psychoanalytische Theorie nicht über eine Fiktionalisierung des Dreiecksverhältnisses Vater/Mutter/Tochter verfügt, die ebenso paradigmatisch wäre wie in der Freudschen Lehre das Drama des Sophokles für das Dreiecksverhältnis Vater/Mutter/Sohn, so liegt das zunächst an einer Lücke in der mythologischen Literatur. Denn auch wenn diese eine Vielzahl von Erzählungen enthält, die Rivalitäten zwischen Frauen darstellen, so inszeniert sie diese entweder aus der Sicht der legitimen Gattin (Hera und ihre Rache gegen die zahllosen Eroberungen von Zeus; Medea, die ihrer Rivalin ein brennendes Kleid schenkt) oder aus der Sicht der beiden Antagonistinnen (wie Aphrodite und Artemis), die sich in einer gleichwertigen Position befinden, gleichermaßen frei von Bindungen und dem männlichen Begehren verfügbar oder von ihm verwundbar. Dagegen ist sie sehr arm an Erzählungen, die die untergeordnete – im eigentlichen Sinne »ödipale« – Position des weiblichen Subjekts zum Ausdruck bringen, wenn dieses in der Familienkonstellation nicht der erste Repräsentant seines Geschlechts ist. Gewiß gibt es die Person der Elektra, die eine Tochter im Kampf mit dem Elternpaar darstellt. Aber man muß schon besonders taub für den Wortlaut der Erzählung und ihre Symbolik sein, um in dieser Person den, wenn auch unschuldigen, Auslöser eines mit einem Inzest einhergehenden Vater- oder Muttermords zu sehen, wie Ödipus es war; denn Elektra ermordet ihre Mutter Klytämnestra nicht, sondern verlangt, daß diese Frau, die mit Hilfe ihres Liebhabers ihren Ehemann getötet hat, abgeurteilt werde; und sie schläft nicht mit ihrem Vater Agamemnon, sondern fordert für ihn Gerechtigkeit; und schließlich übertritt sie nicht die Gesetze, sondern verlangt lediglich deren Anwendung, wenn sie die gerechte Rache fordert, die ihr Bruder Orestes vollstrecken wird. Dies sind drei erhebliche Unterschiede zur Geschichte des Ödipus, der mit dem Elternteil des gleichen Geschlechts rivalisiert und vom Elternteil des entgegengesetzten Geschlechts angezogen wird. Auch wenn Elektra den Haß der Tochter auf die Mutter und die Zuneigung für den Vater verkörpert, so nicht in der doppelten Übertretung der beiden wichtigsten Verbote, nämlich Vatermord und Inzest, sondern im Gegenteil in der Forderung nach Achtung des Gesetzes.

Doch das alles hält C. G. Jung nicht davon ab, die weibliche Version des Ödipuskomplexes »Elektrakomplex« zu nennen.[3] Zu den Lücken in der mythologischen Literatur gesellen sich somit die Lücken in der psychoanalytischen Theorie, die diese Abwesenheit eines weiblichen Äquivalents des Ödipusmythos wenig bekümmert oder, wenn sie nach einem solchen sucht, es dort zu finden meint, wo es nicht ist. Freud kritisierte im übrigen die von Jung unbedacht vorgeschlagene Benennung: »Ich sehe in der Einführung des Terminus ›Elektrakomplex‹ keinen Fortschritt oder Vorteil und möchte denselben nicht befürworten«, präzisiert er in einer Fußnote, nachdem er den »weiblichen Ödipuskomplex« erwähnt hatte.[4] Doch er tat dies nicht, um etwas anzuprangern, was uns als merkwürdige Ungeniertheit oder bestenfalls als Zerstreutheit seines ehemaligen Schülers bei seiner Lektüre des Mythos erscheint, sondern weil er mit der damit vorausgesetzten Symmetrie oder Analogie zwischen der Situation des Knaben und der des Mädchens nicht einverstanden war.[5] Aber legte er nicht selbst die gleiche merkwürdige Ungeniertheit oder die gleiche Zerstreutheit an den Tag, wenn er nicht bemerkt, daß der Ausdruck »weiblicher Ödipuskomplex« die Symmetrie oder Analogie weit mehr voraussetzt als der Ausdruck »Elektrakomplex«?

Mit anderen Worten: Für Freud ist der psychoanalytische Inhalt des männlichen und des weiblichen Komplexes asymmetrisch, aber die mythologische Form, die er ihnen durch den Namen »Ödipuskomplex« verleiht, ist ähnlich, da er die Situation des Mädchens der des Knaben nachbildet. Für Jung dagegen ist der psychoanalytische Inhalt symmetrisch, doch die ihm durch den Ausdruck »Elektrakomplex« gegebene mythologische Form verweist auf eine nicht symmetrische Erzählung. Der merkwürdigen Blindheit Jungs, der nicht sieht, daß die Geschichte der Elektra nur eine sehr geringe Ähnlichkeit mit der des Ödipus hat, entspricht die ebenso merkwürdige Blindheit Freuds, der kaum darauf achtet, daß es, wenn es eine spezifisch weibliche Erfahrung gibt, widersprüchlich ist, ihr eine Bezeichnung zu geben, die ausdrücklich auf die männliche Erfahrung verweist. Die ödipale Frage scheint in der psychoanalytischen Theorie also gleichsam von einem gewissen Androzentrismus geprägt zu sein – jener Tendenz, das Männliche zu verallgemeinern, es zum Maßstab zu nehmen, ohne zu sehen, daß es sich lediglich um einen besonderen Standpunkt handelt –, der die Frage der Weiblichkeit zur bloßen Projektion der männlichen Erfahrung macht.[6]

Man mag es daher bedauern, daß Freud, zweifellos Opfer des schlechten Rufs, in dem die Romanproduktion in der Kultur seiner Zeit stand, die Romanciers nicht ebenso aufmerksam gelesen hat, wie er Sophokles zu lesen verstand. Das hätte ihn vielleicht davor bewahrt, allem Augenschein zum Trotz zu behaupten: »Die schicksalhafte Beziehung von gleichzeitiger Liebe zu dem einen und Rivalitätshaß gegen den anderen Elternteil stellt sich nur für das männliche Kind her«, und »Für das Mädchen ist die Ödipussituation der Ausgang einer langen und schwierigen Entwicklung, eine Art vorläufiger Erledigung, eine Ruheposition, die man nicht so bald verläßt.«[7] Das Problem besteht indes nicht darin, zu bestimmen, ob der »weibliche Ödipus« dem des männlichen symmetrisch ist oder nicht: weil es nicht darum geht, das Weibliche *mit* dem Männlichen oder das Männliche *mit* dem Weiblichen zu vergleichen, sondern sie *untereinander* zu vergleichen, um ihre Ähnlichkeiten und ihre Unterschiede herauszuarbeiten; anders gesagt, es geht nicht darum, in einer ontologischen Perspektive das eine an das andere anzugleichen, sondern sie in einer heuristischen Perspektive in Parallele zu setzen.[8] Die Frage ist nicht, das eine an das andere anzupassen, um die Gleichheit der Geschlechter und das Recht der Frauen zu bekräftigen, ebenso wie die Männer über einen Ödipuskomplex zu verfügen (die sanfte feministische Version des fordernden Egalitarismus); noch umgekehrt, das eine vom anderen zu trennen, um die Irreduzibilität des Weiblichen auf das Männliche und das Recht der Frauen zu bekräftigen, den Männern nicht zu ähneln (die harte feministische Version des radikalen Separatismus). Es geht vielmehr darum, die demonstrative Blickrichtung des Denkers oder des Ideologen aufzugeben, um die deskriptive Haltung des Forschers einzunehmen und aufzuzeigen, worin der »Komplex der Zweiten« und der »Ödipuskomplex« einander ähneln und worin sie sich unterscheiden. Worin sie einander ähneln ist das Dreiecksverhältnis rivalisierender Elternteil/begehrter Elternteil/Kind: das heißt in der Mythologie in der Form Vater/Mutter/Sohn; oder im Roman in der Form Erste/Erster/Zweite.

Die Unterschiede rühren in erster Linie daher, daß es sich im einen Fall um einen Roman und im anderen um einen Mythos handelt, mit allen sich daraus ergebenden Merkmalen.[9] Zunächst ist der Roman aufgrund seiner Personen wie seiner Leserschaft und seiner Autoren eine traditionellerweise feminisierte Gattung, was ihm lange Zeit ein negatives Vorurteil eintrug, das nicht nur seiner imaginären Dimension galt, sondern wahrscheinlich auch seiner weiblichen sowie seiner sexualisierten Dimension: die eine wie die andere bewirkten, daß er wegen seiner literarischen Minderwertigkeit von den Wissenschaftlern verachtet und wegen seiner Unmoral von den Erziehern gefürchtet wurde.[10] Sein einstiger Mißkredit war zweifellos nicht sehr weit von dem schlechten Ruf entfernt, in dem heute die Fernsehproduktion steht; so daß man sich fragen darf, ob sich die Poesie und die antike Literatur, hochstehende literarische Gattungen, zum Roman nicht so verhielten wie dieser heute zum Fernsehen.[11] So konnte der Roman sein derzeitiges Ansehen nur um den Preis eines ausgeprägten Unterschieds zwischen den Gattungen erwerben, der die edle Gattung des psychologischen Romans in Gegensatz brachte zu dem Jugendlichen und wenig gebildeten Lesern vorbehaltenen »populären« Roman, sei er nun weiblich (Liebe) oder männlich (Krimi, Science Fiction, Spionage, Abenteuer oder Erotik).[12]

Die zweite Besonderheit des Romans ist sein Anspruch auf Wahrscheinlichkeit. So zeigt er im Unterschied zum Mythos das ursprüngliche Dreiecksverhältnis in einer matrimonialen und gewöhnlichen Version – Jungfrau ehelicht einen Mann, der schon einmal verheiratet war –, die mit der filialen und ungewöhnlichen Version kontrastiert – Sohn, der die Frau seines Vaters heiratet –, wie die Tragödie sie vorstellte. Es ist dies eine annehmbare Euphemisierung des Komplexes begehrende Tochter/begehrter Vater, bei der letzterer durch den Ehemann und die Mutter durch seine verstorbene Ehefrau dargestellt wird. Ersetzt man das ursprüngliche familiale Dreiecksverhältnis (Vater/Mutter/Kind) durch ein sekundäres Dreiecksverhältnis (Ehemann/Ehefrau/Ehefrau), dann genügt es den modernen Codes des Wahrscheinlichen, der eigentlich romanhaften Ökonomie des fiktiven Berichts.

Aber durch dieses Wahrscheinlichkeitsgebot unterscheidet sich der Roman nicht nur vom Mythos, sondern auch vom Märchen, in dessen Nähe ihn ansonsten die Fülle der Erzählungen von »Zweiten« in der Volksliteratur der Märchen und Legenden rückt. Es handelt sich meist um Figuren guter Töchter, die mit einer bösen Stiefmutter konfrontiert sind wie in *Schneewittchen* oder *Aschenputtel,* mit einer bösen alten Fee wie in *Dornröschen* oder mit einer abwesenden Mutter, die einem allzu präsenten Vater nicht hinderlich sein kann, wie in *Die Eselshaut.* Seltener findet man hier, wie in *Blaubart,* die Figur einer zweiten Ehefrau, die mit einem ganzen Schrank voller Erster konfrontiert ist und deren Überleben nun nicht davon abhängt, sie zu ersetzen wie in den romanhaften Formen des Komplexes der Zweiten, sondern zu vermeiden, das traurige Los der Ersten mit ihnen zu teilen, nämlich von einer künftigen Zweiten aus dem Herzen eines Ehemanns verdrängt zu werden, der entschieden außerstande ist, sich festzulegen. »Die ödipalen Probleme des kleinen Mädchens sind anders, und die Märchen, die ihnen helfen, sie zu lösen, haben selber einen anderen Charakter. Was das

kleine Mädchen daran hindert, ununterbrochen in vollkommenem Glück mit dem Vater zu leben, ist eine ältere und böse Frau
(d. h. die Mutter)«: damit betonte Bruno Bettelheim die spezifisch weibliche ödipale Dimension des Märchens, durch die es
zum Äquivalent eines »Bildungsromans« für Töchter wird.[13]
Das kann auch für den Kinderroman gelten wie *Les Malheurs de
Sophie* der Gräfin von Ségur (1864), wo das ungeschickte kleine
Mädchen unablässig der Strenge seiner schrecklichen Rabenmutter begegnet.[14]
Nahezu abwesend in der antiken Mythologie und anwesend im
Märchen, jedoch in der scheinbar entsexualisierten Form der
Familiengeschicke des kleinen Mädchens, hat der Komplex der
Zweiten also lange warten müssen, bis er seine matrimoniale
und folglich sexualisierte Fiktionalisierung fand, bis eine dem
weiblichen Ausdruck zugängliche literarische Gattung entstand: der Roman, wo der »Komplex der Zweiten« zum erstenmal voll zum Ausdruck kommen konnte, da er ihn vom kleinen
Mädchen auf die erwachsene Frau verschob und damit sowohl
den modernen Wahrscheinlichkeitsgeboten als auch seiner
sexuellen Dimension gerecht wurde. Aber vermutlich lag es
auch an ihm, daß man diesem Komplex so wenig Aufmerksamkeit schenkte: so daß es das Drama des Sophokles der Psychoanalyse zwar erlaubte, den männlichen »Ödipuskomplex« in
einer gemeinsamen Vorstellungswelt zu verankern, die Romanfiguren des Komplexes der Zweiten dagegen in der psychoanalytischen Lehre, die sich für die Realität der weiblichen Psyche
recht wenig interessierte, kaum ein Echo fanden. Doch weil sich
der Roman gerade letzterer besonders annahm, bietet er der
Reflexion eine entschieden nicht-androzentristische Perspektive (obgleich sie bisweilen von männlichen Autoren stammt, die
für die weibliche Erfahrung vielleicht sensibler sind als andere),
mittels des imaginären Ausdrucks (der unauffindbar ist, solange man an der landläufigen Mythologie festhält) jener Position
(die undenkbar ist, solange man an der männlichen Version der

Familienkonstellation festhält), welche die Zweite einnimmt:
Tochter oder Stieftochter, Geliebte eines verheirateten Mannes
oder Gattin eines Witwers.

Aber nicht nur durch die romanhafte Form seines imaginären
Ausdrucks unterscheidet sich der Komplex der Zweiten vom
Ödipuskomplex, sondern auch aufgrund einer zumindest
ebenso folgenschweren narrativen Besonderheit.

Jenseits der Sexualtheorie

Weissagung und Ausgesetztwerden von den Eltern, Identitäts-
wechsel und unfreiwilliger Vatermord, Prüfung angesichts der
Sphinx, sodann triumphaler Einzug in die Stadt und Heirat
mit der Königin: in *König Ödipus* geschieht das Wesentliche der
Handlung, das die dramatische Situation herbeiführt, mit der
die Tragödie beginnt, *vor* dem sexuellen Akt, dem Angelpunkt,
an dem der Status des Helden vom Triumph in den Niedergang
umschlägt, sobald seine wahre Identität und damit sein doppeltes Verbrechen ans Licht kommt und mit Selbstverstümmelung und Umherirren bestraft wird. In *Rebecca* dagegen
geschieht das Wesentliche *nach* dem sexuellen Akt, d. h. nach
der Hochzeit, die in der Erzählung sehr früh stattfindet; und in
Jane Eyre geschieht das Wesentliche, *ohne* daß es zum sexuellen
Akt kommt, da das Ehehindernis den Kern der Handlung bildet. Während die Triebfeder der mythischen Erzählung dem
Einzug in die Stadt und der Kopulation mit der Königin vorausgeht, entspinnt sich die Romanfabel entweder nach der Prüfung des Einzugs ins Schloß und der Defloration durch den
Herrn oder in der Unmöglichkeit, dahin zu gelangen. Wenngleich also das Phantasma des hierarchischen Aufstiegs beiden
Fiktionen gemeinsam ist – *König* Ödipus, die zur Schloßherrin
aufgerückte arme Waise –, so besteht zwischen Mythos und
Roman doch ein erheblicher Unterschied hinsichtlich der

Natur des Bandes, das diesen Aufstieg gestattet. Beim Komplex
der Zweiten geht es im wesentlichen nicht um den Besitz des
begehrten Anderen, um den Zugang zu seinem Körper und
damit zum eigenen Genuß, sondern um den uneingeschränk-
ten Zugang zu dem Status, zu dem dieser Besitz im Idealfall verhilft: legitime Gattin und einzige Geliebte, uneingeschränkt als
solche anerkannt, insofern sie unangetastet und funktionsfä-
hig ist – d. h. Jungfrau und befruchtbar.

Zwischen Mythos und Roman findet also eine Verschiebung
des Einsatzes statt: vom sexuellen Akt zur Identitätsfindung –
oder mit anderen Worten vom *Haben* (Besitz des Anderen) zum
Sein (Anerkennung seiner selbst). Dies ist der wesentliche
Unterschied, der mit der Statusänderung der Fiktion einhergeht. So ist das Verschwinden des Rivalen, das der Inbesitznahme des begehrten Anderen vorausgeht, der erste Vorfall in der
Geschichte von *Ödipus,* während die Vernichtung der Rivalin,
die auf die quälende Wiederkehr dieses verdrängten Hindernis-
ses folgt, der letzte Vorfall von *Rebecca* und *Jane Eyre* ist: dank
seiner verwandelt sich die Erste aus der angebeteten Frau in die
verabscheute Frau oder aus der Anwesenden in die Abwesende;
der Ehemann aus dem untröstlichen Witwer in den durchaus
entschuldbaren Mörder; und die Zweite geht vom Stand im
Schatten einer anderen in den einer vollwertigen Person über –
jedoch um den Preis des Umherirrens, das, wie bei Ödipus, das
Schicksal derer besiegelt, die sich ihres Platzes beraubt sehen,
weil sie sich ungebührlicherweise den Platz anderer angeeignet
haben. Im Unterschied zum Mythos geht es im Roman also
nicht mehr um die Erfüllung eines mit einer Machtphantasie
verbundenen sexuellen Wunsches (die Königin zu heiraten),
sondern um eine mit einer Souveränitätsphantasie verbundene
Identitätssuche (als legitime Ehefrau des Schloßherrn anerkannt zu werden). Und dort, wo das Märchen, so wie der Trivialroman, seinen Höhepunkt im Augenblick der Hochzeit der
Heldin findet, die ihren realen Zugang zum Status der Ehe-

frau markiert, kulminiert der typische Roman der Zweiten in ihrem symbolischen Zugang zu eben diesem Status, der durch den Sieg über eine von ihrem Platz gestoßene erste Frau errungen wird. »Sie heirateten, waren glücklich und hatten viele Kinder«: »Hier verläßt sie der Harlequin-Roman. Nie werden wir die Fortsetzung erfahren...«[15]; genauer gesagt, man erfährt sie erst beim Übergang von der *romance* zur *novel*, vom Trivialroman zum Drama der Zweiten. Dort, wo die Märchen enden, beginnt der Roman mit einer anderen Reihe von Prüfungen.

Eben dies deutet auf eine Besonderheit der weiblichen Erfahrung hin. Hier geht es nicht in erster Linie um die sexuelle Befriedigung, sondern um die Identitätsfindung, um den Zugang zu einem autonomen und als solches anerkannten, klar abgegrenzten, genau definierten und auf andere irreduziblen Selbst. Doch dieser Einsatz versteht sich nicht von selbst, denn Gewalt wird vor allem der weiblichen Identität angetan. Ein Detail – und ein höchst aufschlußreiches – genügt, dies zu verdeutlichen. Wenn der Held dem Mythos seinen Namen gibt, so muß die anonyme Heldin des Romans diese Ehre ihrer Rivalin überlassen – man stelle sich vor, das Drama des Sophokles trüge den Titel »Laios«... Dieser Vergleich der beiden Versionen – der mythologischen und männlichen einerseits, der romanhaften und weiblichen andererseits – eines homologen Dreiecksverhältnisses regt dazu an, dem von der psychoanalytischen Theorie aufgezeigten sexuellen Einsatz den identitären Einsatz hinzuzufügen, der der Besonderheit der weiblichen Psyche Rechnung trägt – auf die Gefahr hin, der psychoanalytischen Orthodoxie, falls es eine solche gibt, zuwiderzuhandeln. »...daß wir das Weib nur insofern beschrieben haben, als sein Wesen durch seine Sexualfunktion bestimmt wird«, räumte Freud am Ende seines Lebens ein[16]: Sollte man, dieses selbstkritische Eingeständnis zur Kenntnis nehmend, die Analyse der Psyche nicht auf andere Dimensionen des Daseins ausdehnen und sich von jener Freudschen Reduktion auf die Sexualität befreien, die, vor einem Jahrhundert skandalös, heute eher als Dogma denn als Denkansatz fungiert?[17] Dazu muß man sich von den »Rätseln« und anderen »dunklen Kontinenten« der Weiblichkeit trennen, diesen naiv androzentristischen hermeneutischen Idolen[18], und sich auf Forschungsgebiete wagen, denen der sexuelle Reduktionismus der Freudschen Lehre im Weg steht, ein Reduktionismus, der mit dem Androzentrismus untrennbar verbunden ist, ohne daß man weiß, ob nun der Sexualismus den Androzentrismus nach sich zieht oder ob der Androzentrismus zum Sexualismus führt.

»Bleiben noch einige Fragen hinsichtlich der sozialen Umstände der weiblichen Sexualität zu stellen«, erklärte Jacques Lacan 1958. Erstens: »Warum versagt der analytische Mythos, wenn es um das Inzestverbot zwischen Vater und Tochter geht?« Zweitens: »Wie lassen sich die sozialen Wirkungen der weiblichen Homosexualität situieren?« Drittens: »Warum schließlich bleibt die soziale Instanz der Frau transzendent in bezug auf die Ordnung des Vertrags, den die Arbeit propagiert? Und wird insbesondere durch deren Wirkung noch im Untergang des Paternalismus das Statut der Ehe aufrechterhalten?«[19] Die mit dem Komplex der Zweiten gelegte Spur erlaubt es, Antworten auf diese drei Fragen vorzuschlagen, sofern man den psychoanalytischen Sexualismus verläßt und kühn behauptet, daß sich das unbewußte Leben und die Beschaffenheit des Subjekts nicht auf die sexuelle Frage reduzieren lassen – es sei denn, man versteht letztere in einem sehr umfassenden Sinn, der ihr jede Besonderheit nimmt.[20] Auf Lacans Fragen können wir antworten, daß man, wenn der Mythos versagt, nur auf den Roman zurückzugreifen braucht. Auf die zweite, daß der Faszination, die eine Frau mit einer anderen verbindet, weniger die Homosexualität als die Identitätssuche mittels einer anderen Frau zugrunde liegt, die zwischen dem Verhältnis zum Mann und dem Verhältnis zu ihrem Selbst vermittelt. Auf die dritte Frage, daß die Kraft des Ehevertrags auf dem Austausch zwischen der Verfügbarkeit des Körpers der Frau und seiner Anerkennung durch den Mann beruht, und zwar in der dreifachen Form der materiellen Versorgung, des sexuellen Lebens und der Identität. Das heißt, daß sich das Band der Ehe weder auf seine ökonomische Dimension[21] noch auf seine affektive und sinnliche Dimension reduzieren läßt; um es zu analysieren, muß man die Grenzen einer Sexualtheorie verlassen, die die identitäre Dimension der Affekte außer acht ließe. Denn diese verleiht dem Ereignis, das die Heirat darstellt, seine ganze Bedeutung, insofern es dabei nicht allein um die Sexualität und den Unterhalt, sondern auch um die Identität geht.

Der Platz der Braut

»Durch die Ehe oder die Liebe ein Mensch werden – durch den *Anderen* und zwangsläufig durch einen Mann – hat für mich *keinerlei Wert*. Anders gesagt, wenn man nur auf diese Weise ein Mensch wird, so heißt das, daß man so etwas wie ein halbes Wesen ist, ein Schatten der Lethe, der ungeduldig darauf wartet, Fleisch und Blut anzunehmen.« Auf diese Weise brandmarkte Marina Zwetajewa die grundlegende Beschaffenheit der weiblichen Identität, ihre traditionelle Abhängigkeit von der männlichen Welt – eine nicht nur alimentäre oder juristische Abhängigkeit, gegen die sich die Feministinnen sehr früh auflehnten, sondern auch eine moralistische, statutarische, psychische, also identitäre Abhängigkeit.

Und im Augenblick der Eheschließung tritt sie in besonders kritischer Weise zutage, da die Abhängigkeit vom Vater, der der Tochter seinen Namen sowie seinen materiellen und moralischen Schutz gibt, nun der Abhängigkeit vom Ehemann weicht, was sich in einer Reihe von Veränderungen niederschlägt – im Namen, im Wohnort, im Status und, mit der Defloration, im Körper. Außerdem vollzieht sich die Zustandsänderung – vom jungfräulichen Mädchen zur verheirateten Frau, von der Tochter des Vaters zur Frau des Ehemanns – nicht allein durch eine bloße Übertragung des Gesetzes des Vaters auf das Gesetz des Ehemanns. Sie erfordert zudem eine harte psychische Arbeit, damit es der jungen Frau gelingt, einen anderen Platz einzunehmen, der, homolog, der Platz einer anderen ist – jenen Platz der Ersten, den in der ursprünglichen Familienkonstellation ihre Mutter einnahm. Es ist sehr wahrscheinlich, daß diese Überschreitung der Schwelle, die die Heirat ist, als Krise erlebt wird: weil nämlich jeder Eintritt in den Stand der verheirateten Frau dazu tendiert, unbewußt als Usurpation erlebt zu werden, durch die die Tochter, indem sie den Platz der Gattin, die bislang die Mutter verkörperte, einnimmt, dieser gleichzeitig ihren Platz raubt. Das heißt, daß sie zu ihrer weiblichen Identität nur um den Preis des Verschwindens der *Anderen* gelangt.[22]

Allgemeiner erhebt sich diese Frage nach dem Platz in allen Fällen, wo es darum geht, eine alleinige Position einzunehmen. Jeanne Favret-Saada hat es anläßlich der Zuflucht zur Zauberei gezeigt als einer Antwort auf »den tödlichen Einsatz, den die Eroberung jeder alleinigen Position einschließt. Denn es gibt keinen Platz für zwei, entweder der eine oder der andere, entweder seine Haut oder meine«. In diesem Sinn entspricht die Identitätskrise, die die Heirat einer Frau mit einem Mann, der schon einmal verheiratet war, hervorruft – so wie *Rebecca* sie gestaltet –, der Krise der Zauberei: viele ihrer Merkmale lassen sich auf jene anwenden – einschließlich der Bedingungen ihrer Übermittlung und des Interesses, das ihre romanhafte oder anekdotische Erzählung weckt.[23] Diese Krisen, die sowohl die Psychoanalyse als auch die Anthropologie angehen, beziehen sich auf die Situation eines Subjekts, das in den Genuß eines Privilegs kommt, das vorher einem sehr nahestehenden – ja dem am nächsten stehenden – Menschen zufiel, indem es den Platz ein-

nimmt, den dieser besetzte, ja als einziger besetzen konnte: den Platz der Mutter an der Seite des Mannes, den Platz des nahen Verwandten in der Landwirtschaft. So braucht man »individu-eller Produzent« nur durch »heiratsfähiges Mädchen«, »Land-wirtschaft« durch »Ehegemeinschaft« und »nahe Verwandte« durch »Mutter« zu ersetzen, um zu verstehen, daß sich der Rückgriff auf die Magie bei den Verhexten des Hainlands von Westfrankreich, wie der Rückgriff auf das Phantasma in der Romanfiktion, auch interpretieren lassen als Arten einer Lösung der unerträglichen psychischen Spannungen, die eine solche Situation hervorruft. »Ein junger Mann, ein Untergebe-ner, ein Junggeselle, kann zum Status eines Familienober-haupts nur zum Nachteil aller seiner nahen Verwandten, ohne Ausnahme, gelangen: zum ›individuellen Produzenten‹ wird er deshalb, weil er seine älteren und seine kollateralen Verwandten sowie seine Ehefrau einer Reihe von Räubereien, Eliminierun-gen und Aneignungen unterzogen hat; weil er ihnen gegenüber eine bestimmte Menge an realer, wenn auch legaler und kultu-rell autorisierter Gewalt verübt hat (...). Obwohl sie von der Wiege an die volle kulturelle Genehmigung erhalten, diese Art von Gewalt anzuwenden, haben doch nicht alle ›individuellen Produzenten‹ notwendig auch die psychischen Mittel, diese Reihe von Räubereien, Eliminierungen und direkten Aneig-nungen des Erbteils und der Arbeit ihrer Angehörigen auf sich zu nehmen: nicht weil ›es Brauch ist‹, die Nachfolge des Vaters anzutreten, die Brüder auszuschalten und die Schwestern zu enterben, versteht sich das von selbst, sind die psychischen Kosten dieser Art von Unternehmungen gleich null.«[24]
Wir finden hier durchaus den Komplex der Zweiten wieder, die außerstande ist, die räuberische Gewalt auf sich zu nehmen, die darin besteht, den Platz einer Ersten zu erobern, um den ihren besetzen zu können. Bei dieser sowohl kritischen wie beiden Geschlechtern gemeinsamen Erfahrung gibt es freilich einen Zug, der nur der weiblichen Erfahrung eignet und tatsächlich

deren wichtigstes Merkmal bildet. Es ist der schrecklich »normale«, schrecklich vertraute Aspekt dieses Problems, sobald es sich bei dieser banalen sowie für die Identität einer Frau entscheidenden Gelegenheit, d. h. der Heirat, stellt. Eben diesen Bericht inszenieren viele Romane um jenen Augenblick *par excellence,* wo die Identität einer Frau auf dem Spiel steht: ein Augenblick der Krise, für die Frauen sehr viel mehr als für die Männer, deren Abhängigkeit von den Elternfiguren und dem Ehebund weit geringer ist. Und die Romane führen uns hervorragende Ausdrucksformen dieser Krise vor Augen und entwickeln gleichzeitig die Modalitäten, mit ihnen umzugehen und – falls das überhaupt möglich ist – sie zu lösen. Ihr Erfolg und ihre Vielfalt in der abendländischen Romantradition bestätigen, in welchem Maße diese Geschichte, weit über die Vorstellungswelt ihrer Autoren hinaus, grundlegende Schemata, gemeinsame Affekte berührt, die sie ausdrückt und gleichzeitig dem Autor wie den Lesern hilft, sie auf sich zu nehmen – und dem Wissenschaftler, sie zu verstehen.

Vierter Teil
Die Stadien der Zweiten

*Die Frau, die weder Mutter noch Schwester,
noch Tochter, noch Gattin ist...*

Alexandre Dumas, *Die Kameliendame*

Konkubinen und Mätressen

In der Ordnung der verschiedenen Ausprägungen des Frauenstands nimmt der Komplex der Zweiten eine Schlüsselstellung ein: angesichts der Legitimität der Ersten ist er sowohl eine subjektive Modalität des Stands der zweiten Ehefrau als auch eine objektive Modalität des Stands der »Zweiten«, die außerhalb der Ehe ein sexuelles Leben führt. Daß ein und derselbe Terminus sich aufdrängt, um die eine sowie die andere zu bezeichnen, liegt daran, daß sie beide mit der Tatsache konfrontiert sind, daß im Leben des Mannes, von dem sie abhängen, eine andere Frau existiert, die vor ihnen da war oder Vorrang vor ihnen hat. Gewiß, die zweite Ehefrau teilt mit der ersten den Status jeder verheirateten Frau, gewährleistet durch einen Ehevertrag, der ihr die eheliche Souveränität zugesteht. Aber diese objektive Nachbarschaft vertieft lediglich das subjektive Gefühl ihrer eigenen Minderwertigkeit, in ihrer am stärksten verinnerlichten, am stärksten symbolisierten Form, für die eher die Psychoanalyse als die Soziologie zuständig ist. Daher ist der Status der zweiten Ehefrau so gut geeignet, den Komplex der Zweiten sowie seine unbewußten Triebkräfte zu erklären - so daß die Romane immer wieder eine Situation darstellen, die ansonsten nichts sonderlich Spezifisches aufweist. Dagegen ermöglicht es die objektive Minderwertigkeit der »irregulären« Zweiten, das Problem zu veräußerlichen, statt es in einer Identitätskrise zu verinnerlichen. Paradoxerweise macht der objektive Charakter des Handicaps, das nicht nur in ihrem Kopf, sondern auch in der Realität besteht, es zumindest psychisch erträglicher: wenngleich es die Würde verletzt, bedroht es doch nicht die Identität.

Die legitimierte Illegitime

»Es gibt edle Frauen mit einer gewissen Armut des Geistes, welche, um ihre tiefste Hingebung auszudrücken, sich nicht anders zu helfen wissen, als so, daß sie ihre Tugend und Scham anbieten: es ist ihnen ihr Höchstes. Und oft wird dies Geschenk angenommen, ohne so tief zu verpflichten, als die Geberinnen voraussetzen, – eine sehr schwermütige Geschichte!« So beschrieb Nietzsche in *Die fröhliche Wissenschaft* das Los jener Frauen, die ohne die Gegenleistung der Ehe sich hingeben. Zwischen der geehelichten Konkubine und dem gefallenen Mädchen gibt es jedoch Stufen in der Art und Weise, eine Zweite zu sein, je nach der Art der Abhängigkeit vom Mann. Günstigstenfalls ist sie die »morganatische Ehefrau«: die Erste (im juristischen Sinn), die (symbolisch) den Status einer Zweiten hat, da sie heimlich von einem Mann geehelicht wurde, der in der Hierarchie einen sehr viel höheren Rang einnimmt und sie nicht öffentlich als Ehefrau anerkennt. Dann hat der gesellschaftliche Status Vorrang vor dem juristischen Status, um die Position einer Ehefrau zu konstruieren, die als Mätresse behandelt wird: So stirbt die Molly aus *Silas Marner* von George Eliot, die von dem Edelmann Goffrey Cass versteckte Ehefrau, im Schnee, weil sie versucht hatte, sich mit ihrer kleinen Tochter Anerkennung zu verschaffen.

Einfacher ist der Fall der Mätresse oder Konkubine, der es gelingt, geheiratet zu werden: ein Grenzzustand der Zweiten, der ihren Status gesetzlich regelt, da er ihr die Legitimität verheirateter Frauen verleiht – freilich eine relative Legitimität, die die Verdrängung und Verleugnung einer nicht einzugestehenden Vergangenheit impliziert. Zu diesen Illegitimen, die schließlich »ordentlich werden« (»eine Hoffnung, die alle Frauen meines Standes hegen«, sagt Adriana aus *La Romana* von Moravia, 1947), gehört Flore Brazier aus *Die Krebsfischerin* von Balzac (1832), Magd und Mätresse eines reichen und alten Junggesellen, die seine Erbin wird, indem sie sich heiraten läßt. Normaler ist die Legitimation der Mätressen in den Kreisen der Boheme, wo dem Konkubinat nicht unbedingt die Verweigerung oder Unmöglichkeit der Heirat zugrunde liegt und wo zuweilen die Geburt eines Kindes genügt, die Ehe zu erwirken: wie Christine in *Das Werk* von Zola, die, von Claude Lantier verführt, nacheinander vom Stand der Mätresse in den der Konkubine und schließlich in den der Ehefrau überwechselt. Dasselbe widerfährt Manette Salomon in dem gleichnamigen Roman der Brüder Goncourt (1867): Modell, dann Mätresse von Coriolis, verkörpert sie zunächst die Muse und Anregerin, offenbart jedoch dann, nachdem es ihr gelungen ist, geheiratet zu werden, ihre unheilvolle Natur – jene der Welt der Kunst eignende, unselige Sehnsucht nach einem bürgerlichen Leben, die Gier nach Geld und Ehren. Sie ist es, die Coriolis' Erfolg vereitelt, gemäß dem Lieblingsthema der Brüder Goncourt, nämlich der Affinität zwischen Kunst und Zölibat, der Antipathie zwischen Zeugungskraft und Schöpferkraft. In diesem Übergang von der Illegitimität der Geliebten zur Legitimität der Ehefrau enthüllt sich die männliche Vorstellung von der doppelzüngigen, ambivalenten Frau: solange sie ein Modell bleibt, das man lobt, und eine Geliebte, die man aushält – d. h. ein Körper –, fördert sie die Kunst durch Verwandlung des natürlich Schönen in künstlerisch Schönes. Doch sobald sie den Status einer Gattin und Mutter erhält, wird sie zu jenem Gift des bürgerlichen Lebens, das die Kunst verseucht, die Schöpferkraft zum Versiegen bringt, die Inspiration behindert: eine Verseuchung, die die Brüder Goncourt durch Manettes Judentum verstärken. Damit sieht sich die Kunst, durch die Schuld einer zu ehrgeizigen Geliebten, nicht nur verheiratet, legitimiert, verbürgerlicht, kastriert – sondern auch verjudet.

Frauen, die man nicht heiratet

In *Das große ABC* von Marcel Pagnol (1931) antwortet Suzy auf die Beschuldigung, eine ausgehaltene Frau zu sein: »Bah! Wie alle Frauen! Ob von einem Mann oder einem Liebhaber, ist der Unterschied denn so groß?« Er ist es: die Fiktion veranschaulicht die symbolische Kraft jener scheinbar so zerbrechlichen Grenze zwischen Mätresse und Ehefrau – eines »Heiratsurkunde« genannten Stücks Papier.[1] Diese traurige Erfahrung macht Annie, die *Dame in Grau* von Georges Ohnet, als ihr Liebhaber sich weigert, sie zu heiraten, weil er erfahren hat, daß sie die Konkubine eines Mannes war, der sie aufgrund ihrer niederen Herkunft nicht geheiratet hatte. Denn in bestimmten Kreisen haben die soziale Herkunft und die Ehrbarkeit Vorrang vor jeder anderen Erwägung, so daß eine Frau, selbst wenn sie liebt und geliebt wird, aber weder einen Namen noch Vermögen mitbringt und außerdem einem anderen gehört hat, lediglich auf den minderwertigen Stand einer Mätresse hoffen kann. Die Heldin ist bereit, sich damit zu begnügen, auf jedes gesellschaftliche Leben zu verzichten, völlig zurückgezogen zu leben, als Frau, die zu zeigen man sich schämt; aber der Romancier, der ihr dieses entwürdigende Schicksal wohl ersparen und seinen jungen Leserinnen die Gefahren einer solchen Lösung vor Augen halten will, läßt sie vorzeitig in den Armen ihres Geliebten sterben.

Zur Gefährtin, zur Konkubine zu werden, rückt die ausgehaltene Frau zwar in die Nähe der verheirateten Frau, macht jedoch den winzigen und gleichwohl abgrundtiefen Unterschied zwischen diesen beiden Formen noch spürbarer. In einer puritanischen Gesellschaft, wo der Blick der anderen und die Beach-

tung der Konventionen die moralische Regel bilden, ist die Tatsache, mit einem Mann zu schlafen, sich von ihm aushalten zu
lassen und – noch schlimmer – mit ihm zusammenzuleben, ein
unbeschreibbarer Stand. Dennoch hat er einen Namen: Konkubine, wie die *Jennie Gerhardt* von Theodor Dreiser (1911) in der
Ende des vorigen Jahrhunderts nach Amerika ausgewanderten
deutschen Gemeinde es sein wird. Zu arm und zu gut, um dem
reichen Senator zu widerstehen, der sie verführt und sie
schwängert, jedoch stirbt, bevor er sein Eheversprechen wahr-
gemacht hat, zieht sie später mit einem reichen Erben zusammen, der sich nicht entschließen kann, sie zu heiraten: »Inzwischen hatte auch Jennie eine seelische Krise durchgemacht.
Abgesehen von der mißbilligenden Haltung der eigenen Familie, unter der sie sehr litt, hatte sie nun zum ersten Male erfahren, was die Welt von ihr hielt. Sie war schlecht...« Schließlich
verläßt er sie, um eine Frau aus seinen Kreisen zu heiraten,
womit er der Enterbung entgeht – aber er wird in ihren Armen
sterben. Sie selbst endet in Einsamkeit.

Am Rande des Lebens

»Unbeweglich starrte sie in die trostlose Zukunft, die sich endlos
vor ihr ausdehnte. Was nun? Eine lange Reihe einsamer Jahre. Sie
war noch nicht so alt (...). Tage und Tage in endloser Wiederkehr,
und dann –?« Mit dieser bitteren Frage endet *Jennie Gerhardt,*
einer Frage, auf die *Back Street* von Fanny Hurst zwanzig Jahre
später eine schäbige Antwort gibt. Dieser Roman der zur
Unsichtbarkeit genötigten Geliebten erzielte bei seinem Erscheinen im Jahre 1933 einen riesigen Erfolg mit einer beeindrucken-
den Zahl von Übersetzungen und Bearbeitungen. Sein französi-
scher Titel, »En marge de la vie« (»Am Rande des Lebens«) bringt
die Einsamkeit und das Ausgestoßensein jeder illegitimen Frau
sehr gut zum Ausdruck – auch wenn der Grund dafür nicht die

267

Sexualität ist wie bei den liederlichen Frauen, auch nicht das Geld wie bei den Kurtisanen, sondern die Zuneigung zu einem Mann, einem einzigen Mann. Das Gewicht der Liebesbesetzung, untrennbar mit der Treue verbunden, entfernt die Mätresse von der Prostituierten und nähert sie der Ehefrau an, von der sie lediglich ein Ehevertrag und die damit zusammenhängenden Erkennungszeichen trennen: Eingliederung in einen Kreis der Geselligkeit, Dauerhaftigkeit des Bandes, Mutterstatus, garantierte Unterstützung im Fall der Witwenschaft und das Recht, sich zu zeigen, öffentlich ihre Identität einer von einem Mann erwählten Frau zu bekräftigen – einer verheirateten Frau. Was die Ehefrau indes nicht besitzt und was die Stärke der Mätresse ausmacht, ist die Gewißheit, um ihrer selbst willen geliebt zu werden und nicht aufgrund allzu schwer zu lösender Bindungen. Andererseits kann der Mann nicht öffentlich, nicht offiziell zu dieser Liebe stehen; und wenn er aus ihrem Leben verschwindet, bleibt sie völlig allein zurück und hat nicht einmal den Trost, einen Namen zu tragen, eine Identität zu verkörpern, die die Vergangenheit verewigt.

Ray Schmidt ist ein leichtes Mädchen, das den Männern gefällt und daran Gefallen findet und das glücklich ist, wenn es hofiert, umarmt, begehrt wird. Dennoch ist sie kein gefallenes Mädchen, keine liederliche Person – eine Nuance, die in der Jungfernschaft eine sehr einfache (obwohl leider wenig sichtbare) Materialisierung hat. So wirkt sie wie eine andere romanhafte Inkarnation der *Daisy Miller* von Henry James, die ihren Ruf ruiniert, weil sie sich ohne Anstandsdame mit Männern zeigt; oder wie eine Emanzipierte gleich der Carmen von Prosper Mérimée (1845) oder der Léa aus *La Maîtresse* von Jules Claretie (1880), jenen Arbeiterinnen, die die Männer durch ihr aufreizendes Verhalten und ihre verführerischen Formen zugrunde richten: mit dem Unterschied, daß sie, offenkundig aus der Sicht eines Mannes imaginiert, ihren Status leichter Mädchen im Triumph einer entfesselten und sich ihrer erotischen Kraft

bewußten Weiblichkeit erleben, weibliche Don Juans, dargestellt in der reinen Äußerlichkeit eines glorreichen Körpers und
eines grausamen Verhaltens, bei dem der Sex bald ein – laster-
haftes – Ziel und bald ein – zynisches – Mittel ist. Aber die Heldin von Fanny Hurst zeigt sich in der Innerlichkeit einer beun-
ruhigten Frau, die eher manipuliert wird als selbst manipuliert,
hin und her gerissen zwischen widersprüchlichen Zielen: einerseits die Objekte der Verführung zu mehren und sich andererseits eine Stellung zu sichern. Sie ist nicht bereit, die Hierarchie
der Formen des Frauenstands zu ignorieren und ein gefallenes
Mädchen zu werden, da sie den moralischen Regeln, nach
denen sie erzogen wurde, zu sehr verhaftet ist. Ebensowenig –
dazu liebt sie die Verführung zu sehr – wünscht sie sich das
Schicksal der Junggesellinnen. Und was den Stand der Ersten
betrifft, den ihr ein Heiratskandidat anbietet, so verzichtet sie
darauf aus Liebe zu einem anderen Mann, der jedoch bereits
verlobt ist.
Aber weil sie aus einem bescheidenen Milieu stammt, verzichtet
dieser Mann, obwohl er sie aufrichtig liebt, nicht auf eine arrangierte Heirat mit jener Corinne, die als triumphale Figur der
legitimen Gattin den Stand der Ersten einführte. Nachdem sie
akzeptiert hat, sich von dem, den sie liebt, entjungfern zu lassen, bleibt Ray nichts anderes übrig, als eine Zweite zu werden –
jene fast ehrbare Zweite, wie die Mätresse eines einzigen Mannes sie darstellt. Nun braucht sie nur noch ihre Arbeit aufzugeben und sich in der von ihrem Liebhaber bezahlten Wohnung
einzurichten, um in den Stand einer ausgehaltenen Frau überzugehen: »Unstreitig wurde sie eine Halbweltdame.« Schatten
einer Ehefrau oder Ehefrau im Schatten, findet sie sich aus Liebe damit ab, im Verborgenen zu leben. Denn die Unsichtbarkeit, der wichtigste Unterschied zwischen Erster und Zweiter,
wird ergänzt durch den demütigen Verzicht auf jede Egozen-
trik, durch die Verleugnung, die völlige Abhängigkeit: so wie in
Die Fessel von Colette (1913) die Freundin, »die mich gelehrt

269

hat, daß man ohne Hunger essen, ohne etwas zu sagen sprechen, aus Gewohnheit lachen und, weil es so Sitte ist, trinken
kann, daß man in Knechtschaft neben einem Mann leben und
sich doch den Anschein fanatischer Unabhängigkeit geben
kann. Sie hat wohl auch Nervenkrisen und Anfälle von Lebens-
überdruß, aber sie kennt zwei große Ärzte für ihre Seele: die
Maniküre und den Friseur; darüber hinaus gibt es nur noch
Opium und Kokain.«
Zur Unsichtbarkeit und zur Demut gesellt sich die Zeitlosigkeit
des Status, die Unfähigkeit, in den Zyklus der Familienrepro-
duktion einzutreten, in dem eine Erste von der Jungfrau zur
Gattin, Mutter, Großmutter, Witwe wird. Die Geliebte dagegen
ist zur Unwandelbarkeit eines Status ohne gesellschaftliche
Verankerung, ohne Zeitlichkeit verurteilt: »Was ihm das größte
Glück beschert hatte, das wollte er unversehrt bewahren, und
was war dies, wenn nicht die unwandelbare Regelmäßigkeit
ihres Daseins?« Deshalb klammert sie sich an die äußeren Zeichen der Weiblichkeit, auf denen diese zerbrechliche Position
einer Geliebten und Vertrauten gründet – Zeichen, auf die sie
nicht verzichten kann, ohne zu riskieren, diese Position zu verlieren, und die sie dazu verurteilen, jede Veränderung in der
Einrichtung ihres Interieurs abzulehnen, sich die Haare zu fär-
ben, das physische Altern so weit wie möglich hinauszuzögern.
Denn wenn das einzige Band, das eine Frau mit einem Mann
vereint, ihre sexuelle Anziehung ist, dann bedeutet das geringste Nachlassen dieser Anziehung – Krankheit oder Alter – eine
Gefahr, die nicht nur in der Entfremdung besteht wie bei den
verheirateten Frauen, sondern auch in der absoluten Verlassenheit, ohne die Gegenleistung eines Status und eines bis zum
Ende ihrer Tage vertraglich gesicherten Unterhalts. Falls sie keine Kinder – Bastarde – hat, die willens sind, für sie zu sorgen, ist
die Zweite die ärmste aller Frauen: ärmer noch als eine Witwe,
die, wenn nicht auf eine Erbschaft, so doch auf Wertschätzung,
eine Rente, Unterstützung Anspruch hat; und ärmer als eine

alte Jungfer, die, falls sie nicht Rentnerin ist, in ihrer Jugend gelernt hat, für sich selbst zu sorgen, ohne ihre Reize zu Markte tragen zu müssen. Deshalb ist der Schrecken zu altern nicht nur, wie bei jeder Frau, die narzißtische Angst, nicht mehr zu gefallen; er ist auch das Ergebnis eines fernen Atavismus, das tief vergrabene Bewußtsein vieler Frauen, daß altern nicht mehr verführen können bedeutet, und daß nicht mehr verführen können soviel bedeutet wie sterben – zuerst vor Einsamkeit, dann vor Hunger.

Jede Veränderung kann daher nur einer Herabwürdigung gleichkommen: der frühzeitige Tod des Geliebten, durch ihre Isolierung verschärft, stürzt sie rasch in die Armut, dann ins Elend. Als einsame alte Frau, die genötigt ist, sich ein paar Pfennige an den Spieltischen zu verdienen, und als einzige affektive Bindung nur noch ihren Hund hat, verhungert sie im Ausland, in einer schäbigen Pension. Und eben dieses traurige und vorhersehbare Ende einer Mätresse, die ihre Sexualität auslebt und es nicht verstanden hat, sich heiraten zu lassen, ist die Moral dieses Bildungsromans für Mädchen, die, ob leichtfertig oder schlecht beraten, aus Vergnügen und gleichsam als Ziel an sich, von einem Verführungstalent Gebrauch machen, das ein Existenzmittel bleiben muß. In der Literatur neigen diese Geschichten von Mätressen dazu, Bildungsromane zu sein, dazu bestimmt, mögliche Kandidatinnen abzuschrecken – Romane, wie sie zum Beispiel die arme Juliette Drouet hätte lesen können, die von Victor Hugo in eine schreckliche Einsamkeit verbannt wurde.

Auch für den Mann kann die Geschichte böse enden. Hier lehrt der Bildungsroman, daß ein Sohn aus guter Familie nicht mit seiner Mätresse zusammenziehen sollte, wie mit der *Sappho* von Alphonse Daudet (1884), einem ehemaligen Künstlermodell mit einer Vergangenheit voll stürmischer Liebschaften. Anhand dieser Gestalt einer Konkubine, die sich mit erstickender Leidenschaft an ihren jungen Liebhaber klammert, warnt dieser

271

(vom Autor bezeichnenderweise seinen Söhnen gewidmete)
Roman die jungen Männer nicht nur vor den leichtlebigen
Frauen und der Sittenlosigkeit der Boheme, sondern auch vor
einem Verhältnis mit zu erfahrenen und zu reifen Frauen, jenen
weiblichen Vampiren, von denen die frustrierten Heranwachsenden träumen, auch wenn sie sich gleichzeitig fürchten, sich
in ihren gefährlichen Netzen zu verfangen.

Kurtisanen zwischen Glanz und Elend

»Die Stickerin von Madame ist bürgerlich geworden, sie ist verheiratet... – In wilder Ehe?... fragte Josepha. – Nein, Madame,
richtig verheiratet.« Was man zur Zeit Balzacs »en détrempe«
oder »im Rathaus des XIII.« heiraten nannte (damals hatte
Paris nur zwölf Arrondissements), hieß, sich von einem Gönner
aushalten zu lassen, der in der Lage war, der Betreffenden eine
Wohnung auf ihren Namen, eine Equipage, eine reichhaltige
Garderobe und Schmuck zu bieten, damit sie in der Gegenwart
brillieren und sich in der Zukunft schützen konnte: wofür sie
seine – zeitweilige – Anwesenheit ertrug.

Die Formen der Instabilität

Diese Suche nach einer Bleibe, und sei sie provisorisch, ist der
einzige Schutz dieser Frauen vor einer für ihren Stand konstitutiven Instabilität. Da sie nicht über das Mittel einer wirklichen
Ehe und einer legitimen Mutterschaft verfügen, um für die
Sicherheit ihrer alten Tage zu sorgen, können sie es sich nur in
jungen Jahren leisten, die zufälligen Mittel, die die Gunst der
Männer ihnen einträgt, zu verschwenden. Wenn der Abstand
zwischen einer tiefstehenden Prostituierten und einer hochran-
gigen Kurtisane nur gering ist – es genügt die Protektion eines
reichen Mannes –, so ist er zwischen Glanz und Elend kaum
größer. In *Glanz und Elend der Kurtisanen* (1838) zeigt Balzac das
Mädchen Esther (das abwechselnd blond und dunkelhaarig ist)

273

nacheinander als Bordellprostituierte und als hochrangige Kurtisane; dieses Hin und Her ist symptomatisch für den Status dieser Kurtisanen, die innerhalb der drei Achsen schwanken, die die Grenzen der Prostituierten abstecken: mehrere oder nur ein Liebhaber, Luxus oder Bescheidenheit des Lebensstils, Eigennutz oder Vergnügen. Eben dieses Schwanken beschreibt das tragische Schicksal der Marguerite Gauthier, der Heldin jenes paradigmatischen Romans der Kurtisanen, *Die Kameliendame* von Alexandre Dumas Fils (1848), die erbauliche Geschichte einer Kurtisane der vornehmen Welt.[1]

»Ja, wie sollen es denn die ausgehaltenen Frauen von Paris anstellen, ihren großen Aufwand zu bestreiten, wenn sie nicht drei oder vier Liebhaber zu gleicher Zeit hätten? Ein so beträchtliches Vermögen, daß sich von ihm allein der Luxus einer Frau wie Marguerite bestreiten ließe, gibt es gar nicht.« Nachdem sie sich mehrere Liebhaber zugelegt hatte, um dieses aufwendige Leben führen zu können, nahm sie deren Gunstbeweise lediglich aus Eigennutz entgegen, nicht aus Liebe: »Aber die, die Marguerite geliebt hatten, waren unzählbar, und solche, die sie selbst geliebt hatte, waren noch nicht vorhanden...« An dem Tag, an dem sie sich verliebt, muß sie auf die vielen Liebhaber, also auf den Luxus verzichten, um sich aus Liebe dem Mann hinzugeben, mit dem sie in wilder Ehe zusammenlebt, da sie seine Frau nicht werden kann. Ihr Verzicht auf das luxuriöse Leben rückt sie dicht an den Stand der Tugend, in dem sie ohne unglückliche Umstände geblieben wäre: »Man erkannte in dieser Dirne eine Jungfrau, die durch ein Nichts zur Kurtisane geworden war, und die Kurtisane, die ein Nichts zur verliebtesten und reinsten Jungfrau gemacht hatte.« Verliebt und rein zu sein – darauf muß sie freilich verzichten, aus Rücksicht auf die Familie und vor allem die Schwester des Mannes, den sie liebt. Sie gibt also vor, von neuem unrein und verdorben zu sein, indem sie ihn verläßt, obwohl sie sich in Wahrheit aus Pflichtgefühl aufopfert; und die Krankheit, an der sie stirbt, macht einen Ausweg tragisch, der andernfalls nur das dramatische Ende einer enttäuschten Hoffnung gewesen wäre, indem er diese in eine Romanheldin verwandelte liederliche Frau durch den Tod läutert.

Die Instabilität ist das grundlegende Merkmal des Status der Kurtisanen. Zunächst wegen jenes ständigen Schwankens innerhalb der Grenzen der Prostitution, von der Prostituierten zur ausschweifenden, liebenden oder habgierigen Frau; sodann wegen der Ambiguität des Status des Liebhabers, zwischen Liebendem und Zuhälter, Gefährten und Freier, offiziellem Geliebten und Geliebtem des Herzens; schließlich wegen der zeitlichen und hierarchischen Zufälle, welche die zwangsläufig transitorischen Etappen der Karriere markieren. Man kennt die Kurtisanen nur in der Vergänglichkeit des Ruhms, in der Bekehrung oder im Absturz.

Erfolgreiche Kurtisanen

»Früher hatte Esther, den typischen Moralvorstellungen der Kurtisanen folgend, derartige Streiche so natürlich gefunden, daß sie ihre Rivalinnen nur danach bemaß, wieviel Geld sie einen Mann auszugeben zwangen. Vernichtete Vermögen sind die Rangabzeichen dieser Geschöpfe«: In der verkehrten Welt der illegitimen Frauen stellt die Moral diejenige an die Spitze, die es versteht, die vornehmsten Gönner zu ruinieren. Zu besonderem Erfolg in dieser Beziehung hat es Valérie Marneffe aus Balzacs *Tante Lisbeth* gebracht, die zudem die Besonderheit aufweist, verheiratet zu sein. Als uneheliche Tochter eines Helden des Empire, die sich damit begnügen mußte, einen kleinen Angestellten zu heiraten, stillt sie ihren gebremsten Ehrgeiz durch den Lebensstil, den sie sich dank ihren Beziehungen zu begüterten Männern ermöglicht, namentlich mit dem Baron Hulot, den sie zu ihrem vornehmsten Opfer macht. Ihr Ehemann weiß alles über diese Beziehungen, da er eingewilligt hat, ihrem Kurtisanenstand lediglich als bürgerlicher Deckmantel zu dienen. Auf diese Weise bleibt sie in der Öffentlichkeit die Ehefrau, die sie legal ist, und behält dem Privatleben die Kurtisane vor, die sie tatsächlich ist.

Der Gipfel des Erfolgs für eine Kurtisane ist jedoch, wenn sie sich selbst verleugnet und sich von ihrem Gönner heiraten läßt: so Madame Schontz in *Beatrix* oder Odette de Crécy in *Swanns Welt* von Proust (1913), der es gelingt, den vollendeten Lebemann und eingefleischten Junggesellen Swann zum Altar zu führen. Das Standesamt ist für eine Kurtisane das *non plus ultra* der Bekehrung.

Bekehrte Kurtisanen

Eine verheiratete Frau, die der Verderbtheit der Welt entfliehen will, bekehrt sich zur Religion; eine Kurtisane, die der Verderbtheit ihres Standes entfliehen will, bekehrt sich zur Liebe: die reine, d. h. uneigennützige Liebe, die eine ehrbare Frau zugrunde richten würde, ist für eine ausgehaltene Frau die Rettung. Daher nimmt die Möglichkeit der Bekehrung einer Kurtisane im wesentlichen die Form einer Bekehrung zur Liebe an. Eben dies erklärt Balzac, ein ebenso großer Romancier der Kurtisanen wie der verheirateten Frauen, in *Beatrix*: »Sie bewahren alle eine am Grund ihres Herzens blühende Sehnsucht, die Freiheit wiederzuerlangen und ein Wesen, dem sie alles opfern, heilig, keusch und edel zu lieben. (...) Frauen hingegen, die in Wohlstand leben und, durch ihre Erziehung, ihre gesellschaftliche Stellung, den Adel ihrer Familie gefesselt, eine Tugendaureole tragen, werden – wohlverstanden insgeheim – gegen die tropischen Regionen der Liebe hingerissen. Diese beiden so entgegengesetzten Frauennaturen tragen also im Grunde ihres Herzens eine stille Sehnsucht – die eine nach Tugend, die andere nach Ausschweifung –, die aufzudecken Jean-Jacques Rousseau als erster den Mut besaß. Bei der einen ist es der letzte Widerschein des noch nicht völlig erloschenen göttlichen Lichtstrahls; bei der anderen ein Rest des Staubes, aus dem wir geboren sind.«

Daß sich diese so sehnsüchtig erträumte Bekehrung nur schwer verwirklichen läßt, davon erzählt die schmerzliche Geschichte der Esther in *Glanz und Elend der Kurtisanen.* Aus Liebe zu Lucien de Rubempré will sie ihren Stand ändern und nicht nur ihren Beruf, sondern sogar ihre Identität als Freudenmädchen aufgeben, indem sie sich endgültig von derjenigen »befreit«, die man »die Torpille« nannte: eine Befreiung, die in dieser verkehrten Welt der Prostituierten nicht, wie für eine anständige Frau, Emanzipation bedeutet, sondern im Gegenteil Freikauf durch Tugend – so wie die Liebe nicht den Fehltritt, sondern den Impuls zur Reinheit hervorruft. Eine solche Bekehrung verlangt in erster Linie persönliche Opfer, die Esther veranlassen, allein in einem Zimmer zu arbeiten und »für achtundzwanzig Sous das Stück Hemden zu nähen, um von ehrlicher Arbeit leben zu können. Einen Monat lang habe ich nur Kartoffeln gegessen, um anständig und Luciens würdig zu bleiben; denn er liebt und achtet mich wie die Tugendhafteste der Tugendhaften.« Aber es bedarf auch einer beglaubigten Urkunde, die den Statuswechsel institutionalisiert, da die Welt der Prostituierten so »anders« ist, daß ihr Abgeschnittensein von der Welt der legitimen Frauen eine juristische Bestätigung benötigt: »Ich habe der Polizei meine förmliche Erklärung abgegeben, um wieder in den Besitz meiner bürgerlichen Rechte zu gelangen, und man hat mir zwei Jahre der Überwachung auferlegt.« Aber es ist schwieriger, diesen Stand zu verlassen, als in ihn hineinzugeraten: »Dieselben, die einen so leicht in die Register der Schmach eintragen, machen außerordentliche Schwierigkeiten, wenn sie einen streichen sollen.«

Nachdem sie dem persönlichen Opfer zugestimmt hat und der offizielle Verzicht registriert ist, muß sie hart an ihrer Identität arbeiten und sich ein neues Selbst erschaffen, indem sie sich von ihrer Vergangenheit löst, damit das vorherige Leben von ihr

abfalle wie eine überholte Identität und einer anderen Person
Platz mache: »Mir wenigstens scheint es, als wäre ich erst vor drei
Monaten geboren worden. Ich habe jeden Morgen zum lieben
Gott gebetet und ihn angefleht, daß Lucien nie etwas von meinem früheren Leben erfahren möchte.« Neben der doppelten
Arbeit an sich selbst – der Arbeit der Selbstwahrnehmung und
der Repräsentation – muß sie aber auch von anderen als das
bezeichnet werden, was sie geworden ist, radikal und endgültig
anders als die, die sie gewesen ist: eine Neudefinition ihres Selbst,
die in tiefster Einsamkeit vor sich geht und nur vom Glauben
getragen wird. Dann verlangt der (falsche) Priester, der sich ihrer
Bekehrung annimmt, noch mehr von ihr: sie soll vorübergehend
auf die Liebe verzichten und die Keuschheit erlernen, anders
gesagt durch einen Klosteraufenthalt wieder Jungfrau werden.
Sie wird gemütskrank und stirbt beinahe an dieser Isolation.
Aber all die Arbeit war umsonst, da Lucien sie trotz ihrer Verwandlung in ein tugendhaftes junges Mädchen nicht heiratet,
was allein es ihr ermöglichen würde, wirklich ihren Stand zu
ändern. Von ihrem Liebhaber im Stand der heimlichen Geliebten gehalten, bleibt sie im Stand einer Zweiten. Sie fällt in ihren
ehemaligen Stand zurück, wenngleich in einen etwas besseren,
den einer begehrten Kurtisane. Aus Verzweiflung über ihre Niederlage nimmt sie sich schließlich das Leben.

Erniedrigte Kurtisanen

»Ein armes Mädchen steckt im Dreck (...). Die Männer finden
sie schön; sie machen sie ihrer Lust dienstbar, ohne irgendwelche Rücksichten zu nehmen; sie jagen sie zu Fuß davon, nachdem sie sie im Wagen geholt haben. Sie spucken ihr nur deshalb
nicht ins Gesicht, weil ihre Schönheit sie vor so einer Beleidigung schützt; aber moralisch tun sie ihr viel Schlimmeres an«:
In ihrem letzten Brief an Lucien erinnert Esther daran, daß die

Erniedrigung der anfängliche Stand der Kurtisanen ist. Er ist auch ihr letzter Stand, es sei denn, sie entgeht durch einen Glücksfall oder durch weise Voraussicht dem natürlichen Schicksal der Frauen, alt und häßlich zu werden, d. h. das einzige Kapital dahinschwinden zu sehen, über das diejenigen verfügen, die auf ihre Reize zählen, um dem Elend zu entrinnen. Noch schneller entwickeln sich die Dinge im Fall einer Krankheit, der sie ohne soziale Sicherheit und ohne ehelichen Schutz ausgeliefert sind: für den Erzähler der *Kameliendame* ist das Alter die »gewöhnliche Strafe« und der »erste Tod« der Kurtisane.

Die *Nana* von Zola (1879), die innerhalb kurzer Zeit vom Elend zum Glanz übergegangen ist, veranschaulicht das Verhängnis der Erniedrigung. Auch sie ist eine erfolgreiche Kurtisane, denn die Beschreibung ihres Aufstiegs und ihres Triumphs bildet den Hauptteil des Romans; doch abgesehen von der extremen Erniedrigung, zu der der Romancier sie auf den letzten Seiten verurteilt, wird sie auch als doppelt symbolisch, weil letztlich erniedrigt und vor allem zutiefst erniedrigend dargestellt. Sie verkörpert nicht nur den Übergang von der kindlichen Sinnlichkeit zur tierischen Sexualität, sondern veranschaulicht auch eine gesellschaftliche Herabsetzung, das Werkzeug der Rache eines durch das Elend pervertierten Pöbels, der nur über den Sex verfügt, um die Elite in seine Verderbtheit mit hineinzureißen, wie ein Journalist es in einem Artikel über diejenige schreibt, die er die »Goldfliege« nennt: »... die Geschichte einer Dirne, die von vier oder fünf Generationen von Trinkern abstammte und deren Blut über eine lange Kette von Vorfahren verdorben war durch Elend und Suff, was bei ihr in eine nervöse Übersteigerung des Geschlechtstriebes umgeschlagen war. Auf dem Vorstadtpflaster von Paris war sie aufgewachsen, groß, schön und von künstlichem Wuchs wie eine dem Misthaufen entsprossene Pflanze, und rächte die Elenden und Verkommenen, von denen sie herkam. In ihr stieg die Fäulnis, die man im Volke gären ließ, wieder empor und zersetzte den Adel. Sie wur-

279

de zu einer Naturkraft, einem Bazillus der Vernichtung, ohne es
selbst zu wollen, indem sie ganz Paris zwischen ihren weißen
Schenkeln zerrüttete und verderben ließ wie Milch, die in Frau-
enhand allmonatlich sauer wird.«

Nana ist vom Stand des gefallenen Mädchens zu dem der Straßendirne übergetreten – bei einer Kupplerin Zuflucht suchend,
um im Augenblick, als sie Geld braucht, einen Kunden zu finden
– und zu dem der ausgehaltenen Dirne. Bei dem Versuch, ihren
Stand der Prostituierten durch den der Schauspielerin auszulöschen, debütiert sie im Théâtre des Variétés, das der Direktor
selbst als sein »Bordell« bezeichnet. Niemand täuscht sich: Nana
ist eine falsche Schauspielerin, die nicht spielen, und eine falsche
Sängerin, die nicht singen kann. Doch ihre Lebhaftigkeit und
Sinnlichkeit bescheren ihr einen Triumph, der es ihr erlaubt,
eine größere Karriere ins Auge zu fassen: sie beginnt mit einem
Bankier und begibt sich sodann in die Obhut des Grafen Muffat,
der ihr eine große Rolle im Theater kauft. Aber schon am ersten
Abend ist es ein Fiasko: sie verzichtet auf die Bühne und entscheidet sich für den Stand einer gefeierten Kurtisane in einer pracht-
vollen Villa in der Nähe des Parks Monceau, die ihr Gönner ihr
geschenkt hat. Der Vertrag mit ihm ist klar: »Er gab ihr zwölftau-
send Francs im Monat, ohne die Geschenke zu rechnen, und verlangte dafür nur absolute Treue. Sie schwur ihm Treue.« Doch
aus Vergnügen, Eigennutz oder Langeweile nimmt sie sich Liebhaber, vergnügt sich mit einer Geliebten (»ihr Laster«), amüsiert
sich bei Pferderennen und bemüht sich verbissen, alle Männer,
die sich ihr nähern, zu ruinieren: »Es war, als sei das Haus auf
einen Abgrund gebaut, der die Männer mit ihrem Hab und Gut,
ihren Leibern, selbst ihrem Namen verschlang, ohne auch nur
ein Häufchen Staub als Spur zu hinterlassen. (...) Die wachsenden Bedürfnisse ihres Luxus steigerten ihren Appetit zum rasen-
den Hunger; mit einem einzigen Biß tat sie einen Mann ab.« Von
Nana ruiniert zu werden, wird zu einem Spiel in der männlichen
Rivalität, zu einer Art Potlatsch unter den Männern der feinen

Gesellschaft über die Mittelsperson einer Kurtisane (wie in *Professor Unrat* von Heinrich Mann, 1905, wo die Kabarettsängerin Lola Fröhlich ihre Reize einsetzt, um von dem ärmlichen und tugendhaften Gymnasialprofessor geheiratet zu werden – der sich ihrer bedient, um sich an seinen ehemaligen Schülern zu rächen –, ihn in den Ruin treibt und ihn demütigt, bis sie selbst untergeht). Man macht ihr einen Heiratsantrag: sie lehnt ab, da sie das »viel zu gemein« findet. Was Muffat betrifft, der ebenfalls ruiniert ist, so täuscht er sich zwar nicht über ihre Seitensprünge, sagt jedoch nichts, da er ihr sexuell verfallen ist – bis zu dem Tag, an dem er sie mit seinem Schwiegervater im Bett überrascht: er schwört seinem Laster ab und ergibt sich der Frömmigkeit.

Nana beschließt nun, alles aufzugeben, und reist in den Orient, von wo sie mit den Pocken zurückkehrt. Zola läßt sie auf die erbärmlichste Weise sterben: »Nana blieb allein, das Gesicht nach oben gekehrt im hellen Schein der Kerze. Es war nur noch ein schmählicher Überrest, eine feuchte, blutige Masse, ein Haufen verfaulendes Fleisch, das dort hingeworfen auf dem Kissen lag. Die Blattern hatten das ganze Gesicht überzogen, eine Eiterbeule saß dicht neben der andern; vertrocknet und eingesickert wirkten sie schon, wie wenn Schimmel über die Erde wächst auf diesem formlosen Brei, der keine Gesichtszüge mehr erkennen ließ. (...) Und über diese grauenhafte, groteske Maske des Nichts flutete das Haar, ihr herrliches Haar, und schimmerte noch immer in seinem Sonnenglanz wie ein Geriesel von Gold. Venus löste sich auf. Es schien, als wäre das Gift, das sie aus der Gosse mitgebracht, dieser Gärstoff, mit dem sie ein Volk verseucht hatte, ihr jetzt ins Gesicht gestiegen und hätte es in Fäulnis zersetzt.«

Diese »Blattern«, die etwa zur selben Zeit wie die Kurtisanen aus der westlichen Welt verschwanden, waren lange die bevorzugte Krankheit jener schlechten Romanfrauen, die die Moral *in extremis* in genau dem Punkt bestraft, der ihnen in allen Bedeutungen des Worts am *teuersten* ist – ihrer Schönheit.

Liederliche Frauen

Für die traditionelle Moral ist eine unverheiratete Frau, die ein Liebesleben hat, schlimmer als eine emanzipierte Frau: sie ähnelt einer Prostituierten, auch wenn sie nicht von ihrer sexuellen Verfügbarkeit lebt. Denn wenn sie sich nicht um des Geldes willen hingibt, dann aus Vergnügen – was wahrscheinlich noch schlimmer ist. Beobachten wir diese liederlichen Frauen, Junggesellinnen, die im Verdacht stehen, sich eher aus Vergnügen denn aus Eigennutz Liebhaber zu nehmen.

Schauspielerinnen zwischen Liebe und Berufung

»Eine vielbegehrte Frau ist immer eine Frau, die man auch gerne für sich selbst begehrt! Daher rührt die verheerende Macht der Schauspielerinnen«, sagt Balzac in *Tante Lisbeth:* soviel zu den Motiven der Männer, die sich ihre Mätressen von der Bühne holen, wo die Sichtbarkeit der Erwählten sowie ihre Rolle ihren Höhepunkt erreicht bei der männlichen Rivalität, die den Rang nicht nur nach der Größe des Namens, dem Luxus des Lebensstils und dem Reichtum der Equipagen bemißt, sondern nach der Berühmtheit und Schönheit der Mätressen. Außerdem kann man sich für »Künstlerinnen« interessieren, weil man die Musik oder das Theater liebt, während man, wenn man sich mit Prostituierten zeigt, lediglich sein Interesse am Sex bekundet: »Es handelte sich um ein Künstleressen, denn das Talent entschuldigt alles«, sagt Zola in *Nana.* Was die Motive der Frauen betrifft, sich auf eine solche Karriere einzulassen, die aus der Schauspielerin eine potentielle Kurtisane und aus der ehrgeizigen Kurtisane eine Künstlerin macht, so sind sie etwas realistischer: »Eine Bühnenkünstlerin ist ganz einfach gezwungen, einen Gönner zu haben, zumal am Anfang ihrer Laufbahn. Unsere Gage reicht kaum für unsere nötigsten Auslagen. Wir legen uns also notgedrungen einen Liebhaber zu«, erklärt die berühmte Josepha aus *Tante Lisbeth*.

»Was Madame anbetraf, so war sie stets die andere Frau gewesen, selbst in ihren kurzen Ausflügen in die Ehe«: so zeigt sich die Diva in *Die große Pause* von Vicki Baum (1941). Sängerinnen, Schauspielerinnen, Tänzerinnen, Bühnenkünstlerinnen verkörpern, unabhängig von ihrem Status und ihren Sitten, immer »die andere Frau«, diejenige, die in einer »gesonderten« Welt lebt – einer Welt, in der die Körper sich zur Schau stellen, wo die Weiblichkeit sich öffentlich exponiert, wo die Schamlosigkeit und nicht die »Bescheidenheit« etwas gilt. Von den anständigen Frauen verdächtigt, doch nur eine Prostituierte zu sein, die die Ehemänner anlockt, um ihnen eheliche Liebe und Familienvermögen abzuluchsen, wird die Schauspielerin von den Männern gern als Liebende phantasiert, deren Sittenfreiheit eher die Wollust als den Eigennutz, eher die Seidenstrümpfe als die Wollstrümpfe betrifft: so stellte sich Théophile Gautier *Mademoiselle de Maupin* (1835) vor, eine Sängerin mit lockeren Sitten, die Männerkleider trug, um ein galantes Leben führen zu können.[1] Allerdings scheidet die Ökonomie diese höheren Zweiten – außergewöhnlich talentierte Schauspielerinnen oder Sängerinnen – von den einfachen Kurtisanen, für die lediglich ihre Schönheit spricht. Der Autor der *Kameliendame* sagt recht prosaisch, daß ein gewisses Fräulein R. »allein durch ihr Talent noch einmal soviel verdiente wie die Damen von Welt durch ihre Mitgift und dreimal soviel wie die anderen durch ihre Liebschaften«.

Wenn es die Schauspielerin aus Berufung zum Theater zieht

und sie aus Liebe zu ihrer Kunst die Bühne betritt, dann
bedient sich der Roman der Spannung zwischen Liebe und
Berufung, der Unmöglichkeit, die Exzentrik einer Künstler-
laufbahn mit der Normalität eines geregelten Lebens in Einklang zu bringen: so *Juliette Faustin* von Edmond de Goncourt
(1882), eine große Tragödin, die von ihrem Liebhaber in
einem nahezu bürgerlichen, fast schon ehelichen Verhältnis
ausgehalten wird – eine Verbürgerlichung, die im übrigen ihr
Talent beeinträchtigt, das erst an dem Tag offenbar wird, an
dem sie die Liebe entdeckt. Wenn das Talent in der männlichen Vorstellungswelt die Frau entsexualisiert, so verleiht ihr
das Begehren Genie. Ihr neuer Liebhaber unterhält sie in
ostentativem Luxus: die große Schauspielerin besitzt ein Privileg, das sie über die anderen Frauen stellt, an die Spitze der
Hierarchie und sogar darüber hinaus, außerhalb des
Gewöhnlichen. Freilich wird diese Idealisierung mit einer
Entsexualisierung erkauft, die schließlich dazu führt, daß der
Liebhaber seine Mätresse wie eine Ehefrau behandelt und
sich Prostituierten zuwendet – jener Prostituierten, die sie
entschieden nicht mehr sein kann, da ihre Besonderheit sie
aus den Reihen der verdorbenen Frauen ausgestoßen hat.
Aber sie kann auch nicht seine Ehefrau werden, wie er es ihr
vorschlägt, als sie seinetwegen ihren Beruf aufgibt und ihre
Berufung der Liebe opfert – denn wie läßt sich ein Stand der
Ersten vorstellen, der dem Stand der Zweiten, mit dem sie
sich identifiziert hat, diametral entgegensteht? »Siehst du,
mein Freund, (...) wir sind nicht geschaffen, rechtmäßige
Ehegattinnen zu werden, wir können einem Mann nur
Geliebte sein, und ich werde für immer die deine bleiben...«
Die beiden Liebenden gehen auf Reisen, aber sie sehnt sich
nach ihrem Beruf. Und Goncourt, der offensichtlich Mühe
hat, seine Fabel zu Ende zu bringen, beschließt, den Geliebten auf eine Weise sterben zu lassen, daß er sie, als er
gewahrt, daß sie sogar während seines Todeskampfs Komödi-

antin geblieben ist, im letzten Augenblick verstößt. Trotz des Verzichts auf ihre Berufung war sie also bis zum Schluß eine illegitime Frau, die man nicht anerkennt.

Schauspielerinnen zwischen Berufung und Verderbtheit

Wenn die leidenschaftliche Liebe Juliette Faustin vor der Sittenlosigkeit zu retten vermochte, obwohl um den Preis ihrer Berufung, so kann sie umgekehrt ein reines junges Mädchen von seiner Berufung zum Theater abbringen und in die Verderbtheit stürzen, die allen droht, die es wagen, sich der Bühne zu widmen. Lise Fleuron, in dem gleichnamigen Roman von Georges Ohnet (1884), ist eine blonde und tugendhafte, von der Berufung zum Theater berührte Jungfrau, ganz im Gegensatz zu der ausgehaltenen brünetten Schauspielerin Clémence Villa; diese verkörpert jene aus der Galanterie gekommene Kurtisane, die zu werden Lise, die aus dem Konservatorium gekommene Schauspielerin, sich hüten muß. Aber sie wird von der Begierde ihres Verehrers verfolgt, der sich wenig um die Rücksichten schert, die man gewöhnlichen jungen Mädchen gegenüber zeigt, so untrennbar ist der Stand der Schauspielerin mit dem der ausgehaltenen Frau verbunden.

Von dieser verderblichen Atmosphäre und dem Drängen ihres Verehrers ermuntert, gibt sie sich ihm hin. Allerdings geht sie nicht so weit, ihm ihren Beruf zu opfern, denn sie weiß nur allzugut, daß er zwar die Gefahr der Verderbtheit birgt, es ihr aber auch ermöglicht, der Prostitution zu widerstehen. Auch wenn es ihr nicht gelungen ist, anständig zu bleiben, so hält sich ihr Fehlverhalten doch in den Grenzen der Ehrbarkeit, da es einzig durch die Liebe motiviert ist und sie sich nicht aushalten läßt, mit anderen Worten, da die sexuelle Bindung lediglich ein Vorspiel zur Ehe ist. Dennoch beschert ihr ungehöriges Betragen ihr einen verhängnisvollen Tod, und die sterbende Lise zieht die bittere Moral aus der Geschichte: »Gewiß ist, daß Schauspielerinnen, die im vierten Stock wohnen, sich in Wolle kleiden wollen, in Mietwagen fahren und nur einen Geliebten haben, nicht für große Erfolge geschaffen sind ... Die Zukunft gehört jenen Schauspielerinnen, die ein eigenes Haus besitzen ... Ehrbarkeit im Theater ist Schwindel!«

Von der Grisette zur Schamlosen

Auf der untersten Stufe der Hierarchie dieser leichtlebigen Frauen befinden sich die kleinen Arbeiterinnen mit den lockeren Sitten: wenig auf Moral bedacht oder wenig überwacht, machen sie sich gegenseitig die Verehrer streitig und zögern meist nicht, deren Geliebte zu werden. Ihre Familien, falls sie eine haben, kümmern sich kaum um diese Übertretungen der Ehestrategien, da es weder ein Erbe noch einen Titel zu vererben gibt. So zeigt sich die Grisette, »eine unbekümmerte kleine Näherin des vergangenen Jahrhunderts, die von den Pariser Vergnügungen profitiert«.[2] Für die Studenten eine Frau für die Zwischenzeit, die selbst auf eine Ehe wartet, tritt sie in den Romanen ebenso kurz und transparent in Erscheinung wie in der Erziehung der jungen Männer, wo sie nur einen flüchtigen Augenblick darstellt. Wenig mehr als eine Prostituierte, etwas weniger als eine richtige Mätresse oder eine wirkliche Kurtisane, ist sie jedenfalls keine Verlobte, sobald der Student in Liebesnöten einem Milieu angehört, das es ihm erlaubt, eine vorteilhaftere Ehe anzustreben.

Die Lorette (nach dem Pariser Stadtviertel Notre-Dame-de-Lorette, das im 19. Jahrhundert für seine lockeren Sitten bekannt war) ist eine Grisette auf dem Weg des hierarchischen Aufstiegs, regelmäßig von ihrem Galan ausgehalten, der es nur ein wenig an Ehrgeiz oder Mitteln fehlt, um eine wirkliche Kurtisane zu werden; sie befindet sich in einem Stand der Ausschweifung, dem diesmal mehr der Eigennutz als das Vergnügen zugrunde liegt. Als Pariserin ist die Lorette eine Zikade, einzig damit befaßt, unter ihresgleichen zu glänzen, wie Balzac erklärt, als er in *Tante Lisbeth* ein Abendessen von Loretten schildert: »Eine solche Festlichkeit bedeutet ja für diese Damen jedesmal eine Art Modenschau, wo jede ihrem Millionär den Preis erringen will, weil sie damit ihren Nebenbuhlerinnen zu verstehen geben kann: Da siehst du, was ich wert bin!« Als Provinzlerin dagegen ist sie eher eine auf ihre Zukunft bedachte Ameise, wie Suzanne, die junge Wäscherin, die in *Die alte Jungfer,* ebenfalls von Balzac (1836), vorgibt, von dem alten Bourgeois, dessen Mätresse sie ist, schwanger zu sein, und ihm mit der Drohung eines Skandals das für ihre Übersiedlung nach Paris nötige Geld abpreßt.

Aber die leichtsinnigen Frauen kommen vorzugsweise in den Romanen der Boheme vor, der Stätte des Sittenverfalls *par excellence,* wovon die emblematische Gestalt des Künstlermodells zeugt (oder in moderner Form das Mannequin der Modehäuser wie in *La Courtisane passionnée* von J. H. Rosny der Jüngere, 1919): diejenige, die, halb Hausangestellte, halb Prostituierte, ihren Körper zu Geld macht, jedoch in der abgemilderten Form des Blickes. Denn ein Modell ist niemals weit von einer Prostituierten entfernt: In Flauberts *Lehrjahre des Herzens* versichert der Maler Pellerin, Jacques Arnoux anschwärzend: »Böte man ihm ein rundes Sümmchen, ließe er seine Frau Modell stehen!« Sich für Geld nackt zu zeigen, war lange ein Zeichen für Liederlichkeit, dessen anstößigen Charakter wir heute kaum noch verstehen: so kann in *Das unbekannte Meisterwerk* von Balzac (1831) Gilette, die schließlich akzeptiert hat, nackt für Frenhofer Modell zu stehen, nicht umhin, ihren Geliebten Poussin zu verachten, weil er aus Liebe zur Kunst ein solches Opfer von ihr verlangt hatte. Ein halbes Jahrhundert später, in *Die Armut und die Gier* von Léon Bloy (1897), findet der Maler, der sich anschickt, seine Stieftochter zum erstenmal Modell stehen zu lassen, sie tränenüberströmt hinter dem Wandschirm, wo sie sich nicht dazu durchringen kann, sich zu entkleiden. Es sind fast immer Männer, die im Status eines Aktmodells etwas sehen, das die Frauen noch begehrenswerter macht (so der Held aus *Sappho* von Alphonse Daudet: »Und im tiefsten Grund seines Wesens zeigte sich ein häßlicher Stolz, den er sich selbst nicht eingestehen wollte, sie mit diesen großen Künstlern zu teilen, sich zu sagen, daß sie sie schön gefunden hatten«): denn der Blick eines anderen Mannes – und zwar jenes Mannes, der den besonderen Status des Künstlers aufweist – hat auf diesem Körper den Weg des Begehrens gebahnt.

Neben diesen Grisetten für Studenten, Loretten für modische junge Leute und Aktmodellen für Künstler gibt es auch luxuriöse und spitzfindige Versionen der Lasterhaften: so das *Mädchen mit den Goldaugen* von Balzac (1834), deren doppelte Verderbtheit, in der verborgenen homosexuellen Sünde und der Unschuld der heterosexuellen Liebe, ein tragisches Ende nimmt. In leichterer Form erzählt *Das Weibtier* von Rachilde (1893) die Geschichte eines verdorbenen jungen Mädchens aus guter Familie, das zur ausgehaltenen Mätresse ihres ehemaligen Verlobten geworden ist. Da sie die Liebe zu sehr liebt, um eine echte Prostituierte zu sein, landet sie zwar nicht in der Gosse, sondern, noch schlimmer, in der Animalität, indem sie wie eine streunende Katze über die Dächer schleicht und einen Kater aufliest, mit dem sie eine Art Liebesbeziehung unterhält – und der sie aus Eifersucht schließlich zu Tode zerfetzt...

Unter dem Schutz ihrer Jugend bleiben die Schamlosen annehmbare Figuren, die zwar leichtfertig, aber doch entschuldbar sind – vor allem in den Augen der Männer, die um so mehr Nachsicht üben, als sie von ihnen zu profitieren wissen. Sie können sogar *in extremis* ins bürgerliche Eheleben zurückfinden wie die von ihrem Aristokraten verlassene junge Wäscherin in *Irrungen Wirrungen* von Theodor Fontane (1887). Aber sobald sie altert, wird die leichtlebige Frau im gemeinsten Sinn des Wortes zu einer Dirne, zu einer wahren Vogelscheuche, bei der Schmutz, Armut und Verderbtheit zusammentreffen – wie Mathilde aus *Das Werk* von Zola, die sich in einem Hinterzimmer dem Erstbesten hingibt; wie vor allem *Germinie Lacerteux* der Brüder Goncourt (1865), ein Dienstmädchen aus ordentlichem Hause, die der Nymphomanie verfällt und sich, durch Fehlgeburten und Alkohol zugrunde gerichtet, in einem dunklen Doppelleben entwürdigt und »jedes natürliche Schamgefühl« verliert.

Vom gefallenen Mädchen zur Straßendirne

Wie wir uns erinnern, hatte Tess d'Urberville ihr Schicksal als
Ehefrau durch den Unfall verspielt, der sie unwiderruflich
kompromittierte. Als uneheliche Mutter, d. h. gefallenes Mädchen, das außerhalb der Ehe die Sexualität gekannt hat, ist sie
in einer Identität gefangen, die weder die einer der Ehe versprochenen Jungfrau noch die der potentiellen alten Jungfer ist, die
aufgrund der Unmöglichkeit zu heiraten zur Keuschheit verurteilt ist, sondern die der Zweiten, wie sie allen Frauen eignet, die
mit der außervertraglichen Sexualität zu tun haben.

Gefallene Mädchen

Auf der untersten Stufe der Zweiten, wird dem Stand des gefallenen Mädchens nur noch eine negative Definition zuteil: das
»Mädchen von geringer Tugend« ist im wesentlichen, wie es die
Kameliendame sagt, »die Frau, die weder Mutter noch Schwester,
noch Tochter, noch Gattin ist«. Dieser Absturz ist nicht unbedingt die Folge einer ununterdrückbaren Sexualität, die Konsequenz eines Augenblicks der Verirrung oder eines eigennützi-
gen Kalküls. Es kommt vor, daß er erzwungen wird, durch Vergewaltigung, diese doppelte - sexuelle wie hierarchische -
Gewalt, wo die Verachtung des Anderen als Frau mit der Verachtung des Anderen als Unterlegenem einhergeht, der zu
wenig zur selben Welt gehört, um Achtung zu verdienen. Das
Herausreißen aus dem Stand der Jungfrau und das entspre-

290

chende Absinken in den Stand des gefallenen Mädchens, womit es in den Stand der Zweiten verwiesen wird, ist vornehmlich das Los der Dienstmädchen, für die es weniger ein Unfall als vielmehr ein Verhängnis, eine nahezu zwangsläufige Bedingung ist: lange Zeit galt die Vergewaltigung, insbesondere die kollektive, fast als »Übergangsritus für die Frauen, die ihr zum Opfer fielen«.[1]

Die einzige Chance, aus dieser Situation herauszukommen, besteht darin, geheiratet zu werden. Doch dies ist nur möglich, wenn man seinen wahren Stand verheimlicht oder einem Mann begegnet, der verliebt genug ist, um sich nicht daran zu stoßen, oder aber eine unansehnliche Partie akzeptiert: einen häßlichen, armen, alten oder verwitweten Mann. Andernfalls ist das gefallene Mädchen dazu verurteilt, aus der guten Gesellschaft der Frauen ausgeschlossen zu werden, und kann nur noch hoffen, auf der Stufenleiter der Zweiten voranzukommen.

Straßendirnen

Stellen wir uns vor, Tess wäre als entehrte junge Landfrau in die Stadt gezogen, um dort ihr Mißgeschick zu verbergen. Sie könnte sich als Dienstmädchen verdingen, falls sie trotz fehlender Zeugnisse angestellt werden würde; sie könnte eine Arbeit in der Fabrik finden, wenn es eine gäbe; sie könnte auch, nachdem sie die Erfahrung einer ersten Erniedrigung gemacht hat, auf diesem Weg fortfahren und ihre Fähigkeit, begehrt zu werden, finanziell nutzen. Dies widerfährt der Fantine in den *Elenden* von Victor Hugo (1862), als »die Unglückliche zur Dirne wurde«. Denn sie muß für das Kind sorgen, das ihr »Fehltritt« zur Folge hatte – eine seelische Bürde, für ein gefallenes Mädchen sowohl der lebendige und unauslöschliche Zeuge ihrer Verdammnis als auch das einzige Wesen, dem sie verbunden bleibt, ihre moralische Stütze, ihr Grund, am Leben zu bleiben.

Aber es ist auch eine materielle Bürde, denn sie muß für seinen Unterhalt sorgen – auf die Gefahr hin, selbst unterhalten zu werden oder, in Ermangelung eines regelmäßigen Liebhabers, sich von Unbekannten für den Gebrauch ihres Körpers bezahlen zu lassen. So werden die gefallenen Mädchen zu Straßendirnen. Und als Fantine zu krank ist, um arbeiten, und zu geschwächt, um verführen zu können, und sogar ihr Haar und ihre Zähne verkauft hat, bleibt ihr nichts anderes mehr übrig, als zu sterben, in der absoluten Einsamkeit der Frauen, die ins tiefste materielle und seelische Elend geraten sind: »Sie wurde ins Massengrab geworfen. Ihr Grab glich ihrem Bett.«

Manchmal bereitet der Roman den Straßendirnen ein weniger tragisches Schicksal: jedoch erst ein Jahrhundert später, als die Moral sich lockert und die Aufwertung des Abenteuerlebens die Oberhand über das Mitleid oder die Anprangerung der Verirrungen gewinnt. So zeigt *Amber* von Kathleen Winsor (1944), ein Bestseller des Jahrhunderts, daß in dieser modernen Zeit der unkeuschen Heldinnen – von *Caroline chérie* bis *Angélique*[2] – die Geschichte eines gefallenen Mädchens, das munter von einem Lord auf der Durchreise entjungfert wird, zum farbenprächtigen Fresko einer Abenteuerin geraten kann, die als Favoritin des Königs endet (»Welchen Weg habe ich zurückgelegt!«), mit der sich die Leserin ohne weiteres identifizieren kann.

Die Stufen der Prostitution

Zur gleichen Zeit wie diese Romane unkeuscher Abenteuerinnen schildert *Adriana, ein römisches Mädchen* von Alberto Moravia (1947) ein junges Mädchen, das von der Mutter in die Prostitution getrieben wird. Auch wenn hier die beiden Hauptkrisen – der Eintritt in die sexuelle Welt und das Abgleiten in die Prostitution – mit einer Duldsamkeit behandelt werden, die einen männlichen Standpunkt verrät, ist dieser Roman doch außergewöhnlich, da er ein Thema behandelt, wie es in dieser nicht-moralisierenden Form ein Jahrhundert zuvor kaum denkbar war. In der Literatur gibt es nicht viele Figuren von in den Städten umherirrenden Straßenmädchen, die sich dem Erstbesten anbieten – ein nicht gerade erbauliches und erheiterndes Thema. Die Prostituierten dringen erst dann in die Romantradition ein, wenn sie einen bestimmten Grad von Erfolg erreicht haben und dementsprechend begehrt werden. Eine Frau, die ihr Geschlecht zu Geld macht, muß sich also vom Straßenmädchen aus dem Volk entfernen – wie Fleur-de-Marie in *Die Geheimnisse von Paris* von Eugène Sue (1842) – und sich der Kurtisane nähern, damit sie für die Literatur interessant wird. Die Romanprostituierte wird meist von der höheren Gesellschaft aufgesucht, und dann dient die Erzählung der Erziehung junger Männer aus guter Familie: So, als erste ihrer Art, die *Geschichte des Chevalier des Grieux und der Manon Lescaut* von Abbé Prévost (1731), ein wahrer Bildungsroman, der die von den Kurtisanen verlockten jungen Leute auf die Gefahren hinweisen will, denen sie sich aussetzen, wenn sie so unvorsichtig sind, diese ausgehaltenen Frauen zu lieben, die sich kaum von der Prostituierten unterscheiden.

Zwischen der regelmäßig ausgehaltenen Kurtisane und dem für einen Abend gemieteten modernen Callgirl oder der für den einzelnen Geschlechtsakt bezahlten Prostituierten gibt es verschiedene Stufen der Prostitution, die von der Literatur ungleichmäßig repräsentiert sind. Die Polysemie der Termini entspricht der Verwirrung, die dieser Stand hervorruft: »fille« bezeichnet jene (jungfräulichen) »filles«, die »filles« (unverheiratet) geblieben sind, aber ihre Jungfräulichkeit verloren haben, anders gesagt, wenn die Veränderung des körperlichen Zustands nicht mit der Änderung des Personenstands, d. h. mit der Ehe einhergeht. Notfalls beheben Adjektive jede Zweideutigkeit: »fille légère«, »fille publique«, »fille des rues«, »fille de petite vertu«. Neben den derben Termini wie »catin« oder »putain« und den Euphemismen wie »respectueuse« oder »professionelle« findet man auch die »poule« (volkstümlich), die »gourgandine« (bürgerlich), die »demi-mondaine« (veraltet) oder die »cocotte«.[3] Aber allen diesen verschiedenen Arten des Stands der Prostituierten ist gemeinsam, daß sie Gegenstand der Verachtung und des Ausschlusses aus der guten Gesellschaft sind, ja aus der Gesellschaft überhaupt, wenn die moralische Abweichung zur geistigen Verwirrung wird – wie *Die Dirne Elisa* von Edmond de Goncourt (1877), Opfer des grausamen Schicksals, das verlorene Mädchen trifft. Die Unmoral der Rechtschaffenen gegenüber den »filles« ist sogar die Moral der unmoralischen Erzählung *Fettklößchen* von Maupassant (1880), wo sich eine gutherzige Prostituierte das Wohlwollen ehrsamer Bürger erwirbt, mit denen sie in derselben Kutsche reist, aber trotzdem ihre Verachtung zu spüren bekommt, als sie sich, um der Reisegesellschaft die Anfeindungen eines preußischen Offiziers zu ersparen, dazu entschließt, ihm ihre Gunst zu gewähren.

Unabhängig von dieser konstanten Verachtung gegenüber jeder Art von Prostitution unterliegt diese einer inneren Abstufung, gemäß einer durch die Zahl und die Qualität der Partner doppelt determinierten Hierarchie. Ganz unten befinden sich die Frauen, die sich zahlreichen, anonymen und wenig begüterten Partnern verkaufen; ganz oben diejenigen, die sich von einem einzigen Partner zur gleichen Zeit aushalten lassen, der in der kleinen Gesellschaft, zu der sie gehören, bekannt und vermögend genug ist, ihnen ein luxuriöses Leben zu bieten. Daher trennt die hochrangige Kurtisane nicht nur ein Unterschied im Lebensstandard von der Straßendirne sondern auch ein Unterschied in der Natur ihrer Sichtbarkeit. Selbst wenn die Kurtisane von ihrem Liebhaber nicht »vorgezeigt« werden kann, so kann er sie anderen Männern doch eingestehen, als ein äußeres Zeichen von Reichtum, ein Mittel des Aufstiegs in dem prahlerischen kleinen Potlatch der männlichen Rivalität; die Prostituierte niederer Herkunft dagegen läßt sich weder vorzeigen

noch eingestehen; sie muß sich selbst »zeigen«, d. h. sich öffentlich zur Schau stellen, auf ihren Status als Sexualwerkzeug
reduziert. Das Kriterium der Partnerzahl ist wesentlich, um die
absolute Trennlinie zu begründen, die Prostituierte von verheirateten Frauen trennt, die es sich durchaus leisten können, sich
ihrem Ehemann nur deshalb hinzugeben, um die Bedingungen
des Unterhaltsvertrags zu erfüllen. Schließlich kann eine echte
Prostituierte eine Form von Würde darin finden, daß sie keine
Schamlose ist, also nicht um des Vergnügens willen, sondern
aus Eigennutz handelt: »Wenn ich mich mit ihnen einließ,
nicht wahr, na, Spaß hat es mir nie gemacht, aber nicht die Spur
hat es mir Vergnügen gemacht. Angewidert hat es mich, Ehren-
wort!« betont Nana.

Eigennutz oder Vergnügen, Luxus oder Notwendigkeit, ein
oder mehrere Partner – diese drei Kriterien bedingen die innere
Hierarchie des Stands der Prostitution sowie seine äußeren
Grenzen, welche die labile Trennungslinie zwischen den echten
Prostituierten und den anderen Kategorien der Zweiten definieren. Denn es gibt jene, die sich, unverheiratet, nur für den
Sex interessieren, ohne daraus zwangsläufig Geld zu ziehen
oder ständig die Partner zu wechseln: »schamlose« oder »liederliche« Frauen, über die anständige Frauen tuscheln. Es gibt
jene, die sich nur für Geld interessieren und all ihre Leidenschaft dem Luxus widmen, den sie sich offerieren lassen: große
Kurtisanen, die ganze Vermögen ruinieren. Und schließlich
gibt es jene, die mit ihrem einzigen Gönner leben, wie sie neben
einem Ehemann leben würden, wenn sie verheiratet wären:
Mätressen oder ausgehaltene Frauen, die die rigoristischsten
unter den legitimen Ehefrauen bisweilen als »Dirnen« bezeichnen, um einen Unterschied, der hier nur noch Sache eines
rechtsgültigen Vertrags ist, besser hervorzuheben. Schamlose
Frauen, die sich nur für die Liebe interessieren, ausgehaltene
Frauen, die sich nur für Geld interessieren, Mätressen oder
Konkubinen, die sich nur für ihr Hauswesen interessieren – dies

sind die drei extremen Figuren an der Grenze der Prostitution, die sich in dem Raum abzeichnen, den der Roman den Zweiten zuweist, neben jenem fast vollständiges Schweigen, zu dem die Literatur die alltäglichen Prostituierten verurteilt, wirklich käufliche Frauen, gefallene Mädchen, die Straßendirnen geworden sind, der Verachtung der ehrbaren Leute ebenso ausgesetzt wie den Krankheiten und den Launen der Kunden - diese unzähligen anonymen Prostituierten, die in ihrer Verlassenheit nicht einmal ein großes Romanmodell abgeben, das ihre Identität stützen würde.

Der Abgrund

Die Zweite befindet sich in einer mittleren Position zwischen der - gut sichtbaren, aber einseitig abhängigen und geschlechtlichen - Ersten Frau und der - unsichtbaren, unabhängigen und geschlechtslosen Dritten. Aber es klafft ein Abgrund zwischen der zur Illegitimität verurteilten Zweiten und der zur Abstinenz verurteilten Dritten: jener Abgrund, den der kurze Fehltritt des Geschlechtsakts öffnet. Die Versuchung ist groß. Jane Eyre, aus dem Schloß entflohen, in dem die erste Ehefrau herumspukte, und zum Stand einer Dorfschullehrerin zurückgekehrt, war der Liebe zu nahe gewesen, um nicht dem Stand der Mätresse nachzutrauern, den sie als zu entwürdigend ausgeschlagen hatte: »Inzwischen fragte ich mich, ob es nicht besser gewesen wäre, der Versuchung nachzugeben, kampflos in die seidene Schlinge der Leidenschaft zu fallen, auf Blumen einzuschlafen und im Luxus einer Villa im Süden Frankreichs aufzuwachen - als Mr. Rochesters Geliebte; mich der Glückseligkeit hinzugeben, denn er würde mich lieben, wie keiner mich je lieben würde. Nie wieder werde ich die süßen Huldigungen an die Schönheit, die Jugend, die Anmut erleben, denn wer wird diese Reize jetzt noch an mir finden? Doch wohin wandern meine Gedanken und vor allem meine Gefühle? Was ist besser? Für einen Augenblick Sklave eines unsinnigen Traums zu sein, im Fieber eines trügerischen Glücks, um dann im nächsten bittere Tränen der Reue und Scham zu vergießen – oder eine schlichte Dorfschullehrerin zu sein, frei und ehrlich das tägliche Brot verdienen in einem luftigen Bergnest im Herzen Englands?«

Wenden wir uns also dem Schicksal der Dritten zu, zu dem sie, ohne den von der Autorin angewandten Kunstgriff, normalerweise verdammt worden wäre, wie all jene, die ökonomisch von einem Dienstherrn oder einer Familie abhängen, nicht jedoch von der sexuellen Tätigkeit, denn von dieser ist sie von nun an ausgeschlossen.

Fünfter Teil
Die Sicht der »Dritten«

Das schlimmste Schicksal einer Frau ist es,
allein zu leben.

Jules Michelet, *La Femme*

Die Gouvernante

»›Ich bin die Gouvernante.‹ – ›Ah, die Gouvernante!‹ wiederholte er.« In dieser Eigenschaft war Jane Eyre ihrem künftigen Gatten begegnet. Wir erinnern uns auch an Mrs. Danvers, Rebeccas
ehemalige Erzieherin, die Selznick in der ersten Filmfassung
nur »halb so interessant wie im Buch« fand. Und tatsächlich ist
die Person der Gouvernante weit grundlegender, als ihre subal-
terne Position es vermuten läßt. Eine in vielen Romanen anzu-
treffende Gestalt, steht sie im Mittelpunkt eines der Meister-
werke von Henry James, das uns den Schlüssel zu ihr liefert.

Die Symptome des Phantoms

In seinem Roman *Die Drehung der Schraube* (1898) verwendet er,
wie Hawthorne in *Der scharlachrote Buchstabe,* ein komplexes Verfahren der *mise en abyme,* das dem Leser, durch Vermittlung des
Erzählers, eine Geschichte vorlegt, die von einem anderen
Erzähler stammt, der sie wiederum von einem der Protagonisten gehört hat, der sie anhand des von der Hauptperson hin-
terlassenen schriftlichen Zeugnis rekonstruierte.[1] »Es gibt keine Gespenster, sondern nur Erzähler von Gespenstergeschichten«, sagt Edith Wharton in ihrem Vorwort zu *Gespensterge-*
schichten (1937). Die Eigentümlichkeit von Geistergeschichten
und Geistererscheinungen im allgemeinen besteht darin, daß
ein Zugang zu ihnen als einfacher, neutraler Zeuge nicht möglich ist. Der Zeuge verschmilzt hier mit dem Protagonisten,

sobald sein Bericht das Ereignis im Geist des Hörers existieren läßt, und die Skala der möglichen Haltungen reicht von der Distanz desjenigen, der es nicht glauben will und sogar seine Existenz leugnet, bis zum darin Verwickeltsein desjenigen, der darauf Bezug nimmt und eben damit bescheinigt, daß »etwas« geschehen ist, ob nun in der ungerührten Redeweise des Zeugen oder der tief betroffenen Redeweise dessen, der »daran glaubt« und daher das Bedürfnis hat, daß die anderen ebenfalls daran glauben.[2] Aus diesem Grund ist auf dem Gebiet der Geistererscheinungen kein Bericht jemals neutral: für ein Gespenst heißt »sein«, nicht wahrgenommen, sondern erzählt zu werden. Deshalb ist in solchen Fiktionen über Fiktionen der Übermittlungsrahmen so wichtig, den Henry James durch die Vervielfältigung narrativer Mittelspersonen erweitert, womit er die Geschichte aus der Ordnung der reinen Fiktion herauslöst und sie (fiktiv) in die des Dokuments, des Zeugnisses, des Realen eingliedert, dem zu glauben möglich ist. So scheint die Komplexität der *mise en abyme,* gerade durch die Struktur des Berichts, sowohl die Unsagbarkeit der Sache als auch die Notwendigkeit zu bezeichnen, sie auszusprechen. Doch um welche Geschichte handelt es sich, die so schrecklich ist, daß sie sich so schwer erzählen läßt?

»Die jüngste einiger Töchter eines armen Landpfarrers war wegen einer ersten Stellung als Hauslehrerin im Alter von zwanzig Jahren aufgeregt nach London gekommen. Sie wollte sich persönlich auf eine Anzeige hin vorstellen, deretwegen sie bereits mit dem Inserenten eine kurze Korrespondenz geführt hatte.« So beginnt die Geschichte der *Drehung der Schraube,* wie jede Gouvernantengeschichte beginnt. Ein junges Mädchen aus gutem Hause und mit guter Erziehung ist aufgrund ihrer Armut, genauer ihrer fehlenden Mitgift, zur Ehelosigkeit (d. h. in der viktorianischen Zeit zur Keuschheit) verurteilt, da sie nur heiraten könnte, wenn sie eine Mesalliance akzeptierte und damit ihren Rang und das bißchen Würde verlöre, das ihr noch bleibt. Und da sie sich weder von einem Ehemann aushalten lassen noch ihr Leben lang einer mittellosen Familie zur Last fallen kann (falls sie nicht gar Waise oder frühzeitig verwitwet ist), muß sie selbst für ihren Unterhalt sorgen und ihre Fähigkeiten gegen ein Entgelt einsetzen. Doch die einzige standesgemäße Anstellung, die in der traditionellen Gesellschaft ein wohlerzogenes junges Mädchen annehmen kann, besteht darin, für andere zu tun, was sie für sich selbst tun würde, wenn sie die Möglichkeit dazu hätte: Kinder zu erziehen. Also ist sie dazu verurteilt, in einem fremden Haus zu leben, zu jener höheren Form des Dienstverhältnisses genötigt, wie die Erziehung und das Unterrichten der Kinder anderer Leute es darstellt.

Die Begegnung mit ihrem höchst verführerischen Dienstherrn besiegelt das Bestreben des jungen Mädchens, als Frau in der männlichen Welt zugelassen zu werden, und gleichzeitig die Prüfung des erzwungenen Verzichts auf diese unmögliche Hoffnung. Denn da sie nicht hoffen kann, von ihm geheiratet zu werden, hat sie nur die Alternative, entweder auf ihre Tugend, d. h. ihre Würde zu verzichten, indem sie seine Mätresse wird, oder auf ihre Weiblichkeit zu verzichten und tugendhaft zu bleiben, womit sie die Verbindung zu ihrer Familie, ihrer Vergangenheit, ihrem Milieu, ihrer Identität bewahrt. »Sie sah wirklich große Einsamkeit vor sich«: Von ihrer Familie getrennt, wird die Gouvernante von der Welt der Erwachsenen und, genauer, vom männlichen Universum und somit von der geschlechtlichen Welt ferngehalten – im vorliegenden Fall um so mehr, als eine Klausel ihres Vertrags vorsieht, »daß sie ihn niemals behelligen sollte – aber wirklich niemals, niemals; nie sich an ihn wenden, noch sich beklagen, noch aus irgendeinem Grund schreiben sollte«. Des Zugangs zu der von ihrem Arbeitgeber verkörperten männlichen Welt beraubt, trachtet sie, auch die beiden Kinder, die sich in ihrer Obhut befinden, von dieser fernzuhalten: indem sie nicht einmal ihre Briefe abschickt, befleißigt sie sich in aller Unschuld, in der Überzeugung, nur ihre Pflicht zu tun, sie in dasselbe Niemandsland zu versetzen, aus dem jede Beziehung zu den Männern verschwunden ist. Das verschafft ihr zudem einen Vorteil ihnen gegenüber, ihr, die in der Abhängigkeit lebt und daher nur über die Kinder, die sie »sich an den Rock genäht« hat, wie sie sagt, eine gewisse Herrschaft auszuüben vermag.

In Ermangelung einer sexuellen Beziehung überbesetzt sie das affektive Band zu ihnen, verliebt sich sozusagen in das ihrer Obhut anbefohlene kleine Mädchen, zu dem sie guten Gewissens eine Beziehung der Verführung und Faszination knüpft; später wird auch der kleine Miles zum Objekt einer ähnlichen libidinösen Besetzung. Gleich einem Leitmotiv kehrt dieses Thema der Liebesbeziehung zu den Kindern, die als geschlechtslose Engel beschrieben werden, immer wieder; denn mit ihnen läßt sich der Ausschluß aus der geschlechtlichen Welt nicht nur im Gefühl der Ungerechtigkeit erleben, wie es mit dem unglücklichen Dasein der Gouvernante einhergeht, sondern auch in der fatalistischen Hinnahme, wie jedes normale Dasein sie erfordert, denn dies ist, im kindlichen Universum, die sexuelle Unschuld – der gegenüber alles andere als Unvollkommenheit, Häßlichkeit, Vergehen, Gewalt, Greuel erscheint. Die als Garant für die Normalität des Geschicks der Gouvernante überbesetzte Unschuld erlaubt es, aus der Not eine Tugend und aus einem besonderen Dasein ein allgemeines zu machen.

Dennoch ruft die unmögliche Liebe zu dem Mann ihrer Träume, die sie auf die Kinder übertragen hat, die Gespenster hervor. Genau in dem Augenblick, wo sie an ihren Arbeitgeber denkt, kommt es auf einem der beiden Türme zur ersten Erscheinung: »Der Mann, der mir vor Augen kam, war nicht die Person, die ich auf einmal erwartet hatte. (…) Überdies war der Ort augenblicks auf ganz eigenartige Weise, und gerade durch die Tatsache der Erscheinung, zu einer Einöde geworden.« Das Gespenst ist also exakt die *Erscheinung einer Abwesenheit*: Erscheinung dessen, was fehlt und, genauer, dessen, was den von der geschlechtlichen Welt abgeschnittenen Gouvernanten fehlt und dessen derart manifestierte Abwesenheit sie brutal auf ihr einsames Dasein zurückwirft. Die in diesem Haus immer wiederkehrende Prüfung des Phantoms stellt sich als eine Eigentümlichkeit der Gouvernanten heraus, denn auch ihre Vorgängerin hatte sie durchgemacht, sonst jedoch niemand. Und diese erste Erscheinung wird um so offenkundiger mit dem Herrn des Hauses in Verbindung gebracht, als das Gespenst aussieht wie »sein eigener Bursche, sein Kammerdiener, als er hier war«, und die Kleider seines Herrn trägt. Es stellt sich heraus, daß die Phantome die Geister der beiden Protagonisten der unmöglichen sexuellen Beziehung sind: die ehemalige Erzieherin steht für die derzeitige, der Bursche für den Dienstherrn. Bei ihren Nachforschungen über diese beiden Personen erfährt sie im übrigen, daß sie ein Verhältnis hatten und damit einem doppelten – sexuellen und hierarchischen – Verbot zuwiderhandelten. Die beiden Wiedergänger verkörpern also (wenn man das von einem Gespenst sagen darf) die Übertretung des wichtigsten Verbots: eine Übertretung, die Unschuldige bedroht, die die Gespenster, indem sie ihnen erscheinen, zu beschmutzen und dadurch zu verderben trachten, daß sie ihnen ihre lasterhafte Welt öffnen. So fällt nicht nur die Gouvernante diesen Erscheinungen zum Opfer, sondern auch die Kinder, an die sie sich in einer zweideutigen Beziehung der Projektion ihrer selbst und der Substitution ihres Arbeitgebers gebunden hat. Sie versteht, daß der Mann ihnen erscheinen will und daß die Frau sich des kleinen Mädchens bemächtigen will. Und so bringt sich die Gouvernante, wie Mrs. Danvers, die sich am Ende von *Rebecca* den Flammen überantwortet, selbst als Sühneopfer dar und unterzieht sich der Prüfung des Phantoms, um sie den Kindern zu ersparen.

Die Wiederkehr der Erscheinungen besiegelt die Rekurrenz der Phantasien, die die Gouvernante umtreiben und deren sexuel-

ler Charakter unter der Feder des Autors immer wieder zum
Vorschein kommt. Zunächst erkennt man daran den verscho-
benen Ausdruck der Erwartung der Defloration, des Aktes *par
excellence,* der eine Frau zu »einer anderen Frau« machen kann,
indem er ihr Zugang zur Weiblichkeit verschafft – jener Weiblichkeit, die der Gouvernante untersagt ist und die sie nur
durch die doppelte Vermittlung der platonischen Liebe zu den
Kindern und der Phantomatisierung des sexuellen Verhältnisses erleben kann: »Währenddessen stand Miles wieder, die Hände in den kleinen Taschen, mit dem Rücken zu mir und sah zu
dem großen Fenster hinaus, durch das ich an jenem Tag gesehen hatte, was mich in Aufruhr versetzte. Wir schwiegen, solange das Dienstmädchen dabei war – schwiegen, wie es mir wun-
derlicherweise vorkam, wie ein junges schüchternes Paar auf
der Hochzeitsreise im Gasthof in Gegenwart des Kellners.«
Dann intensiviert die Anwesenheit des Phantoms die Beziehung zu dem Kind, die als Liebesumarmung beschrieben wird
und in der das Gespenst gleichsam als phallisches Symbol auftaucht: »Ich umfing ihn mit einem Aufstöhnen der Freude, zog
ihn an mich; und während ich ihn an mich drückte und in
einem plötzlichen Fieber des kleinen Körpers den ungeheuren
Puls seines kleinen Herzens spürte, hielt ich die Augen auf das
Ding am Fenster gerichtet und sah, wie es sich bewegte und seine Haltung veränderte. Ich habe es mit einem Wächter verglichen, aber einen Augenblick lang waren seine langsamen Bewegungen mehr wie das Herumstreifen eines enttäuschten Tieres.
Um aber meinen neu belebten Mut nicht zu sehr aufflammen
zu lassen, mußte ich sozusagen das Feuer unterdrücken.«
Zuletzt wird die Geistererscheinung mit Wörtern beschrieben,
die an die Masturbation gemahnen: »Diese Bewegung ließ mich
mit einem einzigen Satz, mit einem nicht zu unterdrückenden
Schrei auf ihn losspringen. Denn wie um sein Geständnis zu
vereiteln und seine Antwort zu verhindern, war da wieder, an
die Scheibe gepreßt, der gräßliche Urheber unseres Leides – das

weiße Gesicht der Verdammnis. Der Verfall des Sieges und die volle Wiederkehr des Kampfes überkam mich mit so elendem Schwindel, daß mein heftiger Sprung lediglich alles verriet. Ich sah noch während meines Tuns, wie er diesem mit einer Ahnung begegnete, und als ich wahrnahm, daß er sogar jetzt nur ahnte und für seine Augen das Fenster noch immer leer war, setzte ich dem in mir aufflammenden Impuls nichts mehr entgegen, der den Höhepunkt seiner Bestürzung in den eigentlichen Beweis seiner Befreiung umwandeln wollte. ›Nicht mehr, nicht mehr, nicht mehr!‹ schrie ich dem Besucher entgegen, während ich versuchte, Miles an mich zu pressen.«
Und auf der folgenden Seite endet der Roman, mit dem Tod des unschuldigen, von dem gräßlichen Phantom besiegten Kindes...

Wenn die Abwesenheit erscheint

»Wenn ein Kind den Effekt der Tortur um eine Drehung der Daumenschraube verstärkt, was würden Sie dann zu zwei Kindern sagen?« fragt der Erzähler der Geschichte. Die »Drehung der Schraube« bezeichnet explizit die Einführung der Kinder in die (sexuelle) Geschichte; eben dies ist das Thema des Romans, der Einbruch der Sexualität in eine Welt, in der sie keinen Platz hat – die Welt, zu der die Gouvernanten verurteilt sind. Aber die »Drehung der Schraube« verweist auch auf den Handgriff des Schraubens, insofern man etwas oder jemanden »festschraubt«, damit er an Ort und Stelle bleibt. Ist diese »Drehung der Schraube«, d. h. die Einführung der Kinder an den Ort der verbotenen Sexualität, nicht auch das, was die Frau an jenem unhaltbaren Ort festhält, an dem sie für niemanden Frau ist? Zu dieser »Drehung der Schraube« kommt die Tour de force von Henry James hinzu: nämlich daß er jene Vergegenwärtigung des abwesenden Objekts (unmöglich wie der Mann, verboten wie der Sex), die jede Gespenstergeschichte darstellt, in die Anordnung der Erzählung selbst eingebaut hat; und daß er diejenige, die weder die »Erste« noch, es sei denn durch Zufall, die »Zweite« sein kann, in die Position der Erzählerin, anders gesagt, des Subjekts versetzt hat. Und eben dies ist eine paradoxe Konstruktion, da der Status einer Gouvernante wesentlich durch eine negative Situation definiert wird: *kein* erwählbares Mädchen zu sein. Da sie keinen Zugang zur Ehe hat, ist sie aus dem sexuellen Leben ausgeschlossen, gleichzeitig jedoch muß sie in einer geschlechtlichen, von Männern bewohnten Welt leben: im Unterschied zu den Mädchen in Gemeinschaft, die ihre Unverheiratbarkeit zum kollektiven Status erhoben haben, bewegt sich die Gouvernante in einer Welt, in der der Geschlechtsunterschied signifikant ist und die Möglichkeit des Kontakts und des Geschlechtsverkehrs mit dem Mann permanent gegeben ist. Und so wie das Mädchen, das sich aus der geschlechtlichen Welt zurückzieht oder aus ihr verstoßen wird, nur dann einen Platz in der Fiktion findet, wenn sie ihre Unschuld verliert, wenn sie ihre Berufung der Hoffnung auf Ehe opfert oder wenn sie ihr Dasein als Braut Gottes ablehnt – so interessiert sich die Fiktion für die Gouvernante nur unter der Bedingung, daß sie der geschlechtlichen Welt ins Auge sieht, und sei es im Zustand eines Gespensts. Eben diese negative Bedingung – die Abwesenheit der Sexualität – kehrt (wie das Verdrängte) in Form des Wiedergängers zurück, dessen Erscheinen in einer Erzählung unweigerlich auf die Anwesenheit einer Frau hinweist, aus deren Leben der Sex verschwunden ist. Und brachte Edith Wharton, als sie in ihrem Vorwort zu *Gespenstergeschichten* schrieb, daß Gespenster für ihr Erscheinen Beständigkeit und Stille brauchen – »Denn wo ein Gespenst einmal erschienen ist, scheint es dies wieder tun zu wollen, und es bevorzugt offenkundig die Stunden, wenn Ruhe herrscht« –, nicht die Übereinstimmung zwischen Gespenstern und Sexualität zum Ausdruck, die beide dieser Zwangsläufigkeit der Stille und der Rekurrenz unterliegen?

Es verwundert also nicht, daß Jane Eyre, als sie im Schloß eintrifft, um ihre erste Stelle als Erzieherin anzutreten, sich scherzhaft nach der Möglichkeit eines Gespensts erkundigt. Und später, als eine nicht einzugestehende Anwesenheit ein geheimes Zimmer heimsucht, kommt sie der furchtbaren Wahrheit nahe – nicht nahe genug, um sie zu sehen, aber genug, um sie zu hören, als könnte sie, unsichtbar für die anderen und zu weit entfernt, um sie zu sehen, der Wahrheit nur durch das Ohr auf die Spur kommen, wie die Kinder, die auf diese Weise hinter die Geheimnisse ihrer Eltern kommen: »Was für ein Geheimnis, das in Feuer und Blut mitten in der Nacht ausbrach? Was für ein Geschöpf, das in der Gestalt und mit dem Gesicht einer gewöhnlichen Frau Schreie ausstieß wie ein höhnender Dämon?« Und als der Dienstherr eintrifft – genau wie in *Die Drehung der Schraube* – erscheint er gleich einem Gespenst, gleich einem übernatürlichen Wesen, denen ähnlich, von denen ihr früher die Gouvernante ihrer Kindheit erzählte (sind die Gouvernanten nicht ganz ausgezeichnete Geisterbeschwörer?). »Es ist kein Geist«, sagt sie später, nachdem sie ihn überraschend erblickt hatte. Nein, es ist kein Geist: nur ein Mann, dieses den »Dritten« verbotene Wesen.

Aber die Geister, die im zukunftslosen Leben der Frauen ohne geschlechtliche Bindung herumspuken, werden, sobald der Mann seine Liebe erklärt hat, genau in den Zustand von Geistern verbannt, aus der Wirklichkeit vertrieben durch das Eingeständnis der Liebe und die Macht des männlichen Fleisches, das so nahe ist, daß man es berühren kann, so begehrenswert, daß man tatsächlich davon träumen kann: »›Sie, Sir, kommen mir wie ein Trugbild vor; Sie sind ein bloßer Traum.‹ Lachend streckte er seine sehnige, kräftige Hand aus. ›Ist das ein Traum?‹ fragte er. ›Ja, obwohl ich sie berühre, ist sie ein Traum‹, sagte ich.« Es ist ein Traum, der Traum einer zur Ehelosigkeit verurteilten, nicht begehrenswerten Frau, ihr Dasein zu beenden und die Braut des Dienstherrn zu werden. Wie schwierig dieser Aus-

309

bruch aus dem Stand der Dritten ist, daran erinnert Charlotte
Brontë, wenn sie sich bemüht, diesem Eheprojekt eine Menge
Hindernisse in den Weg zu legen. Nachdem es Jane gelungen
ist, sie durch den Kunstgriff des Romanhaften zu überwinden,
entrinnt sie dem harten Leben der Dritten, indem sie die zweite Gattin wird: »Ich hätte ihre Erziehung gern selbst überwacht«, sagt sie im Hinblick auf das kleine Mädchen, das sich
in ihrer Obhut befunden hatte, »aber das war unmöglich,
denn mein Gatte brauchte jetzt meine ganze Zeit und alle
meine Kräfte.«

Zwischen Dienstmädchen und Gouvernante

Dem häufigen Auftreten von Gouvernanten in den Romanen,
vor allem im 19. Jahrhundert, liegt ein reales Phänomen
zugrunde, wie es die wenigen historischen Untersuchungen
bezeugen, die sich mit ihm befaßt haben.[3] Im Unterschied zu
den Hausangestellten, Zofen und Dienstmädchen ist die Gouvernante (oder Gesellschafterin, wenn keine Kinder da sind)
eine Junggesellin, die ihren Unterhalt verdient, ohne sich ihres
Körpers zu bedienen: ihre Funktionen sind ausschließlich
intellektueller und nicht manueller Art. In der Hierarchie der
bürgerlichen Werte bedeutet die Hausarbeit einen Abstieg
(»was für ein Mißgeschick«, empört sich der Bruder von Cythe-
rea, die sich in *Desparate Remedies* von Thomas Hardy, 1870, mit
einer Anstellung als Zofe abfindet), der ein junges Mädchen aus
guter Familie ebenso gewiß verurteilen würde wie eine Mesalliance. Daher zielt die Erziehung darauf ab, ihnen die Ablehnung
niederer Arbeiten einzuprägen, die, wie immer die künftige
finanzielle Situation aussehen mag, den Klassenunterschied
zwischen einem Fräulein und einem Dienstmädchen ausmacht. Nicht jede Frau, die in einer Familie einer bezahlten
Beschäftigung nachgeht, ist also eine Gouvernante: die Arbeit

darf keine manuelle sein und muß ein persönliches Ehe- und Familienleben ausschließen. Genau dies ist der Unterschied zu den einfachen Dienstmädchen, die zwar keine Erziehung haben, jedoch eine Ehe eingehen können, ohne ihre Anstellung zu verlieren, sofern sie einen Mann aus dem eigenen Milieu heiraten. Mehr als eine bloße Arbeitsstellung ist die Lebensform der Gouvernante ein Stand – der Stand der Dritten –, während die Stellung eines Dienstmädchens jedes heiratsfähige Mädchen antreten kann, wenn es jung ist, oder jede alte Jungfer, wenn sie älter ist, jede Ehefrau und Mutter (was eher selten vorkommt, da nur schwer mit den Notwendigkeiten der Anstellung zu vereinbaren), oder auch jede ledige Mutter – was häufiger der Fall ist, denn das gehört, wenn man so sagen darf, zu den Berufsrisiken.[4]

Es kommt vor, daß sich einfache Hausangestellte dem Status der Gouvernante nähern, wenn sie sich um Kinder zu kümmern haben. Dies ist der Fall der *Nêne* von Ernest Perrochon (1920), die, in einem Bauernhof der Vendée als Dienstmädchen angestellt, zum Kindermädchen aufrückt, nachdem ihr Dienstherr Witwer geworden ist. Gewohnt, sich als Magd zu verdingen, ist Madeleine ein wenig zu alt (etwa dreißig) und nicht hübsch genug, um sich noch im vorübergehenden Stand des heiratsfähigen jungen Mädchens zu befinden. Sie verliebt sich in ihren jungen Dienstherrn, doch dieser vernachlässigt sie unter dem Einfluß einer bösartigen Kokotte. Vernünftig oder resigniert, überträgt sie all ihre Liebesfähigkeit auf das kleine Mädchen und dessen kleinen Bruder, für die sie zur Ersatzmutter, Erzieherin und Patin wird (»Nêne« ist der Spitzname für Patin). Statt der Umarmung begnügt sie sich mit dem gefangenen Objekt, das der Knabe darstellt. Und so wie sie das Kind an den Platz des Mannes rückt, auf den sie verzichten muß, maßt sie sich nach und nach den Platz der verstorbenen Mutter an. Ihr Dienstmädchendasein wandelt sich damit zu dem einer Gouvernante, so daß sie sich manchmal vorwirft, die Hausarbeit

zugunsten der Kinder zu vernachlässigen. Und sie ist sogar
bereit, ihr eigenes Leben für sie zu opfern, als sie das eine vor
dem Ertrinken, das andere aus dem Feuer rettet.

Trivialer opfert sie ihnen ihre mageren Ersparnisse, indem sie
sie mit Geschenken überhäuft, gleich den Müttern, denen ihre
Kinder nicht nur als affektives Ventil, sondern auch als Werkzeug ihrer Auszeichnung dienen. So wie Veblen zufolge die
Frauen der höheren Gesellschaft von ihrem Ehemann dazu
benutzt werden, den Rang der Ehegemeinschaft zu bezeichnen,
so werden die Kinder aller Gesellschaftsschichten von ihrer
Mutter dazu benutzt, ihre Vorzüglichkeit zu bezeichnen,
indem sie von ihren Möglichkeiten und ihrer Selbstlosigkeit
zeugen. So kommt es zu einer Art Potlatsch mit den Kindern,
Opfern wie Nutznießern der Verschwendung, mit der die Mütter oder Ersatzmütter einander messen. Und wenn Nêne einwilligt, Lalie in die Schule zu schicken, so vor allem deshalb, um
ihrer Rivalin, der Verlobten ihres Arbeitgebers und zukünftigen
zweiten Ehefrau, ihre eigene Makellosigkeit vor Augen zu halten. Im übrigen nimmt sie das Mädchen wieder aus der Schule,
weil es seine Lehrerin liebgewonnen hat, die damit zur Rivalin
wird, der es das Objekt ihrer Leidenschaft zu entreißen gilt –
Zielscheiben der Liebe, die sie ihnen entgegenbringt, weil sie sie
nicht mit einem Mann erleben kann, und passives Werkzeug
der Selbstliebe, die sie sich nicht gestatten darf, sind die Kinder
auch die Opfer ihrer Eifersucht.

Trotzdem ist sie nicht ihre Mutter, denn ihr Platz ist lediglich
der einer Angestellten, die in jedem Augenblick entlassen werden kann: eine Drohung, die sich anbahnt, als sich eine zweite
Ehefrau am Horizont abzeichnet, um die tote Mutter rechtmäßig zu ersetzen. Denn diese Liebe – die Liebe der Dritten zu
den Kindern anderer – hat keinen Platz: die Dritte hat keinerlei
Recht, keinerlei Anspruch. Dazu verurteilt, aus dem Haus und
aus dem Gedächtnis der Kinder zu verschwinden, findet sie sich
allein wieder und hat nicht einmal den Trost eines Mitgefühls,

das ihren Kummer aufwiegen würde. Nachdem sie ihren Platz und ihre Liebesobjekte verloren hat, bleibt ihr nichts anderes mehr übrig, als sich im Teich in der Nähe des Hauses zu ertränken.

Der Stand der Dritten

Von Gespenstern verfolgt, eingesperrt, verlassen, gekündigt, vergessen, von eigener Hand getötet – die Geschichten von Gouvernanten sind tragisch. Bestenfalls müssen sie schmerzhafte Prüfungen durchmachen wie die *Institutrice* von Eugène Sue (1851), die allen Formen des Ortswechsels die Stirn bieten muß, dem geographischen wie dem hierarchischen und familialen.[5] Und sofern von der Tragödie oder dem Drama nicht heroisiert, werden sie als zänkische und erbarmungswürdige oder, noch schlimmer, verabscheuenswerte und verderbliche Frau gebrandmarkt, als furchteinflößende Verkörperung der weiblichen Rivalität, der Eifersucht häßlicher und armer Frauen auf die schönen jungen Ehefrauen, die in ihr Territorium einbrechen. So die beunruhigende Mrs. Danvers aus *Rebecca;* die Gouvernante in den Harlequin-Romanen[6]; oder in *Esclave ... ou reine?* von Delly die grausame Varvara, eine arme Verwandte, die als Haushälterin des reichen und mächtigen Ehemanns (eines Witwers natürlich) die arme Lisa verfolgt, die in das ferne Schloß geholte junge Ehefrau. Von beängstigender Fremdheit, scheint sie ein Geheimnis zu bergen und hält die Erinnerung an die Erste wach; in den Ehemann verliebt, terrorisiert sie ihre Rivalin und versucht, sie zu töten, den Wölfen zum Fraß vorzuwerfen; als ihr das scheußliche Manöver mißlungen ist, das den Gatten im Gegenteil für die arme Ehefrau Partei ergreifen läßt, erdolcht sie sich.
Ohne Hoffnung auf Ehe und daher ohne Sexualleben, haben die Gouvernanten allen Grund, unglücklich oder bösartig zu

sein, je nachdem, ob sie Heldinnen oder Antiheldinnen sind. Man muß sich ihr Dasein und das damit verbundene Unglück deutlich vor Augen halten: Genötigt, in einer von Männern bewohnten Welt zu leben und zu altern, ist die Gouvernante eine vollwertige Frau, im Gegensatz zu jenen »Mädchen«, wie sie, vorläufig, die heiratsfähigen Jungfrauen und, letztlich, die Nonnen darstellen, die von jedem sexuellen Verkehr mit den Männern abgeschottet sind; doch im Gegensatz zu den »Ersten« und den »Zweiten« ist sie aufgrund ihrer Ehelosigkeit nicht nur dazu verurteilt, auf die Sexualität zu verzichten, sondern auch dazu, für ihre materielle Autonomie selbst zu sorgen; sie lebt allein von ihrer Arbeit, ohne daß die durch einen Lohn vermittelte Abhängigkeit von ihrem Arbeitgeber von ihrer sexuellen Verfügbarkeit abhängt. Für eine Gouvernante ist ein »Fräulein« zu sein mehr als nur eine Bezeichnung, es ist ein sozialer Status, eine Identität: »Mama gab ihr so den Titel: ›Obwohl Sie Witwe sind! Denn eine Erzieherin muß immer Fräulein genannt werden‹«, präzisiert *La Garçonne* von Victor Margueritte (1922).

Aber dies ist eine Daseinsform, von der die Gouvernante nur eine Figur unter anderen darstellt, selbst wenn der Roman sie bevorzugt behandelt: auch alte Jungfern, gelehrte Frauen, Witwen verkörpern in der Fiktion diesen Stand, der nicht mehr der Stand des Mädchens ist, ohne deshalb der der Ersten oder der Zweiten zu sein. Daher werden wir ihn den Stand der *Dritten* nennen, wobei wir uns der vielen Konnotationen des Terminus bewußt sind: zunächst, weil die Dritte (hierarchisch) nach der Ersten und der Zweiten kommt; sodann, weil sie dennoch keine dritte Position einnimmt, was unterstellen würde, daß sie zur selben Welt gehörte, während die Dritte zu einer Welt gehört, in der die Sexualität abwesend ist; schließlich weil sie, da aus der Welt der anderen Frauen ausgeschlossen – aus der Welt derer, die zu einem Mann, folglich zu ihrer Weiblichkeit Zugang haben –, immer Dritte ist: als »ausgeschlossene«

Dritte. Warum nicht einfach von »Junggesellinnen« sprechen? Zunächst weil viele Junggesellinnen Zweite sind und weil auch verheiratete Frauen in den Stand der Dritten geraten können, wenn sie aus der sexualisierten Dimension der Ehe ausbrechen. Vor allem aber, weil man damit den »Stand« einer Identität – eine Konstellation von Eigenschaften, die nicht nur von einer realen, durch das Recht und den Wortschatz registrierten Situation, sondern auch von der Vorstellungswelt der Rollen und von der Symbolik der Plätze abhängen – auf eine Frage des Zivilstands reduzieren würde. Ebensowenig wie der Personenstand der verheirateten Frau ausreicht, den Stand der »Ersten« zu beschreiben, oder der fehlende rechtliche Status den Stand der »Zweite« hinlänglich definiert, so wenig reicht die Ehelosigkeit aus, den Stand der »Dritten« zu bezeichnen. Wie wir sehen werden, sind Ehelosigkeit und Jungfräulichkeit nicht die typischsten Voraussetzungen der Dritten, da sie vor allem durch ihre ökonomische und affektive Unabhängigkeit definiert sind: eine Dritte ist eine Frau, die nicht dem Begehren des Mannes unterworfen ist – mit allen Vor- und Nachteilen einer solchen Situation.[7]

Der besondere Status der Dritten trägt ihr eine doppelte, widersprüchliche Eigenschaft in bezug auf die Frage des Blicks und der Sichtbarkeit ein. Sie ist vor allem Voyeurin, und *Seherin,* insofern sie sieht, was die anderen nicht sehen: zum Beispiel Gespenster oder einfach die Realitäten, die nur durch das Wissen zugänglich sind. Die Dritte ist nämlich nicht nur diejenige, die keinen Zugang zur Sexualität hat, sondern auch diejenige, die Zugang zum Wissen hat: eben davon lebt sie, in der Eigenschaft einer Gouvernante oder Dorfschullehrerin und, wie wir sehen werden, einer Intellektuellen oder gelehrten Frau. Und sie ist diejenige, die mit den Büchern lebt, insbesondere mit den Romanen – guten Begleitern für Phantasien, aber auch für Phantome. Die Dritte liest, die Dritte sieht, die Dritte weiß – zum Beispiel um die Familiengeheimnisse, die Vergangenheit des Ehemanns, die Situation jedes Einzelnen innerhalb des Hauses. In diesem Sinne hat sie Macht.

Aber diese Macht der Hellsicht, und sei es eine visionäre Macht, erwächst ihr auch aus der symmetrisch umgekehrten Eigenschaft der Unsichtbarkeit. Da sie sich an der Schnittstelle mehrerer häuslicher Welten befindet (zwischen Erwachsenen und Kindern, Herren und Knechten), bewegt sie sich zwischen mehreren Ausprägungen des Frauenstands. Als Erwachsene unter den Kindern und Kind unter den Erwachsenen hat sie nirgendwo ihren Platz; ein Eindringling unter den Dienstboten, unscheinbar unter den Herren, bleibt sie im Hintergrund, wird ins Kinderzimmer verbannt, den Gästen nicht vorgestellt, verschmilzt mit den Kindern. Es ist die Demütigung der Dritten, deren extreme Einsamkeit den Ausschluß aus der Welt besiegelt, zu der sie ihrer Herkunft nach indes gehört. Sie befindet sich »in einem toten Winkel« des Hauses, so wie sich, den Historikern zufolge, »die alleinstehende Frau in einem toten Winkel der Geschichte befindet«.[8] Gleichzeitig jedoch kann sie sehen, ohne gesehen zu werden: zur Unsichtbarkeit verurteilt, sieht und weiß die Dritte um so mehr – auf die Gefahr hin, daß sie für ihre Seelenruhe ein wenig zuviel sieht.

Die alte Jungfer und der Blaustrumpf

Sind die Gouvernanten jung, so können sie von der Ehe träumen, selbst wenn ihr niedriger Rang dieser großen Hoffnung objektiv entgegensteht: ihre Jugend ist ein nicht unerheblicher Identitätsfaktor, wie es *a contrario* das Schicksal zeigt, das die Fiktion denen vorbehält, die mit dem Alter jede Hoffnung aufgeben mußten, eines Tages zur geschlechtlichen Welt zu gehören. Eine den Kindern ergebene Junggesellin, Stütze der Hausherrin oder den Werken des Geistes geweiht – je nachdem, welches dieser Merkmale die Oberhand gewinnt, haben wir es mit dieser oder jener Figur einer Dritten zu tun. Es kann eine Gouvernante reiferen Alters sein wie Mrs. Wix in *Maisie* von Henry James (1897), die die Liebe zu ihrer in zartem Alter gestorbenen Tochter auf ihre kleine Schülerin überträgt. Es kann eine Gesellschafterin sein wie Miss Morrow aus *Crampton Hodnet* von Barbara Pym (geschrieben 1930, veröffentlicht 1965), die »nichts anderes zu sein vorgab als eine Frau, die ihre erste Jugend hinter sich hatte und sich mit dem Gedanken abgefunden hatte, daß ihr Leben wohl nie aufregender sein würde, als es zu dieser Stunde war«, und die sich von Miss Doggett, ihrer Arbeitgeberin, tyrannisieren lassen muß – einer weiteren Figur der Dritten, der autoritären alten Jungfer, deren »Hauptbeschäftigung darin bestand, sich in die Angelegenheiten anderer Leute einzumischen und alle, die schwächer waren als sie, mit ihrer starken Persönlichkeit zu erdrücken«. Da sie außerhalb des Hauses, wo sie in Ermangelung persönlicher Mittel hat Zuflucht suchen müssen, keine Stütze hat, ist die Gesellschaf-

terin ebenso unsichtbar wie die Gouvernante: »Eine Gesellschaftsdame gehört zum Mobiliar. Sie ist nicht wirklich eine
Person.«
Schließlich kann die Dritte eine alte Jungfer oder eine gelehrte
Frau sein – Figuren, die sich zwar nicht genau decken, jedoch
kaum voneinander zu trennen sind, weil sie beide verspottet
werden. Denn wenn die Gouvernante zwangsläufig unglücklich oder unheilstiftend ist, so werden die alte Jungfer und der
Blaustrumpf zwangsläufig lächerlich gemacht.

Alte Jungfern, alte Irre

Zwei Jahre nach *Die Drehung der Schraube* veröffentlichte Henry
James eine weitere Gespenstergeschichte, diesmal jedoch in
humoristischer und parodistischer Form. Die Protagonistin-
nen dieser kurzen Novelle mit dem Titel *The Third Person* (1900)
sind zwei alte Jungfern aus gutem Hause – überaus karikaturi-
stisch gezeichnet (»sie hatten den Kelch des Zölibats in vollen
Zügen getrunken und fanden es vor allem bitter«) –, die ein vom
Geist eines Vorfahren heimgesuchtes altes Anwesen erben.
Doch die Handlung verläßt das klassische Register des Schrekkens, um genau in dem Augenblick diskret zur Komödie über-
zuwechseln, wo sie, statt mit dem Geheimnis der Erscheinung
allein zu bleiben, beide dieselbe Vision haben. Denn jede sieht
ihn, sucht die Gegenwart dieses schönen Mannes, wie sie es bei
einem Verehrer tun würde. Anders als in jeder anständigen
Gespenstergeschichte stellt das Erscheinen ihres Phantoms keine schreckliche Möglichkeit dar, deren es sich sowohl zu erwehren als auch andere von seiner Realität zu überzeugen gilt, sondern wird zu einem glücklichen Ereignis, an dem in ihren
Augen nicht der geringste Zweifel besteht: »Was unsere Freundinnen wirklich in jeder Beziehung stützte, war ihr Wissen, daß
sich tatsächlich – allem Augenschein zum Trotz – ein Mann im

Haus befand. Das strich sie aus jener Kategorie der Frauen ohne Mann, in die eine Frau erst an dem Tag wirklich fällt, wenn alle Auswege versperrt sind. Ihr Besucher war ein Ausweg – zumindest in der Phantasie –, und sie gerieten, wenn sie provoziert wurden, in heftige Gemütsbewegungen, und fühlten sich durch sein Auftreten derart kompromittiert, daß sie nur mit Erleichterung feststellen konnten, daß niemand auf dem laufenden war.«

Nachdem sie sich phantasmatisch mit ihrem gespenstischen Gast kompromittiert haben, kommt es bald zum Unvermeidlichen: ihre muntere Komplizenschaft angesichts der befremdlichen Anwesenheit dieser so sehnlich erwarteten »dritten Person« wandelt sich in eifersüchtige Rivalität, so daß die beiden alten Damen sich am Ende um ihr Phantom zanken wie junge Mädchen um einen virtuellen Verlobten. Der Wunsch nach der Erscheinung ist ihre einzige Möglichkeit, endlich, »dem Augenschein zum Trotz«, ihrem Junggesellinnendasein zu entrinnen. Auf diese Weise haben sich die grausigen Anwesenheiten, welche die junge Gouvernante in *Die Drehung der Schraube* verfolgten, in eine vergnügliche Marivaudage verwandelt, wo der Leser, statt mit der Heldin den Schrecken zu teilen, aufgefordert wird, mit dem Autor das Vergnügen angesichts der Lächerlichkeit dieser beiden alten Jungfern zu teilen, denen zur Aufhellung ihrer Ehelosigkeit nur ein unglückliches Phantom zur Verfügung steht. Beim Übergang des jungen Mädchens ohne Mitgift zum Fräulein ohne Alter, weil ohne Hoffnung auf Ehe, ist die unglückliche Junggesellin nicht mehr Opfer eines quälenden Phantoms, sondern eines höhnenden Autors. Anstelle eines Gefühlslebens zum Phantasma verurteilt, wenn nicht statt eines Sexuallebens zum Phantom, ist die alte Jungfer – Gipfel des Jammers – statt eines literarischen Lebens zum Spott verurteilt.

Die Behandlung ändert sich kaum, wenn sie mittleren Alters ist, zu jung, um endgültig eine alte Jungfer zu sein, und zu alt, um noch ein heiratsfähiges junges Mädchen zu sein. Das ist der Fall der *Alten Jungfer* von Balzac (1836), einer vierzigjährigen Frau aus den besten bürgerlichen Kreisen von Alençon, die aufgrund ihres Vermögens eine schöne Heirat ins Auge fassen kann, jedoch sicher sein will, daß man sie nicht ihres Geldes wegen heiratet. Daher hat sie noch immer keinen Anwärter gefunden, der diesen beiden widersprüchlichen Wünschen entspricht, obwohl sie sich sehnlich wünscht, Ehefrau und Mutter zu werden. Das Porträt, das Balzac von ihr zeichnet, läßt vermuten, daß ihr Äußeres ebensowenig dem Ideal der Weiblichkeit entspricht wie dem der Vornehmheit: »Eine korpulente Gestalt, ein Ammenbauch, kräftige mollige Arme, rote Hände.« Auch in moralischer Hinsicht ist das Porträt kaum schmeichelhafter, denn es zeigt einen Katalog von Lächerlichkeiten, die mit dem Stand der alten Jungfer einhergehen: Schrulligkeit, Kleinlichkeit, Hypochondrie und eine närrische Liebe für ihre Stute, die »Mademoiselle daran gehindert hatte, sich Zeisige, Katzen und Hunde anzuschaffen, diesen Familienersatz, den sich fast alle Wesen, die inmitten der Gesellschaft einsam sind, zulegen«. Und am anderen Ende der Skala der Geschöpfe, an die sich zu binden erlaubt ist, füllt die Gottheit das Bedürfnis nach Liebe aus, das die Stute nicht zu stillen vermag: wie die übertriebene Liebe zu Haustieren ist auch die übertriebene Frömmigkeit eine Konstante bei den alten Jungfern, die, wie die von Balzac, »zur Religion Zuflucht nehmen, dieser großen Trösterin zu wohl behüteter Jungfräulichkeit«. Daher verbietet sie sich jede Koketterie und zieht »die Leiden ihrer allzu sehr verlängerten Jungfräulichkeit dem Unglück einer Lüge, der Sünde einer List« vor: »die frommen Frauen sind in vielen Punkten dumm«, kommentiert Balzac.

Aufrichtig von einem armen jungen Mann geliebt, der sich nicht zu erklären wagt, wird sie schon seit langem von zwei Junggesellen hofiert, die auf ihr Vermögen schielen: einem abgebrannten und verblühten Adligen und einem männlichen, aber plebejischen Bürger. Letzterem gibt sie schließlich ihre Hand, ein wenig durch Zufall, aus Ärger, sich in den Augen der ganzen Stadt zum Gespött gemacht zu haben, als sie sich einem schönen Aristokraten auf der Durchreise an den Hals warf, den sie für einen Junggesellen hielt. Aber ihr Gatte macht sie weder zur Frau noch zur Mutter: die Ehe wird nicht vollzogen – die ehemalige alte Jungfer treibt die Einfalt so weit, es nicht zu bemerken. In kaum einem anderen Roman hat Balzac die Satire und die Grausamkeit so weit getrieben: die alte Jungfer in Verbindung mit einem Leben in der Provinz zieht entschieden alle Sarkasmen auf sich und schärft die Häme. Solange ihr Ehewunsch verdrängt bleibt, verurteilt er sie zur Unsichtbarkeit: nichts an ihr eignet sich für den Roman, abgesehen von der Möglichkeit, diesem Stand der alten Jungfer zu entgehen, der bisher ihre Identität ausmacht. Und wenn dieser Wunsch sich äußert und in Erfüllung zu gehen versucht, sieht sie sich zur Enttäuschung oder, noch schlimmer, zum Verfall verurteilt.

Eben dies widerfährt der Protagonistin eines Romans von Joan O'Donovan, *The Visited* (1959). Als modernisierte alte Jungfer lebt diese fünfzigjährige Junggesellin mit ihrer alten Mutter zusammen; im Hotel, wo sie ihre Ferien verbringt (»sie kommt in Wollstrümpfen zum Essen«), begegnet sie einem verheirateten, aber von seiner Frau getrennt lebenden Mann, dessen Geliebte sie wird, so daß sie das Ende ihrer Einsamkeit vor Augen sieht. Doch indem sie vom Stand der Dritten in den der Zweiten wechselt, wird sie mit der Anwesenheit einer Ersten konfrontiert und setzt alles daran, diesen farblosen, wenn nicht offen erbärmlichen Mann zur Scheidung zu bewegen, damit er sie heiraten kann. Sie demütigt sich, wird am Ende sogar ihrer Mutter ähnlich, um ihn zu »kapern« und ihren Status zu legitimieren und zu jenem Rang der zweiten Ehefrau aufzusteigen, der es ihr ermöglichen würde, dem Status der Mätresse zu entrinnen, nachdem sie schon ihrem alten Stand einer Dritten entronnen war. Doch über ihren Versuchen, das Reale zu bezwingen, damit es sich ihren Sehnsüchten beuge, wird sie irrsinnig, ermordet ihre alte Mutter und nimmt sich das Leben.

Nette Tanten oder böse Vormunde

Der Mann, den diese entschlossene Frau umwirbt, hat eine kleine Tochter, in deren Augen sie die Position eines Vormunds oder einer künftigen Stiefmutter einnimmt. Da sie sich allzusehr bemüht, ihre Erbitterung über dieses störende Kind zu verbergen und gleichzeitig ihre erzieherischen Fähigkeiten zu beweisen, versucht sie erfolglos, sich nett zu geben, aber es gelingt ihr nur, böse zu sein: die Ambivalenz ist charakteristisch für die Dritte, sobald sie, in ein Haus integriert, in dem sie der Definition nach nicht als Ehefrau und Mutter fungieren kann, die Position einer – netten oder bösen – Tante oder eines Vormunds einnimmt.

Dies ist eines der Themen von Balzacs *Tante Lisbeth:* eine scheinbar gute, in Wirklichkeit jedoch unheilstiftende alte Jungfer, eine böse Verwandte, die all ihre Energie, all ihre Raffinesse darauf verwendet, die Familie, die sie bei sich aufnimmt, in den Ruin zu treiben. Häßlichkeit und weibliche Rivalität sind der Ursprung dieses Charakters, dessen »Grundzug Eifersucht war«. Und natürlich ergänzt die Kleidung dieses Porträt einer alten Jungfer, die sich in ihrem Stand eingerichtet hat und sich nicht darum kümmert, ihre körperlichen Mängel und ihr gesellschaftliches Handicap durch die Kunstgriffe der äußeren Erscheinung zu korrigieren, so daß sie einer »Näherin auf der Stör« ähnelt und mit »ihren altmodischen Grundsätzen« sogar die Kleider, die man ihr schenkt, verdirbt: »Ein Hut für dreißig Franken wurde unter ihren Händen zu einem abscheulichen Deckel, und ein anständiges Kleid zu einem greulichen Fähnchen.« Eine Art von Selbstverstümmelung, die von jener Form der Exzentrizität herrührt, die die Unfähigkeit darstellt, sich im Blick der anderen zu sehen, seine Identität in einer Beziehung zu anderen und nicht in einem solipsistischen Monolog zu entwickeln. Von ihrer schönen, Baronin gewordenen Cousine aufgenommen, gliedert sich Lisbeth in die Familie ein, jedoch ohne ihren Groll zu verlieren: »Der Neid aber wühlte weiter in ihrem Blut und war gefährlich wie ein Pestbazillus, der, losgelassen aus der schützenden Verkapselung, eine ganze Stadt verheeren kann.« Um diesen Groll zu befriedigen, setzt die arme Cousine alle Mittel ein und bemüht sich verbissen, zuerst die Ehe der Mutter und dann die der Tochter zu zerstören, indem sie sich mit der lasterhaften Kurtisane verbündet, die den Vater, den Schwiegervater und den Schwiegersohn verführt. Erst ganz am Ende gehen die Bösen zugrunde und siegen die Guten, ohne daß die Doppelzüngigkeit der armen alten Jungfer enttarnt würde.

Eine solche Gestalt im Stand einer Dritten im Mittelpunkt eines Romans zu finden, ist eine Ausnahme. Meist ist sie, wenn sie zu einer Familie gehört, eine Nebenfigur, die nur in bezug auf die Heldin existiert, ein junges Mädchen, das durch sie mit dem Status der Dritten konfrontiert wird, deren liebevolle Identifizierung oder, im Gegenteil, gehässige Rivalität es auf sich zieht. Offene Eifersucht der Dritten auf das junge Mädchen, das dem Stand einer Ehefrau entgegensieht; latente Eifersucht des jungen Mädchens auf die Erste, in der sich, weit stärker als in der Dritten, die böse Frau oder die böse Mutter verkörpert: eine ganze Kette weiblicher Rivalität entsteht in dem geschlossenen Raum des familialen Universums, unter dem Deckmantel der guten Manieren und der guten Gefühle, ohne Wissen der Ehemänner, der Väter und der Söhne. Unheilstiftend und eifersüchtig steht der böse weibliche Vormund zwischen der Gouvernante der Romane und der Stiefmutter der Märchen: so die Tante von Jane Eyre, so die Dienstherrin der jungen Erzählerin am Anfang von *Rebecca,* alles Frauen, in denen Lächerlichkeit und Bosheit miteinander wetteifern und von denen die Waisen zu ihrem Unglück abhängen. Es kann auch die Schwiegermutter sein wie in *La Louve dévorante* von Delly, wo sie eine doppelte Verkörperung findet in Gestalt einer ehemaligen Dritten, die zur zweiten Ehefrau geworden, und einer Ersten, die in den Stand der Dritten gesunken ist, einer autoritären Witwe, die ihre Angehörigen quält. Angesichts dieser beiden unheilstiftenden weiblichen Mächte und der Blindheit der Männer, die ihrem Einfluß erlegen sind, können die Schwachen - Kinder, nette Tanten, junge Ehefrau - nur auf den unwahrscheinlichen und romanhaften männlichen Schutz hoffen, »der sie vor allen Bosheiten schützen würde«: einen Schutz, den natürlich nur die Romanciers ihren Figuren zu bieten in der Lage sind - wenn möglich in Form einer schönen Heirat.

»Monique verehrt Tante Sylvestre. Zum einen sind beide nicht wie die anderen. Die anderen sind Frauen«: Für die junge »Garçonne« von Victor Margueritte ist ihre alte Tante eine nette Dritte, mit der sie vorübergehend verbunden ist in der Komplizenschaft derer, die keinen Zugang zum Mann haben - die eine, weil sie noch Jungfrau, die andere, weil sie noch immer Jungfrau ist und es für immer bleiben wird. Komplexer und ambivalenter sind die vier Figuren der Dritten in *Ces dames aux chapeaux verts* von Germaine Acremant (1922), wo eine junge Heldin auftritt, die große Ähnlichkeit mit der Monique aus *La Garçonne* hat: Arlette ist eine Pariserin aus gutem Hause, modern erzogen (sie spielt Tennis und hat ihren »Führerschein«), die unter den finanziellen Fehlschlägen ihres Vaters zu leiden hat. Doch statt daß diese Widrigkeiten eine arrangierte Ehe zur Folge haben, deren Ablehnung, wie wir sehen werden, Monique schnell in den Stand einer emanzipierten Frau versetzt, machen sie die arme Arlette zu einer ruinierten Waise, die die Vormundschaft ihrer Cousinen akzeptieren muß: vier alter Jungfern aus der Provinz, die ebensolche Karikaturen sind

wie ein Jahrhundert zuvor die Heldin von Balzac. Als Muster-
beispiele der Antimoderne sind diese Damen buchstäblich
Antiheldinnen, da die Handlung einzig darin besteht, den
Bemühungen der Heldin zu folgen, sich ihrem Zugriff zu entziehen und dem Stand der alten Jungfer zu entrinnen.
Telcide, die älteste, ist eine fünfzigjährige Frömmlerin, bösartig
und tyrannisch; Rosalie ist fromm und kränklich; Jeanne ist
fromm und gebildet; Marie, die jüngste (sie ist erst fünfund-
dreißig) ist fromm, naiv und kindlich und verkörpert die nette
Tante, während Telcide den bösen Vormund verkörpert.
Gemeinsam ist ihnen also die Frömmigkeit, ihre Haupttugend;
und natürlich mögen sie Romane nicht... Zu dieser moralischen Unbeugsamkeit gesellt sich geistige Unbeweglichkeit
(»Eine alte Jungfer wechselt eher ihren Beichtvater als ihre Meinung«) und körperliche Steifheit. Denn ihr Verzicht auf die
Welt der Verführung geht mit der völligen Preisgabe jeder Individualität einher: eine Entpersönlichung, die sich in einer
ostentativ vereinheitlichenden Kleiderstrategie äußert (die gleichen einförmig schwarzen Kleider, die gleichen grünen Hüte),
die sie paradoxerweise exzentrisch wirken läßt, so daß gerade
diese Einförmigkeit dazu dient, sie zu bezeichnen, sie in den
Augen all derer lächerlich zu machen, die, wie die kleine Cousine, nicht in der moralischen Welt der Dritten leben. Die junge
Pariserin kann in aller Muße diese befremdlichen Geschöpfe
beobachten, die ihr, zu ihrem Unglück, nunmehr vertraut sind:
»Wie wird man eine alte Jungfer? habe ich mich oft gefragt. Welche Gefühle empfindet man, wenn man sieht, wie die Welt
ringsum langsam schrumpft, und wenn man den jämmerlichen
Tod all seiner Träume erlebt, die einer nach dem andern welken
wie die Rosen in einem Garten?« Eine Antwort findet sie im
Tagebuch von Marie, das ein ihr ähnliches junges Mädchen enthüllt, dessen Eheträume durch das eifersüchtige Diktat einer
besitzergreifenden Mutter vereitelt wurden, denn diese hielt es
für richtig, ihrer Tochter den Ausweg zu verbieten, der sie hätte

glücklicher machen können, als sie selbst es war. Dies ist einer
der Wege, die zum Stand der alten Jungfer führen, zu jenem
schlimmen Los, das einer ganzen Generation von Frauen droh-
te, die nach dem Blutbad des Ersten Weltkriegs das heiratsfähige Alter erreichten, zur Zeit, als dieser Roman erschien.

Leider gibt es noch andere Wege als den Zufall der Kriege oder
die Unnachgiebigkeit der Mütter, wie es die schreckliche Telcide in einem Moment der Verlassenheit und Hellsicht erklärt:
»Alte Jungfern! Wir sind alte Jungfern! So nennt man uns auf
der Straße. Dieser Name kommt fast einer Beleidigung gleich,
die man uns ins Gesicht schleudert. Man spottet über unsere
Fehler. Man kritisiert unseren Charakter. Man wirft uns unseren Egoismus vor, unsere Skrupel, unsere Vorurteile. Wir sind
nicht elegant, wir sind häßlich, wir werden einsam bleiben (...).
Es stimmt, daß wir alte Jungfern sind! Aber warum wir es sind,
das kümmert niemand. Natürlich gibt es welche, die mit zwanzig zu ehrgeizig waren und nur Prinzen oder Grafen heiraten
wollten! Diese Prinzen und Grafen haben sich nicht eingestellt.
Recht so! Mit vierzig hätten sie einen Krämer akzeptiert. Ja,
aber zu spät! (...) Sie sind nicht sehr sympathisch. Aber es gibt
auch andere... Frauen, die eine einzige Liebe hatten, die auf
einen Mann gewartet haben, der ihnen nicht das Geständnis
gemacht hat, das eine andere erhalten hat... Es gibt pflichtbe-
wußte Frauen, die ihre Jugend kranken Eltern oder verlassenen
Kindern geopfert haben und die zu alt waren, um ihre Freiheit
zu nutzen, als sie sie wiedergewonnen hatten... Es gibt arme
Frauen, deren einziges Verbrechen in ihrer fehlenden Mitgift
bestand... Und noch viele andere... Vor allem aber gibt es die
klägliche Schar all derer, die nie hübsch gewesen sind. Unwich-
tig, ob sie Güte, Erziehung, Intelligenz hatten, alles, was man
aus eigenem Willen erwerben oder entwickeln kann. Die Männer sind an ihnen vorübergegangen, haben sie verachtet und
nur zu solchen Geschöpfen ›Ich liebe Sie‹ gesagt, die zwar ein
kaltes Herz hatten, aber Schönheit besaßen, die nie von ihnen

selbst abhing... Alte Jungfern! Keiner weiß, wieviel Groll und Enttäuschungen dieser Stand bergen kann.«

So gelingt es den Dritten im Stand alter Jungfern nur dann, der Lächerlichkeit zu entrinnen und ein wenig Menschlichkeit zu erwerben, wenn sie sich als fähig erweisen, mit dem Leser das Bewußtsein dieser Lächerlichkeit zu teilen. Und zu rühren vermögen sie nur dann, wenn sie ihm das Unrecht bewußt machen, das den Frauen angetan wird, wenn die Hauptquelle ihrer Attraktivität eine ihnen äußerliche Eigenschaft ist – Vermögen oder Schönheit –, während den inneren, durch eine Arbeit an sich selbst hochverdienten Eigenschaften auf furchtbare Weise Anerkennung und Belohnung versagt bleiben.

Von den gelehrten Frauen zu den Blaustrümpfen

Das Porträt von Jeanne, einer der vier »alten Jungfern mit den grünen Hüten«, zeigt genau, wie sehr Bildung gleichbedeutend ist mit Defemination: »Sie hat breite Schultern, männliche Gesichtszüge. (...) Es war ihr Traum, ihr Leben der Mathematik und der Philosophie zu widmen. (...) Aber ihre Mutter, Hausherrin geworden, erklärte ihr: ›Ich will keinen Blaustrumpf in meiner Familie...‹« Der Terminus »bas-bleu«, der um 1801 im französischen Vokabular auftauchte und eine »Frau mit literarischen Ambitionen« bezeichnete, ersetzte die »femme savante«, die »gelehrte Frau«, deren Modell Molière im Jahre 1672 eingeführt hatte.[1] Dieses mit Recht berühmte Theaterstück lieferte lange Zeit das Paradigma der Intellektuellen und vor allem der Art, wie man sie zu behandeln hatte: mit Hohn und Spott. Bélise vereint in ihrer Person den Status der Tante, den Stand der alten Jungfer und den Ruf einer alten Irren, die Visionen hat, weil sie sich, als Erotomanin, von allen Männern ihrer Umgebung geliebt wähnt. Zudem hat sie noch den Status einer gelehrten Frau, wie ihre Schwägerin Philaminte und ihre Nich-

te Armande, die die Ehelosigkeit zur einzigen, einer vornehmen
Frau wirklich würdigen Bestimmung erklärt. So wie Armande
die Ehe verachtet, so hat sie ihren Verehrer Clitandre mit Verachtung gestraft, der sich nun an ihrer Schwester Henriette
schadlos hält, die wenigstens nicht den Anspruch erhebt, eine
gelehrte Frau zu sein. Natürlich enden die Dinge mit einer Heirat, zum Vorteil der Leute mit gesundem Menschenverstand,
für die der häusliche Herd der einzige Platz ist, der einer Frau
ansteht, die um so liebenswerter ist, je weniger Geist sie besitzt;
so wie alle, die das Gegenteil behaupten, entweder Usurpatoren
sind wie Trissotin, Blinde wie Philaminte, Närrinnen wie
Armande oder lächerliche alte Irre wie Tante Bélise.
Zur Kraft dieser Satire gibt es kaum ein Gegenstück im Roman,
das ihr glaubhaft das Modell einer Intellektuellen entgegensetzte, die weder grotesk noch kläglich wäre: so wenig Chancen hat
ein Neuerer in der Position eines Beherrschten – vor allem wenn
die Herrschaft im wesentlichen darin besteht, ihm das Recht auf
das Wort abzusprechen –, sich unter dem Hohngelächter der
Anhänger der Tradition Gehör zu verschaffen, vor allem wenn
diese Tradition vorherrscht. Denn indem die Satire einen Charakterzug systematisch auf die Spitze treibt, die Besonderheiten
zu Exzentrizitäten aufbläht und die Exzentrizitäten der Lächerlichkeit preisgibt, neigt sie dazu, ihren Gegenstand zur Karikatur gerinnen zu lassen, so daß er sich nicht darstellen läßt, ohne
daß er augenblicklich disqualifiziert wird – wovon in den Jahren
um 1840 die Karikaturen von Daumier zeugen, in denen intellektuelle und feministische Frauen systematisch als lächerliche
und häßliche Personen dargestellt werden. Diese groteske Reduzierung auf die Person der »gelehrten Frau« führt dazu, daß die
beiden im Wunsch nach Wissen enthaltenen Bestrebungen aus
dem Bereich des Ausdrückbaren ausgeschlossen sind, weil sie
sofort verspottet werden: das feministische Streben nach
Gleichstellung mit den Männern, zumindest was das Wissen
betrifft, und das allgemeinere Streben nach jenem Minimum an

Gerechtigkeit, das darin besteht, Personen nach den Eigenschaften zu beurteilen, die man selbst entwickeln kann (wie die Bildung), statt nach denen, die zum größten Teil von der Natur (wie die Schönheit) oder vom Einfluß anderer (wie die Erziehung) abhängen. Was die gelehrten Frauen fordern, Molières Satire jedoch lange mit den Automatismen des Spotts verdeckt hat, ist die moderne Forderung nach Gerechtigkeit, die erst dann legitim und normal wurde, als sie zur Zeit der Aufklärung und der Französischen Revolution von bürgerlichen Männern und nicht mehr von Frauen erhoben wurde: die Forderung, nicht nach äußerlichen Eigenschaften, für die man nicht persönlich verantwortlich ist (Erbe oder Schönheit), beurteilt zu werden, sondern nach inneren Qualitäten, Ergebnis einer Arbeit an sich selbst, wie nach dem Erfolg (bei den Männern), der Tugend (bei den Frauen) oder auch nach der Bildung – anders gesagt, nach dem eigenen Verdienst.

Von der »gelehrten Frau« zum »Blaustrumpf« verschiebt sich allmählich die Lage der Intellektuellen: die gebildete oder als Laie Verse schmiedende Frau wird nach und nach zu derjenigen, die das Schreiben zu ihrem Beruf macht. Nichtsdestoweniger bleibt dieser Stand eine Zielscheibe der Anschwärzung, entweder durch den unvermeidlichen Spott, der die angehende Schriftstellerin der Lächerlichkeit preisgibt, oder durch den notwendigen Verzicht auf das Schreiben, wenn sie ihre Weiblichkeit bewahren will, oder den Verzicht auf die Weiblichkeit, wenn sie weiterhin schreiben will. Da dieser Beruf ein männliches Privileg bleibt, schließt sich eine Frau, die ihn betreibt, selbst aus der weiblichen Welt aus: ob sie nun Tochter, Ehefrau, Mutter oder Junggesellin ist, immer sieht sie sich in den Stand der Dritten verwiesen, da sie ihr Recht auf ein sexuelles Leben und auf eine Identität als Frau gegen das Recht auf das Wort eingetauscht hat. Etwa bis zum Ersten Weltkrieg tritt die gelehrte Frau oder der Blaustrumpf im Roman nur als lächerliche Figur und als Verzichtende in Erscheinung, ganz gleichgül-

tig, ob sie nun den notwendigen Verzicht der Frau auf die literarische Laufbahn oder den ebenso notwendigen Verzicht der
Schriftstellerin auf die Liebe veranschaulicht.[2] Erst im 20. Jahrhundert taucht der Stand einer Autorin auf, die weder eine
lächerliche gelehrte Frau noch ein – auf die Liebe oder auf den
Ruhm verzichtender – Blaustrumpf ist. Bis dahin müssen sich
die Intellektuellen im Roman mit dem undankbaren Status der
Lehrerin begnügen.

Lehrerinnen

Die Lehrerin ist eine bevorzugte Figur der alten Jungfer, die ihre
intellektuellen Bestrebungen zum Beruf macht. Zwischen Gouvernante und Autorin ist die Volksschullehrerin oder die Gym-
nasiallehrerin, die Wissen besitzt und daraus ihren hauptsächlichen Lohn bezieht, lange eine defeminierte Dritte geblieben,
die in den intellektuellen Werten ihre Berufung sieht. Kein
Wunder, daß unter diesen Bedingungen im Jahre 1923 »68 Prozent der Lehrerinnen ledig sind«.[3]
»Die arme Madame X, eine herzensgute, unwissende Vierzige-
rin, häßlich und sanft, deren Aufregung bei der Ankunft des
Schulinspektors keine Grenzen kannte«: die Häßlichkeit ist in
den Romanen ein häufiges Merkmal der Lehrerinnen, so wie
hier in *Claudine erwacht* von Colette. Mit Ausnahme weniger Beispiele einer Idealisierung seitens einer verliebten Schülerin wie
in *Olivia* findet man kaum positive Figuren von Lehrerinnen.
Dies wäre der Fall in *Der Professor* von Charlotte Brontë (1857),
wenn der Held nicht ein Mann wäre, der – wie der Erzähler von
Lifted Veil von George Eliot – eine Waise ist, genau in der Position einer Dritten in die Welt geschickt, deren Widrigkeiten er
erleidet, bevor er der Verlobte einer weiblichen Dritten wird, die
sich durch die Begegnung mit ihrem männlichen Homolog
glücklicherweise in eine Erste verwandelt.[4] Abgesehen von die-

ser bemerkenswerten Abwesenheit heroisierter Lehrerinnen in der Fiktion zeugt die gesamte Romanliteratur von einer betrüblichen Armut an Lehrerinnen. Liegt es daran, daß sie zu der Zeit, als sie im wirklichen Leben in Erscheinung treten und die Gouvernante ersetzt, mit anderen, romanhafteren Frauenfiguren in Konkurrenz geraten? Oder ist dieser Mangel ein Symptom für das Elend dieses Standes? Jedenfalls existiert weder ein Meisterwerk noch ein großer Erfolgsroman, dessen Heldin eine Lehrerin ist. Daher müssen wir mit einigen unbedeutenderen Romanen vorliebnehmen.

Hier wird die Lehrerin stets in der Opferrolle dargestellt. In *Les Sévriennes* von Gabrielle Rêval (1900) opfert die Heldin sowohl ihre Laufbahn als auch ihre Ehe, da sie nach langen Prüfungen (dreihundertfünfundsechzig Seiten Pensionatsleben, gekrönt durch das Staatsexamen, bei dem sie den ersten Preis erringt) voll Stolz ihren Verzicht auf den Lohn ihrer Bemühungen verkündet und abdankt, um ihr Leben dem Mann zu widmen, den sie liebt und der sie »vor den Menschen« nicht einmal heiraten kann, weil er mit einer anderen verlobt ist; sie zieht es also vor, eine Zweite zu werden, statt eine Dritte zu bleiben – als wäre es noch immer undenkbar, eine verheiratete Lehrerin zu sein. In *Un lycée de jeunes filles. Professeurs-femmes,* ebenfalls von Gabrielle Rêval (1901), wird das Liebesleben der »Pflicht« geopfert, die der Vater oder der Lehrerberuf verkörpert. Der Roman endet mit dem erbaulichen Satz derjenigen, die nach ihren eigenen Worten »das Gelübde der Vestalinnen« abgelegt hat: »Das Glück existiert leider nicht, es gibt nur die Pflicht!« Ebenso endet *Les Cervelines* von Colette Yver (1903) – dieser Terminus bezeichnete Anfang des Jahrhunderts insbesondere die Medizinstudentinnen – mit Marcelines Verzicht auf Jeans Liebe: »Ich liebe meine Bücher zu sehr, Jean, ich bin mit ihnen verheiratet. Ich kann Ihnen nicht angehören, nicht einmal ein wenig; das wäre zu armselig; ein schreckliches Zusammenleben. Ich brauche die absolute Entfaltung.«

331

Wenn sich die Lehrerin nicht selbst opfert, so wird sie von der Gesellschaft geopfert, wie die *Institutrice de province* von Léon Frapié (1897), ein Opfer der dörflichen Ungerechtigkeit, die in Ermangelung ärztlicher Behandlung an einer Angina stirbt. Aus diesem anarchistisch angehauchten Roman, der die Ausbeutung und Verachtung der in Armut gehaltenen Lehrerinnen anprangert, zitieren wir den bemerkenswerten Brief, in dem eine Prostituierte der Lehrerin das Elend ihres Daseins vorhält und versichert, daß noch die niedrigste Stufe des Stands der Zweiten dem der Dritten vorzuziehen ist: »Du hast Dich an der Liebe vergangen. Du willst eine Frau sein? Niemals: Du bist eine Paukmaschine für Gören, die man mit einem Fußtritt von einem Stadtviertel ins andere bugsiert. Was kümmert es mich, daß Du Hunderte von Kindern erzogen, großgezogen, geliebt hast? Wo sind denn Deine eigenen? Was kümmern mich Deine heisere Kehle, Deine ausgetrockneten Bronchien? Du bist unter uns anderen Weibern nicht zu beklagen, Du bist Jungfrau! Und so wirst Du seltsames Wesen von niemand geliebt: kein Kind erinnert sich an Dich, wenn es Dich verlassen hat, keines streichelt Dich, keines hat Dich lieb; ganz umsonst brütest du immerfort Junge aus, die Dich nicht mehr kennen, sobald sie flügge sind. (...) Ich dagegen würde lieber zehn Kinder zur Welt bringen und ernähren als ein einziges von andern Leuten großziehen, bei Dir ist es das Gegenteil, Du hast lieber Hunderte aufziehen wollen, als selber eines zu kriegen. Ich bin nicht so dumm, Dir vorzuwerfen, daß Du nicht geheiratet hast; ich klage Dich nur an, daß Du nicht geliebt hast; die Liebe erlöst von allen Übeln, macht alles Unrecht wieder gut... Daß Du nicht geliebt hast, sehe ich an Deinem blassen, verwelkten, abgespannten Gesicht einer alten Jungfer, die die einen verspotten und die anderen verachten. Du bist eine Ausnahme, eine Ungeheuerlichkeit. (...) Ich bin besser als Du... Trotz den Konventionen hat eine Dirne einen besseren Platz in der Gesellschaft als eine Lehrerin, für die Dirne gibt es mehr Nachsicht und Herzlichkeit. Weil sie den anderen Frauen doch ähnlicher ist als die Lehrerin. (...) Ich bin die Freude, das Leben, die ewige Lust, das ewige Lächeln, die Sorglosigkeit. Du aber bist das Ende des Lachens, Du bist der Feind, der Zwang. Ich bin die Frau von aller Welt, das ist verzeihlich; Du bist die Lehrerin des Dorfs, das ist schlimmer. Das Genie besingt mein Fleisch und meine Leidenschaft: finde Du einen Dichter, der Reime stöhnen und röcheln und schmettern kann auf das Wort: Lehrerin!«

Diesen Figuren des Verzichts und der Aufopferung für die Kinder anderer fehlte noch eine letzte Form des affektiven Elends: nicht mehr nur der Mangel an Schönheit und Weiblichkeit, an Anerkennung und Wertschätzung, an beruflicher Erfüllung und Liebesleben, sondern auch jeder Gefühlsbindung, einschließlich und vor allem der mütterlichen. Dies ist das Thema von *L'Initiatrice aux mains vides* von Jeanne Galzy (1929): Hier ist die Heldin, Marie, eine unverheiratete junge Lehrerin in einem Provinzgymnasium, die bei ihren Großeltern wohnt und nur für und durch ihren Beruf lebt. Ihre Einsamkeit ist groß, einzig gemildert durch die Lektüre und die Sorge um ihre Schülerinnen, in einem völlig vorgezeichneten, nahezu klösterlichen Dasein. In dieser affektiven Wüste hat sie nur die Aussicht, sich in eine ihrer Schülerinnen zu verlieben, auf die sie stumm zwiespältige Gefühle projiziert, wie sie sowohl der weiblichen Liebe zum Mann, für die sie ein Ersatz ist, als auch der mütterlichen Liebe zum Kind eignen: »Du wirst mein Kind sein! Du wirst mein Kind sein!« Dieser monströse Affekt ist ein totaler Affekt und gleichzeitig ein total sublimierter Affekt: »Sie würde sie auserwählt haben. Sie würde sie mit ihrem Geist so sehr durchdrungen haben, daß keine Schranke mehr möglich wäre.« Diese mütterliche Besetzung, die bezeichnenderweise dadurch ausgelöst wird, daß sie sich der Liebe des Kindes zu seiner Mutter bewußt wird, macht das Kind zum Gegenstand einer narzißtischen Projektion. »Sie würde diese junge Seele nach ihrem

Ebenbild formen. Sie würde eine Tochter ihres Gedankens haben, die ihr ähnlich wäre. Sie würde der ungeheuren Enttäuschung der Mütter entgehen, die im Kind ihres Fleisches plötzlich den Fremden und manchmal den Feind entdecken.« Aber das Kind gehört ihr nicht: die auf diese Liebesbeziehung eifersüchtige Mutter verlangt die Versetzung der Lehrerin, und diese sieht ihre angebetete Schülerin nie wieder.

Einsamkeit, Elend und Verlassenheit sind also das Los der Lehrerinnen, denen es nur unter der Bedingung gelingt, zaghaft den Raum des Romans zu betreten, daß sie Dritte bleiben – oder sterben. Nachdem sie im realen Leben alltäglich geworden sind, gibt es in den zeitgenössischen Romanen eine Fülle von Volksschullehrerinnen und, vor allem, Gymnasiallehrerinnen und Universitätsprofessorinnen; doch nun handelt es sich nur noch um eine Hintergrundsituation, um eine rein kontextuelle Gegebenheit und nicht, wie in den oben genannten Romanen, um die Haupteigenschaft der Heldin – oder besser der Antiheldin.

Fromme Frauen und Betschwestern

Die Frömmigkeit ist für die Dritte eine Art und Weise, aus der Not eine Tugend zu machen: Wenn man schon die Freuden der Liebe nicht kennt, kann man ebensogut die Verderbtheit anprangern und die Tugend preisen, was es den Frommen erlaubt, ihr privates Elend in öffentliche Vortrefflichkeit zu verkehren. Es verwundert daher nicht, daß sie ein so weit verbreitetes Merkmal der alten Jungfern ist[5]; ebensowenig verwundert es, daß der Roman nur lächerliche Fromme kennt, da es ganz entschieden das Los der Dritten ist, verspottet zu werden, sofern man sie nicht bemitleidet. Abschließend wollen wir indes die Figur einer Dritten erwähnen, die eine seltene, doppelte Eigenschaft aufweist: sie vereinigt in sich alle ihre

Formen (Frömmlerin, Lehrerin, Tante, Visionärin und natürlich alte Jungfer) und wird nicht satirisch behandelt. In einer Tour de force gelingt es Jean Rouaud in *Die Felder der Ehre* (1900), eine von Grund auf lächerliche Figur anrührend zu gestalten, mit dem Porträt einer Dritten von außerordentlicher Stimmigkeit, der kleinen Tante Marie: »Für die ganze Gemeinde war sie Tante Marie, und dies stellte gewissermaßen eine lokale Spielart von Titeln wie ›Väterchen der Völker‹ dar.« Unverheiratet auf Lebenszeit, ist sie alterslos oder vielmehr im Alter derer, die verzichtet haben, denn es »umgibt sie bereits die Aura einer alten Frau, vielleicht ist sie schon in ihrem sechsundzwanzigsten Lebensjahr alt geworden«. Als unverwüstliche Volksschullehrerin, »unbefleckte Mutter von vierzig Kindern im Jahr«, verschmilzt ihre Berufung als Lehrerin mit der religiösen Berufung: »Sie ist die geborene Lehrerin, denn sie betrachtet es als ihre Pflicht gegenüber dem Herrn und als ihre Berufung, dafür zu sorgen, daß kein Feigenbaum ohne Früchte bleibt.« Als Verfechterin der Frömmigkeit findet sie in ihren religiösen Beschäftigungen genug, um sowohl ihren Wissensdurst als auch ihre Bigotterie zu befriedigen, während ihr unverbrüchlicher Glaube an übernatürliche Kräfte sie in die Nähe der Visionärinnen rückt, auch wenn er weniger die Inspiration der großen Mystikerinnen betrifft als die Sorge um ein ordentlich geführtes Schulheft. Und als Verfechterin christlicher Demut unterdrückt sie jede Entfaltung ihrer selbst, von der Mutterschaft bis zur Eitelkeit: »So wie sie einen Strich unter Liebe, Mutterschaft und die meisten irdischen Vergnügungen gezogen hatte, unterdrückte sie in sich sorgsam jenen Bereich, wo das Leben singt und lacht.«
Neben der Spiritualität der Frömmlerin, der Intellektualität der Lehrerin und der Kasteiung derjenigen, die auf ihre weibliche Identität verzichtet hat, paart sich die Hinwendung zu den Belangen des Geistes mit der Verachtung des Körpers und der äußeren Erscheinung, was sich in doppelter Weise in der Klei-

derfrage konkretisiert, die sie mit ostentativer Verachtung behandelt. Die Wege des Körpers, gleichgültig welche, sind bei ihr undurchdringlich für die kleinsten Äußerungen von Zärtlichkeit; ebenso vermochte ihr Körper seine Weiblichkeit lediglich auf geizige, trockene Weise auszudrücken, wovon ein anomal frühzeitiges Ausbleiben der Menstruation im Alter von sechsundzwanzig Jahren zeugt, gleichsam als Zeichen der Trauer um ihren Bruder Joseph, der im Krieg gefallen war: »Blut um Blut, ein gerechter Handel.« Somit ist sie quasi Witwe, die ihr Leben lang um ihren auf dem Feld der Ehre gefallenen Bruder trauert. Eine alte Jungfer, die auf die Weiblichkeit verzichtet hat, eine den Kindern anderer, wie ihren Neffen, ergebene Lehrerin, eine Frömmlerin, die zwar keine Gespenster sieht, aber die Heiligen anruft. In dieser bemerkenswerten Gestalt, deren Trauer auch ihrem eigenen Frauenleben gilt, kommt zu den bereits erörterten Formen des Stands der Dritten noch der Stand der Witwe hinzu, dessen letzte Gestalt er ist.

Die Witwe

Die Witwe im Stand der Dritten ist von der geschlechtlichen Welt abgeschnitten. Dies trifft nicht für alle Witwen zu: emanzipierte Erste nutzen im Gegenteil ihre Witwenschaft dazu, sich zu befreien. Hier interessieren uns allein die Witwen, die der Sexualität entsagt haben.[1] Bei dieser Entsagung gibt es viele, mehr oder weniger dauerhafte, mehr oder weniger akzeptierte, mehr oder weniger radikale Nuancen. Wenn die Witwe sich wieder verheiratet, entsagt sie dieser Entsagung und besetzt als Ehefrau erneut die geschlechtliche Welt. In *Die Marquise von O...* von Heinrich von Kleist (1810) wird sogar der – außergewöhnliche – Fall einer erneuten, aufgezwungenen libidinösen Besetzung einer tugendhaften jungen Witwe dargelegt, die im Schlaf von einem Offizier vergewaltigt wurde, den sie schließlich heiratet, nachdem sie auf geheimnisvolle Weise schwanger geworden ist. Häufiger jedoch kommen Witwen vor, die tatsächlich auf die Sexualität verzichtet haben, ohne deshalb jede Beteiligung an den Liebesabenteuern aufzugeben. Typisch dafür sind die Kupplerinnen, zu denen als erstes natürlich die Mütter gehören, denen die Töchter stellvertretend einen Teil der Gefühle bescheren, auf die sie haben verzichten müssen. Wieder ist es Henry James, dem wir die letzte Verkörperung einer Dritten in Gestalt der Witwe entlehnen.

Der unerwünschte Verlobte

Auch in der Novelle *Sir Edmund Orme* (1891) ist der Erzählrahmen aufgrund seiner Komplexität höchst bemerkenswert, mit der Erzählung einer Erzählung, die der Autor anhand eines von der Hauptperson niedergeschriebenen Dokuments wiedergibt. Auch hier handelt es sich um eine Welt, aus der das Männliche ausgeschlossen ist und in der es lediglich als Erscheinung der Abwesenheit zurückkehren kann, als Phantom, zuerst als Vorahnung, dann als mysteriöse Vision einer Anwesenheit: »›Er ist unheimlich gegenwärtig.‹ – ›Wunderbar gegenwärtig!‹ rief ich. ›Hier in diesem Haus geht ein Geist um – *ein Geist* um!‹«
In dem Paar, das die Witwe Mrs. Marden und ihre heiratsfähige Tochter bilden, ist die Verwechslung zwischen beiden (ihre Ähnlichkeit ist »erstaunlich«) offenkundig, und beide sind gleich faszinierend; außerdem haben beide einen Hang zur Koketterie, aus welcher der Fluch erwuchs, der die Mutter an ihre Vergangenheit kettet und auch die Zukunft ihrer Tochter an sie kettet. Nachdem sie seinerzeit einer von ihrer Familie arrangierten Verlobung mit einem gewissen Sir Edmund Orme zum Opfer gefallen war, hatte diese Frau, als sie einen anderen liebte, die Kokette gespielt und ihren ersten Verlobten verlassen, der sich aus Verzweiflung umbrachte. Die Folge davon sind Reue und Schuldgefühle und zugleich die seltsame Fähigkeit, diesen ehemaligen Verlobten immer dann erscheinen zu lassen, wenn ein Mann sich in ihre Tochter verliebt. Schlimmer noch: dieses Phantom erscheint auch dem Verehrer, wenn er wirklich verliebt ist. Für diese mustergültige Mutter ist das gewiß ein guter Test im Hinblick auf die Ehrlichkeit des potentiellen Verlobten. Aber es ist auch ihr »Fluch«, das Gespenst des ehemaligen Verlobten gegen ihren Willen und ohne daß jemand davon weiß, immer wieder auftauchen zu sehen.
Es ist der Fluch der in den Stand der Dritten gefallen Ersten, die den Mann – die Sexualität – getötet hat und doppelt Trauer

trägt: um den verstorbenen Gatten und, vor ihm, um den ersten
Verlobten, der aus enttäuschter Liebe Selbstmord beging (so
wie in *Die launische Marianne* von Alfred de Musset, 1833, die
Witwe Hermia, Mutter von Coelio, in ihrer Jugend einen Bewerber in den Selbstmord getrieben hatte, als sie es ablehnte, demjenigen, der als Mittler fungiert hatte, ihre Hand zu geben: der
Fluch setzt sich in ihrem Sohn fort, der ebenfalls von der, die
ihn verachtet, zurückgestoßen wird, die sich seinem besten
Freund hingibt, der ebenfalls als Mittler fungiert hat – woran er
seinerseits stirbt). Daher kommt der »Schrecken« dieser Abwesenheit, die in Form eines Phantoms zur Mutter zurückkehrt,
hier dem Schrecken vor der Sexualität gleich, die sie sich ihrer
Tochter nähern sieht: »Ich sah nichts weiter, als daß sie in all
ihrer Unschuld und all ihrem Liebreiz nahe an etwas war, was
sie wohl als entsetzlich empfunden hätte, und daß dieses Entsetzliche für ihre Augen verschleiert war, jedoch jeden Augenblick offenbar werden konnte.« Wie die Sexualität wird der Verlobte aus diesem Grunde höchst unerwünscht: und zwar nicht
nur der tote Verlobte der Mutter – der allzu treue Edmund
Orme –, sondern auch der potentielle Verlobte der Tochter,
denn wie könnte sie die Anwesenheit eines Mannes wünschen,
der nicht nur ein Phantom herbeiruft, sondern ihr die aus-
schließliche Liebe ihrer Tochter rauben wird?
Und doch ist er da, er liebt sie: die Wiederkehr des verdrängten
Mannes zeugt davon. Für die Mutter ist es also besser, sich
damit abzufinden und den neuen Verlobten zu ihrem Komplizen zu machen, mit Hilfe des einstigen, der praktischerweise
nur ihnen beiden erscheint. Sie »arrangiert« die Heirat derge-
stalt, daß sie ihren eigenen Platz und ihren Einfluß auf die
Tochter behält, dieses andere Selbst, dem sie, seitdem sie Witwe
ist, den ganzen Platz überlassen hat, auch den, den ihr Ehemann einnahm. Damit wiederholt sie das Arrangement ihrer
eigenen Heirat, das ihre Eltern vorgenommen hatten, zum
Unglück des ersten Verlobten und heute zu ihrem eigenen

Unheil. Denn die fehlende Autonomie der Töchter führt zur schlechten Objektwahl samt ihrem Schweif an Phantomatisierungen der nicht vollzogenen sexuellen Beziehung, die sich von Generation zu Generation fortpflanzen. Einzig die Auflehnung der Tochter gegen das Gesetz der Mutter ermöglicht es ihr, *in extremis* der Wiederkehr des Unglücks zu entrinnen: als sie endlich das Gespenst der Mutterliebe entdeckt, das ohne ihr Wissen ihre eigene Liebe heimsucht, verliert sie dabei ihre Mutter – gewinnt jedoch einen Ehemann...

Identitätsmißbrauch und platonischer Inzest

Diese Gestalt der gewissermaßen in ihre Tochter verliebten Witwe steht der Stiefmutter, der schlechten Mutter der Märchen, entgegen. Doch ist sie deshalb nicht weniger gefährlich, wie es das von ihrer Mutter ererbte schauerliche Gespenst nahelegt, das Miss Marden ohne ihr Wissen mit sich schleppt, sobald ein Mann sich für sie interessiert, und das nur unter der Bedingung verschwinden und einer sexuellen Bindung Platz machen kann, daß die Mutter mit ihm verschwindet. Denn genau dies ist die Moral der von Henry James elliptisch erzählten Geschichte: Sobald eine Dritte ihr gesamtes affektives Kapital auf ihre Tochter projiziert, einschließlich desjenigen, das normalerweise dem Mann zusteht, kann die Tochter selbst mit niemandem eine Bindung – vor allem keine sexuelle Bindung – eingehen, ohne dabei diese allgegenwärtige Anstandsdame, diese verehrungswürdige Mutter zu opfern. Hinter dem Liebesruf der Fanatikerin der Mutterliebe (»Kinder kann man nie genug lieben!«) vernimmt man den Schlachtruf der Dritten, die nach Objekten dürsten, die sie anbeten, mit einer verschmelzenden Liebe überschütten und umwerben können im maßlosen Wunsch nach grenzenloser Absorption im und durch den Anderen – eine Anbetung, Verschmelzung oder Absorption, wie

340

Männer sie kaum gestatten, gerade weil sie zu »anders« sind, durch die Macht der Liebe nur unzureichend formbar und verwundbar. Die Kinder dagegen sind vollkommene Objekte, gefangen, passiv, völlig abhängig. Und noch mehr die Mädchen, weil sich bei ihnen, stärker als bei den Knaben, der mütterliche Einfluß durch eine narzißtische Projektion auf eine dem Selbst ähnliche Person verstärken kann, die sich einzig in dem Maße von ihr unterscheiden darf, in dem sie unbefriedigte oder verdrängte Sehnsüchte erfüllt.

Alice Miller verwendet hier den anschaulichen Terminus »narzißtischer Mißbrauch« des Kindes durch die Eltern, insbesondere die Mutter. Noch mehr aber kann man von »Identitätsmißbrauch« sprechen, wenn das Kind an einen Platz gestellt wird, der nicht der seine ist, wenn es gerade von derjenigen seiner Identität beraubt wird, deren Aufgabe es ist, ihm zu helfen, sie aufzubauen. Den zerstörerischen Charakter dieser »vollkommenen Symbiose« analysiert der Antipsychiater David Cooper anläßlich jener Mutter/Kind-Interaktionen, »wo das symbiotische Paar den Gegensatz ›Parasit/Wirt‹ aus dem Blick verliert und faktisch nahezu, gewiß aber in der Phantasie, zu *einer Person* wird«.[2] Dieser offenbar weit verbreiteten Pathologie der Mutterliebe – die um so schädlicher ist, als sie sich nicht nur für normal, sondern auch für tugendhaft und wünschenswert ausgibt – steht merkwürdigerweise das geringe Interesse gegenüber, das die Theoretiker der Psychoanalyse ihr entgegenzubringen scheinen. Und in der Tat kann eine auf die Sexualität zentrierte Theorie schwerlich die Möglichkeit einer inzestuösen Gewalt oder einer perversen Liebe mit einbeziehen, die den Vollzug des Aktes nicht braucht, weil es hier nicht um Wollust, sondern um Identifikation geht, nicht um die Befriedigung eines erotischen Triebs, sondern um ein Identitätsbedürfnis. Um dieser transparenten, da weit verbreiteten Form des Mißbrauchs Sinn zu geben, bedarf es einer Theorie, die die Identität zu mehr als nur einer Auffassung macht. Zwar spricht Jacques

Lacan hier von »Verheerungen«, jedoch mit der dreifachen Grenze, die seine Texte der Verständlichkeit setzen: sie sind schwer aufzufinden, schwer zu verstehen, und vor allem erklären sie die Auswirkungen der elterlichen Schandtaten schnell zu einem ontologischen Problem des Kindes. Eben diese doppelte Verschiebung – der Eltern auf die Kinder und einer konjunkturellen Mißhandlung auf ein ontologisches, also universelles Elend – prangerte die Psychoanalytikerin Alice Miller an, so daß sie sogar ihre Zugehörigkeit zu diesem Berufsstand ablehnte.[3] Und nicht durch Zufall problematisiert sie auch in *Das Drama des begabten Kindes* auf spezifische Weise diese Frage des narzißtischen Mißbrauchs, auch wenn die hier vorgelegte Analysen von Kindheiten eher die demütigenden Auswirkungen der »Schwarzen Pädagogik« als die weit paradoxeren des narzißtischen Mißbrauchs behandeln.[4]

Dieser durch einen Identitätsmißbrauch verstärkte narzißtische Mißbrauch wird in dem Film *Bellissima* (1951) von Luchino Visconti auf exemplarische Weise dargestellt. Hier projiziert eine Mutter (Anna Magnani) ihre Wünsche nach Bewunderung und Ruhm auf ihre fünfjährige Tochter, die sie zu einem Filmstar machen möchte. Als Frau und Gattin auf dem Weg der Entsexualisierung, vernachlässigt sie ihren Mann zugunsten der Tochter und weist die Avancen eines anderen Mannes zurück, während sie dem kleinen Mädchen verschiedene Plätze zuweist: den des geliebten Mannes, des tatsächlichen Ehemanns oder des imaginären Geliebten, oder ihren eigenen, wenn sie sich im idealisierten Haar des Kindes, diesem Emblem der Weiblichkeit, selbst bewundert (»Nach hinten gekämmt, wie deine Mutter: wie schön du bist, wie schön du bist!«). Sie nimmt das Kind so sehr in Beschlag, daß sie dem Vater keinen Platz mehr läßt, der vergeblich versucht, wieder Kontakt zu seiner Tochter zu bekommen. Er geht weg und gibt den Platz frei für das verliebte Tête-à-tête zwischen Mutter und Tochter – einer Mutter, die, indem sie ihre Tochter zu einem Star machen will, natürlich der wirkliche Star des Films ist, der uns diese Geschichte erzählt; und einer Tochter, die nur noch das passive Spielzeug des narzißtischen Mißbrauchs ist, ein wehrloses Objekt der allgewaltigen und verzehrenden Liebe der Mutter. Im Schutz der Tugenden der Mutterschaft, und nachdem der in einen Eindringling verwandelte Vater abgeschafft worden ist, kann sie schamlos den platonischen Inzest begehen, indem sie die Phantasie einer totalen Liebe, die sie mit dem Gatten nicht zu verwirklichen vermochte, auf das Kind projiziert.

Wie man Dritte wird

Diese affektive Überbesetzung des Kindes signalisiert unweigerlich - genau wie das Erscheinen des Phantoms - das Abkippen jeder entfeminisierten, weil von der geschlechtlichen Welt abgeschnittenen Frau in den Stand der Dritten: Mutter, Großmutter, Tante, Patin oder Gouvernante, von der Heldin aus *Nêne* bis zur Hauptfigur aus *Die Drehung der Schraube* oder *L'Initiatrice aux mains vides*. Diese Verwandlung in eine Dritte kann mit dem Zölibat oder der Witwenschaft einhergehen, aber auch ganz einfach mit dem Alter oder der Lösung von jeder sexuellen Bindung: dann konzentriert die zur Dritten gewordene Frau ihr ganzes Gefühlsleben auf die Kinder. So Madame Desvarennes in *Sergius Paninus* von Georges Ohnet, eine aktive Frau, die aus dem Nichts ein riesiges Vermögen geschaffen hat und, nach dem Verlust eines unscheinbaren Ehemanns (»Sein ganzes Leben war eine Abwesenheit gewesen«), all ihre Liebe auf ihre Tochter Micheline überträgt: »Frau Desvarennes fühlte sich, so betrüblich es ist, es sagen zu müssen, noch ausschließlicher im Besitz ihrer Tochter, seit sie Witwe war. Sie war auf alle Liebe des Kindes eifersüchtig, und jeder Kuß, den das Kind seinem Vater gab, schien der Mutter, als ob man ihn ihr gestohlen hätte. Bei dieser wilden und ausschließlichen Zärtlichkeit bedurfte es der

Einsamkeit um das geliebte Wesen.« Und so empfindet sie die Heirat ihrer Tochter als einen Raub: einige Monate nach der Hochzeit macht sie ihr eine Eifersuchtsszene und beschuldigt sie, ihr nicht mehr den ersten Platz einzuräumen. Als es ihr nicht gelingt, die Eheleute zu trennen, beseitigt sie schließlich ihren Schwiegersohn, um ihre Tochter zurückzuerobern...

Wenn die in den Stand der Dritten geratene Frau keine Kinder hat, kann die übertriebene affektive Zuwendung jedem Wesen gelten, das einerseits ausschließlich von ihr abhängt und somit die Bindung an einen anderen (einen wirklich *anderen*) verkörpert, zu der sie nicht fähig war oder die sie nicht mehr aufrechterhalten wollte, und das andererseits keinen sexuellen Umgang hat. Diese doppelte Eigenschaft – affektive Abhängigkeit und sexuelle Neutralität – ist Kindern wie Haustieren eigentümlich. Deshalb ist die totale und totalitäre Liebe der Dritten zu den Kindern von derselben Art wie die Liebe zu den Tieren: die gleiche grenzenlose libidinöse Besetzung eines passiven und gefangenen Objekts, nur mit dem Unterschied, daß das Tier kein aktives und freies Wesen zu werden braucht, im Gegensatz zum Kind, dem dies trotz der affektiven Fessel gelingen muß, die die wilde Liebe der Dritten ihm angelegt hat, ohne sich um Gegenseitigkeit zu kümmern. Dies widerfährt zum Beispiel der Heldin aus *Die Fessel* von Colette, die das Altern spürt (»Es fehlt mir an Leichtigkeit, ich nehme alles ernst wie eine alte Jungfer«): »Dieser plötzliche Hunger nach Berührung, dieses nervöse Zärtlichkeitsgefühl beim Anblick eines anmutigen Tieres ist, ich weiß es wohl, nichts anderes als ungenützte Liebeskraft, die überquillt; und ich glaube, daß solche Regungen in niemandem so heftig sind wie in einem alternden Mädchen oder in einer kinderlosen Frau.« Freilich besteht ein Unterschied zwischen der Liebe zu Hunden und der zu Katzen, die sich eher auf einen »Spiegel der Weiblichkeit«, wie er jungen Frauen eignet, zu beziehen scheint: von der Katze als Rivalin, der animalisierten Verkörperung der

Ersten in *Die Katze* von Colette (1933), bis hin zu dem in seine zur Katze werdende Herrin verliebten Kater in *Das Weibtier* von Rachilde. Die Liebe zu Hunden dagegen scheint eher für die alternde Frau spezifisch zu sein, bei der das Gesellschaft leistende Tier als Ersatzobjekt fungiert, entweder anstelle des abwesenden Ehemanns oder des ausbleibenden Liebhabers oder des fehlenden Kindes.[5]

Personenstand, Stand der Frau

Ehelosigkeit, Witwenschaft oder Verzicht auf Sexualität: zur Dritten zu werden ist keineswegs nur das Schicksal der alten Jungfer, sondern vielmehr eine Grenze, der sich auch verheiratete Frauen nähern und die zuweilen von ihnen überschritten wird, wenn sie die geschlechtliche Liebe durch die Verehrung eines Tiers, eines Kindes oder eines Gottes ersetzen – die unverbrüchliche Frömmigkeit der Betschwester, die grenzenlose Hingabe der Mutter. Dies ist die klägliche Geschichte von Lucy Moore in *Drei Lieben* von Archibald-Joseph Cronin (1932), die zuerst in der Liebe zu ihrem Ehemann aufgeht, der ihretwegen frühzeitig stirbt; dann in der Liebe zu ihrem Sohn, den sie sich entfremdet; schließlich in der Liebe zu Christus, als sie sich in ein Kloster flüchtet, in das sie sich jedoch nicht einzuleben vermag. Ehefrau, Mutter, Frömmlerin: dies ist der typische Weg der zur Dritten herabgesunkenen Ersten, die nur noch in einer ausschließlichen Beziehung mit anderen zu leben vermag, bei der sich Abhängigkeit mit Autoritarismus paart. Daher verschmilzt der Personenstand, wie der der Ledigen oder der Witwe, nicht mit dem »Stand der Frau«, z. B. dem der Dritten. Wie jeder weibliche Stand verbindet er objektivierbare Beziehungsparameter mit der Art und Weise, in der diese Situation subjektiv erlebt wird: Zufriedenheit oder Unzufriedenheit, Hinnahme oder Ablehnung, Resignation oder Auflehnung, Überschreitung, Verdrängung oder Sublimierung. Daher läßt sich die Soziologie der Beziehungen zwischen den Menschen nicht von der Psychologie der »Seelenzustände« trennen.

Freilich bilden objektive Parameter das Rückgrat bei der Gestaltung der verschiedenen Ausprägungen des Frauenstands, wie die Arbeit der Fiktion sie in Szene setzt. Es handelt sich hauptsächlich um zwei Parameter, deren Überschneidung jede identitäre Situation im Raum der den Frauen traditionellerweise offenstehenden Möglichkeiten bestimmt: einerseits die Existenz oder Nichtexistenz einer sexuellen Beziehung zur männlichen Welt und andererseits die ökonomische Subsistenzweise. Hängt diese von der sexuellen Verfügbarkeit ab, so befindet sich die Frau im Stand einer Gattin oder Mätresse, die von ihrem Ehemann oder von ihren Gönnern oder Kunden abhängt; andernfalls befindet sie sich entweder im Stand einer Dritten, die von einem Arbeitgeber oder einem Vermögen abhängt, oder in dem einer Tochter, die von ihrem Vater oder, bisweilen, von einer in sich abgeschlossenen Gemeinschaft abhängt. Hinzu kommt – und darin besteht der Unterschied zwischen der Ersten und Zweiten – der Legitimitätsgrad der sexuellen Beziehung: eine juristische Legitimität bei den unverheirateten Frauen und eine psychische Legitimität bei den zweiten Ehefrauen.

Es gibt Werke, die in dieser Hinsicht ein regelrechtes Repertoire an Figuren aufbieten: so die Komödie *Reigen* von Arthur Schnitzler (1903), in der nacheinander eine Dirne, ein Stubenmädchen, eine junge Ehefrau, ein süßes Mädchen und eine Schauspielerin auftreten – lauter Verkörperungen des Stands der geschlechtlichen Frau. Ein noch größeres Repertoire an Figuren zeigt Flaubert in *Lehrjahre des Herzens,* einem Roman, der geradezu einer Einführung in die verschiedenen Formeln des Frauenstands gleichkommt. Denn Frédéric trifft hier nicht nur »die käuflichen Dirnen, denen er im Licht der Gaslaternen begegnete, die Sängerinnen, die ihre perlenden Koloraturen hervortrillerten, die Damen, die im Galopp auf ihren Pferden vorbeiritten, die Bürgersfrauen, die zu Fuß ihres Wegs gingen, die Grisetten, die am Fenster nach Männern ausschauten«, sondern auch eine zuerst entsagende, dann (vergeblich) zustimmende Erste in der Person von Madame Arnoux; eine zuerst zustimmende Erste, dann emanzipierte Witwe in der Person von Madame Dambreuse; eine Zweite, eine Kurtisane, in der Person von Rosanette, »die Marschallin« genannt (die später wieder zu Tugend gelangt, indem sie Frédérics Geliebte und dann die Mutter seines Sohnes wird und vergeblich versucht, von ihm geheiratet zu werden), eine Dritte in der Person von Mademoiselle Vatnaz, die »Künstlerin«, die »alte Jungfer«, die spät eine Zweite wird, als sie mit einem revolutionären Arbeiter ein Verhältnis hat; und schließlich ein erwählbares Mädchen in der Person der kleinen Roque, der Frédéric über den Weg läuft, jedoch vergebens, denn als er sich endlich dazu durchgerungen hat, sie zu heiraten, nachdem er die ganze Reihe seiner Liebschaften verfehlt oder verpatzt hat, kommt er zu spät – am Tag ihrer Hochzeit mit einem anderen. Nun bleibt ihm nur noch die blödsinnige Erinnerung an jenes Bordell, in das er sich als Heranwachsender geflüchtet hatte, aber noch nicht wagte, sich seinen Traum, eine richtige Prostituierte kennenzulernen, zu erfüllen – die erste und letzte Figur des Frauenstands, die er angetroffen und verfehlt hat... Eine solche Interpretation widerspricht in keiner Weise anderen Deutungen, z. B. der von Pierre Bourdieu, der in diesem Roman den Ausdruck einer Strategie der Unschlüssigkeit eines Bürgersohns sieht, dem es nicht gelingt, ein Erbe anzutreten, in dem er sich nicht wiedererkennt – eine Situation, die typisch ist für die Schwierigkeit, einen Erben für das Erbe zu finden statt umgekehrt.[6] Keine dieser beiden Interpretationen – Problem der Erbschaft oder Initiation in die Vielfalt des Frauenstands – schließt die andere aus. Und wahrscheinlich besteht die Eigentümlichkeit großer Werke gerade darin, eine Vielzahl von Interpretationen zuzulassen. Weil die Realität vielfältig ist, kann es nicht ausbleiben, daß auch ihre Beschreibung vielfältig ist.

Je nach den verschiedenen Zuständen verändert sich die Beziehung zum Namen: die Tochter trägt den Namen ihres Vaters, die Erste den des Ehemanns, während die Dritte dazu neigt, überhaupt keinen Namen zu haben (sie wird »Mademoiselle«, »Fräulein« genannt); der Vorname als einzige Bezeichnung ist den Prostituierten und Kurtisanen vorbehalten, bei dem es sich im übrigen häufig um einen geborgten Vornamen handelt, wie paradoxerweise bei den Nonnen (wobei diese die hagiographische Tradition, jene die galante Welt durchforsten); Diven und große Schauspielerinnen haben das Privileg, daß ihrem Vor- oder Nachnamen ein ihre Besonderheit herausstreichendes »die« vorangeht; schließlich legen sich auch Schauspielerinnen oft ein Pseudonym zu, jenes Kennzeichen, das mit zunehmender Berühmtheit einhergeht – worin die Schriftstellerinnen ihnen folgen.

Dementsprechend variiert auch das Verhältnis zum Raum, besonders was das Haus betrifft, Ort sowohl der weiblichen Souveränität wie der Innerlichkeit, Verbindungsglied zwischen der äußeren Welt und dem Innenleben – ein Phänomen, das die englischen Romanschriftstellerinnen der ersten Hälfte unseres Jahrhunderts so gut erforscht haben: Virginia Woolf, Katherine Mansfield, Daphne Du Maurier, Elizabeth Goudge, Rosamond Lehmann. »Und wie Sie wissen, ist *das Haus* bei uns alles, zumindest für die Frauen«, sagt eine Figur aus *Corinne* von Madame de Staël. Als Treffpunkt der Identität zwischen Öffentlichkeit und Privatheit verhält sich das Haus zur Innerlichkeit der Frau wie die Außenwelt zum Haus. Daher trägt es in starkem Maße zur Differenzierung der Stufen des Frauenstands bei. Wenn die Tochter im Haus ihrer Eltern wie jede Erste danach trachtet, ihr eigenes Haus zu besitzen, so wird dieses gleichzeitig das der Familie, des ehelichen Heims sein, da die Ehefrau bestenfalls nur ein »eigenes Zimmer« beanspruchen kann; die zweite Ehefrau ist in ihrem Haus noch weniger heimisch, denn es wird weiterhin symbolisch von der ersten regiert; was die Zweiten betrifft, so sind ihre Häuser Schwankungen unterworfen, je nach der Hierarchie und den Zufällen der Laufbahn, die sie schlimmstenfalls zum geschlossenen Haus, d. h. zum Bordell verurteilt; und die Dritte hat selten ein Haus für sich, da sie entweder bei ihren Eltern oder bei ihren Arbeitgebern oder in einer Dienstwohnung lebt; nur die ungebundene Frau wohnt in ihrem eigenen Haus – auf die Gefahr hin, allein darin zu leben...

Jedem dieser Zustände gemeinsam dagegen ist der Parameter der Zeit, der dazu beiträgt, sie zu definieren, da er aus jedem Stand eine vorübergehende oder endgültige Situation macht, in verschiedener Weise geeignet, in einen anderen Stand überzugehen. So kann allein schon der Einfluß der Dauer ein heiratsfähiges Mädchen in eine alte Jungfer verwandeln, während diejenige, die sich vor der Drohung, eine Dritte zu werden, in die Ehe geflüchtet hat, später damit konfrontiert werden kann, sobald der mehr oder weniger freiwillige Verzicht auf das sexuelle Leben sie in den Stand einer Dritten stößt. Unbeständiger Platz der Ersten, verächtlicher Platz der Zweiten, unvollständiger Platz der Dritten... Damit wechselt der Frauenstand, so wie er sich den Mädchen zeigt, unter der Drohung des Komplexes der Zweiten, der jedes in die sexuelle Welt eingebundene weibliche Wesen umtreibt: vom Mädchen, das auf einen Stand wartet, zum Platz der Ersten, zu den Stadien der Zweiten oder zur Sicht der Dritten; von der Ersten oder der Zweiten zur Dritten; und von der Dritten vielleicht zur Zweiten – oder von der Zweiten, manchmal, zur Ersten...

Zumindest geschieht dies, solange die Verbindung von Subsistenz und Sexualität bestehen bleibt – eine Matrix, die ununterbrochen mehrere Jahrhunderte lang die Definition der sexuellen Identität in unserer Gesellschaft geprägt hat, wie der

Roman sie zu erkennen gibt. Die Dinge ändern sich grundlegend, als es zu einer Entkopplung von ökonomischer Abhängigkeit und sexueller Beziehung kommt – einer Entkopplung, die die Ordnung des Frauenstands aufbricht und damit ihren Ausdruck in einigen fiktionalen Konstellationen findet.

Sechster Teil
Krisenzustände

Das Unmögliche ist möglich, sagte er sich.
Es ist tatsächlich Ereignis geworden.

Isaac Bashevis Singer, *Feinde. Die Geschichte einer Liebe*

Grenzpositionen

Bevor wir uns den Formen zuwenden, in denen die Krise der Frauenstände im Roman auftaucht, sei auf vier Grenzpositionen näher eingegangen, aus denen hervorgeht, daß die Hexe einen Krisenzustand darstellt; daß das Zusammenleben mit mehreren Frauen in unvereinbaren Positionen auch für den Mann tödlich ist; daß die Kultur des Harems und das im Roman entwickelte Modell der Formen des Frauenstands einander ausschließen; und daß der Übergang vom gefallenen Mädchen zur freien Frau, der nach dem Ersten Weltkrieg einsetzte, die Grenzen des Modells sprengt.

Von der Stigmatisierten zur Hexe

»Wie es nun einmal ist, wirst du ja doch niemals heiraten, Prue«: Tatsache ist, daß die junge Heldin aus *Die Liebe der Prudence Sarn* von Mary Webb (1924) mit einer Hasenscharte zur Welt kam, einer Mißbildung, die sexuell stark besetzt ist, weil sie den Mund betrifft. Mit diesem Makel behaftet, fühlt sich dieses Mädchen vom Lande aus der geschlechtlichen Welt ausgeschlossen, die sie sich natürlich im Stand einer Ersten vorstellt: mit einem eigenen Haus, einem Ehemann, einem Baby, einem gesellschaftlichen Leben. Da sie sich aufgrund ihrer Mißbildung »verflucht« fühlt, hat sie die Hoffnung auf die Ehe aufgegeben und bei den Möglichkeiten der nicht-verfügbaren Mädchen Zuflucht gesucht: bei der Arbeit (auf den Feldern, der

sie sich, von ihrem Bruder gedrängt, verbissen hingibt); beim
Wissen, durch Lesen und Schreiben, das sie bei einem Nachbarn lernt, der sich rühmt, ein Hexer zu sein; und bei der Spiritualität in der Einsamkeit, der Naturbetrachtung, der Medita-
tion, der mystischen Erhebung.

Denn dieses Stigma, das sie von der geschlechtlichen Welt fern-
hält, schließt sie auch aus der bewohnten Welt aus. Denn es
handelt sich nicht nur um ein bloßes körperliches oder materielles Handicap (Häßlichkeit oder Armut), sondern um eine
totale Markierung: für alle sichtbar, irreversibel, folglich untrennbar mit der Person verbunden, und nicht die Folge eines
Unfalls, sondern einer physiologischen Anomalie, also anomal,
ja monströs. Ein derart absolutes, unabänderliches Handicap
wird meist als eine Form von Ungerechtigkeit erlebt, als eine
willkürliche, da unbegründete Verurteilung, die einzig dem
Zufall zu verdanken ist (jenem Zufall, den Prues Mutter ständig
anführt: »Was kann ich dafür, daß mir ein Hase über den Weg
lief...«). Und dieses Gefühl der Ungerechtigkeit empfindet
nicht nur das Opfer des Handicaps, sondern die ganze Gemeinde – eine Erfahrung, die dem Stigmatisierten und dem Normalen gemeinsam ist.[1] Daher wird ein Stigma nur dann erträglich,
wenn die »Strafe« in der Persönlichkeit oder zumindest in der
Familie des Opfers begründet ist. Dann verwandelt sich das
bloße Unglück in einen Fluch, die Stigmatisierung in das äußere Zeichen einer unheilvollen Macht, die Ungerechtigkeit des
Schicksals in eine gerechte Strafe des Verfluchten und das
Opfer des Stigmas in jemanden, der an seinem Unglück schuld
ist, Werkzeug oder Verkörperung der bösen Macht, die dieses
Stigma verrät.

Dann kommt es zur Anklage der Hexerei: »Das macht sie ein
wenig eigentümlich, wenn sie mit so etwas geboren werden. Es
gibt Leute, die sagen, sie hätte was von einer Hexe.« Indem die
Anklage der Hexerei aus dem Besonderen ein Ungeheuer oder
einen Paria macht, unterstellt sie ihm einen bestimmten Status,

einen Daseinsgrund oder, um mit den Linguisten zu reden, eine »Motivation«, die es ermöglicht, der Willkür zu entgehen, die Ungerechtigkeit zu bannen. Und indem der Stigmatisierten ein bekannter Status zuerkannt bzw. das Singuläre entsingularisiert wird, sind nunmehr alle, die der Frau mit der Hasenscharte begegnen, in der Lage, ihr Verhalten ihr gegenüber festzulegen, und wissen, wie sie mit diesem ungewöhnlichen Individuum umgehen müssen, dessen Merkwürdigkeit nun zu einem Jahrmarktsphänomen wird, zu einem tierischen Relikt, ja zum Zeichen teuflischer Übernatürlichkeit. Die Anklage der Hexerei ist also dazu bestimmt, »aus der Not ein Laster« zu machen. Aus der Not, der Irreversibilität eines Stigmas, das das Individuum sichtbar von der Gemeinschaft absondert, wird ein Laster oder das »Böse«, das die Absonderung sanktioniert. Und vom Bösen gelangt man zur Zauberei, zur okkulten Macht – sich in einen Hasen verwandeln, vergiften, verhexen –, zu deren Signal nun das Stigma wird. »Die Leute konnten es eben nicht verstehen. Die einzige Ursache für alle diese Unglücksfälle war in ihren Augen der Fluch Gottes. Es mußte ein Jonas auf unserem Schiff gewesen sein, sagte man. (...) Sie meinen, ich sei an dem Fluch schuld. (...) Das also war der Grund für die haßerfüllten Blicke, das Wegwenden und Tuscheln. Ich war die Hexe von Sarn. Ich war diejenige, die Gott mit einer Hasenscharte geschlagen hatte.«

»In meinem Innern wünschte ich mir den Tod«: als Folge der Stigmatisierung ist der Stand der Einsamkeit nun selbst ein Stigma. Indem sie das Individuum materiell von der Gemeinschaft isoliert – so wie das Stigma es symbolisch isoliert –, erregt die Einsamkeit Argwohn, denn sie läßt sich als ein Zeichen (des Fluchs) deuten, statt als eine Auswirkung (der Stigmatisierung) erklärt zu werden. Und weil die Einsamkeit verdächtig ist, verurteilt sie den Einsamen zu noch größerer Einsamkeit, so wie das Stigma den, der an ihm leidet, nicht nur zur (physischen) Verschiedenheit, sondern zum (gesellschaftlichen) Ausschluß

verurteilt – einem Ausschluß, der die Einsamkeit verstärkt, die wiederum die Richtigkeit des Ausschlusses bestätigt... »War also jemand allein, so war er so gut wie verflucht«: Die Isolation der Frau mit der Hasenscharte wird verstärkt von der Gemeinschaft, die sich vor der Gefahr zu schützen sucht, welche die Stigmatisierte für sie bedeutet, insofern diese nicht ungerechterweise »geschlagen« ist (dann würde sie Mitleid verdienen), sondern »gekennzeichnet« ist von dem Übel, das in ihr ist.[2]
Die Anklage der Hexerei ist nicht ausschließlich mit der Mißbildung verbunden: sie betrifft jede Besonderheit, alles, was aus der Norm fällt und gerade deshalb fasziniert – Ekel oder Anziehung, Entsetzen oder Begierde. Deshalb kann auch eine sehr schöne Frau als Hexe bezeichnet werden, wie die Frau des Schäfers, »ein sonderbares Geschöpf, aber so hübsch, daß allen Männern bei ihrem Anblick das Wasser im Mund zusammenlief«. So wie die Faszinationskraft, die eine stigmatisierte Frau auf ihre Umgebung ausübt, so muß man auch die Verführungskraft, die eine zu schöne Frau auf die Männer ausübt, der Willkür, der Ungerechtigkeit einer blinden Verteilung der Mittel bei der Geburt entreißen, um sie erneut in die Ordnung der Notwendigkeit, die kausale Logik des Verdiensts und die symbolische Ordnung der Markierung einzufügen. Dann wird die außergewöhnliche Schönheit zum Zeichen einer dunklen Macht, deren Ausdruck die profane Version (die sexuelle Anziehung) ist; und trotz ihres Status als Ehefrau setzt sich die Frau des Schäfers dem Verdacht der Zauberei aus, nur weil ihre Schönheit sie von den anderen unterscheidet. Die Begierde, die ihre äußere Erscheinung weckt, wird ihr als moralische Verantwortung angelastet und macht sie in den Augen der anderen zu einer Schlampe, einer Nymphomanin.
Doch kehren wir zu Prue zurück, durch deren Augen wir nicht so sehr einem regelrechten Hexenprozeß beiwohnen, sondern, zuvor, dem Vorgang, durch den sie zur Hexe gemacht wird. Da sie imstande ist, der Anklage der Hexerei innerlich Widerstand

zu leisten (sie weiß genau und wird nie daran zweifeln, daß sie keine Hexe ist), da sie sogar imstande ist, die Gründe dafür zu analysieren, ist sie sich dessen, was ihr widerfährt, zwar völlig bewußt, jedoch außerstande, es zu verhindern oder sich davor zu schützen: dazu bräuchte sie eine äußere Stütze, jemanden, der die Gemeinde zur Vernunft bringen, die Ordnung wiederherstellen und dem jungen Mädchen den Stand einer einfach nur mißgestalteten Jungfrau zurückgeben könnte, die vermutlich eine künftige Dritte wird oder möglicherweise die künftige Ehefrau eines Mannes, der sie trotz ihres Handicaps haben will. Bis dahin muß sie die Absonderung von der Gemeinschaft ertragen und kann nur versuchen, diese Stigmatisierung in erträglichen Grenzen zu halten und das Abgleiten in die Gewalt zu vermeiden. Und wenn sie schlecht und recht Fuß gefaßt hätte, auf halbem Wege zwischen der Ordnung der verschiedenen Ausprägungen des Frauenstands und der Unordnung dieses Krisenzustands des »Hexe-Werdens«, dann wäre die Stigmatisierte, im Gleichgewicht zwischen der Dritten, die zu sein sie akzeptiert, und der Hexe, die für die Gemeinschaft zu werden sie Gefahr läuft, zum Status einer Einsiedlerin und Heilerin bestimmt, die man im Fall einer Krise - Unglück oder Krankheit - aufsuchen würde und die ihr Wissen mit der Einsamkeit bezahlen oder diese durch jenes ausgleichen würde. Aber das Romanhafte gewinnt wieder die Oberhand, als ein Mann auftaucht, der ihr die Existenz der Sexualität, den Wunsch nach dem Stand einer vollwertigen Frau und das Unglück, davon ausgeschlossen zu sein, in Erinnerung ruft: »Ich verkroch mich in meinen Winkel und fühlte mich schwach werden, denn da war meine Liebe gekommen und mein Herr, aber ach! ich war entstellt!«

Um trotz des Handicaps dem Zugang zur Weiblichkeit, d. h. zum Begehren des Mannes Geltung zu verschaffen, muß man die fiktionale Ordnung des Romans *(novel)* verlassen und zu jener Fiktion der Fiktion greifen, wie die Ordnung des rein

Romanhaften *(romance)* sie darstellt: Wie in *Rebecca* oder *Jane Eyre* wird die Krise nur dadurch gelöst, daß der Bericht in eine andere Ebene wechselt, die nicht mehr der Beschreibung oder der einfachen erzählerischen Imagination untersteht, sondern dem Phantasma, ja der Phantasmagorie. Diese wird ein erstes Mal mit Hilfe einer Inszenierung durchgespielt, die der Nachbar, der ein halber Zauberer ist, erfindet, um den Schloßherrn des Orts mit den Reizen seiner Tochter zu ködern: Um dieser einen Gefallen zu tun, ist die Heldin des Romans einverstanden, sie nackt und mit verschleiertem Gesicht als Venus zu ersetzen, die in einer Rauchwolke in der Falltür des Kellers erscheint; und dort erblickt sie natürlich den schönen Weber, in den sie heimlich verliebt ist. Bei dieser phantasmagorischen Machenschaft geht es um die Prüfung des Begehrens, die sie vermutlich in der Wirklichkeit nicht erfolgreich bestanden hätte: »Und als ich den Junker sah, der von seinem fleischlichen Gelüst zu Boden gedrückt wurde, fühlte ich zum ersten Mal in meinem Leben, daß mein Leib schön war.« Die zweite und letzte phantasmatische Intervention ist das unverhoffte Eintreffen des Retters, der die Heldin der Lynchjustiz entreißt und sie nach einem heldenhaften Kampf auf seinem feurigen Pferd entführt – genau wie in den Märchen. Durch dieses phantasmatische Mittel entgeht sie *in extremis* der Hölle des grausigen Schicksals der Hexen – gewaltsamer Tod oder Selbstmord, womit ein schwarzer Roman geendet hätte – und vermeidet zugleich das Fegefeuer des Stands der Dritten, zu dem ein realistischer Roman sie wahrscheinlich verdammt hätte. So kann sie sich endlich in den so heiß ersehnten Stand der Ersten stürzen, den ihre Mißbildung ihr zu verbieten schien. Es ist das gelobte Land der Ehe mit einem schönen jungen Mann, das Paradies der Trivialromane, die immer so enden: »Und mit diesen Worten beugte er sein schönes Haupt zu mir und küßte mich auf die Lippen.«
Das »Zur-Hexe-gemacht-Werden« zeigt sich hier durchaus als

eine Krise der Frauenstände. Die Hexe ist ein im wesentlichen weibliches Phänomen, wie es sowohl die Untersuchung der volkstümlichen Hexerei als auch die Prozeßstatistik bestätigen.[3] Doch jenseits der Beziehung zwischen Hexerei und Weiblichkeit müssen wir diese *kritische* Dimension, diesen Krisenzustand, den die Anklage der Hexerei *bezeichnet,* innerhalb der Ordnung der Frauenstände betrachten. Denn das Eigentümliche einer Hexe – und eben dies macht sie zu einer so schwer zu umreißenden Figur – besteht darin, daß sie *in jedem Stand* eine Frau ist oder daß sie zumindest, wenn sie in einem Stand erscheint, auch in einem anderen erscheinen kann. Aufgrund ihres Wissens ist die Hexe unabhängig, also nicht dem männlichen Gesetz unterworfen, was sie von der Ersten und der Zweiten unterscheidet und in die Nähe der Dritten rückt. Aber im Gegensatz zur Dritten lebt sie meist in einer wilden Welt – der Welt des Waldes, der Einfältigen, der Geheimnisse der Natur –, worin sie den Nymphen und den Amazonen ähneln würde, wäre sie nicht allein und isoliert (außer in den Walpurgisnächten, wenn kein menschliches Wesen sie sieht), oder den Bräuten der Natur, wäre sie nicht eingeweiht in die sexuelle Wirklichkeit, über die sie aufgrund ihrer Kenntnis der Liebestränke und Abtreibungsmittel Kontrolle ausübt. Außerdem ist sie, im Gegensatz zur Dritten, auch eine sexuelle Frau: entweder eine Ehefrau oder eine emanzipierte oder lasterhafte Junggesellin, jedenfalls eine lüsterne Frau, die die Männer in ihre Netze lockt. Doch gleichzeitig ist sie das Gegenteil einer Verführerin: alt oder entstellt, also für die Männer wenig reizvoll, verkehrt sie sexuell mit dem Teufel.

Nach den Worten Michelets[4] sowohl eine »Nonne des Teufels« wie »ein unfruchtbares liederliches Frauenzimmer«, ist die Hexe eine zutiefst ambivalente Figur, die verschiedene antagonistische Frauenstände gleichzeitig verkörpert – so wie die moralisch stigmatisierte Heldin aus *Der scharlachrote Buchstabe* zwischen Ehebrecherin und Dritter, unreinem Flittchen und geläuterter Einsiedlerin, lüsterner Mätresse und Mutter, Hexe und Heiliger schwankte. Sie verkörpert oft das »Umherirren«, die Unordnung, die Unreinheit, den Schmutz[5] – eine Figur der Krise, durch die die Ordnung der Frauenstände überschritten und eben dadurch erneut bekräftigt werden kann. Sie ist gewissermaßen die Ausnahme, die die Regel bestätigt, die Störung der bestehenden Ordnung, die allein durch ihre Existenz deren Notwendigkeit beweist. Wie der Sündenbock[6] ist die Hexe diejenige, die es mit Gewalt zu beseitigen gilt, um die Ordnung der Frauenstände wiederherzustellen.

Von der Polygamie zum Wahnsinn

In *Die Dame vom Maxim* zeigte Georges Feydeau auf komische Weise, wie beunruhigend für einen Mann die Gleichzeitigkeit dieser beiden inkompatiblen Daseinsformen – Ehefrau und Geliebte – ist. Und wie muß es erst sein, wenn es sich um drei handelt: erste Ehefrau, zweite Ehefrau und Geliebte? Eine solche Situation ist nicht nur beängstigend, sondern schlicht unerträglich: sowohl für den Mann, der daran zugrunde zu gehen droht, als auch für die Frauen, insbesondere für die Geliebte – die zerbrechlichste von ihnen, weil ohne legale Bindung. Und mit dem Verschwinden des Mannes und dem Selbstmord seiner Geliebten endet daher auch der Roman von Isaac Bashevis Singer, der diese unwahrscheinliche Geschichte erzählt: *Feinde, die Geschichte einer Liebe* (1972). Herman, der Held, ein polnischer Jude, der nach dem Krieg nach New York auswanderte, ist Witwer seiner ersten Frau Tamara, die mit ihren beiden Kindern in einem Konzentrationslager ums Leben kam; er hat in zweiter Ehe Yadwiga geheiratet, eine Goj, die ihn während des Kriegs versteckt hatte und ihm nach Amerika gefolgt war; dort hat er sich in eine Überlebende aus Dachau verliebt, Mascha, mit der er heimlich eine religiöse Ehe eingegangen ist.

Aus dieser klassischen Situation, sein Leben zwischen einer
Ehefrau und einer Geliebten aufzuteilen, erwachsen ihm lediglich Probleme der materiellen Organisation, wie sie jedem Ehebrecher vertraut sind. Doch da kehrt Tamara, die wie durch ein
Wunder überlebt hat, zurück. »›Das Unmögliche ist also möglich‹, sagte er sich, ›es ist tatsächlich Ereignis geworden.‹«
»Herman dachte an die jiddische Redewendung, daß zehn Feinde einem Menschen nicht so viel Schaden zufügen können wie
er sich selber.« Denn sein Leben wird zu einem Alptraum – einer
Mischung aus Irrealität und ausweglosem Leid –, aufgeteilt
zwischen diesen drei Frauen: zwei legitimen (die erste und die
zweite Ehefrau) und einer dem Gesetz nach illegitimen (die
Geliebte); einer Ersten (die Mutter seiner Kinder) und zwei
Zweiten (die zweite Ehefrau und die Geliebte), zwei kirchlich
angetrauten Gattinnen (die erste und die Geliebte) und einer
zivil angetrauten (die zweite Ehefrau). Daß er diese Polygamie
nicht auf sich nehmen kann, rührt daher, daß er ein moralischer Mensch ist, durch ein dreifaches Band der Schuld an jedes
der drei Opfer dieser Situation gekettet, für die er, wenngleich
ohne sein Zutun, verantwortlich ist. Die erste Frau hat während
der Deportation gelitten, hat den Tod ihrer beiden Kinder miterlebt und sieht sich verraten, weil er eine andere geheiratet hat;
die zweite ist diejenige, der er am meisten verdankt, da sie ihn
gerettet hat, aber auch diejenige, die er am wenigsten liebt, er
hat sie nur aus Dankbarkeit geheiratet; und die dritte ist die, die
er am meisten liebt, an die ihn jedoch keine andere moralische
Pflicht bindet als die Achtung und das Mitgefühl, wie man sie
jedem Überlebenden schuldet. Und dennoch...: »Ich will alle
drei haben, das ist die beschämende Wahrheit.«
Was also tun, als er seiner zweiten Frau endlich einen Teil der
Wahrheit gestanden hat (»Tamara ist aus dem Grab auferstan-
den, sie hat sich die Nägel lackiert und ist in New York einge-
troffen«)? Sich dem Gesetz und der Ordnung der Ehefrauen
beugend, schlägt die zweite vor, sich zu opfern – das Problem ist

nur, daß sie schwanger ist. Die Geliebte dagegen beugt sich dem Gesetz nicht, denn in ihren Augen gibt es nur das Gesetz der Liebe, das sie durch die Religion hatte heiligen lassen und dem gegenüber sie selbst den Sieg davontragen muß: »Mascha war eine moderne Frau! Alle Ambitionen, alle Illusionen der modernen Frau teilte sie.« Daher ist auch sie es, die daran stirbt, indem sie lieber Selbstmord begeht, als daß sie auf ihren Platz, den Platz der geliebten Frau verzichtet. Und der Mann verschwindet, denn er wählt lieber das Nichts als die unerträgliche Bigamie, umgetrieben von der Trauer um eine geliebte und geopferte Geliebte. Übrig bleiben nur die beiden Ehefrauen, über das Kind der zweiten gebeugt, das natürlich den Vornamen der Geliebten trägt.

Die Unwahrscheinlichkeit einer solchen Situation wird hier durch die historischen Umstände abgemildert: nicht nur auf der narrativen Ebene, weil die Tragödie der Deportation die Auferstehung einer in den Lagern verschollenen Frau plausibel machen kann; sondern auch auf der symbolischen Ebene, weil diese kollektive Tragödie als Homolog der persönlichen Tragödie eines Mannes erscheint, der zwar der Deportation entgangen ist, aber nicht ihren Folgen für die Zukunft der Überlebenden entgeht – als ob das Schuldgefühl des Überlebenden, das hier durch die Trauer um die Ehefrau und die beiden Kinder verstärkt wird, eine mögliche Übertragung auf das Schuldgefühl des Mannes fände, der sowohl Ehebrecher wie Bigamist ist. Daß diese quälende Situation auf persönlicher Ebene die Folge der historischen Katastrophe der Judenvernichtung ist, wird explizit nahegelegt: »Irgendeine himmlische Intelligenz benutzte ihn als Versuchskaninchen, ähnlich wie es deutsche Ärzte mit Juden getan hatten. (...) Solange die Mächte mit ihm spielten, würden sie bestimmt noch so manches andere für ihn bereithalten. Hatten sie nicht schon einen Hitler hervorgebracht und einen Stalin? Man war nie sicher vor ihrem Erfindergeist. (...) Hier wenigstens gab es die Illusion des freien Willens nicht mehr. Hier wurde man herumgestoßen wie ein Kiesel oder wie ein Meteor im Raum.« Eine solche ungewöhnliche Erfahrung kann nur tragisch enden: »Das Unmögliche ist also möglich, es ist Ereignis geworden ...«

Vom Harem zum Roman

Außerhalb der modernen westlichen Welt, in Afrika und im Orient, ist Polygamie möglich und durchaus die Regel. In Harems und Serails können Ehefrauen und Geliebte räumlich wie zeitlich nebeneinander leben, ohne verhängnisvolle Krisen heraufzubeschwören. Die Romane von Pierre Loti schildern diese Parallelität, ohne indes bis zu einer solchen raumzeitlichen Vermischung zu gehen: Die exotischen Liebschaften – eine Mischung aus orientalischer Polygamie und westlicher Ehe – beschreiben deren mögliche Aufeinanderfolge in der Zeit und ihre Verteilung im Raum wie in *Aziyadeh* in der Türkei (1879), *Der Spahi* in Afrika (1881), *Madame Chrysantème* in Japan (1887) oder auch *Le mariage de Loti* in Polynesien (1882). Loti brauchte etwa zwanzig Jahre, um einen anderen Blick auf diese »egalitäre Haremsverwirrung«, wie Colette es nannte, zu werfen, d. h. auf diese Gleichsetzung der Ersten mit den Zweiten in ein und demselben Raum: einem Raum der Unsichtbarkeit, falls man in der Hierarchie der Ehefrauen oder Konkubinen nicht aufsteigt und den Gipfel der Macht erklimmt wie *Das Mädchen Orchidee* von Pearl S. Buck (1956), das, nachdem es zur Favoritin und dann zur Herrscherin geworden ist, endlich den Platz der Kaiserin von China einnimmt.

Denn diesmal schildert Loti die Ablehnung des Harems aus der Sicht der betroffenen Frauen, statt ihn mit den verzauberten Augen des westlichen Mannes zu sehen. André Lhéry, der Erzähler des 1906 erschienenen Romans *Die Entzauberten,* der den Untertitel »Roman aus dem gegenwärtigen türkischen

Haremsleben« trägt, ist ein berühmter Romancier und ein
großer Kenner des Orients, der nach vielen Jahren nach Istanbul zurückkehrt. Aber es geht ihm nicht mehr darum, sich
durch Scheinehen mit Zufallsbekanntschaften vor der Einsamkeit zu retten, sondern darum, orientalische Frauen zu retten,
drei Türkinnen, die ihn bitten – ihn, der mit seinen Werken
bewiesen hat, wie genau er die Frauen, den Orient und die Kraft
des Romans kennt –, sie mit Hilfe der Romanfiktion vor der
Ehe zu retten. Denn diese jungen Frauen, die sich heimlich mit
ihm treffen, sind durch ihre Lektüre und ihre Kenntnis des
Westens von ihrem traditionellen Dasein »entzaubert« worden
und »erwachen: zum Leiden des Lebens und des Bewußtseins«.

»Wir sind Märtyrerinnen, Frauen der Übergangszeit zwischen
denen der Vergangenheit und denen der Zukunft«. Diese
»Frauen der Übergangszeit«, die die Aussicht auf ein Leben hinter Mauern und Schleiern, ein dem Blick doppelt verwehrtes
Leben, nicht länger ertragen, nutzen die Rückkehr des Erzählers nach Istanbul, um ihn zu bitten, ihr Los anzuprangern und
einen Roman über ihr Leben zu schreiben – aus ihrem Leben
einen Roman zu machen. Und dieser Roman der Entzauberten
ist mittels einer subtilen *mise en abyme* eben der Roman, den der
Leser zu lesen im Begriff ist, während er die Wechselfälle der
seltsamen, halb literarischen, halb amourösen Beziehung zwischen dem Romancier und diesen drei Frauen miterlebt, von
denen die eine schnell zur Favoritin aufsteigt – eine Beziehung,
die sich auf den kurzen Augenblick konzentriert, wo die Auserwählte, seinem Drängen nachgebend, einwilligt, ihren Schleier
zu lüften, um sich seinem Blick auszusetzen. Doch mit ihrer
Bitte, er möge Zeugnis ablegen, begehren sie nicht nur Einlaß in
die westliche Welt der Leser, sondern in die Welt des Romans
selbst, in die Welt der Romanheldinnen – in die facettenreiche
Welt der Frau schlechthin. Auf diese Weise legen sich die Entzauberten – anders als Madame Bovary, die mit Hilfe vieler

Liebschaften versuchte, fiktiv als Romanheldin zu leben – auf einen einzigen Retter fest, von dem sie erwarten, daß er aus ihrem Leben buchstäblich einen Roman mache. So wie Scheherazade durch die Zuflucht zur Fiktion ihr Leben rettete, so versuchen die vom Orient des Harems Entzauberten durch die Zuflucht zu dem aus dem Westen importierten Roman ihre Existenz zu retten.[7]

1923 erscheint unter dem Pseudonym Marc Hélys *Le Secret des »Désenchantées«*, mit dem Untertitel »Enthüllt von derjenigen, die Djénane war« und dargestellt als »die Kehrseite eines Romans«. Die Autorin erzählt darin, daß Lotis Roman der kaum veränderte Bericht eines wirklichen Abenteuers ist, das er in Istanbul mit drei jungen Frauen erlebte, von denen nur zwei echte, westlich erzogene Türkinnen waren: die dritte sei sie selbst gewesen, eine Französin, die ebenfalls Loti bewunderte und auf seinen Tod gewartet habe, um das Geheimnis zu lüften. Sie selbst, von der westlichen Romankultur geprägt, habe sich diese Inszenierung ausgedacht, die zur Fiktion werden sollte, zu einem Roman über diese etwas ungewöhnlichen Orientalinnen, die »ungeheuer viel gelesen hatten«; ein Teil der Briefe, die Loti als Antwort auf seine Bitten um Dokumente geschickt wurden, erscheinen im übrigen, kaum verändert, in den *Entzauberten,* so als hätte André Lhéry sie erhalten. Auf diese Weise gelingt es der Drahtzieherin dieser Inszenierung, Loti zu täuschen, und zwar weit über ihre Erwartungen hinaus. Dennoch hat sie ihr Ziel nicht ganz erreicht, da dieser Roman nicht der war, den sie ihm nahelegte (die Geschichte einer Türkin, die ihrer eigenen Kultur zum Opfer fällt), sondern der Roman dieser sowohl wahren – da Loti sie wirklich erlebte – wie falschen Geschichte, da er nicht genau das erlebte, was er zu erleben glaubte. Das mit Marc Hélys unterschriebene Zeugnis fügt dieser vielschichtigen Geschichte also zwei Ebenen hinzu, zwei weitere Grade des Romans-im-Roman, den Loti aufgrund jener Bitte um eine Romandarstellung schrieb: die fiktive Dimension der von der französischen Literatin erfundenen und erst sehr viel später enthüllten Inszenierung sowie die Entfiktionalisierung, die Loti anhand dieser wahren-falschen Situation gelang, als er es vorzog, aus der erlebten Geschichte und nicht aus der vorgeschlagenen Fiktion einen Roman zu machen. Damit erwischte der Romancier die Romanschriftstellerin trotz allem auf dem falschen Fuß, denn sie fällt auf ihre eigene Fiktion herein: »Weil ich Loti einen Roman erleben lassen wollte, kam es, daß wir beide ihn erlebt haben.«[8]

Dennoch bewahrt Lotis Roman seinen symbolischen Wert, da sich – durch den Blick eines westlichen Romanciers, dem es gelungen ist, einen Moment lang dem Blick einer Orientalin zu begegnen – mit Hilfe der Literatur bewahrheitet, daß zwischen der Welt der Frauen und dem Raum des Romans Wesensgleichheit besteht: um dem Harem zu entrinnen, muß man in den Roman eintreten.

Vom gefallenen Mädchen zur freien Frau

Nur wenige Romane haben einen solchen Skandal heraufbeschworen wie *La Garçonne* von Victor Margueritte im Jahre 1922, einen Skandal, der die Krise enthüllte, deren Symptom und Werkzeug er war, indem er die *free love,* die *new woman* mit kurzem Haar zeigte – ein Thema, das nach dem Ersten Weltkrieg aktuell geworden war und dessen Bilderwelt der Film auf quasi universelle Figuren kristallisierte, wie Louise Brooks und ihre »Garçonne-Frisur«.[9] Hier sehen wir, wie ein junges Mädchen aus der guten Pariser Gesellschaft unabhängig wird, ein Mädchen, das lernt, nicht mehr die Tochter ihres Vaters zu sein, ohne deshalb die Frau eines Ehemanns zu werden. Für eine solche Unabhängigkeit sind mehrere Bedingungen erforderlich: die Möglichkeit finanzieller Selbständigkeit, die sich mehr einer persönlichen, identitätsstiftenden Tätigkeit als dem

Bezug einer erblichen Rente verdankt; der Zugang zur Empfängnisverhütung, die mit einem entsprechenden Erziehungs-
niveau einhergeht; und vorzugsweise die Zugehörigkeit zur
höheren Gesellschaft, die sich von den Vorurteilen des Klein-
bürgertums einigermaßen losgelöst hat und wo gewisse sexuelle Freiheiten, wie die emanzipierten Ehefrauen sie sich herausnehmen, nicht unbedingt die Verbannung nach sich ziehen.
Doch diese Unabhängigkeit zu erlangen, ist nicht alles: man
muß sie auch ertragen können, d. h. im Stand der freien Frau
Stabilität und Glück finden. Eben hierin liegt die Schwierigkeit
für die Wegbereiterinnen, die weiterhin den Vorurteilen der
Anderen, insbesondere der Männer unterworfen bleiben, mehr
aber noch den eigenen inneren Bestrebungen nach einem tradi-
tionelleren weiblichen Stand. Genau diese Ambivalenz, dieses
Schwanken zwischen Emanzipation und Rückkehr zum
ursprünglichen Modell, zwischen Voyeurismus und Moralismus beschreibt *La Garçonne*.

Monique, eine moderne junge Erbin, wird von einer »befreiten«
Epoche beeinflußt, die dazu neigt, die traditionellen Zeichen
der Weiblichkeit abzuwerten: »Du mußt dich darein fügen,
Mama. Seit dem Krieg sind wir alle mehr oder weniger ›Garçonne‹ geworden!« Sie verliert ihre Illusionen vollends, als sie
die Untreue ihres Verlobten und den Zynismus ihrer Eltern
erkennt, die in dieser Heirat ein Mittel des Aufstiegs sehen –
eine doppelte Enttäuschung, die sie veranlaßt, eine freie Frau
zu werden. Sie verläßt ihre Familie, eröffnet ein Dekorationsge-
schäft, verkehrt in Theaterkreisen, legt sich mit dem Zynismus
eines Mannes eine Mätresse und dann Liebhaber zu, nur zu
ihrem Vergnügen, und befreit sich von der weiblichen Passivität, indem sie auf ihre Weise die Empfängnisverhütung praktiziert. So ist sie aufgrund der materiellen und moralischen
Unabhängigkeit in ihren eigenen Augen eine »Garçonne«, für
die anderen eine »garce«, ein Luder, geworden. Doch diese
Situation befriedigt sie nicht: sie wünscht sich ein Kind, das

den Kompromiß zwischen der Moderne der Junggesellin und dem Traditionalismus der Mutter, zwischen der ehelichen Unabhängigkeit und der mütterlichen Bindung verwirklichen würde.

Mit ihrem mondänen und einsamen Leben unzufrieden, verfällt sie der Seichtigkeit, den Orgien und dem Opium. Da begegnet sie einem Schriftsteller, der sie aus ihrer Verkommenheit und dem Ekel vor sich selbst herausreißt. Ihre Idylle wird lediglich durch die Eifersucht des Geliebten getrübt, der, obwohl weitherzig, immer an ihre Vergangenheit als »Garçonne« denken muß, die sie doch dank seiner Hilfe überwunden zu haben meint. Das Problem besteht im übrigen nicht so sehr darin, daß sie vor ihm die Liebe gekannt hat, sondern darin, daß sie diese außerhalb der festgefügten Ordnung der Frauenstände gekannt hat, wo die außereheliche Sexualität nur Ausschweifung oder Prostitution bedeuten kann. »Eine Witwe und eine Geschiedene haben gewöhnlich ihre Bestimmung erfahren. Sie sind weniger verantwortlich als du für die deine. Sie haben nur dem Gesetz Folge geleistet« (worauf sie erwidert: »Hatte ich nicht recht, als ich dir sagte, du seist ein Höhlenmensch?«). Entnervt von seiner Eifersucht, die sie schließlich von der Welt absondert, verläßt sie ihn für einen anderen, fortschrittlicheren Schriftsteller: sie heiraten und werden wahrscheinlich viele Kinder haben. Ende gut, alles gut – und die Moral ist gerettet: Einen Augenblick lang vom Stand der freien Frau verlockt, kehrt die »Garçonne« am Ende zur Ordnung der Frauenstände zurück.

Diese Figur der »Garçonne« hatte dreißig Jahre vorher einen literarischen Vorläufer in einem Roman, der die überaus freien Sitten bestimmter junger Mädchen in dem Lebensabschnitt schilderte, in dem sie sehr geschickt mit dem Erhalt ihrer Jungfräulichkeit erwählbarer Mädchen umgehen. Wir befinden uns noch immer in der vornehmen Pariser Gesellschaft, in Begleitung der *Halbjungfern* von Marcel Prévost (1894), diesen »keu-

schen Schmeichelkatzen«, die sich zwar noch nicht hingegeben
haben, aber von ihren Verehrern die intimsten Zärtlichkeiten
gewohnt sind, und die ein lebenskluger Mann erkennt an
»jenem heißen Feuer im Blick und dem eigentümlichen
Besiegtsein in der Haltung, wodurch die Mädchen sich verraten, welche einmal unter den Liebkosungen des Mannes die
Besinnung verloren haben«. Ein Beobachter, durch den offensichtlich Prévost selbst spricht, sieht darin die Folge dessen,
was er die »beiden Kräche« nennt, nämlich »den Krach der
Keuschheit«, der daher rührt, daß die Mädchen nicht mehr im
Kloster erzogen werden, und »den Krach der Mitgift«, denn diese wird immer geringer: »Nie sind die jungen Mädchen so
abhängig vom Mann gewesen wie gerade jetzt, und da sie nur
ein Mittel haben, um ihn zu fesseln – die Liebe –, so lassen die
Mütter sie so früh wie möglich die Liebe kennenlernen. (...)
Und heutzutage ist es der Mann, dem das Ehebett Überra-
schungen bereitet.« Prévost greift das Thema 1925 in *Vampir
Weib* erneut auf, wo sich Frauen und nicht mehr junge Mädchen in Sachen Galanterie wie Männer verhalten: Junggesellinnen, Witwen, getrennt lebende oder geschiedene Frauen, vier
Vierzigerinnen der Nachkriegszeit, bekannt für ihre sexuelle
Freiheit, vernarren sich in junge Männer – und verbrennen sich
die Finger, weil sie »dem Mann sein Privileg streitig machen, zu
wählen, in der Liebe die Offensive zu ergreifen«.
Diese Krise der Frauenstände, die sich mit den »Halbjungfern«
ankündigte und nach dem Ersten Weltkrieg durch die »Garçonne« verkörpert wurde, zeichnet sich zum Beispiel in *Therese*
von Arthur Schnitzler (1928) ab, wo ein junges Mädchen aus
gutem Hause dazu gezwungen ist, sich als Erzieherin durchzu-
schlagen, mit mehreren Liebhabern die Liebe kennenlernt, von
denen der eine sie verläßt, als sie schwanger ist. Als ledige Mutter muß sie ihr Kind in Pflege geben und kann sich des Schuldgefühls nicht erwehren, seinen Tod gewollt zu haben. Am Ende
wird sie von ihrem eigenen Sohn ermordet, ohne ihr »Frauen-

369

schicksal erfüllt« zu haben, nachdem sie eine Anstellung nach der anderen angetreten hat, in einem einsamen und prekären Dasein, ohne daß es ihr gelingt, ihren Platz zu finden, weder in einer Familie noch in der Ordnung der Frauenstände, in die sie sich nicht einzufügen vermag: weder als Ehefrau noch als Geliebte oder Konkubine eines Mannes, der sie beschützte, noch als Dritte, da sie nicht einmal mehr das Privileg oder den Trost der Tugend besitzt. Und ebensowenig hat sie den Trost des Lasters, da es ihr nicht gelingt, wirklich ein leichtlebiges Mädchen zu werden, eine ausschweifende Frau, die sich als solche akzeptiert. Dieser Zerfall setzt sich in anderen Romanen fort, entweder mit Heldinnen, die ihre Emanzipation schlecht verkraften (wie *Die jungen Mädchen* von Henry de Montherlant, 1936, die sich dem geliebten Mann hingeben, ohne die erwartete Liebe oder Ehe zu erhalten), oder mit seltsamen Sprüngen zwischen der traditionellen Welt, in der das Mädchen aufgrund der sexuellen Kompromittierung verloren wäre, und der modernen Welt, in der sie sich im Stand einer freien Frau wieder erholt. In *Ich möchte nicht noch einmal jung sein* von Daphne du Maurier (1932) ist ein junges Mädchen aus der Pariser Boheme der zwanziger Jahre mit einem angehenden Schriftsteller zusammengezogen, der sich weigert, sie zu heiraten, weil er die Ehe für altmodisch hält. Im Laufe des Romans wechselt sie nicht nur den Status, sondern auch die moralische Ordnung, indem sie vom früheren Stand des gefallenen Mädchens in den modernen Stand der freien Frau übergeht, die es ablehnt, sitzengelassen zu werden, selbständig wird und ihn schließlich für einen anderen Mann und einen unabhängigen Status verläßt – jenen Status, in den er sie eingeweiht hat und dessen sie sich bemächtigt, um ihn gegen ihn zu wenden. Denselben Sprung vom gefallenen Mädchen zur freien Frau beschreibt 1969 der Roman *Die Geliebte des französischen Leutnants* von John Fowles, der Ende des letzten Jahrhunderts spielt: Die junge Sarah, die sich doppelt kompromittiert hat – zuerst mit einem Leutnant auf der Durchreise, dessentwegen sie ihren Ruf einbüßte, und dann mit einem verliebten Mann, der sie zu seiner Mätresse macht und es nicht schafft, sie zu heiraten –, verschwindet und taucht als unabhängige Frau wieder auf, als ledige Mutter, die in einem Künstlermilieu lebt, frei – auch frei, sich ihm zu verweigern. Nach einem für den traditionellen Roman typischen Anfang entgeht die Heldin *in extremis* einer glänzenden Heirat, dem klassischen Ende eines Trivialromans, nur um in die Moderne einer Künstlergemeinschaft zu springen, wo sie ihr Kind großzieht, als unabhängige Frau – die jedoch endgültig dem Mann entgleitet.

Diese moderne Konstellation, wo die Unabhängigkeit kein Synonym für Entsexualisierung mehr ist und wo die Sexualität keine ökonomische Abhängigkeit oder Verstoßung mehr beinhaltet, stellt den letzten Moment der Krise der Frauenstände dar: den letzten insofern, als er die Krise dem Höhepunkt zutreibt und die traditionelle Ordnung sprengt.

Siebter Teil
Die ungebundene Frau

Ich wurde in einer Zeit geboren,
wo die Emanzipation in der Luft lag.

René Boylesve, *Madeleine jeune femme*

Auf der Suche nach der verlorenen Identität

Es gibt eine bedeutende Wende in den Modalitäten der weiblichen Abhängigkeit, die mit verschiedenen Faktoren zusammenhängt: ökonomische Umwälzungen infolge der industriellen Revolution, Veränderung der Erbschaftsregeln, Zugang der Mädchen zum Erziehungssystem, allmähliche Durchsetzung der feministischen Forderungen, Zerfall der religiösen Normen.[1] Der Roman bemächtigt sich dieser Faktoren, um sie imaginär zu verarbeiten, womit er nicht nur von dieser Entwicklung zeugt, sondern ihr auch ihre fiktionalen Anhaltspunkte gibt: so der Roman von Victor Margueritte, der dazu beiträgt, die Figur der »Garçonne«, die zum Symbol der emanzipierten Frau geworden ist, kollektiv zu verankern.

Dieser Umschwung, der um die Jahrhundertwende eingesetzt hatte, kam zwischen dem Ersten und dem Zweiten Weltkrieg erst recht zum Tragen. In diesen beiden Generationen wird, zumindest auf fiktionaler Ebene, die Figur der unabhängigen oder emanzipierten Frau erfunden, die »freie Frau«.[2] Freilich hat dieser Terminus eine zu einseitig positive, ja militante Konnotation, als daß er die grundlegende Ambivalenz ausdrücken könnte, die diesen Romanfiguren innewohnt, die in der begeisterten Entdeckung der Befreiung und zugleich in der bitteren Feststellung des damit einhergehenden Verzichts dargestellt werden. Daher ziehen wir es vor, von der »ungebundenen Frau« zu sprechen, ein Terminus, der die Ambivalenz eines Status berücksichtigt, in dem sie hin und her gerissen ist zwischen dem unleugbaren Glück, das die Abwesenheit von Fesseln bedeutet, und dem kaum einzugestehenden Unglück der Bindungslosigkeit. Denn die traditionelle Frau und die moderne Frau, die Viktorianerin und die Befreite, die Gebundene und die Ungebundene stehen einander entgegen wie die beiden Formen der Verzweiflung gemäß Kierkegaard: »Für das Selbst sind Möglichkeit und Notwendigkeit gleich wesentlich. (...) Ein Selbst, das keine Möglichkeit hat, ist verzweifelt, und ebenso ein Selbst, das keine Notwendigkeit hat.« Die Verzweiflung aus fehlender Möglichkeit ist die der durch ihre Familienbindungen gefesselten Frauen; die Verzweiflung aus fehlender Notwendigkeit ist die der durch den Mangel an Bindungen desorientierten Frauen: »Die Möglichkeit erscheint so dem Selbst größer und größer, mehr und mehr wird es möglich, weil nichts wirklich wird. Schließlich ist es so, als wäre alles möglich, gerade das aber tritt nicht ein, wenn der Abgrund das Selbst verschlungen hat.«[3]

»Ungebunden« ist die moderne oder emanzipierte Frau aufgrund dieser Bindungslosigkeit, dieser Entkoppelung von ökonomischer Abhängigkeit und Sexualleben, die die Ordnung der Frauenstände zersetzt, womit sie den Zugang zur Selbständigkeit ermöglicht, jedoch ohne das Opfer der Sexualität, das die Dritte bringen mußte[4], oder den Zugang zur Sexualität erlaubt, jedoch ohne sich dem Mann zu unterwerfen – was das Los der Ersten war – und ohne aus dem Kreis der legitimen Geselligkeit ausgeschlossen zu werden – was das Los der Zweiten war. Die ungebundene Frau kann sexuelle Erfüllung, ökonomische und juristische Unabhängigkeit und moralische Legitimität miteinander in Einklang bringen.

Schreiben und Unabhängigkeit

Vor dieser Wende weist die Welt des Romans zwar einige Vorformen der emanzipierten Frau auf, doch kommen sie lediglich am Rande vor: Dritte oder Mädchen auf dem Weg der sexuellen

Befreiung, Zweite auf dem Weg der Legitimierung, Erste auf dem Weg der Selbständigkeit gelangen lediglich in die Nähe dieser Emanzipation oder wechseln in einen anderen weiblichen Stand. Immerhin bietet der Platz der Ersten die Möglichkeit einer Emanzipation, die sich durch die Zurschaustellung eines geistigen und intellektuellen Lebens dem Status der modernen Frau nähert. Es sind die geheimen Ratgeberinnen der aristokratischen und bürgerlichen Elite, jene Frauen von Welt, die einen Salon führen und denen es gelingt, sich eine eigene Position und eine eigene Identität zu schaffen, die im wesentlichen von ihren persönlichen Qualitäten abhängen und sich eventuell mit einem außerehelichen Gefühls- und Sexualleben vereinbaren lassen. Madame de Bargeton in *Verlorene Illusionen* von Balzac (1837–1843), Madame de Chasteller in *Lucien Leuwen* von Stendhal (1836–1894), Michèle de Burne in *Unser Herz* von Maupassant, Madame Verdurin bei Proust: es fehlt dem Roman nicht an Beispielen, die sich an historische Vorbilder anlehnen.[5]

Aus dieser passiven Position einer Ratgeberin kann die Frau in die aktive Position einer Schrifstellerin überwechseln, mit der wirklich die Vorform der ungebundenen Frau in Erscheinung tritt.[6] Madame de Staël hatte in *Corinne* die erste große Figur einer Autorin vorgestellt, eine heroische Jungfrau, der die poetische Berufung das schmerzliche Opfer ihres Liebeslebens eingetragen hatte. Claudine Hermann zufolge (1979) hat Madame de Staël »lediglich das Schicksal einer talentierten Frau aufzeigen wollen: je talentierter sie ist, desto größeren Schrecken flößt sie ein«. Ein solcher Kommentar, der die vom Roman vorgenommene Mischung aus Idealisierung und Anprangerung verstärkt, macht ein von »den Männern« oder »der Gesellschaft« verkörpertes widriges Schicksal verantwortlich für die innere Ambivalenz, die die weibliche Vorstellung der Erfüllung durchzieht und spaltet. Man erkennt hier die Grenzen einer ideologischen Perspektive, die den Blick trübt für das, was zuta-

ge tritt, sobald man sich von den Werturteilen freimacht: nämlich daß dieser Roman die Vorstellung ausdrückt, die eine talentierte Frau sich zur Zeit von Madame de Staël von sich selbst
machen kann – eine Vorstellung, die auf eine bis zur Karikatur
idealisierte Heldin und einen bis zur Tragödie geschwärzten
Kontext projiziert wird; und eine Vorstellung, die darin besteht,
daß sie über ihr eigenes Streben nach Talent erschrickt, da es von
ihr und eventuell auch von anderen als ein Hindernis für ihre
Attraktivität, sogar für ihre Identität als Frau erlebt wird. Diesem
Verzicht der Intellektuellen auf die Weiblichkeit entspricht der
Verzicht der Frau auf die intellektuelle Karriere, den Mademoiselle Ulliac-Tremadeure in *Émilie ou la Jeune Fille auteur* (1837)
rühmt: sie rät davon ab, eine literarische Karriere einzuschlagen,
da sie für eine Frau »die furchterregendste« sei.

Diese Unvereinbarkeit zwischen Schriftstelleridentität und
Weiblichkeit, die zwangsläufig mit dem Verzicht auf letztere
(Corinne) oder auf erstere (Émilie) endet, verurteilt jede schreibende Frau entweder zur Unscheinbarkeit oder zur Einsamkeit.
George Sand sagt es in *Lélia* (1833), wo die begabte und unab-
hängige Schriftstellerin sich weigert, ihre Verbindung zu dem
Dichter Stenio zu legalisieren. In *Sie und er* (1859) greift Sand
dieses Thema der Unmöglichkeit, eine solche Emanzipation zu
»realisieren«, erneut auf, mit der Figur einer unabhängigen, auf
dem Altar der Liebe geopferten Künstlerin, die allein mit ihrem
Sohn zurückbleibt, für den sie sowohl ihre Kunst als auch ihre
Liebe hingegeben hat.

Stendhal wies schon 1822 in *Über die Liebe* darauf hin: »Ich bin
dafür, daß eine Frau nur nachgelassene Werke schreiben soll,
nach ihrem Tode zu veröffentlichen, wie Frau von Staël de Lau-
nay. Drucken lassen bedeutet für eine Frau unter fünfzig Jahren, ihr Glück in die schrecklichste Lotterie setzen. Ist sie so
glücklich, einen Geliebten zu besitzen, so wird sie zunächst diesen verlieren.« Balzac veranschaulicht diese unmögliche Verbindung von Unabhängigkeit durch das Schreiben und Erfül-

378

lung in der Liebe in *Beatrix* mit der Figur der Camille Maupin, die auf ein existentielles, d. h. mit ihrer Identität untrennbar verbundenes Hindernis stößt, nachdem sie der Feindseligkeit ihrer Zeitgenossen die Stirn bieten mußte, in deren Augen sie eine unannehmbare Überschreitung der traditionellen Moral verkörpert. Indem sich die junge Félicité nicht nur vom Wunsch nach Mutterschaft, sondern auch von der Passivität in der Liebe, dem herkömmlichen Attribut der Weiblichkeit, befreite, hatte sie die ihr zugestandene Identität abgelegt, um sich selbst zu verwirklichen, indem sie wie ein Mann handelt und liebt. Und das Mittel für diese Umgestaltung des Selbst durch Aneignung der männlichen Privilegien war das Schreiben. Freilich schildert Balzac die Verwandlung der Félicité des Touches in Camille Maupin nur in sehr knapper Form. Was den Romancier an dieser so atypischen Figur interessiert, ist nicht der großartige Aufstieg einer Frau zum Erfolg, den jeder Schriftsteller sich wünscht, oder jene Mischung aus Liebe, Ruhm und Glück, den Corinne erstrebte, sondern vielmehr ihr trostloser Verzicht auf Liebe, Ruhm und Glück, der in allen Einzelheiten beschrieben wird anhand der düsteren Geschichte der Niederlage einer immer reizloser werdenden Schriftstellerin gegenüber einer Nebenbuhlerin. Nachdem der Romancier seine Heldin also mit dieser größten Erfüllung des männlichen Geschlechts, d. h. der mit Hilfe ihrer schriftstellerischen Begabung errungenen Unabhängigkeit ausgestattet hat, raubt er ihr die Erfüllung des weiblichen Geschlechts, d. h. ein Liebesleben. An dieser emanzipierten Frau interessiert Balzac nicht, daß es ihr gelingt, eine bewunderte Schriftstellerin zu werden, sondern daß sie dort scheitert, wo sie Frau ist.

In der Fiktion ist Camilles Nebenbuhlerin, Beatrix, eine Frau, die weniger frei, d. h. weiblicher ist als sie. In Wirklichkeit bezieht Balzac seine Romanfigur ausdrücklich auf eine Frau, die ebenfalls Schriftstellerin ist und sich von vielen Konventionen befreit hat, nämlich auf George Sand (»Calyste las *Indiana,* das erste Werk der berühmten Nebenbuhlerin von Camille«), sowie auf Madame de Staël. Von Germaine de Staël bis George Sand, Colette, Virginia Woolf oder Simone de Beauvoir sind die Schriftstellerinnen in doppelter Weise emblematisch für die freie Frau in der modernen Zeit. Sie geben sich nicht damit zufrieden, ihren Lebensunterhalt selbst zu verdienen, ohne von einem Mann abzuhängen, sondern gestalten durch das Schreiben dauerhafte und eingängige Darstellungen dessen, was sie sind oder sein wollen – womit sie ihre Identität als Schriftstellerin öffentlich bekräftigen. Unter allen Arten, Unabhängigkeit zu erringen, ohne auf ein Liebesleben verzichten zu müssen, ist das Schreiben ein bevorzugtes Mittel, das es nicht nur ermöglicht zu leben, sondern auch den Stand einer ungebundenen Frau zu *repräsentieren* – im doppelten Sinn der imaginären Repräsentanz und der politischen Repräsentation.

Die eindrucksvollste Verkörperung dieses Standes ist Colette: zum einen weil sie, mehrere Generationen nach de Staël und Sand, die sexuelle Befreiung der modernen Frau in ihrem Leben sowie in ihren Romanen zur Schau tragen kann (wobei die homosexuelle Dimension im literarischen Leben auch durch Renée Vivien oder Natalie Clifford-Barney vertreten ist) und zum anderen aufgrund ihrer literarischen Produktion, die sie zu einer authentischen Schriftstellerin macht – im Unterschied beispielsweise zu einer Sibilla Aleramo, deren erster autobiographischer Roman *Una donna* (1906) bei seinem Erscheinen als feministisches Manifest fungierte. Vor allem aber hat Colette es verstanden, die Nähe zwischen Wirklichkeit und Fiktion sichtbar zu machen. Als Autorin erschafft sie sich nämlich – insbesondere mit *Tagesanbruch* (1926) – als Heldin einer halb realen, halb fiktiven Erzählung, so daß sich ihr ganzes Werk »am Rand der Autobiographie, zwischen Autobiographie und Fiktion (…) in einem autofiktionalen Raum bewegt«.[7] Sogar ihr Name ist, wie bei allen großen Schriftstellerinnen, bezeichnend für diese Verflechtung von Biographie und Roman: Nach der Trennung

von ihrem Ehemann Willy veröffentlicht sie unter dem Nachnamen Colette, der wie der weibliche Vorname eines jungen
Mädchens klingt und den sie als Pseudonym verwendet, nachdem sie den Namen einer verheirateten Frau abgelegt hat, als
kondensierte öffentliche Identität der Schriftstellerin, wie ein
Manifest, in falscher Verbundenheit eines Taufnamens, der keiner ist, mit der falschen Weiblichkeit eines weiblichen Vornamens, der der Name des Vaters, und einem Pseudo-Pseudonym,
das der wirkliche Nachname ist. Hier findet die komplexe Operation der nominalen (Neu)Erschaffung gegenüber einer komplexen Operation der (Neu)Erschaffung einer Identität durch
die literarische Arbeit statt, in der man das Echo der widersprüchlichen Abstammung der Gabrielle Sidonie Colette wiederfindet, zwischen einem Vater, der sich als Schriftsteller ausgibt, aber nicht schreibt, und einer Mutter, die keine Schriftstellerin ist, aber sehr gut schreibt.

Diese Frage des Namens ist nicht nur bei Colette zentral. Unabhängig von den Unterschieden im literarischen Ausdruck der
ökonomischen Unabhängigkeit und der sexuellen Emanzipation haben die meisten dieser realen Schriftstellerinnen eine
Gemeinsamkeit mit Camille Maupin: das Pseudonym. Jeder
Schriftsteller muß »sich einen Namen machen«, d. h. seinen
Namen so weit wie möglich bekannt machen – und sich bisweilen sogar »einen Vornamen machen«, wenn der Vater schon
berühmt ist. Was aber heißt für eine Frau »sich einen Namen
machen«, wenn der Name, den sie trägt, entweder der (vorläufi-
ge) Name des Vaters oder der des Ehemanns ist – und erst recht,
wenn sie geschieden ist? Die Unabhängigkeit durch das Schreiben verlangt daher, daß man sich ein literarisches Pseudonym
zulegt, das anzeigt, daß das Subjekt, bevor es sich durch die
Zugehörigkeit zu einer – väterlichen oder ehelichen – Sippe
definiert, zuallererst in der Ausübung seiner Tätigkeit als
Schriftsteller existiert, die sich in einem frei gewählten Namen
kundtut. Daß Schriftstellerinnen häufig männliche Pseudony-

me wählen, rührt daher, daß sie die traditionelle Stigmatisierung vermeiden wollen[8]: während der männliche Schriftsteller es nicht nötig hat, seine Identität zu wechseln, um sein Recht auf Anerkennung zu bekräftigen, verspürt die Schriftstellerin die Notwendigkeit, nicht nur zu verbergen, wer sie ist, sondern sogar die Tatsache, daß sie eine Frau ist. Die Verwendung eines zumeist männlichen oder zumindest zweideutigen Pseudonyms ist bei Schriftstellerinnen bis zum Anbruch der Moderne nahezu konstant – von Austen bis Brontë und Eliot, von Sand bis Colette oder Aleramo.

Paradigmatisch für die Schriftstellerin, verkörpert Colette eine Befreiung durch das Schreiben, die nicht mit dem Verzicht auf die Liebe bezahlt werden muß, sowie eine sexuelle Befreiung, die nicht mit Verbannung bestraft wird. Darin unterscheidet sie sich von den Romanheldinnen, die lediglich stigmatisierte und entsagende Autorinnen darstellten, letztlich unfähig, sowohl ihre Identität als Schriftstellerin als auch ihre Sexualität voll und ganz auf sich zu nehmen. Mit dieser Figur der durch das Schreiben befreiten Frau vollzieht sich die Veränderung, die es der ungebundenen Frau, wie sie im 20. Jahrhundert im Roman auftaucht, ermöglicht, sich in all ihren Dimensionen zu behaupten. Und in diesem doppelten, historischen wie romanhaften, Übergang von der Antizipation zur Verwirklichung der autonomen und geschlechtlichen modernen Frau zeigt sich wirklich der Bruch mit den Fiktionen des 19. Jahrhunderts.[9]

Zu erwähnen bleibt noch eine weitere Konstante jenes Übergangs zur Tätigkeit des Schreibens: er findet leichter statt, wenn die Frau allein ist und wenn sie an jener besonderen Einsamkeit leidet, die eine Krise der weiblichen Rollen signalisiert. Verstoßung, Trennung oder Scheidung scheinen die Emanzipation durch das Schreiben zu begünstigen.

Scheidung und Erlösung

Die weibliche Emanzipation weist eine Vielfalt von Aspekten auf, die das Gesetz in vielen Punkten bestätigt.[10] Die Scheidung ist die individuell ausgehandelte juristische Absegnung dieser allgemeinen Veränderung des Gleichgewichts zwischen den Geschlechtern. Sie verbreitet sich genau zu der Zeit, als im Roman die ersten Darstellungen der ungebundenen Frau in Erscheinung treten.[11]

Eine solche Umwälzung der christlichen Moral trifft natürlich auf Widerstände: äußere Widerstände seitens der Verfechter der Familie und der Unauflösbarkeit der Ehe, innere Widerstände seitens der Frauen, die gespalten sind zwischen dem Streben nach Selbständigkeit und der Ehrfurcht vor den Werten, die ihrer Erziehung zugrunde liegen. Schon 1904 schilderte Paul Bourget in *Ehescheidung* das Gewissensdrama der geschiedenen Frau, das nach vielen Prüfungen mit folgendem erbaulichen Satz endet: »Und die Mutter von Lucien und Jean, die sich als Gefangene dieser Scheidung fühlte, verfluchte ein weiteres Mal das verbrecherische Gesetz, dessen Verlockung sie in ihrer weiblichen Schwäche erlegen war, ein Gesetz, welches das Familienleben und das religiöse Leben mordet, ein Gesetz der Anarchie und der Unordnung, das ihr Freiheit und Glück verheißen hatte, und nun fand sie, wie so viele andere, darin nur Knechtschaft und Elend!« Auch *Die Geschichte einer Ehe* von Henry Bordeaux (1908) verficht die Familienmoral gegen die Scheidung (oder das »gesellschaftliche Interesse und den Vorrang der Familie« gegen »die Rechte des Individuums«). Aber es handelt sich weniger um einen Thesenroman zugunsten der christlichen Moral wie bei Bourget, als vielmehr um einen Bildungsroman für Geschiedene. Es ist die Geschichte eines Ehepaars, das sich trennt, statt sich scheiden zu lassen, und erneut zusammenkommt, wobei jeder ein Stück des Weges auf den anderen zugeht, um sich schließlich auf einer solideren Basis wieder zu

vereinen. »Mit geschlossenen Augen«, so daß sie die Realität der
ehelichen Liebe nicht sieht (»Ihre Augen, die sich nach und
nach dem Leben geöffnet hatten, verschloß er mit seinen Lippen«), findet die von der Scheidung bedrohte Frau den Weg zur
Familie zurück.

»Die Scheidung und ihre romanhafte Verheißung ist das heim-
liche Geschenk, das man, unter all den anderen verborgen, in
jedem Brautkorb findet«, schreibt Drieu la Rochelle dreißig
Jahre später in »Un bon mariage« *(Journal d'un homme trompé)*:
ein Ausspruch, den eine Generation später ein von einer Frau
verfaßter Roman illustriert, um die Scheidung zu verherr-
lichen, die hier als Erlösung nach der Prüfung der Ehe erscheint,
in radikalem Gegensatz zu den erbaulichen Fiktionen, die sech-
zig Jahre zuvor von den Vertretern des psychologischen
Romans vorgelegt worden waren. Nachdem Christiane Rochefort mit *Das Ruhekissen* die Zähmung des Mannes behandelt
hatte, befaßt sie sich in ihrem 1963 erschienenen Roman *Mein
Mann hat immer recht* mit der Emanzipation der Frau, so daß dieser Roman gleichsam das symmetrische Gegenstück zu ihrem
fünf Jahre vorher erschienenen ersten Roman bildet; als ob in
dieser kurzen Zeitspanne der individuelle Weg einer Romanschriftstellerin die allgemeine Umwälzung des weiblichen
Daseins zusammenfaßte, das vom Kampf um die Eroberung
des Mannes zum Kampf um die Eroberung des Selbst übergegangen ist. Mehr als um einen Roman über die Befreiung der
Frau – die sowohl in der Geschichte im allgemeinen als auch für
diese Person im besonderen bereits stattgefunden hat – handelt
es sich um einen Roman über das Verlernen der Ehe, der den
tatsächlichen und endgültigen Verzicht auf jenen Teil der
Weiblichkeit verherrlicht, der sich immer noch nach der Stabilität des Ehebundes, nach der traditionellen Ordnung sehnt. Es
ist der Roman, in dem die Frau sich ernsthaft von allem löst,
was sie noch mit der Vergangenheit verband, und damit das
Ende der Ambivalenz betont, die die Ehefrauen zwischen dem

Wunsch nach Zugehörigkeit und dem Streben nach Autonomie schwanken ließ und die auch in der Moderne weiterhin die
ungebundene Frau spaltet. Die letzten Worte dieses Romans
über die Desillusionierung der Ehe und über die Schulung zur
Scheidung zeigen die einsame und durch diese frei gewählte
und ersehnte Einsamkeit wieder sie selbst gewordene Heldin:
»Endlich. Allein.«
Dieser Vision der Scheidung als Erlösung fehlt natürlich der
Bericht dessen, was danach geschieht, wenn der Stand der
Geschiedenen zum Augenblick der verlorenen Identität wird,
die es zu erobern oder zurückzuerobern gilt – eine Unschlüssigkeit, die sich auch hier mit dem Namen kundtut, da der Mädchenname, den die Geschiedene wieder annimmt, mit dem
Namen der verheirateten Frau verbunden wird, denn ihm geht
nicht mehr das Wort »Fräulein« voraus, das die Ledigen
bezeichnet, sondern das Wort »Frau«, das auf die Irreversibilität der Tatsache einer einmal geschlossenen Ehe hinweist. Weil
der Stand der Geschiedenen ein Mischzustand ist, der sich
grundlegend von dem der Ehelosigkeit und der Zugehörigkeit
zur geschlechtlichen Welt unterscheidet, birgt er ein Elend, das
zu dem Gefühl des Scheiterns, das eine verfehlte Ehe weckt,
hinzukommt. Eben dies beschreibt *Wie Wind in den Straßen* von
Rosamond Lehmann (1936), wo Olivia Curtis, die von ihrem
Mann getrennt lebt, an einer identitären Unsicherheit leidet,
die zum Ausbruch kommt, als sie mit der Vergangenheit, einem
»Gesicht von einst«, konfrontiert wird. Denn als sie einen
inzwischen verheirateten Jugendfreund wiedersieht, mit dem
sie ein heimliches Verhältnis beginnt, macht sie die schmerzliche Erfahrung einer undefinierbaren Situation: zwischen der
materiellen Unabhängigkeit der ungebundenen Frau, der affektiven Abhängigkeit der Geliebten und den verheerenden Auswirkungen des Komplexes der Zweiten. Da sie einen bescheidenen Beruf ausübt, der es ihr ermöglicht, einigermaßen unabhängig zu sein, ist sie in der traditionellen Ordnung der Frauen-

stände nicht ganz eine Zweite, wie es zur gleichen Zeit die Heldin aus *Back Street* war. Aber ihre Schwierigkeit, die zwiespältige eheliche Situation sowie sich selbst, materiell wie moralisch, zu akzeptieren, bringt sie in eine Position der Unterlegenheit, die ihr weder die Selbstbehauptung noch die Selbstachtung einer unabhängigen Frau beschert, sondern nur die erniedrigenden Gefühle einer Zweiten, deren Heimlichkeit – bestehend aus Unsichtbarkeit, Unsicherheit und Ausschluß – sie kennenlernt: »Ich wußte immer, daß so etwas geschehen würde; es ist die Strafe. Ich habe es vorausgesehen – ein Unfall, seine Verwandten um sein Krankenlager und ich außerhalb.« Diese Zerrissenheit gerät in eine kritische Phase, als sie mit der abwesenden Anwesenheit der Ersten konfrontiert wird, nämlich als ihr Geliebter sie in Abwesenheit seiner Frau in seine Wohnung mitnimmt und sie deren Schlafzimmer und Bad betritt: da bricht der Komplex der Zweiten mit verheerender Gewalt aus. Sie versucht es mit der Resignation (»Die Andere darf keine zu großen Ansprüche stellen«), doch als sie erfährt, daß die Frau ihres Geliebten schwanger ist, kurz nachdem sie selbst in der Einsamkeit hat abtreiben müssen, bricht sie mit ihm. Und der Roman endet damit, daß diese junge Frau der dreißiger Jahre sich mit der Einsamkeit und dem Elend abfindet – an der Grenze zwischen der alten Ordnung der Frauenstände, in der sie eine typische Zweite gewesen wäre, und der neuen Ordnung der ungebundenen Frau, in die sie sich nicht wirklich zu integrieren vermag. Diese identitäre Unschlüssigkeit äußert sich im wechselnden Gebrauch der dritten und der ersten Person sowie in der Verdopplung der Erwiderungen der Heldin, die durch einen inneren Monolog ergänzt werden – ein Charakteristikum jener »Romanschriftstellerinnen der Innerlichkeit« im England zwischen den beiden Weltkriegen, die wie die Heldin von *Wie Wind in den Straßen* sagen könnten: »Alles hängt doch vom Betrachter ab. Wir wissen nicht, wie wir aussehen. Wir sind nicht einfach wir – wir sind nur ein winziger Kern, und der Rest ist eine komplizierte Masse unbekannter Größen – je nachdem, wer uns betrachtet.«

Dieses identitäre Elend wird auch von Männern empfunden, die mit geschiedenen Frauen konfrontiert sind. In *Les Flammes de l'été* (1956) erzählt Jules Roy die Geschichte einer Begegnung zwischen einem Junggesellen und einer Geschiedenen, die beide desorientiert sind: er durch den Krieg, sie durch ihren zwiespältigen Status (»Ich meinte, ich sei eine freie Frau, aber das stimmt nicht. Ich bin eine alleinstehende Frau, sicherlich durch meine Schuld«). Aufgrund ihrer Unabhängigkeit gibt sie ihm das Gefühl, als sei sie ständig im Begriff, ihm zu entgleiten. Wenn man sie fragt, »Wessen Frau sind Sie?«, antwortet sie: »Niemandes« – und das erschüttert ihn wie ein Verrat. Eifersüchtig und beunruhigt verdirbt er mit seiner Leidensmiene die Augenblicke, die glücklich hätten sein können, und aus lauter Furcht, daß sie ihn verläßt, wird er am Ende unausstehlich. Nun entzieht sie sich dem Plan eines gemeinsamen Lebens, überläßt ihn seiner Einsamkeit und kehrt zu der ihrigen zurück. Es ist das »Anna Karenina-Syndrom« – sich den Geliebten entfremden, indem man sich einredet, man werde nicht wirklich geliebt; eine Beziehung beenden, weil man fürchtet, sie könne enden –, hier jedoch von der Frau auf den Mann verschoben, durch eine Vertauschung der Plätze, bei der diesmal die Frau frei ist und sich nicht binden will.

Diese Desorientierung der Identität infolge der Scheidung ist auch, diesmal aus der Sicht einer Frau, das Thema von *Die Wahrheit über Lorin Jones* von Alison Lurie (1988), wo eine geschiedene Frau versucht, die Biographie einer anderen Frau zu rekonstruieren, einer früh gestorbenen Künstlerin, die ebenfalls ihre Ehe aufgelöst hatte. Auf der Suche nach ihrer eigenen Identität schwankt sie zwischen zwei gleichermaßen abscheulichen Lösungen: entweder ein neues Sexualleben beginnen, jedoch ohne Männer, indem sie den Avancen einer lesbischen Freundin nachgibt und sich damit den modernen Feministinnen anschließt, die in ihrer radikalen Ablehnung des Patriarchats die Homosexualität befürworten; oder den Kontakt zu den Männern beibehalten, jedoch ohne sexuellen Verkehr, und eine »superwoman« werden, die um so erfolgreicher ist, als sie mit der weiblichen Passivität in der Liebe, mit der Hingabe an das andere Geschlecht gebrochen hat. Angesichts einer Alternative, die sowohl die Forscherin als auch die Erforschte zur Unaufrichtigkeit verurteilen würde, flüchtet sich die Autorin des Romans, durch die ihr aufgezwungene unmögliche Wahl gleichsam gelähmt, in die Romanze, indem sie, nach einem wohlbekannten Verfahren, mit unwahrscheinlichen Koinzidenzen, unerwarteten Umkehrungen und Auflösungen arbeitet, die zu schön sind, um wahr zu sein: Alison Lurie treibt ihre Heldin dem ehemaligen Geliebten der Verschwundenen in die Arme, so daß der identitäre Alptraum mit einem schönen Liebestraum enden kann.

Obwohl diese Romane der geschiedenen oder getrennt lebenden Frau der Definition nach verwirrende Situationen vor Augen führen, ist ihnen die Entschiedenheit ihrer Auflösungen gemeinsam: Strafe oder Belohnung, Rückkehr zur Einsamkeit oder Flucht in die Romanze. Alles geht so vor sich, als müßte die romanhafte Lösung auf fiktionaler Ebene eine dem Wesen nach ambivalente, schwebende, inkohärente Situation kohärent machen. Diese Labilität, diese für den Stand der ungebundenen Frau charakteristische Instabilität findet man freilich auch in anderen Romanen, die sich bemühen, die eigentümliche Unentschlossenheit dieser letzten Krise der Frauenstände auf fiktionaler Ebene beizubehalten.

Freiheit und Umherirren

In der traditionellen Konstellation der Frauenrollen werden die Romanpersonen mit einer sowohl strukturierenden wie zwingenden Ordnung konfrontiert. Dagegen müssen die Romanfi-

guren der Moderne der scheinbar weniger harten, aber zutiefst
verstörenden Prüfung ins Auge sehen, die im Verschwinden der
Anhaltspunkte, der Regeln, des Gesetzes besteht: einer Verein-
samung, die für unser 20. Jahrhundert konstitutiv ist, denn sie
betrifft, auf der Ebene der Sexualmoral und der Familienstruk-
turen, sowohl die Frauen im Bereiche der Emanzipation als
auch, auf der Ebene der Erziehung, die Kinder im Bereich der
Permissivität oder, auf künstlerischer Ebene, die Schöpfer im
Bereich der Singularität.

Für die ungebundene Frau geht es nicht mehr nur um den
Zusammenprall zwischen einer inneren Welt, Synonym für
Authentizität, und einer äußeren (oder »sozialen«) Welt, Synonym für Entfremdung, mit der Aussicht des Siegs der Ersten
über die Zweite oder, traditioneller, der notwendigen Abdan-
kung der einen angesichts der anderen. Der weit verinnerlichte-
re Einsatz ist nun die Erkundung der Positionen, die Hierarchi-
sierung der Wünsche, die Reduzierung der Ambivalenzen, die
notwendige Klärung dessen, was wünschenswert oder ganz einfach annehmbar ist. Der Einsatz wird zum Einvernehmen über
gemeinsame Ziele – und seien sie nur zwei Menschen gemeinsam –, sobald kein allgemeines Gesetz, keine etablierte Ordnung die Bewegung der Affekte mehr lenken. Der Einsatz kann
sogar zur Übereinkunft des Selbst mit dem Selbst werden, darüber, wonach man streben soll: nach Bindung oder nach Freiheit? Ehe oder Unabhängigkeit? Heteronomie oder Autonomie? Die traditionelle Spaltung der verheirateten Frau weitet
sich daher aus, so daß sie die Identität jeder Frau formt, und
öffnet in beträchtlichem Maße den Raum der Möglichkeit, was
sie jedoch in der Unzufriedenheit darüber zurückläßt, eines dieser Ziele nicht erreicht zu haben, auch wenn sie das andere
erreicht hat, ja in der Ungewißheit darüber, was ihr nun wirklich gelungen oder wirklich mißlungen ist. Und bei diesem
Zusammenbruch der Parameter des Glücks geht es nicht nur
um das individuelle Schicksal, sondern auch um die Definition

der Liebe, des ursprünglichen Mittels, das die Verbindung zum Anderen ermöglicht.

Zwar gibt es die Liebe noch immer – doch für wen, in welcher Form, zu welchem Zweck? Wie sich ihrer bemächtigen, wenn man nicht mehr genau weiß, was man mit ihr anfangen soll? Wie sich ein Gut aneignen, das zwar weiterhin lebenswichtig ist, dessen Einflüsse man jedoch nicht mehr kennt? Wie dem Realen einen Wert beimessen, der zwar noch immer idealisiert wird, aber mit anderen verknüpft ist, die nicht mehr gelten? Von dieser tiefen, sowohl die Identität als auch die Beziehungen betreffenden Unbestimmtheit handelt der Roman *Liebende Frauen* von D. H. Lawrence (1921). Geschildert wird das Leben zweier Schwestern, Ursula und Gudrun, moderner junger Frauen, die bei ihren Eltern leben, aber aufgrund ihres beruflichen Status (die eine ist Volksschullehrerin, die andere Künstlerin und Zeichenlehrerin) unabhängig sind – eine Modernität und Unabhängigkeit, auf die sie gerne durch die lebhaften Farben und die Originalität ihrer Kleidung hinweisen. Daher hat die Ehe für sie ihre Selbstverständlichkeit eines normalen Schicksals verloren: weil sie in Widerspruch gerät zu dem Bewußtsein einer Autonomie, einer eigenen Identität, die etwas mehr erfordert als nur die Wahl zwischen der Akzeptierung oder der Ablehnung eines Ehemanns. Sogar der Wunsch danach scheint zu fehlen: »Wenn es erst soweit ist, kommt man überhaupt gar nicht in Versuchung. Ja, wenn ich einmal wirklich in Versuchung käme, ich heiratete ohne Besinnung. Aber versucht ist man immer nur, nicht zu heiraten.«

Unter solchen Voraussetzungen kann ihre doppelte und gleichzeitige Idylle mit zwei jungen Männern kaum mit einer Eheschließung enden, obwohl diese in Anbetracht der guten Stellung der Werbenden einen Aufstieg bedeuten würde. Ursula beginnt damit, Rupert Birkin abzulehnen, weil er zuerst mit ihrem Vater statt mit ihr darüber gesprochen hat; und sie akzeptiert ihn erst, als er mit der Familie bricht und sie sich ihm hingegeben hat, womit sie sich Gewißheit verschafft, daß die Ehe nicht mehr Unterwerfung bedeutet, und die jeweiligen Positionen der beiden Geschlechter in bezug auf die traditionelle Ordnung umkehrt, wo der Mann es ist, der die Frau vor der Zeit zu besitzen sucht. Gudrun dagegen ist sich bewußt, daß eine Vereinigung mit Gerald Crich ihr jene egalitäre »Kameradschaft« verbieten würde, die ihr die einzig annehmbare Voraussetzung in der Ehe zu sein scheint; daher gestattet sie nur ein Verhältnis »auf Probe«, womit sie sich vor der allzu besitzergreifenden und allzu sexuellen Leidenschaft ihres Geliebten schützt, so daß sie ihn sogar verlassen will – was auf tragische Weise mit dem Tod des jungen Mannes endet. In diesem Roman sind Männer und Frauen gleichermaßen ambivalent. Während Gudrun die Ehe fürchtet und gleichzeitig wünscht, wobei sie Gerald auf Distanz hält, beglückwünscht sich dieser paradoxerweise zu diesem Hindernis, das seinen Wünschen entgegensteht: »Begehren ist besser als besitzen, und er fürchtete die Erfüllung ebensosehr, wie es ihn danach verlangte.« Was die Vereinigung zwischen Ursula und Birkin betrifft, so wird sie nur deshalb möglich, weil beide nach der Ehe streben, deren traditionelle Formen sie jedoch überwinden wollen. In der Tat lehnt der junge Mann sehr deutlich die verschmelzende und mütterliche Auffassung der Liebe ab: »Immer dies grauenhafte Verschmelzen zweier Wesen, das jede Frau wollte und die meisten Männer: es war auf alle Weise widerwärtig, ob nun die Geister sich vereinten oder die zueinander drängenden Körper. (...) Konnten sie nicht Individuen bleiben, in ihren eigenen Grenzen? Mußte denn dies schauderhafte Allumfassen sein, diese furchtbare Tyrannei? Warum konnten sie dem anderen Wesen nicht seine Freiheit lassen, sondern mußten danach trachten, es aufzusaugen, mit ihm zu verschmelzen, in ihm unterzugehen?« Das Problem ist, daß Ursula trotz ihrem Streben nach Selbständigkeit diesen Wunsch nach Verschmelzung hegt: »Sie wußte, welcher Art die Liebe und Hingabe war,

die er von ihr wollte, und war keineswegs sicher, ob das die Liebe
war, die sie brauchte. Eine solche Trennung in der Bindung hatte durchaus nichts Überzeugendes für sie. Sie verlangte nach
einer Nähe über alle Worte hinaus, sie wollte ihn ganz und gar
zu eigen haben, in unsäglich inniger Gemeinschaft. Trinken
wollte sie ihn – den Trank des Lebens. Sie schwor sich mit großen Worten zu, sie wollte seine Fußsohlen zwischen ihren Brüsten wärmen, wie es in dem üblen Meredithschen Gedicht
heißt. Aber nur, wenn der Geliebte sie schrankenlos wiederlieb-
te und sich ihr völlig hingab. Und sie war fein genug, zu wissen,
daß er sich ihr nie ganz bis auf den Grund hingeben könnte. Er
glaubte nicht an ein Aufgeben des Ich (...). Sie dagegen glaubte
an die grenzenlose Hingabe in der Liebe (...), daß die Liebe alles
war. Der Mensch mußte sich übergeben und sich bis zur Hefe
von ihr austrinken lassen. Wenn Birkin nichts weiter sein wollte
als ihr Mann, ohne Rückhalt, dann mußte sie ihm dafür die
demütige Sklavin sein – sie mochte wollen oder nicht.«
Dieser doppelte Widerspruch markiert den Übergang zu einer
Moderne, in der sich nichts mehr von selbst versteht, vor allem
nicht die Beziehungen zwischen Mann und Frau. Der Roman
dieses Schwankens, dieser mit vier multiplizierten Unschlüssigkeit zwischen zwingenden oder fluktuierenden Neigungen,
endet mit diesem Schwebezustand, dieser Spannung zwischen
dem brutalen Ende von Gudruns Gefährten und der unklaren
Fortsetzung einer Vereinigung von Ursula und Birkin, von der
man nicht weiß, in welche Zukunft sie weisen, in welche Sackgasse sie führen wird. Zwischen Tradition und Moderne, Sehnsucht nach Liebe und Mißtrauen gegen ihre bekannten Formen
fällt es den freien Frauen sehr schwer, sich zu binden, selbst
wenn ein Teil ihrer selbst es will, sogar wenn ein Mann – der
selbst gespalten ist – es wünscht.
Dieser erbenlose Nachlaß der Liebe macht die Einsamkeit zur
fast normalen Seinsweise der modernen Frau, zur nahezu
unausweichlichen Konsequenz ihrer Freiheit: als ungebunde-

ne Frau ist sie zwangsläufig sowohl ohne Begleitung als auch ohne Fesseln. Diese Einsamkeit ist zwar kein unabänderliches Schicksal, und sie kann viele verschiedene Formen annehmen. Dennoch ist sie zumindest die Grundlage oder der Ausgangspunkt, von wo aus man versuchen kann, Bindungen zu schaffen, und nicht mehr eine anomale Situation, ein versehentlich eingeschlagener Weg oder ein Scheitern. Die Einsamkeit der freien Frau ist eine strukturelle Daseinsform, mit der sie sich, ob sie will oder nicht, abfinden muß. Es ist fast schon ein Gemeinplatz geworden, den zwiespältigen Erfolg dieser eigenwilligen Frauen anzuprangern, die Karriere machen wie ein Mann, denen es jedoch nicht gelingt, ihr Frauenleben auszufüllen und die insgeheim an dieser zu einem sehr hohen Preis errungenen Unabhängigkeit leiden. Simone de Beauvoir unterstrich bereits in *Das andere Geschlecht* die Schwierigkeit der Frauen, Unabhängigkeit und »Frauenschicksal« miteinander zu vereinbaren, und vierzig Jahre später nennt eine Amerikanerin die immer noch bestehende Schwierigkeit der Frau, sich beruflich und materiell zu behaupten, »Aschenputtelkomplex«, sobald sie sich erneut in der Sicherheit einer Ehegemeinschaft gefangen sieht.[12] Typisch für diese Spannung zwischen zwei Modellen der Erfüllung ist die von Paul-Loup Sulitzer in *Hannah* (1985) erfundene moderne Frau, eine kleine polnische Jüdin, die von Australien bis New York in der Kosmetikbranche ihr Glück macht, ohne deshalb ihre Jugendliebe zu vergessen, nach der sie immer noch sucht: der Roman einer Geschäftsfrau, die Erfolg hat, jedoch zum Preis ihres Gefühlslebens, das ihre ursprünglichen Bestrebungen verwirklichen würde.[13]

Doch der exemplarischste Roman über diese notwendige Einsamkeit der freien Frau – exemplarisch insofern, als er gerade diese Ambivalenz, dieses Schwanken zwischen Eroberung der Autonomie und Verzicht auf die Liebesbindung schildert – war 1910 von einer Schriftstellerin vorgelegt worden, die in ihrem

Leben wie in ihrem Werk die Figur der ungebundenen Frau schlechthin verkörpert: *La Vagabonde* von Colette. Es ist der Roman der Geschiedenen, diesmal nicht im Hinblick auf das Familiengesetz gesehen wie bei Paul Bourget oder Henry Bordeaux, sondern von innen her, mit den Augen der Frau; und nicht mehr auf dem Weg, der zur Scheidung führt, wie bei Christiane Rochefort, sondern nachträglich, in der schwierigen Handhabung dessen, was ein Stand geworden ist: der Stand der Frau, die nicht von Natur aus, kraft einer ursprünglichen Bedingung frei ist, sondern aufgrund eines Unfalls in der ehelichen Laufbahn. Als ungebundene Frau ist sie sowohl geschlechtlich – im Unterschied zur Jungfrau und zur Dritten – als auch sichtbar – im Unterschied zur Zweiten (sie kann »eine Liebschaft zur Schau tragen«, ohne ihren Ruf zu verlieren) – und unabhängig – im Unterschied zur Ersten (sie nimmt ihren Mädchennamen wieder an). Einige Jahre vor D. H. Lawrence schildert Colette die Schwierigkeit der ungebundenen Frau, sich zu verlieben und, wenn dies geschieht, mit dieser Liebe umzugehen. Und genau diese Unzugänglichkeit der freien Frau bildet den Kern der Handlung: nicht mehr von außen wie in *Die Geliebte des französischen Leutnants* von John Fowles, sondern von innen, anhand der Verwirrung derjenigen, die sich an keinen Stand mehr halten kann und sich daher von der Welt absondert, auch von der Sexualität, da sie sich keinen Platz in ihr zu schaffen vermag, einen Platz, der ihr eigener Platz wäre und nicht der vorgegebene Platz einer Frau, in der sie sich nicht wiedererkennen würde, weil sie hier lediglich das stereotype Bild der von einem Mann erwählten Frau fände – den Stand der Ersten oder Zweiten. Daher ist *La Vagabonde* der Bericht eines Verzichts auf die Liebe, nicht der Roman der wiedergewonnenen Freiheit gegen die Knechtschaft der Ehe, auch nicht der frei gewählten Keuschheit gegen die Qualen der Eifersucht und die Gefahren des Verlassenwerdens, wie eine idealisierende Lektüre es nahelegen könnte: es ist der Roman der aus schierer Verzweiflung auf sich genommenen Einsamkeit, gegen den Schmerz, sich nicht mehr zu gehören.

Von allen Formen, die das Vagabundieren der Geschiedenen annehmen kann, bildet der *Rückzug* die voluntaristische und pazifizierende Version, die gefühlsmäßige Abkapselung in ein eigenes Interieur – das »Zimmer für sich allein« von Virginia Woolf –, und die stumme Kontemplation nichtmenschlicher Wesen, der einzigen Geschöpfe, neben denen man ohne jede Zuweisung zu irgendeinem Stand existieren kann: die Tiere, die Pflanzen, die Gegenstände. Umgekehrt ist das *Umherirren* seine ungewisse, zusammenhanglose, beängstigende, verwirrende und zugleich exaltierte Version: davon zeugt das doppelte vagabundierende Umherirren der Heldin sowohl im gesellschaftlichen Raum – als sie Varietékünstlerin wird, hat sie sich »deklassiert« – wie im geographischen Raum, als sie, entwurzelt, in der Provinz von Stadt zu Stadt, von Hotel zu Hotel zieht. Renée Néré ist also eine »alleinstehende Dame«, wie sie selbst sagt, die sich eines Tages, von vielen Mätressen vertrieben, aus der Ehegemeinschaft ausgeschlossen hat – eine bedrohte Erste, die sich von einem allzu flatterhaften Ehemann löst. Alles in allem ist es die Fortsetzung – oder die moderne, d. h. nicht resignierte Version – des Romans *Die Andere*. Sie ist zwar keine Erste mehr, aber auch keine Zweite: weder von einem berühmten Mann ausgehalten noch Geliebte eines Namenlosen, noch Dirne, im Gegensatz zu den anderen »alleinstehenden Damen«, die in ihrem Haus leben, ist die einsame Geschiedene aus dem Erdgeschoß von jeder Komplizenschaft mit diesen Frauen im Stand der Zweiten ausgeschlossen. Denn sie lebt ohne Mann, und sie hat einen Beruf: *frei* also im doppelten Sinn, insofern sie finanziell unabhängig und – scheinbar – sexuell verfügbar ist.

Frei – aber allein. Die Einsamkeit öffnet der Demütigung Tür und Tor, sobald sie mit der Reife oder dem Alter assoziiert, d. h. als ein Dauerzustand und nicht mehr als Warteposition wahrgenommen wird. Jedenfalls kann sie nur in der Ambivalenz erlebt werden: »In der Tat, es ist mir ›lieber‹! Und, rund heraus gesagt, ich *will* es so!... Immerhin erscheint mir mein Alleinsein an verschiedenen Tagen unter wechselnden Aspekten: manchmal ist mir die Einsamkeit ein feuriger Wein, ein berauschender Freiheitstrank, zu anderen Zeiten ein bitteres Stärkungsmittel und wieder zu anderen Stunden ein Gift, so verwirrend und bösartig, daß ich mit dem Kopf gegen die Wand rennen möchte.« Entsozialisiert und gleichzeitig destabilisiert, auf sich selbst und ihr Selbstgespräch verwiesen, findet die freie Frau nur im Schreiben (oder dessen Ersatz: »dem literarischen Drang, meinen Gedanken Form und Rhythmus zu geben«) den Identitätsträger, der sich von nun an entzieht. Denn es ist eine Identität ohne Konsistenz, die sich, in Abwesenheit eines wirklichen Standes, auf das Spiegelbild und auf die schamhafte Umschreibung reduziert, die signalisiert, daß ihr von anderen kein Status zugewiesen werden kann, nicht einmal der, den das Subjekt gewählt hat: »Jenseits der spiegelnden Fläche, in dem geheimnisvollen Traum der Geister, sehe ich das Bild einer ›Literatin, mit der es schief gegangen ist‹. Man erwähnt von mir auch, daß ich jetzt ›beim Theater‹ sei, aber niemals nennt man mich ›Schauspielerin‹. Warum? Es scheint darin eine feine Unterscheidung zu liegen, eine höfliche Weigerung sowohl des Publikums wie auch meiner Freunde, mir innerhalb des von mir jetzt erwählten Berufes einen Rang zuzuerkennen...« Und es ist eine furchtbare Anstrengung, ohne die äußere Stütze eines bestehenden Standes existieren zu müssen, eines anderen Menschen, der für die Kontinuität und die Qualität ihrer Person, für die Kohärenz und die Notwendigkeit ihres Daseins bürgt: »Seit ich allein lebe, habe ich dreierlei zu tun gehabt: erstens, meinen Unterhalt verdienen; zweitens, meine Scheidung betreiben; und drittens, fortfahren, mein tägliches Brot zu erwerben... All das erfordert unglaubliche Energie und Zähigkeit... Und wohin führt es?« Durch nichts und von niemandem zurückgehalten, kann sie nur noch fliehen, in einer

ständigen und endlosen Umwandlung des identitären Umherirrens in ein Vagabundieren mit der Eisenbahn: reisen, auf
Tournee gehen. Wir finden hier jene Verzweiflung durch das
Fehlen der Notwendigkeit wieder, die Kierkegaard der Verzweiflung durch das Fehlen der Möglichkeit entgegensetzte – Kierkegaard, für den das Wesen der Weiblichkeit in der Hingabe
bestand, bei der die Frau ihr Selbst verliert und das Glück sowie
ihr wahres Selbst findet.

Die »freie Frau«, die Geschiedene der modernen Zeit, die sich
der traditionellen Ordnung der Frauenstände entzieht, muß,
neben ihrem Selbst, nur noch herausfinden, worin ihr Glück
denn nur besteht. Und sie glaubt natürlich, es in einem Mann
zu finden – einem anderen, von dem ersten verschiedenen
Mann. Und sie verzichtet darauf, da ihr der Glaube fehlt, weil
sie an den Stand – Gattin und Mutter –, den er ihr wie selbstverständlich vorschlägt, nicht mehr glaubt. Dieser fehlende Glaube an die bestehenden Formen der Liebesbindung äußert sich
auch in Anfällen von In-Differenz (»Warum er und nicht ein
anderer? Ich weiß es nicht«), in widersprüchlichen Regungen
von Anziehung und Ablehnung gegenüber einer möglichen
Rückkehr zu jenem Aspekt ihrer selbst – einer genießenden und
sexuellen, ihrer Weiblichkeit unterworfenen Frau –, einen
Aspekt, den sie gut kennt, weil sie ihn erlebt und verworfen hat.
»Ein Weib war ich und als Weib finde ich mich wieder, um darunter zu leiden und es zu genießen...« Denn um an diesen
Stand glauben zu können, dürfte sie ihn nicht schon kennen;
sie weiß nun aber, was sie dabei verlieren würde: »Du wärest derjenige gewesen, vor dem ich nicht einmal das Recht gehabt hätte, traurig zu sein...« Also entfernt sie sich: räumlich, indem sie
auf Tournee geht; moralisch und physisch, indem sie bei ihrer
Rückkehr mit demjenigen bricht, der sich, ohne ihr Geliebter
zu sein, zu ihrem Verlobten erklärt hat. Es ist der Schmerz des
Verzichts – Verzicht auf die Sexualität, die Ehe, die Bequemlich-
keit, die Stabilität –, aber ein Schmerz, der weniger unerträglich

ist als der, sich selbst nicht mehr wiederzuerkennen in dem, was man geworden ist, sobald die Ehe zur Unterwerfung unter den Mann, zur Demütigung der Mesalliance oder zur sexuellen Entfremdung verurteilt: »Abgesehen von diesem Kummer – bin ich nicht wieder geworden, *was ich war,* das heißt: frei, furchtbar einsam und frei? Die flüchtige Gnade, von der ich berührt schien, wendet sich von mir ab, weil ich mich sträubte, ganz in ihr aufzugehen. Anstatt ihr einfach zu sagen: ›Nimm mich!‹, stelle ich ihr Fragen: ›Was schenkst du mir?‹ ... Ein anderes Ich? ... Es gibt kein anderes Ich! Du schenkst mir einen jungen, glühend verliebten, eifersüchtigen Freund? Oh, ich weiß, das bedeutet: einen Herrn; und ich will keinen Herrn mehr! ... Er ist gütig, schlicht, offen und ehrlich, und er bewundert mich? Aber dann ist er mir unterlegen, und ich schlösse eine Mißheirat! ... Er bezaubert mich mit einem einzigen Blick, und sobald er seinen Mund auf den meinen preßt, gehöre ich mir nicht mehr an? Dann ist er ja mein Feind, ein Räuber, der mich mir selber stiehlt! ... Ich werde alles haben, alles was man kaufen kann? Ich werde mich über die Brüstung einer weißen Terrasse beugen, die vom Rosenduft meiner Gärten überflutet sein wird? Aber gerade von der Terrasse aus werde ich die Herren der Erde vorüberziehen sehen, die Wandernden, die Vagabunden! ...« Sie kehrt also zu ihrer Freiheit zurück und bewahrt mit ihrer Einsamkeit auch ihren Beruf, ihr Vagabundenleben ...

Und dennoch ... Drei Jahre später sehen wir sie in *Die Fessel* wieder, immer noch ungebunden zwar, aber Privatiere geworden, also müßiggehend, denn sie hat ihren Beruf aufgegeben. Doch mit dem Verlust dieses Berufs, der ihrer Unabhängigkeit Sinn verlieh, verschwindet das Gegenstück zur »Verzweiflung durch das Fehlen der Notwendigkeit«, da in diesem Müßiggang wirklich alles möglich ist – nur nicht das Fehlen der Möglichkeit. Wenn überhaupt keine, auch keine berufliche Bindung mehr besteht, bedeutet die Freiheit nur noch die Leere, und das Vagabundieren löst sich in Umherirren auf, im Verlust des Selbst:

»Ich kann kommen und gehen, kann ganz nach meinem Belieben handeln. Nur habe ich, wie ein kleines Mädchen einmal
sagte, ›kein Belieben‹.« Daher geht sie eine Bindung ein und
akzeptiert damit erneut die »Fessel« der Liebesbindung und
gleichzeitig das Glück der Verführung – und natürlich die
Abhängigkeit und deren Demütigung, die Eifersucht, die Zerrüttung des Mangels und die Verzweiflung der Trennung, die
Lüge des Bandes, das aus Angst vor erneuter Einsamkeit wieder
geknüpft wurde, Angst vor einem ungehinderten Vagabundieren, einer Freiheit, die nur noch Umherirren wäre . . .
»Der freie Wille ist eine ungeheure Bürde. Wenn man nicht auf-
paßt, kann der freie Wille am Ende bedeuten, daß es keinen vernünftigen Grund gibt, morgens aufzustehen«, sagt die geschiedene Heldin aus *A Misalliance* von Anita Brookner (1986).

Die unmögliche Rückkehr zu dem, was man verleugnet hat

Man könnte fortfahren, in der Literatur des 20. Jahrhunderts
den romanhaften Formen dieser Entzauberung der ungebundenen Frau nachzuspüren, die das bittere Glück entdeckt, nur
sich selbst zu gehören, und die schwankt zwischen der Idealisierung eines Liebesverhältnisses, das zwangsläufig enttäuschend
ist, weil sich die Bindung in Abhängigkeit verwandelt, und dem
Abzug der Libido, den eine autarke Mutterschaft bisweilen zu
kompensieren trachtet, indem sie versucht, schlecht und recht
– jedoch zum Preis, daß das Kind keinen Vater hat – die traditionelle Identität der Mutter mit der modernen Identität der Junggesellin in Einklang zu bringen. Aber diese Romane der ungebundenen Frau würden sicherlich nur ein erratisches, zusam-
menhangloses Bild ergeben. Denn diese Krise der weiblichen
Identität scheint mit einer Krise der Literatur einherzugehen.
Auch die Welt des Romans hat sich unter dem Eindruck innerer
oder mit der Geschichte der Medien zusammenhängender

Wandlungen verändert, so mit dem Einbruch der Film- und Fernsehfiktion, die wahrscheinlich dazu beigetragen hat, den Roman von seinen narrativen Imperativen zu befreien. So wie im vorigen Jahrhundert das Auftauchen der Fotografie die Malerei von ihren figurativen Zwängen befreite, so sind der Film, der Fotoroman, die Fernsehserien gewiß nicht unbeteiligt am Auftauchen erhabenerer Romanformen, die in bezug auf die narrative Ebene der Handlung und deren Gefühlsdimension Zurückhaltung üben.

Auf diese Weise löst die Abkopplung der Ordnung des Frauenstands von der Ordnung des Romans die enge Verknüpfung zwischen beiden, deren wichtigsten Momenten wir bisher nachgegangen sind. Doch das Ende unserer Untersuchung ist nicht wirklich eine Auflösung des Knotens, vielmehr das zwangsläufige Innehalten vor etwas, was zu verwittern scheint und nur noch in Rückständen des Imaginären und in Schichten existiert, die sich mit den Resten einer ebenfalls zerbröckelten Romankultur im Unbewußten festgesetzt haben. Die alte Strukturierung der weiblichen Identität ist nicht veraltet, sie lebt in der Tiefe des Imaginären fort, insbesondere in ihrer verinnerlichten psychischen Dimension, die der Psychoanalyse untersteht: so der Komplex der Zweiten, der Ort *par excellence,* wo sich die Identitätsbildung vollzieht, in der weiblichen Rivalität und der Verwendung des Mannes als eines Werkzeugs, sich gegenüber den anderen Frauen zu behaupten. Doch in der Unsicherheit der Gegenwart bleibt kaum mehr als das melancholische Bewußtsein einer Ordnung, die ihren Daseinsgrund verloren hat, ohne wirklich zum Abschluß gekommen zu sein, einer Ordnung, zu der zurückzukehren man nicht wünschen kann, auch wenn man sie nicht verschmerzt hat.

Neue Formen tragen im übrigen dazu bei, den Ausdruck des Modells fortzusetzen und seine Träger zu erneuern: durch die Entwicklung von Medien wie dem Kino, dem Fernsehen, der Werbung, dem Fotoroman, den Comics; durch die Zuflucht zu diesen zwiespältigen Identitätsträgern, Mischformen aus Beobachtung und imaginärer Produktion, wie die »Wunschbriefkästen«, die psychologischen Dossiers und die Tests in Frauen- und Jugendzeitschriften sie darstellen; durch das Auftauchen jener neuen, wenn auch nicht unbedingt imaginären Identifikationsmodelle wie Filmstars, Fernsehansagerinnen und Mannequins. Dies alles sind von der Moderne gebotene Erweiterungen der Instrumente zur Herausbildung der weiblichen Identität, die sich den traditionellen Trägern der Fiktion entziehen und ergänzende Analysen erfordern. Wahrscheinlich wird man oft eine chaotische oder widersprüchliche Überlagerung zweier Identitätssysteme feststellen, zweier Organisationsprinzipien der Arten, eine Frau zu sein: die Ordnung der Frauenstände, wie die herkömmliche Fiktion sie veranschaulicht, und jenen neuen Stand der ungebundenen Frau, die deren Grenze und Zerfall anzeigt.

Doch um diese neue Konstellation analysieren zu können, müßte man weitere fiktionale Ausgestaltungen jenseits des Romans erforschen, da die zeitgenössische Literatur nicht mehr der Ort der imaginären Herausbildung der weiblichen Identität zu sein scheint, der sie fast drei Jahrhunderte lang gewesen ist. Erfüllt der Roman heute nicht andere Funktionen, als dem Imaginären Form zu geben? Findet das Imaginäre nicht andere Träger als die narrative Fiktion, und nimmt die identitätsstiftende Arbeit nicht andere Wege als die des Imaginären?

Schlußfolgerung
Die elementaren Strukturen der weiblichen Identität

Norbert Elias zufolge besteht die größte Revolution in der Geschichte der westlichen Gesellschaften darin, daß die Frauen im Laufe des 20. Jahrhunderts Zugang zu einer eigenen Identität erhielten, einer Identität, die nicht mehr die ihres Vaters oder ihres Ehemanns ist.[1] So hat die traditionelle Konstellation der Frauenstände ziemlich spät ihre Darstellung gefunden, kurz bevor sie zersplitterte, um den Krisenzustand der ungebundenen Frau hervorzubringen. Nun müssen wir nur noch verstehen, inwiefern diese Frage der Identität besonders die Frauen betrifft und welche Rolle die Fiktion bei ihrem Ausdruck und ihrer Lösung spielt.

Identität und Weiblichkeit

Die Romanliteratur bietet eine Fülle imaginärer Erzählungen, die eine dem ödipalen Schema entsprechende Situation schildern, in der Ödipus eine Tochter, Laios eine Mutter und Jokaste ein Vater ist. Vergleicht man nun diese beiden fiktionalen – die weibliche und die männliche, die romanhafte und die mythologische – Gestalten der ursprünglichen Situation des Subjekts im Familiendreieck, so entdeckt man eine grundlegende Asymmetrie, die mit der Eindringlichkeit der Identitätsproblematik in der weiblichen Erzählung zusammenhängt, während in der männlichen Erzählung der Besitz – insbesondere der sexuelle – im Mittelpunkt steht. Da die Ehe eine materielle und zugleich symbolische Dimension enthält, die nicht nur die Sexualität, sondern auch die Identität betrifft, ist der anthropologische und soziologische Ansatz hier untrennbar mit dem psychoanalytischen verbunden, will man die Krise verstehen, deren Kern sie ist, diese notwendige Beraubung des *Anderen,* die jedes Streben nach einem eigenen Platz impliziert, wenn dieser, ob real oder symbolisch, bereits besetzt ist.[2]

Dennoch scheint die Identitätsfrage in der psychoanalytischen Theorie kaum ihren Platz zu finden. Die Freudsche Theorie hat sich eingehend mit der Frage des Geschlechtsunterschieds befaßt, der zwar beide Geschlechter betrifft, aber vorrangig die Herausbildung der männlichen Identität berührt. Denn was das Erlernen der sexuellen Identität angeht, besteht eine grundlegende Asymmetrie zwischen den Geschlechtern bezüglich der Differenzierung des Kindes im Hinblick auf die Bezugsperson, d. h. die Mutter. Wenn sie sich bei den Knaben hinsichtlich einer Person des entgegengesetzten Geschlechts vollzieht, so muß sie sich bei den Mädchen im Hinblick auf eine Person desselben Geschlechts vollziehen. Daher bildet sich die männliche Identität hauptsächlich auf exogene Weise heraus, im Hinblick auf das, was nicht männlich ist, und die weibliche Identität auf endogene Weise, im Hinblick auf das, was weiblich ist. Sie erscheint wenig problematisch, wenn die Frage der Identität ausschließlich im Rahmen der »Identifikation« gedacht wird – was ist einfacher, was »normaler«, als sich mit einem Wesen desselben Geschlechts zu identifizieren? –, wogegen die Herausbildung der männlichen Identität schwieriger zu sein scheint. Ganz anders sieht es jedoch aus, sobald man auch die andere, entgegengesetzte Dimension der identitätsstiftenden Arbeit berücksichtigt, d. h. die Differenzierung – eine in der Freudschen Theorie stark vernachlässigte Dimension, da erst mit den Schriften von Erik H. Erikson in den USA die Arbeit der Differenzierung, der Spezifizierung der Identität wirklich in Rechnung gestellt wurde, und zwar anhand der seelischen Störun-

gen, die aus den ihr entgegenstehenden Hindernissen erwachsen.[3]

In dieser Perspektive erscheint die identitätsbildende Differenzierung für die Knaben ebenso unproblematisch – da sie sich
von vornherein im Geschlechtsunterschied entwickeln kann –,
wie sie für die Mädchen schwierig ist, die nur dann sie selbst
werden können, wenn sie sich von der Bezugnahme auf ihr eigenes, von der Mutter verkörpertes Geschlecht lösen.[4] Eben diese
Komplexität der identitätsstiftenden Arbeit bei den Mädchen,
die dazu beiträgt, die Frage der Identität für die Frauen so hei-
kel zu machen, kann mit der Freudschen Theorie nicht erfaßt
werden, da sie die Identität implizit auf ihre identifikatorische
Dimension und die Differenzierung auf ihre sexuelle Dimension reduziert. Diese doppelte Reduktion erlaubt es zwar, die
männliche Besonderheit zu erfassen, beseitigt jedoch, was bei
den Frauen problematisch ist, insbesondere alles, was sich bei
der identitätsstiftenden Arbeit weder auf die Identifikation
noch, korrelativ, auf die sexuelle Dimension reduzieren läßt.

Auch von Elisabeth Badinters Analyse der Herausbildung der
sexuellen Identität wird dies nicht erfaßt. Obwohl ihr das doppelte Verdienst zukommt, die Frage der Identität zu einer eigen-
ständigen Problematik zu machen und die Asymmetrie zwischen Männlichem und Weiblichem zu betonen, weist sie den
Mangel auf, jenes als den Ort der Komplexität und des Konflikts zu sehen, während dieses der paradiesische Ort einer
»natürlichen« Identität sein soll, wo die Dinge sich ganz von
selbst entwickeln würden. Während sie den »Vorteil« hervorhebt, der »dem kleinen Mädchen hinsichtlich der Erlangung
seines weiblichen Identitätsgefühls aus dem wiederholten Kontakt mit dem Körper seiner Mutter zukommt«, sieht sie in der
Symbiose mit der Mutter ein spezifisches Risiko für die sexuelle
Identität des Knaben, wo sie doch ganz offensichtlich für die
Identität (und nicht nur die sexuelle) des Mädchens ein weit
grundlegenderes Risiko darstellt. Eine solche Interpretation

läßt das theoretische Problem erkennen, das diese gesamte These in Mitleidenschaft zieht. Die konstruktivistische Perspektive, die es erlaubt, die männliche Identität weder als natürlich noch als universell zu analysieren, wird auf einen Artifizialismus reduziert, dazu bestimmt, den Glauben an einen Grundzug der Männlichkeit anzuprangern. Dieser negativen Sicht des Männlichen wird eine im wesentlichen positive Weiblichkeit entgegengesetzt, Ort nicht mehr einer »gesellschaftlichen Konstruktion«, sondern einer natürlichen und ursprünglichen Gegebenheit. Damit scheint der ganzen Beweisführung die Gleichung zugrunde zu liegen, der zufolge das Weibliche der Natur, dem Einfachen, dem Wahren entspräche, während das Männliche der Kultur, dem Komplizierten, dem Nicht-Authentischen entsprechen würde. Und es bedarf in der Tat des ganzen Gewichts dieser rousseauistischen wie feministischen Ideologie, um entgegen dem Augenschein zu behaupten, daß »die Frauen nur selten Zweifel an ihrer Identität äußern«.[5]

»Zweifel an ihrer Identität« äußern die Frauen auf vielfache Weise. Daher genügt es nicht, mit Lacan zu behaupten, »die Frau, das existiert nicht« (was in einer nominalistischen Perspektive, wo es sich von selbst versteht, daß abstrakte Begriffe lediglich eine nominale Existenz haben, eine schlichte Banalität ist), man muß auch aufzeigen, wie sich die vielen Arten, »eine« Frau zu sein, konkret darstellen, irgendwo zwischen der phantasmatischen Einmaligkeit, wie sie zuweilen, von außen, Männer in Idealisierungsnöten imaginieren (Verherrlicher »der Frau« oder Propagandisten des »Frau-Werdens«), und der unendlichen Vielfalt der realen Situationen, deren Besonderheit sich der Definition nach jeder Verallgemeinerung entzieht. Zwischen diesen beiden Polen zeichnet sich die Möglichkeit einer theoretisch begründeten Untersuchung der Identitätsphänomene ab, darunter jener Ausprägungen des Frauenstands, die, aufgrund einer gemeinsamen Strukturierung der Vorstellungen, jedes Subjekt leiten bei der symbolischen Übernahme der Plätze, der Anpassung an die reale Situation und der Verschiebung der möglichen Rollen im imaginären Universum – um die Lacansche Dreiteilung der Instanzen aufzugreifen. In dieser dreifachen Richtung kann die unabdingbare endogene Arbeit der Differenzierung vom eigenen Geschlecht erfolgen, ohne die die Identifikation mit dem Weiblichen die Gefahr einer Symbiose, einer Verschmelzung und folglich einer Identitätsverwirrung birgt – von der *Rebecca* eine der möglichen Darstellungen ist. Und die doppelte Notwendigkeit, sich vom mütterlichen Modell zu lösen und sich gleichzeitig auf das eigene Geschlecht zu beziehen, macht für eine Frau die Fiktion, insbesondere den Roman, zu einem außergewöhnlichen identitätsstiftenden Hilfsmittel, als dem großen Reservoir weiblicher Personen, die es ermöglichen, sowohl die Identifikation mit imaginären Frauen als auch die Differenzierung von der Mutter als realer Person und symbolischem Platz abzustützen.

Der Roman ist auch ein ausgezeichnetes Forschungsfeld für jeden, der die Identitätsphänomene beobachten will, weil er sie meist im Krisenzustand schildert. Nun läßt sich aber die Identität (die hier nahezu ungreifbar ist) nicht in ihrem »normalen«, unproblematischen Zustand, sondern nur in ihrem kritischen Zustand, in den Fallstricken einer »Identitätskrise« erfassen: so bei der Eheschließung, die für bestimmte Frauen – weit mehr als für die Männer – eine jener Krisen zu katalysieren vermag, in denen sich die Voraussetzungen für eine Dekonstruktion und, wenn alles gut geht, eine Rekonstruktion des Identitätsgefühls entfalten. Und wenn die Identität fast nur im kritischen Zustand aufscheint – wie die Psychologen, Psychiater, Anthropologen und Soziologen, die begonnen haben, dieser Frage nachzugehen, feststellen mußten[6] –, so deshalb, weil sie keine von vornherein gegebene, stabile, objektive Realität ist, mit der sich jeder gleichermaßen abfinden muß: sie ist die Resultante mehr oder weniger äußerlicher, stabilisierter, objektivierter Elemente, die jeder Einzelne mit mehr oder weniger Autonomie,

Geschick und Schwierigkeiten organisiert. Anders gesagt, sie ist eine Konstruktion, und zwar eine paradoxe Konstruktion, insofern sie in den Köpfen nur dann existiert und von sich reden macht, wenn sie eine Problematik aufwirft, während sie um so weniger sichtbar ist, als sie sich von selbst versteht. Was ein »Identitätsproblem« ist, läßt sich daher jemandem, der keines hat, nur sehr schwer erklären: die »Identität« gewinnt nur in dem Maße Sinn, in dem das »Identitätsgefühl« betroffen ist.

Obwohl die Identitätsbildung eine sehr persönliche Erfahrung ist, ist sie doch keine einsame Aktion, die das Subjekt auf sich selbst verwiese. Sie ist eine Interaktion, die ein Subjekt mit anderen Subjekten, mit Gruppen, mit Institutionen, mit Körpern, mit Gegenständen, mit Wörtern in Beziehung setzt. In diesem Interaktionsnetz lassen sich drei grundlegende »Momente« erkennen: das Bild, das man von sich selbst hat (Selbstwahrnehmung), das Bild, das man anderen zeigt (Darstellung), und das Bild, das von anderen zurückgeworfen wird (Bezeichnung). Im normalen, d. h. unproblematischen, nicht wahrnehmbaren Zustand wird die Identität als Übereinstimmung dieser drei Momente erlebt, während die Störung sich einschleicht, sobald eine Verschiebung oder gar ein Widerspruch vorliegt – und zwar um so mehr, je stärker der in das Selbstbild eingehende Parameter (Geschlecht, Alter, Beruf, Nationalität usw.) von dem Subjekt libidinös besetzt wird, das diese Inkohärenz nun als wahre Identitätskrise erleben kann.[7] Der Blick ist das vorrangige Instrument der Interaktion, ohne das kein Identitäts-Marker zu wirken vermag: der Blick, den das Subjekt auf den Anderen richtet, der bestimmte Eigenschaften besitzt und eine bestimmte Position einnimmt, womit er dazu beiträgt, die libidinöse Besetzung analoger oder im Gegenteil differenzierter Eigenschaften und Positionen zu leiten; der Blick, der von den anderen auf das Subjekt gerichtet wird, die es in seiner Fähigkeit, diese Eigenschaften zu besitzen und diese Position einzunehmen, bestätigen oder anfechten. Hier

410

gewinnt die besondere Schärfe des Blicks, den die Frauen auf-
einander richten, seine Bedeutung: es ist ein analytischer Blick,
der schürft, bewertet, kritisiert, billigt, vergleicht, zählt, abwägt
– dort, wo der männliche Blick, zumindest dann, wenn er nicht
das sensorische Register der Begierde libidinös besetzt, globaler
zu sein scheint.

Das Gefühl, eine Frau zu sein, hängt also ab von der Kohärenz
zwischen der Art und Weise, wie das betreffende Subjekt sich als
Frau fühlt (Selbstwahrnehmung), wie sie es anderen gegenüber
zeigt (Darstellung) und wie der Andere ihr bedeutet, daß er sie
als solche identifiziert (Bezeichnung). Eine Frau, die sich wenig
weiblich fühlt, wird versuchen, durch ihre äußere Erscheinung
andere dazu zu bringen, ihr Verhalten diesem inneren Gefühl
anzugleichen, während ein Transvestit, der sich als Frau empfindet, aber nicht spontan als solche wahrgenommen wird,
ebenfalls – jedoch im umgekehrten Sinne – die Darstellung seiner selbst ins Spiel bringen wird, um die feminisierende
Behandlung hervorzurufen, die seinem inneren Gefühl entspricht. Unter diesen Voraussetzungen versteht man die grundlegende Rolle der Kleidung: als Grenzbereich zwischen Innerlichkeit und Äußerlichkeit ist sie das Mittel *par excellence* dieser
identitätsstiftenden Angleichungsarbeit. Daher wird sie um so
stärker libidinös besetzt und um so problematischer, je notwen-
diger eine solche Arbeit ist aufgrund der Verzerrung zwischen
jenen Momenten der Interaktion, die das Identitätsgefühl hervorrufen. Die Funktion der Kleidung, die bei den Transvestiten
ihren Höhepunkt erreicht, ist auch in Augenblicken »normaler« Störungen spürbar, wie in der Adoleszenz oder bei Anläs-
sen, wo der Blick der anderen besonders wirksam ist, so bei
»Geselligkeiten« (Abendgesellschaften, Festen, Zeremonien).
Noch subtiler färbt sie jede Situation identitärer Unschlüssigkeit, wie sie in vielen Romanen beschrieben wird, mit einer täglich neu aktivierten Verwirrung. Die Kleidung ist ganz offensichtlich eine weitaus weiblichere als männliche Frage, wovon

allein schon die Qual der Wahl zeugt, die auf dem Gebiet der Kleidung für die Frauen existiert, oder der Tenor der Gespräche, die sie diesem Thema widmen. Diese weibliche Dimension der Kleiderfrage ist der Hinweis auf eine besondere Sensibilität für die Voraussetzung der Identität, die für die Frauen schwieriger, problematischer und heikler zu handhaben ist als für die Männer.

Die Arbeit der Angleichung der Momente seiner selbst gilt für alle identitätsstiftenden Elemente. Das erste dieser Elemente ist die Identifikation durch Zuweisung eines Eigennamens: eine grundlegende identitätsstiftende Operation, mit der sich für eine Frau die Schwierigkeit offenbart, sie selbst zu sein. Denn im Laufe des Lebens den Namen wechseln zu müssen, wenn man heiratet; von Kindheit an zu wissen, daß der Name, den man trägt, nur ein vorläufiger Name ist, zumindest später hinter einem anderen zurücktreten muß, so daß sogar der Vorname offiziell geopfert wird (»Mrs. Maximilian de Winter«); nicht zu wissen, ob der Mädchenname der wirkliche Name ist, dazu bestimmt, das ganze Leben zu dauern, oder lediglich der Name des Vaters, dazu bestimmt, hinter dem eines Ehemanns zu verschwinden; im Fall mehrerer Ehen sogar eine ganze Reihe von Namen mit sich herumzuschleppen, so daß man nicht mehr weiß, welches der richtige ist und ob einer besser ist als die anderen: eben dies ist eine spezifisch weibliche Erfahrung, die ausreicht, einen Identitätsrahmen zu schaffen, der sich radikal von dem unterscheidet, der das männliche Universum strukturiert. Manche sehen darin eher einen Trumpf als ein zusätzliches Handicap: »Man müßte bei jedem wichtigen Ereignis im Leben den Namen wechseln können. Derzeit passiert das nur den Frauen an ihrem Hochzeitstag.«[8] Aber man muß seiner selbst schon sehr sicher sein, genau wissen, wer man ist, identisch mit der Person, die man gewesen ist, und mit der, die man sein wird, um sich diese subtile und vertraute Form der Entfremdung zu wünschen, die darin besteht, nicht zu wissen, ob und wie man durch den eigenen Namen – vielleicht – diejenige wird, die den Namen eines anderen trägt, diejenige, die nur einen geborgten Namen hat. Und es bedarf der ganzen Blindheit des Androzentrismus, um wie Anselm Strauss zu glauben, daß die Namensänderung bei der Heirat ein freiwilliger Akt ist, wo er doch wie kein anderer institutionell erzwungen wird und jede weibliche Identität von Kindheit an durch diese Bedingung strukturiert ist.[9]

Zu dieser ersten Operation der Identitätsbildung, der Identifizierung durch den Eigennamen, gesellt sich die Definition durch den Gattungsnamen. Auch wenn der Eigenname einmalig ist (abgesehen von der erwähnten Nuance und außer im Fall eines Pseudonyms), gibt es doch ebensoviele Gattungsnamen, um einen Menschen zu bezeichnen, wie Parameter, ihn zu definieren: Nationalität, Religion, Beruf usw. An erster Stelle dieser Identitätsparameter steht das Geschlecht, das universell ist, unmittelbar sichtbar, stabil und einfach: wenn man kein »Mann« ist, so ist man eine »Frau«. Richtiger freilich wäre es zu sagen, daß man ein Mann ist, sobald man keine Frau ist: denn die männliche Identität bildet sich in der Regel auf exogene Weise heraus, durch Unterscheidung von allem, was kein Mann ist – von den Frauen, oder den Kindern vor ihrer Eingliederung ins männliche Universum. Dies ist die Rolle der Übergangsriten, deren Funktion, wie Pierre Bourdieu gezeigt hat, nicht sosehr zeitlich – zwischen einem *Vorher* und einem *Nachher* – als vielmehr kategorisch ist – zwischen einem *Wesen* und einem *anderen,* einem Kind männlichen Geschlechts und einem potentiellen Mann.[10] »Viele Jungen würden die Männlichkeit einfach so definieren: das, was nicht weiblich ist«, bestätigt die amerikanische Psychologin Ruth Hartley.[11]

Aber es wäre wiederum eine androzentristische Illusion zu glauben, daß das Umgekehrte richtig sei, anders gesagt, daß man eine Frau ist, sobald man kein Mann ist. Denn Unterlegene nötig zu haben, um durch Abgrenzung zu bekräftigen, was

413

man ist, eben darin besteht die Eigentümlichkeit von Menschen, die sich in einer Position der Überlegenheit befinden. Die weibliche Identität dagegen, wie jede beherrschte Identität, behauptet sich nicht sosehr durch äußere Abgrenzung vom Beherrschenden als vielmehr durch innere Abgrenzung von anderen Zuständen der Zugehörigkeitskategorie. Ein Vergleich mag diese endogene Definition der Identität erhellen: So wie die Frauen in einer von den Männern beherrschten Welt ihre Identität vor allem in bezug auf die anderen Frauen herausbilden, so definieren sich die Schwarzen in der westlichen Welt weniger durch Differenzierung von den Weißen als vielmehr durch Abgrenzung von anderen Schwarzen, gemäß einer Hierarchie, die sich nach der Nähe zur weißen Welt, d. h. nach der Hautfarbe, richtet: die Hellhäutigsten sind in den Augen der anderen Schwarzen die beneidenswertesten, diejenigen, die am angesehensten oder attraktivsten sind.[12]

So definiert sich die weibliche Identität, die weit mehr auf einer endogenen Entwicklung – in bezug auf die anderen Frauen – als auf einer exogenen Entwicklung beruht – in bezug auf jemanden, der keine Frau ist –, weniger nach dem Gegensatz der Geschlechter als nach dem Gegensatz der verschiedenen Arten, eine Frau zu sein, der verschiedenen weiblichen Positionen. Wenn der Gegensatz der Geschlechter, Pierre Bourdieu zufolge, die Beziehungen sexueller Herrschaft strukturiert[13], so ist dies nur für die männliche Sicht des Geschlechterverhältnisses relevant: aus weiblicher Sicht ist der Gegensatz der Positionen der relevanteste Zug. Und weil diese im wesentlichen durch die Art des Verhältnisses zur männlichen Welt strukturiert sind, wirkt die männliche Macht auch durch die Art und Weise, wie die Frauen die Männer benutzen, um sich voneinander abzugrenzen, je nach ihrer Beziehung zum anderen Geschlecht – Nähe zum Mann, Zugang zur geschlechtlichen Welt, Sichtbarkeit und Stabilität ihres Platzes.

Dies ist der Grund, warum sich für eine Frau die Frage ihrer

Identität immer von neuem erhebt, während sie sich für den Mann hauptsächlich in der Übergangszeit der Adoleszenz stellt und dann abgelöst wird von der weniger grundlegenden Frage der Qualifikation, der relativen Größe im Vergleich zu den anderen (aufgrund derer man mehr oder weniger reich, talentiert, mächtig ist). Für eine Frau dagegen entscheidet sich ihre Stellung in der Welt der Frauen fortwährend von neuem, denn hier geht es nicht nur um die Frage der Qualifikation (ob man mehr oder weniger schön, vornehm, tugendhaft, mütterlich ist), sondern um die noch grundlegendere Frage der Definition, der zufolge man ein junges Mädchen oder eine verheiratete Frau, eine Familienmutter oder eine alte Jungfer, eine treue Gattin oder eine emanzipierte Frau, eine Hausfrau oder eine unabhängige Frau ist. Diese endogene Herausbildung der weiblichen Identität, die zur Komplexität des Verhältnisses zum Eigennamen hinzukommt, macht den Gattungsnamen – »eine Frau« – zu einem Identitätsparameter, der problematischer ist, als es scheint.

Die Arbeit der Angleichung der verschiedenen Momente seiner selbst – Selbstwahrnehmung, Darstellung, Bezeichnung – erstreckt sich nicht nur auf die Identifikation und die Definition, sondern auch auf die Position, die das Subjekt einnimmt: eine Position (oder ein Status), die es in einem bestimmten Identitätsrahmen stabilisiert und gleichzeitig desingularisiert, indem sie es mit Vorstellungen verbindet, die ihm vorausgehen oder die es mit anderen gemeinsam hat. Diese Position drückt sich in den Wörtern aus, die sie bezeichnen (z. B. dem Wort »Ehefrau«), in den Körpern, die sie manifestieren (dem einer bestimmten, unverwechselbaren Frau), in den Gegenständen, die sie repräsentieren (einem Ehering, einem Foto), in den Institutionen, die sie garantieren (in der Ehe, dem Familienrecht, dem notariell beglaubigten Vertrag), eventuell in den Gruppen von Individuen, die sie organisieren. Und jede Position bildet sich in bezug auf ein Modell heraus, gemäß einer doppelten

Operation: Assimilation oder Identifikation sowie Differenzierung oder Desidentifikation. Diese beiden widersprüchlichen, für die Arbeit der Identitätsbildung gleichermaßen unerläßlichen Bewegungen stehen am Ursprung der grundlegend ambivalenten Lage jedes Menschen gegenüber seinen Bezugspersonen oder -gruppen. Und genau diese Spannung zwischen identifikatorischer Assimilation und desidentifikatorischer Differenzierung äußert sich zum Beispiel in jenem typisch weiblichen und speziell adoleszenten Symptom, wie die Kopplung von Bulimie und Anorexie sie darstellt, in der sich das Verhältnis zur Mutter in der doppelten – widersprüchlichen und komplementären – Form der Assimilation und der Differenzierung, der Einverleibung und der Ausstoßung widerspiegelt.[14] Dieselbe Ambivalenz taucht auch höchst prägnant in weiblichen Gemeinschaften wie Internaten auf, wo die Phänomene der Rivalität, an der Grenze des Hasses, und zugleich der Faszination, an der Grenze des Liebesverhältnisses, ihren Höhepunkt erreichen: eine Ambivalenz, die die Erzählerin von *Rebecca* erfährt, als sie von einem Pol der extremen Obsession zum anderen übergeht – von der amourösen Faszination, wo die Identifikation an die Selbstzerstörung eines verachteten Selbst grenzt, zur haßerfüllten Verwerfung, wo die Desidentifikation mit der Zerstörung des verabscheuten Anderen endet.

Eine Position läßt sich gemäß verschiedener Instanzen angeben: nach der Situation, die im Realen verankert und durch feststehende raumzeitliche Parameter bestimmt ist; nach der Rolle, die ihre Mittel im wesentlichen aus dem Imaginären schöpft; und nach dem Platz, der dem Symbolischen untersteht, d. h. dem, was sich in Gestalt von etwas anderem äußert – wie der Platz dieses oder jenes Familienmitglieds, das bei Tisch durch seinen Stuhl oder sein Gedeck oder in der Sprache durch den ihm entsprechenden Namen repräsentiert wird. Was zum Beispiel die Familienidentität betrifft, so umfaßt die mütterliche Position sowohl die Situation jeder Frau, die ihre eigenen

Kinder aufzieht, als auch die Rolle der Mama sowie den Platz
der Mutter in der Familienkonstellation. Als konstitutives Element seiner Identität wird die Situation eines Subjekts stark
von den Mitteln eingeengt, die ihm zur Verfügung stehen, um
sich im Realen zu verankern: körperliche, objektbezogene,
institutionelle, ökonomische, juristische Zwänge. Die Definition der Rolle dagegen beruht auf Mitteln, die weniger starr sind,
weil sie entweder aus der individuellen Prägung stammen, wie
sie der Umgang mit realen Personen hinterläßt, oder aus dem
gemeinsamen Erbe der imaginären Vorstellungen, die sich zum
großen Teil anhand literarischer oder audiovisueller Fiktionen
herausgebildet haben. »Eine Rolle spielen«, die der eingenommenen Position entspricht (oder sie zu spielen sich weigern),
impliziert daher einen großen *Spiel*raum hinsichtlich der Identität: die Beherrschung der Rollen bildet die spielerische,
distanzierte, gut ausgerüstete Seite dieser Labilität, die die identitätsstiftende Arbeit kennzeichnet, zwischen einer Vielzahl
ständig in Angleichung befindlicher, immer wieder neuen Definitionen unterworfener Parameter.

Aus diesem Grunde gehen die soziologischen Analysen, in
denen die »Rolle« im Mittelpunkt steht, meist von einer miß-
bräuchlichen Reduzierung der Dimensionen der Erfahrung
aus. Denn wenn »eine Rolle spielen« eine gewisse Gelassenheit
voraussetzt, eine Fähigkeit des Subjekts, nicht nur eine Rolle zu
spielen, sondern mit oder gegen die Rolle zu spielen, so sind
doch nur ausnahmsweise sämtliche Voraussetzungen einer solchen Gelassenheit gegeben, weil es eines Minimums an Einfluß
auf die Elemente des Realen, aus denen die Situationen bestehen, sowie auf die symbolischen Prozesse der Besetzung der
Plätze bedarf.[15] Zudem liegt dem Begriff der Rolle häufig eine
essentialistische Auffassung zugrunde, die, hinter der mit der
»Rolle« verbundenen Oberflächlichkeit und Kontingenz, das
Vorhandensein eines authentischen »Ich« voraussetzt, einen
»tiefen Kern der Person« nach dem zutreffenden Ausdruck eini-

ger Kommentatoren[16], eine Voraussetzung, die es verbietet, die Besonderheit der identitätsstiftenden Arbeit zu erfassen, die nichts anderes ist als Gegenstand einer mehr oder weniger stabilisierten, inkorporierten, objektivierten und institutionalisierten interaktionellen Konstruktion. Wenn daher Pierre Fauchery vorschlägt, in den Romanen des 18. Jahrhunderts eine bestimmte Anzahl weiblicher »Rollen« herauszustreichen, so gerät seine Definition dieses Terminus zu einem Synonym für Nicht-Authentizität, in dem dreifachen Sinne, in dem er Äußerlichkeit, Zwang und Rigidität beinhaltet, was implizit in Gegensatz gebracht wird zur Authentizität der Person, die ganz aus Innerlichkeit, Freiheit und Labilität besteht.[17] Damit vergißt man jedoch, daß die imaginären Konstruktionen, die der Identität zugrunde liegen, zutiefst verinnerlicht sein, intensiv begehrt werden und möglicherweise zu einem »Spiel« werden können, das Modifizierungen und Verschiebungen erlaubt. Der Begriff der Rolle ist also nur unter der Voraussetzung zutreffend, wenn man von einer normativen Auffassung, die die »Rolle« (und sei es implizit) anprangert, zu einer beschreibenden Haltung übergeht, die sich darauf beschränkt, die Mittel festzustellen, die den Personen zur Verfügung stehen, um ihre Kohärenz zu sichern.

Mit einer Situation konfrontiert sein heißt, mit den Zwängen und Möglichkeiten des Realen zu tun zu haben. Eine Rolle spielen heißt, die Mittel eines imaginären Kapitals an möglichen, wünschenswerten, akzeptablen Verhaltensweisen zu nutzen. Einen Platz einnehmen heißt, sich in einer symbolischen Ordnung mächtiger wie schwach begründeter, stark besetzter wie wenig erläuterter, strukturierender wie mehr oder weniger feststehender Zwänge bewegen zu können; es heißt, sich innerhalb von Beziehungsschemata zu orientieren, die nur durch Erfahrung erlernbar sind und die, wenn sie nicht überliefert sind, vom Subjekt nicht nur nicht assimiliert werden können, sondern ihm auch unvorstellbar und unzugänglich bleiben. Zur

Beherrschung der Plätze kommt es sehr früh, sobald die Erfahrung der Familienkonstellation gemacht wird, die ihre Basis sowie ihren wichtigsten Bezugspunkt bildet. Daher steht diese Frage im Mittelpunkt der weiblichen Erfahrung: insofern die Frauen einerseits stärker im Innern des Familienkreises erzogen werden; und insofern sie andererseits stärker die für die Identität so lebenswichtige und doch so schwer zu verwirklichende Notwendigkeit empfinden, sich von der Bezugsperson, d. h. von der Mutter, die ihnen weit näher ist als den Knaben, da sie demselben Geschlecht angehört, zu unterscheiden – und zwar um so mehr, wenn zu dieser konstitutiven Schwierigkeit noch die Neigung der Mütter hinzukommt, sich durch ein Identifikationsband auf ihre Töchter zu projizieren. Daher ist das weibliche Dasein in der Tiefe von einer doppelten und widersprüchlichen Forderung geprägt: sich einem bestimmten Frauenmodell anzugleichen und sich gleichzeitig von den anderen, ja sogar von diesem Modell selbst abzugrenzen. Immer gilt es, den Platz einzunehmen, sich einen Platz zu schaffen, seinen Platz zu besetzen, seinen Platz zu bewahren, an seinem Platz zu bleiben.

Jeder der Parameter, der dazu beiträgt, einen Menschen durch die Verleihung eines Gattungsnamens zu definieren, birgt also verschiedene mögliche Positionen, die sich mit der Situation, der Rolle und dem Platz verbinden und gemäß einem bestimmten Identitätsparameter eingenommen werden – hier zum Beispiel dem Geschlecht. So gibt es verschiedene Arten, einem Beruf anzugehören (man kann Gymnasiallehrer, Dozent oder Universitätsprofessor sein, im staatlichen oder im privaten Schuldienst, im Amt oder im Ruhestand, in Französisch oder in Geschichte), so wie es verschiedene Arten gibt, einer Religion, einer Nationalität, einer Familie, einer Gesellschaftskategorie oder einer Altersklasse anzugehören. Und ebenso gibt es verschiedene Arten, einem Geschlecht anzugehören, ein Mann oder eine Frau zu sein: es gibt verschiedene weibliche »Zustän-

de«, die es ermöglichen, zwischen nicht markierten, nicht festgelegten, nicht bewerteten Situationen und individuellen Positionen gemeinsame Anhaltspunkte, relativ stabilisierte, anerkannte, teilbare Vorstellungen festzusetzen.

So wird jeder Einzelne, sobald er durch diesen oder jenen Identitätsparameter definiert ist, nach einem bestimmten, mehr
oder weniger in die individuelle Psyche und die kollektiven Vorstellungen eingegangenen, je nach den Umständen mehr oder
weniger entwicklungsfähigen Zustand definiert. Daher untersteht der Begriff Frauenstand nicht der Psychologie bzw. einer
Typologie individueller Merkmale, für die die Romanfiguren
imaginäre Verkörperungen liefern. Er untersteht vielmehr einer
strukturalen Analyse, die die Übereinstimmungen zwischen
den verschiedenen Positionen nachweist, die die Frauen gemäß
einer auf wenige Kriterien beschränkten und eine kleine Zahl
geregelter Verschiebungen veranlassenden Kombinatorik in
den Romanen einnehmen. Dieses System erlaubt es, den auf
einer Identitätsachse eingenommenen Positionen einen – syste-
matisierten, stabilisierten, explizierbaren, begründbaren – Status zu verleihen.

Identitätsstiftende Arbeit und Funktion des Romans

Da der Roman die grundlegenden Operationen der identitätsstiftenden Arbeit in Szene setzt, lenkt er die Aufdeckung der
hervorstechendsten Besonderheiten der weiblichen Identität.
Freud selbst forderte dazu auf, den Roman als Mittel der Untersuchung psychischer Phänomene ernst zu nehmen: »Wertvolle
Bundesgenossen sind aber die Dichter, und ihr Zeugnis ist
hoch anzuschlagen, denn sie pflegen eine Menge von Dingen
zwischen Himmel und Erde zu wissen, von denen sich unsere
Schulweisheit noch nichts träumen läßt. In der Seelenkunde
gar sind sie uns Alltagsmenschen weit voraus, weil sie da aus

Quellen schöpfen, welche wir noch nicht für die Wissenschaft erschlossen haben.«[18] In seinem Gefolge ist es nicht nutzlos zu versichern – und vor allem durch das Beispiel zu belegen –, daß die Romane auch für die soziologische Untersuchung der Strukturen unserer Gesellschaft ein legitimes Studienobjekt sind, in gleichem Maße wie die von den Anthropologen der primitiven Gesellschaften untersuchten Mythen. Freilich müssen wir ihre Beweiskraft und deren Grenzen definieren. Der Roman, der weder das Reale widerspiegelt noch die Realität auf illusorische Weise entstellt, ist ein kohärentes Vorstellungssystem, nicht mehr und nicht weniger signifikant als die von der Statistik erfaßten »positiven Tatsachen«.[19] Doch im Unterschied zu diesen beleuchtet er nicht die realen Verhaltensweisen, sondern die imaginären Vorstellungen und sogar die symbolischen Systeme.

Über die Strukturen des Imaginären zu informieren ist bereits eine hinlänglich ergiebige Funktion, um die Aufmerksamkeit des Forschers zu verdienen. Aber das ist nicht alles: wie jedes narrative System besitzt der Roman die Fähigkeit, wiederum die Vorstellungen zu »informieren«, in dem Sinne, daß er ihnen eine Form, eine Stabilität, eine Definition gibt, die sie wirksamer machen. Damit trägt er dazu bei, mit seinen Modellen und Antimodellen die Erfahrung und insbesondere die identitätsstiftende Arbeit zu gestalten: dies ist namentlich die Rolle des »Bildungsromans«, wie man ihn zu Recht nennt. Er zieht also Nutzen aus einem doppelten Einfluß auf die imaginären Strukturen der Erfahrung: Einerseits hat er die Fähigkeit, die Formen der Beziehungen, deren Auswirkung er ist, auszudrücken und im Geist der Leser zu fixieren; andererseits hat diese Fixierungsfähigkeit wiederum Auswirkungen auf die Geister, indem er Affekten, die ohne die Arbeit des Romans informeller, weniger teilbar und damit weniger wirksam blieben, einen Status, ein Gewicht und eine Bezugskraft verleiht. Über die passive Darstellung des Imaginären, das vor ihm existiert, hinaus ist er

auch ein aktives Mittel der Identitätsbildung, insofern er Iden-
tifikations- oder Differenzierungsobjekte, Verhaltensmodelle
oder Antimodelle, typische Situationen, phantasmatische
Lösungen unterbreitet. Er ist nicht nur ein Dokument, das über
die Strukturierung des Imaginären *informiert* – im Sinne von
»Auskunft geben« –, sondern auch ein Werkzeug, das dieses
Imaginäre *informiert* – im Sinne von »Form geben«. Dies ist der
Ursprung der puritanischen Verurteilung des Romans, dem –
wahrscheinlich zu Recht – angelastet wird, gefühlsbetonten
oder erotischen Bestrebungen, denen das reale Leben wenig
Gelegenheiten gibt, sich zu entwickeln, zur Legitimität, ja sogar
zur Existenz zu verhelfen.

Die strukturierende Kraft der Fiktion wurde von vielen For-
schern unter ganz verschiedenen Gesichtspunkten hervorgehoben: dem der Geschichte, der Soziologie, der literarischen Analyse, der Philosophie.[20] Diese dem Roman zufallende vielfältige
Kraft macht ihn dennoch nicht zu einem universellen Gegenstand, nicht einmal innerhalb der westlichen Welt: zum einen,
weil er nicht alle Schichten der Gesellschaft gleichermaßen
betrifft, da er herkömmlicherweise als eine eher weibliche und
populäre Lektüre betrachtet wird; zum anderen, weil er erst
relativ spät, etwa im 18. Jahrhundert, seinen Aufschwung
genommen hat und deshalb ein in der Geschichte wohlsituier-
tes Phänomen ist, das spezifischen Möglichkeitsbedingungen
und Notwendigkeiten entspricht. Dazu gehört wahrscheinlich
die sexuelle Unterdrückung, deren Rolle beim Aufschwung des
Romans Jean-Louis Flandrin unterstrichen hat und die man im
Gefolge von Norbert Elias als eine der Komponenten im Prozeß
der Verinnerlichung der Zwänge auf dem Gebiet der Triebbe-
herrschung analysieren könnte. Tatsächlich trägt gerade sie zur
Entwicklung der »Romanphantasie« bei, indem sie zur einsamen Träumerei anregt; und sogar »unsere ganze moderne Zivilisation – unsere Sensibilität und unsere Passivität – scheint
von der sexuellen Unterdrückung herzurühren«.[21]

Diese Frage der Passivität verdient hervorgehoben zu werden, da sie sowohl die Lektüre der Romane, die es dem Leser ermöglicht, lediglich auf imaginäre Weise zu handeln, indem er sich mit den Romanfiguren identifiziert, charakterisiert als auch die traditionelle Lage der Frauen kennzeichnet, deren Handlungsmöglichkeiten in der Tat begrenzt sind.[22] Die Affinität der Fiktion zu den traditionellen Strukturen der weiblichen Identität äußert sich noch offenkundiger im derzeitigen Konsum der *»romans roses«,* deren Lektüre bei vielen Frauen nicht so verbreitet und intensiv wäre, wenn sie nicht wichtige Funktionen erfüllte, die weder die Episoden des realen Lebens noch die anderen Erzählkategorien – mit Ausnahme vielleicht der Fernsehfilme – befriedigen.[23] Das berechtigt uns, in den Romanen und in der Hartnäckigkeit, mit der sich viele von ihnen jeweils auf ihre Weise der gleichen Schemata bedienen, die imaginäre Gestaltung symbolischer Konfigurationen und realer Situationen zu sehen, die insbesondere die Frauen berühren. Sie liefern nicht allein den Ausdruck sozusagen »normaler« – also nicht von Fehlentwicklungen oder Grenzzuständen, sondern von gewöhnlichen Situationen verursachter – Identitätskrisen, sie sind auch praktische Werkzeuge, die Krisen zu meistern (»Großer Gott, wer hat Sie so gut unterrichtet! Sie lesen doch nicht etwa Romane?« fragt eine alte Dame die junge Heldin aus *Hellé* von Marcelle Tinayre, 1898). Das heißt, daß diese Romane auch prägnante Instrumente für die Analyse affektiver Phänomene sind, die ins Gebiet der Psychoanalyse fallen wie der Komplex der Zweiten, sowie für die Analyse der Identitätsphänomene, die ins Gebiet der Psychosoziologie und der Anthropologie fallen wie die verschiedenen Ausprägungen des Frauenstands.

Identität und Multidisziplinarität

Das Universum des Romans besitzt also seine Besonderheit, seine eigene Ordnung – jenseits der von der Literatursoziologie bisweilen bevorzugten Widerspiegelungsproblematik.[24] Dennoch trägt es Spuren der – ökonomischen, juristischen, hierarchischen – Gegebenheiten des Realen, die die historische und soziologische Dimension betreffen: daher die wenigen marginalen Hinweise auf die historische Realität, um die Verbindungen zu kennzeichnen, die das Imaginäre mit ihr unterhält, auch wenn es bei der Arbeit des Romans darum nicht geht. Denn die Fiktion ist ein guter Führer nur im Hinblick auf das Imaginäre, nicht aber auf die Realität. Das hier beschriebene System der Frauenpositionen ist also keine bloße Widerspiegelung der erlebten Erfahrung. Es ist ein anderer, spezifischer Modus, der seine eigene Logik hat. Es besitzt eine »relative Autonomie« – um den Terminus von Pierre Bourdieu aufzugreifen – in bezug auf die Realität, d. h. auf die Charakteristika des Autors, des literarischen Feldes oder der Erfahrung der Leser. Auch wenn diese Realität der Bezugspunkt des Modells ist, so haben die imaginären Darstellungen, die die Fiktion von ihr bietet, doch ihre eigene Ordnung, die sich nicht auf die erlebte Erfahrung reduzieren läßt.

Von wenigen Ausnahmen abgesehen haben sich die Sozialwissenschaften mit den realen Situationen befaßt, in denen sich die Subjekte befinden, unter Umgehung der Frage nach dem Platz, die im wesentlichen der Psychoanalyse überlassen wird. Doch haben die amerikanische interaktionistische Soziologie im Gefolge von Herbert Mead sowie die europäische Psychosoziologie vom Begriff der Rolle reichlich Gebrauch gemacht, der es ihnen ermöglichte, die Reflexion weniger streng objektivistischen Dimensionen zu öffnen (so tendiert zum Beispiel bei dieser Aufteilung der disziplinären Gebiete die Soziologie oder die Ökonomie der Erziehung dazu, die tatsächliche Situation der

Lehrkräfte zu untersuchen, während sich die Psychosoziologie für die Rolle des Professors und die Psychoanalyse für den Platz des Meisters interessiert). Bleibt noch, die Perspektive in Angriff zu nehmen, die, ohne sich von disziplinären Grenzen aufhalten zu lassen, diese verschiedenen Dimensionen integriert: ob realisierbar oder nicht, ist dies die Forderung, welche die Frage der Identität in sich birgt.

Ebenso läuft die Analyse der Romanfiktion darauf hinaus, neben dem Realen und dem Symbolischen auch dem Imaginären bei der identitätsstiftenden Arbeit ihren Platz einzuräumen und es zu einem Forschungsgegenstand zu machen, ebenso wie es die Klinik für die Psychiater oder die Psychoanalytiker und die Feldforschung für die Soziologen oder die Anthropologen ist. Die Fiktion ermöglicht es nämlich, durch die Arbeit des Imaginären und die dem Phantasma verliehene Konsistenz darzustellen, wie sich die beiden Ordnungen der Strukturierung der Erfahrung verschränken, d. h. die Innerlichkeit des Unbewußten und die Äußerlichkeit der von anderen bewohnten Welt, die psychoanalytische Dimension, die in der ursprünglichen Situation des Subjekts im Schoß der Familie wurzelt, und die anthropologische Dimension eines Systems von Möglichkeiten, dessen intuitive Kenntnis die Zugehörigkeit zu unserer Kultur bedingt und signalisiert. Diese beiden Ansätze – der Komplex der Zweiten und die Zustände der Identität, in die er eingebettet ist –, wurden miteinander verbunden, um diese Verschränkung zweier Aspekte des Identitätsproblems aufzuzeigen, die die Fiktion auf imaginärer Ebene verwirklicht: die Erfahrung des symbolischen Platzes des Subjekts in der Familienkonstellation und die Erfahrung der realen Situation einer Person im Raum der Möglichkeiten, wie er von den ökonomischen Imperativen, den hierarchischen Positionen, den Formen der Geselligkeit, den moralischen Vorschriften und den Wahrnehmungsinstrumenten bestimmt ist. Damit deutet dieser historische, soziologische, anthropologische wie psychoanalytische Ansatz die Umrisse einer Proble-

matik an, bei der es sich nicht mehr nur um die des Unbewußten in der individuellen Psyche handelt, auch nicht nur um die
der Darstellung in einer kollektiven Kultur, sondern um die
Problematik der Identität, so wie sie sich in der Verschränkung
von Bewußtem und Unbewußtem, von Individuellem und Kol-
lektivem, von Zufall und Regel herausbildet.

Eine solche Problematik gestattet und erfordert sogar diese Verlagerung zwischen verschiedenen Disziplinen, die es ermöglicht, den Verschränkungen dieser Dimensionen der Erfahrung
Rechnung zu tragen. Sie erlaubt es außerdem, das falsche Problem des Gegensatzes zwischen Strukturalismus und Interakti-
onismus zu vermeiden – die soziologische Reaktivierung des
philosophischen Gegensatzes zwischen Determinismus und
Freiheit. Denn es gibt nicht entweder das eine oder das andere,
entweder die Stabilität zwingender Strukturen oder die Labilität unaufhörlich neu verhandelter Interaktionen, sondern beides ist miteinander verschränkt: die grundlegenden, in einer
historischen Kontinuität eingebundenen Strukturen der Identität und die Krisensituationen, in denen sie auf die Probe
gestellt, bestätigt oder verändert werden. Die Strukturen sind
nicht ein für allemal gegeben, den Handlungen der Individuen
unzugänglich, und die Handlungen entstehen nicht aus dem
Nichts, in einem Universum ohne Anhaltspunkte, sondern in
einem Raum strukturierter Möglichkeiten. Wenn man diese
beiden Perspektiven in Gegensatz stellt, als schlössen sie einander aus, macht man sich implizit eine ideologische Haltung zu
eigen – eine Mischung aus Sektierertum und Logizismus –, die
die epistemologischen Positionen wie politische Parteien oder
religiöse Dogmen, also zwangsläufig als antagonistisch begreift, während sie doch nur Momente der Forschung sind, die
es zu verbinden und nicht zu trennen oder, noch schlimmer, zu
beseitigen gilt. Jedenfalls konnte mit dieser kleinen interdisziplinären Tour de force all dem, was viele Romane eindringlich
erzählen, Sinn verliehen werden.

Anhang

Anmerkungen

Erster Teil: Der Mädchenstand

Mädchen ohne Geschichte

1 Zu einer Anthropologie der »Szenen des ersten Blicks im Roman« (nicht nur in bezug auf die jungen Mädchen) vgl. Jean Rousset, 1981.

2 Genau dies ist das Merkmal der »Einsetzungsriten«, deren Funktion, wie Pierre Bourdieu (1982) gezeigt hat, weit mehr darin besteht, zwei Kategorien von Individuen zu trennen, als den Übergang zwischen zwei Lebensabschnitten zu markieren.

3 Daher ist die Natur, von der hier die Rede ist, weit zwiespältiger, als es das elegische Bild vermuten läßt, das der Verfasser des Vorworts (1933, S. 9) zeichnet: »Was Mary Webb betrifft, so haben sie zweifellos ihre poetische Beobachtungsgabe und ihr Naturgefühl zum Schreiben gebracht. Und wie schwach wirkt der Ausdruck ›Naturgefühl‹, um ihre Inspiration zu definieren! Es ist eine leidenschaftliche Liebe, die von der passiven Besinnlichkeit (...) bis zum Wunsch nach Umarmung reicht; es ist ein wechselndes und nie nachlassendes Ahnungsvermögen, das, vor einem Baum, einer Knospe, einem Grashalm, zahllose Bilder als Rufe des Wiedererkennens erprobt; eine religiöse Furcht, ausgelöst allein durch den Wechsel der Jahreszeiten, das Phänomen des widerhallenden Echos, der Spiegelungen, die schillern und erlöschen.«

4 Knapp eine Generation nach ihrem Erscheinen tauchte mit Delphine Gay eine Wirklichkeit gewordene Corinne auf, deren Geschichte Anne Martin-Fugier (1900, S. 276 ff.) rekonstruiert hat.

5 Zur Entwicklung der Formen des »Ernsts« im Roman und ihrem allmähliches Eindringen in die realistische Beschreibung des Bür-

gertums und des Volkes in die französische Literatur des 19. Jahrhunderts vgl. Erich Auerbach, 1946.

6 Zur Verbindung von Trennung und Heiligem vgl. Émile Durkheim, 1912.

7 Zum Feminismus in den Romanen vgl. Patricia Stubbs, 1979.

8 »Das erste Postulat des Klosterromans lautet, daß jede Art von
Berufung mehr oder weniger erzwungen ist; das zweite, daß
nichts eine erzwungene Berufung anrührender macht, als wenn
sie mit der Liebe in Konflikt gerät« (Pierre Fauchery, 1972,
S. 341).

9 Gilles Deleuze betonte es: »Das Problem scheint also nicht das
eines Gefühls, des religiösen Gefühls, zu sein, sondern – nach
einer Methode, die Diderot teuer war – das Problem eines Standes: die Religion, die derjenigen, die nicht dazu berufen ist, als
gesellschaftliche Stellung, als Privatleben aufgenötigt wird« (Einführung in *Die Nonne,* Paris 1947). Auch in der Realität bedeutet
der Eintritt ins Kloster einen Standeswechsel, wie Catherine
Baker (1979, S. 223) anhand der für die Frau entscheidenden Kleiderfrage hervorhebt: »Das Gewand hat große Ähnlichkeit mit der
Einschließung; es ist ein Gitter. Ein Gitter, das trennen soll, ein
Gitter zur Entschlüsselung einer Person. Das Kleid macht zwar
nicht die Nonne; aber man ›nimmt den Schleier‹ oder man ›legt
den Schleier ab‹ und ändert damit seinen Stand.

10 Vgl. Robert von Ranke Graves (1958, 1960, Bd. II, S. 303). Zur
Literatur bezüglich der Amazonen vgl. Pierre Darmon (1958) und
Simon Shepherd (1981), der die Ambivalenz einer in der elisabe-
thanischen Literatur häufig auftauchenden Figur hervorhebt: sie
schwankt zwischen der glorreichen Diana der klassischen Autoren und der Radigunde, welche die aggressive Unzucht, den
zügellosen Willen und die Aggressivität der Frau verkörpert, die
trinkt und sich schlägt.

Erwählbare Mädchen

1 Pierre Fauchery (1972, S. 739) hat diese Wesensgleichheit zwischen
dem Stand des Mädchens und der Warteposition in den Romanen
des 18. Jahrhunderts unterstrichen: »Solange im Roman die
Zukunft ›lebendig‹ bleibt, kann man sagen, daß sie ganz und gar
von dieser Erwartung erfüllt ist (...). Die Erwartung der Heran-

wachsenden (...) ist eine bebende Erwartung, die sich auf eine nebelhafte Substanz aus Träumereien, Phantomen aus Büchern, undeutlichen männlichen Bildern projiziert... Diese Suche nach einem unbestimmten Glück wird manche Frauen nie verlassen, auch wenn sie die Liebe gekannt und ›verbraucht‹ haben. (...) Und man kann sagen, daß eine bestimmte romantische Sehnsucht aus einem Verbluten der Erwartung der Heranwachsenden erwächst, wenn diese das Alter überschritten hat, wo sie als legitim gilt.«

2 »Das Erscheinungsdatum – 1740 – der *Pamela* von Samuel Richardson läßt sich als der *terminus a quo* des Liebesromans betrachten, wie man ihn 1980 in Form des Harlequin-Romans wiederfindet«, der sich wie folgt zusammenfassen läßt: »Wie das arme, aber tugendhafte junge Mädchen den Avancen des Sohns ihrer Dienstherrin widersteht und ihn schließlich zwingt, sie zu heiraten« (Julia Bettinotti, 1990, S. 22). Der Trivialroman im allgemeinen unterbreitet hauptsächlich Variationen über das Thema des Anknüpfens von Liebesbeziehungen sowie die Frage der richtigen Objektwahl (vgl. Bruno Péquignot, 1991).

3 Zur Reflexion über die »Wirkung der Schönheit« als Mittel der Unterwerfung unter das männliche Begehren sowie der Zerstörung des Herrschaftsverhältnisses vgl. Véronique Nahoum-Grappe, »Die schöne Frau«, in Georges Duby, Michelle Perrot, 1991, III).

4 Edmund Leites, 1986.

5 Pierre Fauchery (1972, S. 307) dagegen betont die Identitätsproblematik dieses Festhaltens an der Tugend: »Gemäß der Ontologie des Romans heißt ›sein‹ ganz einfach Jungfrau sein. Die Heldin, d. h. das Gute, verschmilzt mit ihrer ›Tugend‹, die auf eine unablässig wiederholte Ablehnung hinausläuft. Man könnte sagen, daß Pamela – wie viele ihrer Schwestern – ein lebendiges *Nein* ist. Die Verneinung zur absoluten Bejahung machen – dies ist die Alchemie, die mehrere Romanciers, und einige mit Erfolg, versucht haben.«

6 Diese Neuinterpretation der Geschichte erinnert an den (in allen Bedeutungen des Wortes) umwerfenden Kommentar von Freud (1905), der bei der Analyse eines jungen Mädchens, das von ihrem Stiefvater sexuell bedroht wird, in ihrem Zorn lediglich die Folge der aus der unbefriedigten erotischen Erregung entstandenen Versagung sieht – eine Interpretation, die geeignet ist, Zorn zu erre-

gen, da sie den Aggressor von jeder Schuld freispricht (außer der, seine Aggression nicht ausgelebt zu haben) und der Angegriffenen lediglich sexuelle Empfindungen unterstellt, die ihren Aggressor an ihr interessieren, womit er den Anspruch einer Person auf Würde und Achtung ihrer Identität als »Symptom« ins Nichts verweist und die Skepsis angesichts einer solchen Interpretation als »Widerstand« abqualifiziert.

7   »Wenn das Unsaubere etwas ist, was fehl am Platz ist, so müssen wir es von der Ordnung her untersuchen. Unsauberes oder Schmutz ist das, was nicht dazugehören darf, wenn ein Muster Bestand haben soll. Sobald wir dies erkannt haben, haben wir den ersten Schritt in Richtung auf ein Verständnis von Verunreinigung getan« (Mary Douglas, 1966, 1988, S. 59).

8   In *Verstand und Gefühl* (1811) sind es die Schwestern Elinor und Marianne Dashwood sowie – sekundär – Anne und Lacy Steeles; in *Stolz und Vorurteil* (1813) die Schwestern Jane und Elizabeth Bennet; in *Mansfield Park* (1814) Fanny Price und ihre Kusinen; in *Anne Elliot* (1818) die Schwestern Elliot; und in *Die Abtei von Northanger* (1818) vergleicht sich die Hauptfigur, wie Emma Bovary, selbst mit den Romanheldinnen.

9   Dieser Gegensatz zwischen zwei von Schwestern verkörperten Merkmalen entspricht einem anderen, in der Ästhetik der Epoche zentralen Gegensatz zwischen Klassik und Romantik oder zwischen der Ordnung und dem Pittoresken, verkörpert durch den französischen bzw. den englischen Garten: darauf weist Elinors Geliebter Edward hin, als er Marianne seine Ansichten über die Natur erklärt.

10 »In diesen Erzählungen bleibt die Ehe zwar der Pol jedes jungfräulichen Denkens, wirft jedoch ihre letzten Beziehungen zur poetischen Illusion über Bord. Außer im Schelmenroman wurde die finanzielle Arithmetik des Paars niemals genauer und zwangloser kontrolliert; nirgendwo entfalten sich die Mittel, die der Zynismus einer unnachgiebigen, mit unbefangener Keuschheit gepaarten Intelligenz aufbietet, so meisterhaft und mit fast peinlicher Scharfsicht« (P. Fauchery, 1972, S. 851).

11 Eben diese Asymmetrie vernachlässigt Niklas Luhmann (1982) in seiner Analyse des Gegensatzes zwischen vernünftig-geordneter und gefühlsbetonter Liebe in der Literatur des 17. und 18. Jahr-

hunderts: indem er implizit die Hypothese der Symmetrie auf-
stellt, kann er der Besonderheit der weiblichen Erfahrung und
insbesondere den Konstellationen der Zustände nicht Rechnung
tragen. Zur Asymmetrie zwischen den Geschlechtern in den Ver-
wandtschaftsbeziehungen vgl. Claude Lévi-Strauss, 1967. Zu
einer soziolinguistischen Untersuchung der Asymmetrie in der
Konversation zwischen den Geschlechtern vgl. Deborah Tannen,
1990.

Schlecht erwählte Mädchen

1 Wie Flaubert so schön sagte: »Gegenüber der Liebe haben die
Frauen wirklich nichts in der Hinterhand, sie legen nichts für sich
beiseite wie wir, die wir, trotz unserer freigebigen Gefühle, immer
einen Spargroschen für unseren alleinigen Gebrauch in petto
haben.«

2 Der eine wie der andere Inzest gehören nach der Analyse von
Françoise Héritier (1994) zum »zweiten Typ«.

Verlassene Mädchen

1 »Verlassen zu werden ist also für das schuldige Mädchen das
kanonische Schicksal« (P. Fauchery, 1972, S. 329).

2 »Wenn das Nahen der Rivalin für das verlassene Mädchen eine
unwiderstehliche Versuchung ist, dann wird das explosive Poten-
tial des Themas nirgendwo auf dramatischere Weise eingesetzt als
in den Erzählungen, wo die Geliebte *sieht*, wie der Treulose sich
um eine andere bemüht: es ist der mörderischste Gebrauch, den
der Roman vom Blick machen kann« (P. Fauchery, 1972,
S. 302).

3 »Lange schon war Anne-Marie Stretters Tochter verschwunden.
Ihre Mutter hatte, wie es schien, weder ihren Aufbruch noch ihre
Abwesenheit bemerkt.« Daß diese Frau, die einen Verlobten
raubt, eine Mutter ist, wird seltsamerweise in dem Essay, den
Michèle Montrelay (1977) diesem Roman widmet, nicht erwähnt:
diese wörtliche Aussage, die die Identität der Person definiert,
wird zugunsten einer symbolischen Interpretation des schwarzen
Kleids als eines Äquivalents des Todes vernachlässigt.

Zweiter Teil: Der Platz der Ersten

Die bedrohte Erste

1   Jules Michelet (1860) wies darauf hin, in welchem Maße die französische Gesetzgebung diese moralische Souveränität in den bestehenden materiellen Ressourcen verankert: »Die Französin erbt
und weiß es, sie hat eine Mitgift und weiß es. (…) Dieser Grund
und Boden entschwindet nicht, dieses Haus stürzt nicht ein; sie
bleiben bestehen, um ihr ein Mitspracherecht zu verleihen, ihr eine
Persönlichkeit zu erhalten, wie sie die Engländerin oder die Deutsche nicht besitzen. Diese gehen sozusagen mit Leib und Habe in
ihrem Gatten auf.«

2   Hier findet man die Merkmale der weiblichen Zeitlichkeit wieder,
wie sie Pierre Fauchery (1971, S. 236) im Roman des 18. Jahrhunderts beobachtet hat: »Die Zeitlichkeit der Frauen ist gekennzeichnet (…) durch einen starken Gegensatz zwischen den leeren und
den ausgefüllten Momenten des Daseins, in dem gewaltige Gipfel
und Wüstenzonen einander abwechseln.«

3   »Ohnmächtig werden heißt für eine Frau, die sich einer ›auswegslo-
sen‹ Situation stellen muß, das Weite zu suchen, als wollendes
Wesen zu verschwinden und nur ihre Hülle zurückzulassen. Wir
haben auf die plastische Wirksamkeit wie auf den dramatischen
Wert dieses Verhaltens hingewiesen, die die Universalität seiner
narrativen Verwendung erklären: ob es sich nun um die verzweifel-
te Ohnmacht der verfolgten Jungfrau oder um die dekorative
Bewußtlosigkeit der galanten Frau handelt, die es vorzieht, dem
Aggressor die Verantwortung für den ›Fehltritt‹ zu überlassen« (P.
Fauchery, 1972, S. 656).

4   Vgl. René Girard, 1961.

Die gespaltene Erste

1   Arlette Michel (1977) hat auf die häufige Wiederkehr dieses Motivs
bei George Sand, »der Schriftstellerin der Ehe«, hingewiesen: das
Motiv der schlecht verheirateten Frau, die an der inneren Spaltung
zwischen »zwei gleich starken Neigungen leidet, von denen die eine
die Ehe als verabscheuenswürdig und die andere sie als Zustand
der Vollkommenheit erscheinen läßt«, eine Spaltung, die sich nur
durch einen romanhaften Krisenplan ausdrücken oder lösen läßt.

2 Arlette Michel, 1978, S. 185.

3 Vgl. Thorstein Veblen, 1899. Zur Ehe, sofern sie nicht nur ein Paar, sondern ein »Haus« betrifft, vgl. Norbert Elias, 1969, 1983, insbesondere S. 80 f. Mehr als durch den Lebensstandard wird die Höhe des Erbes durch die Familienstrategie bestimmt wie bei der königlichen Heirat, und nicht durch die individuelle Neigung wie bei der Heirat unter Arbeitern.

4 Das legt die Ethologie nahe: »Jeder Mensch wird von zwei gegensätzlichen Bedürfnissen geleitet: er selbst zu werden, was ihn aus seiner Gruppe herausreißt, und seiner Gruppe anzugehören, was ihn eines Teils seiner Möglichkeiten beraubt« (Boris Cyrulnik, 1993).

5 Ist es Zufall, daß der Vorname dieser schlechten Mutter zwanzig Jahre zuvor der Name des kleinen Mädchens war, das von einer anderen unwürdigen Mutter schlecht behandelt wurde, von Madame des Ormes in *François le Bossu* der Gräfin de Ségur (1864), die der Weiblichkeit den Vorzug vor der Mutterschaft gab und es daher nicht ertragen konnte, ihre Tochter heranwachsen zu sehen, da sie selbst nicht altern wollte? Es ist dies eine verwirrende literarische Kontinuität – auch wenn es sich nur um eine Mode auf dem Gebiet der Vornamen handelt –, als würde das in dem Kinderroman schlecht geliebte kleine Mädchen, sobald es selbst Mutter ist, bei dem naturalistischen Romancier zur schlecht liebenden Mutter.

6 C.G. Jung, 1961, S. 344.

7 P. Ricœur, 1991, S. 257.

8 Dieser Gegensatz wird von André Comte-Sponville (1994, S. 191 f.) sehr gut zusammengefaßt: »*Moral* nennen wir also (...) die normative und imperative Rede, die aus dem Gegensatz zwischen Gut und Böse als absoluten oder transzendenten Werten resultiert: es ist die Gesamtheit unserer Pflichten. Die Moral beantwortet die Frage: ›Was soll ich tun?‹ Sie versteht sich als unteilbar und universell. Sie erstrebt die Tugend und gipfelt in der Heiligkeit (...). Und *Ethik* nennen wir jede normative (aber nicht imperative oder lediglich hypothetische Imperative beinhaltende) Rede, die aus dem Gegensatz zwischen *Gut* und *Böse* als relativen Werten resultiert: es ist die durchdachte Gesamtheit unserer Wünsche. Eine Ethik beantwortet die Frage: ›Wie soll man leben?‹ Immer ist sie einem

Individuum oder einer Gruppe eigentümlich. Es handelt sich um eine Lebenskunst: sie erstrebt meist das Glück und gipfelt in der Weisheit.«

9   Vor der Ära des Romans haben »weder das Wort ›Liebender‹ noch das Wort ›Dirne‹ den Sinn und den Wert, den wir ihnen heute beimessen (...). Im 16. Jahrhundert wurde die Liebe im höchsten Maße angefochten und von der christlichen Moral in Bausch und Bogen abgelehnt. Der Liebende ist aus damaliger christlicher Sicht der Liebhaber, der Lüstling, ohne deshalb aufzuhören, das zu sein, was wir den Liebenden nennen. Das damals so häufig gebrauchte Wort ›Dirne‹ dagegen hatte denselben pejorativen Wert wie heute, jedoch aus anderen Gründen. Unsere Väter aus dem 16. Jahrhundert wandten ihn zwar wie wir auf diejenigen an, die berufsmäßig Unzucht treiben; wir aber werfen ihnen vor, für Geld die Komödie der Liebe zu spielen, während sie ihnen vorwarfen, ihr Leben dem sexuellen Vergnügen zu widmen. Daher wurde das Wort damals auf jede Frau angewandt, die aus Liebe und Vergnügen körperliche Beziehungen suchte, da die anständige Frau sie angeblich nur um des Wohls der Ehe willen suchte, entsprechend den Pflichten ihres Standes – man könnte fast sagen ›aus beruflicher Gewissenhaftigkeit‹. Eine paradoxe Umkehrung der Werte, die unter dem Deckmantel ein und desselben Worts den Realitäten zugeschrieben wurde« (Jean-Louis Flandrin, 1981, 1986, S. 119).

10 Vgl. Lucien Lévy-Bruhl, 1922. Geoffroy E. R. Lloyd (1900, 1994, S. 32, 52, 209), der kritisiert, daß man die Fähigkeit, Widerspruch zu tolerieren, einer »prälogischen Mentalität« zurechnet, schlägt zu Recht vor, diese Toleranz nicht den Mentalitäten, sondern den Situationen zuzuschreiben. Indes ist es bedauerlich, daß er die Hypothese, man könne ein und demselben Individuum oder einer Gemeinschaft als solcher mehrere Mentalitäten unterstellen, als »übertrieben« ausschließt.

11 Dies ist eine Haltung, zu der naturgemäß zahlreiche historische Forschungen führen, die nicht nur die konstitutiven Ambivalenzen ihrer Objekte hervorheben, sondern, untrennbar damit verbunden, die tatsächlichen Kontinuitäten zwischen Größenordnungen, die der Logizismus zu trennen neigt. Diesen Weg, den z. B. Paul Veyne (vgl. 1983, S. 65) einschlug, indem er zeigte,

daß das Verhältnis der Griechen zu ihren Mythen von einer konstitutiven Ambivalenz zwischen Gläubigkeit und Skeptizismus geprägt ist, und nur wenn man diese Ambivalenz ernst nehme, könne man die Realität der Vorstellungen respektieren und ihnen gleichzeitig Sinn verleihen. Und in der Weigerung, zwischen den Größenordnungen eine Diskontinuität einzuführen, besteht die Originalität der Soziologie von Norbert Elias: indem sie den Prozeß der Zivilisation unter dem Blickwinkel der Verinnerlichung der Zwänge untersucht, vollzieht sie tatsächlich diesen Übergang zwischen dem Besonderen und dem Allgemeinen, den die wissenschaftliche Logik verbietet, indem sie sie als getrennte Entitäten, als diskrete Realitäten behandelt.

12 Mit der Erarbeitung »relativistischer« Systeme, die dem pluralistischen Aufbau der Modalitäten der gewöhnlichen Erfahrung Kohärenz verleihen, befassen sich mehrere neuere Tendenzen der Soziologie, die zu einem neuen Paradigma in den Sozialwissenschaften beitragen. In diesem Punkt berühren sich so unterschiedliche Modelle wie beispielsweise die »Rahmen-Analyse« von Erving Goffman (1974) auf der kognitiven Ebene der »Grammatik«, die die Wahrnehmungsrahmen der Erfahrung organisiert; die »Sphären der Gerechtigkeit« von Michael Walzer (1983) auf der Ebene der Billigkeitsregeln; oder auch, auf der axiologischen Ebene der Werte, die »Ökonomien der Größe«, die Luc Boltanski und Laurent Thévenot (1991) in den verschiedenen Rechtfertigungssystemen herausgearbeitet haben, wie sie sowohl die Handelnden in einer gewöhnlichen Situation als auch die Wissenschaftler in einer experimentellen Situation entwickeln.

13 J. Boutonier, 1938, 1972, S. 59.

14 Vgl. C.G. Jung, 1962, S. 348; Alice Miller, 1979, 1990, bes. S. 32 f.; François Roustang, 1990, S. 84 und 93.

15 »Die Verwerfung der Spannung ist überall dort festzustellen, wo das Urteil eine im wesentlichen zwiespältige oder ungewisse Situation willkürlich beendigt, überall dort, wo angesichts zweier Pole der eine beseitigt, willkürlich untergeordnet, vorzeitig oder endgültig zugunsten des anderen ausgelöscht wird« (L. Dumont, 1983, S. 204).

437

Verzichtende, Zustimmende

1 Zu einem historischen Abriß dieses Begriffs vgl. Michel Foucault, 1984.
2 Pierre Fauchery (1972, S. 338) spricht anläßlich der Romane des 18. Jahrhunderts mit Recht von »jenen unvollendeten oder ›unter-drückten‹ Ehebrüchen, von jener Trennung zwischen Denken und Gefühl, die das Raster der *Neuen Heloïse* und vieler daraus hervorge-gangener Romane bilden...« Zum folgenden Jahrhundert vgl. Chantal Gleyses, 1994).
3 Dies ist die »paranoische« Form der »Logik des Schlimmsten« im Gegensatz zu ihrer »tragischen« Antithese: vgl. Clément Rosset, 1971.

Die emanzipierte Erste

1 Zu den für diese Ambivalenz des Besonderen konstitutiven Mecha-nismen vgl. Nathalie Heinich, 1991.

Die exilierte Erste

1 Funktion der »Frau-die-hilft« in den traditionellen Gesellschaften vgl. Yvonne Verdier, 1979.
2 »Der grundlegende Inzest, so grundlegend, daß er sich in den Tex-ten wie im Verhalten nur annäherungsweise ausdrücken läßt, ist der Mutter/Tochter-Inzest. Dieselbe Substanz, dieselbe Form, das-selbe Geschlecht, dasselbe Fleisch, sogar dieselbe Zukunft, eine aus der anderen hervorgegangen, *ad infinitum,* leben Mütter und Töch-ter diese Beziehung im Einverständnis oder in der Verwerfung, in der Liebe oder im Haß, aber immer erschauernd. Die normalste Beziehung der Welt ist auch diejenige, welche die zweideutigsten Aspekte annehmen kann« (Françoise Héritier, 1994, S. 53 und 352 f.). Vgl. Nathalie Heinich, 1995.
3 Norbert Elias (1986, 1994, S. 194 ff.) betonte im übrigen die Rezi-prozität der Gefühle der Rivalität und der Angst vor der Gewalt der anderen, die nicht nur dem Sohn Ödipus, sondern auch dem Vater Laios eignen.

Dritter Teil: Der Komplex der Zweiten

Identitätskrise

1   Die Verfilmung von 1940 erhielt 1941 einen Oscar und war beim
    Publikum sowie bei der Kritik ein riesiger Erfolg. Eine kurze Unter-
    suchung dieses Films (vgl. *Les Monstresses,* Sondernummer der
    Cahiers du cinéma, hg. v. Pascal Bonitzer, 1980) liegt der hier erörter-
    ten Problematik zugrunde.

2   »Was wäre ein Roman, dessen Erzähler nicht genannt werden
    könnte?« fragte sich Jean-Marie Geng alias Max Genève in einer
    Erörterung über das Pseudonym (1980): es wäre *Rebecca.*

3   Mit erstaunlicher Intuition gab David O. Selznick (1984, S. 231,
    235) der Produzent des Films, Hitchcock den Rat: »Ich hoffe, Sie
    beabsichtigen nicht, dem Mädchen den Namen Daphne oder
    sonst einen Namen zu geben. Neben der Tatsache, daß die titelge-
    bende Person niemals in Erscheinung tritt, hat die Leser am mei-
    sten beeindruckt, daß die Hauptperson keinen Namen hat.« So hat
    die eine ein Gesicht, aber keinen Namen, während die andere einen
    Namen, aber kein Gesicht hat: »Ich bitte Sie, Miss Du Maurier aus-
    zurichten, daß ich völlig mit ihr einverstanden bin, was das Auf-
    tauchen der toten Frau auf der Leinwand betrifft, und daß ich,
    abgesehen von den Gründen, die sie anführt, immer der Überzeu-
    gung war, daß keine einzige Frau, deren Gesicht wir zeigen könn-
    ten, in der Lage wäre, dem Bild zu ähneln, das jeder sich von ihr
    macht.«

4   Vgl. besonders Norbert Frye, 1957 und 1967. »Das Englische hat
    novel vorgezogen, was zu *romance* in Konkurrenz tritt, wobei der
    zweite Terminus eher Geschichten charakterisiert, in denen die
    Imagination vorherrscht, und der erste ›realistischer Bericht‹
    bedeutet, auch wenn diese Einteilung nicht streng durchgehalten
    wird« (Pierre Chartier, 1990, S. 29). Zu einer Zusammenfassung
    dieses Gegensatzes zwischen dem »romanhaften« und dem
    »mimetischen« Modus vgl. Thomas Pavel, 1986, 1988, S. 115.

5   Ist es ein Zufall, daß die titelgebende Heldin, die insofern die erste
    Frau verkörpert, als sie das Legitimste besitzt, da in ein »Haus«
    integriert – Namen, Sippe, Schloß, Gegenstände –, denselben Vor-
    namen trägt wie diejenige, die im Alten Testament die Ehefrau ver-
    körpert, die nicht nur aus Zuneigung, sondern aus Familienpflicht

auserwählt wurde, um die Kontinuität der Sippe zu gewährleisten? Es ist die Geschichte von Rebecca, die Claude Lévi-Strauss (1993) wie folgt analysiert: »Das Problem der Ehe Rebeccas (…) resultiert aus einem Widerspruch zwischen dem, was die Juristen des Ancien Régime Rasse und Erde genannt haben. Auf Geheiß des Allmächtigen sind Abraham und die Seinen aus ihrer Heimat im mesopotamischen Syrien ausgezogen, um sich sehr weit im Westen niederzulassen. Aber Abraham verwirft jeden Gedanken einer Heirat mit den Ureinwohnern: er will, daß sein Sohn Isaak ein Mädchen seines Blutes ehelicht. Und da es dem einen wie dem anderen verboten ist, sich vom gelobten Land zu entfernen, schickt Abraham seinen Vertrauten Eliezer zu seinen Verwandten in die Ferne, damit er Rebecca hole.«

6   Vgl. Pierre Bourdieu, 1979, S. 68–93.

7   *Rebecca* setzt hier unmittelbar die Romantradition fort: »Der bevorzugte Bereich der Romanliteratur des 18. Jahrhunderts ist der der Anmut: es handelt sich um eines jener Schlüsselwörter, mit dem das Jahrhundert seine Lieblingssynthese bezeichnet. Die Kälte der kanonischen Schönheit mildernd oder ersetzend, ist die Anmut das unerläßliche Merkmal der Heldin: immer zeichnet sie sich dadurch aus, daß sie diese Eigenschaft in höherem Maße besitzt als ihre Rivalinnen« (P. Fauchery, 1972, S. 182).

8   »Als Sprache des Körpers und der Begierden betrifft die Kleidung so viele widersprüchliche Antriebe und verrät mittels verschiedener Codes so viele Bedürfnisse, daß sie bei der Konstituierung einer Identität eine sehr große Rolle spielt« (Daniel Roche, 1989, S. 39). Bezeichnenderweise nannte Erving Goffman (1965, S. 246) die Gesamtheit der Bekleidungsgegenstände, die ein Individuum für sein persönliches Erscheinungsbild braucht, *identity kit.*

9   »Die Frau vor ihrem Spiegel, die das Selbstbild, das sie den anderen zeigen will, durch eine sorgfältige Aufmachung erschafft, die Frau als Objekt ihrer eigenen Ästhetik sucht automatisch, instinktiv, und ohne sich dessen vollkommen bewußt zu sein, ihre Persönlichkeit mittels ihrer Körperlichkeit. Die Verschmelzung von Körper und Psyche sowie der extrovertierte Narzißmus stellen die kleineren Etappen einer spezifisch weiblichen Identitätssuche dar. (…) Um zu existieren, muß man *anerkannt,* d. h. bewundert, betrachtet, geliebt werden. (…) Daher sind der Spiegel und der

Schmuck das Zeichen einer Suche nach sich selbst, die in einem ersten Stadium, dem der frühen Jugend, und manchmal ein Leben lang die *persona* (die Maske) naiv mit der tiefen Persönlichkeit, der Seele, identifiziert« (Marie Sémon, 1984, S. 231).

10 Mit Recht die Seltenheit psychoanalytischer Studien über »das Kleid« (Titel eines Essays von Eugénie Lemoine-Luccioni) kritisierend, legt Daniel Sibony (1978, S. 122 f.) einen Kommentar vor, der sehr gut zu diesen beiden Fiktionen paßt: »Jede Frau weiß, daß die entscheidende Frage des Kleides darin besteht zu wissen, ob es sie von der anderen Frau ›abhebt‹ oder nicht, ob sie es zum Beispiel auf einer Abendgesellschaft als einzige trägt oder nicht; und natürlich ist diese ›andere Frau‹ auch die Mutter, die Andere als Frau oder sie selbst, wenn sie sich als Andere betrachtet (...). Das Kleid ist also weder ›irgend etwas‹ noch ›nichts‹ (...), es ist für eine Frau der Ort eines Kampfes und einer komplexen Übermittelung im Umkreis einer problematischen Weiblichkeit, die es der anderen Frau zu entreißen, von ihr zu empfangen oder zu erobern gilt; eine eher harsche und gewaltsame Eroberung: Das Kleid wird aus der Haut dieser anderen Frau geschnitten, die es zwar nicht gibt, doch deren Emblem, ja deren Trophäe eine Frau auf diese Weise trägt, womit sie den anderen (vor allem den anderen Frauen, denn auch hier betrifft die Sache den Mann nur auf Umwegen, wenn das Produkt ›fertig‹ und sich die Unterscheidung von der anderen Frau vollzogen oder zumindest stabilisiert hat) signalisiert, daß sie es verstanden hat, sich ihren Teil der Weiblichkeit anzueignen ... Das Kleid ist der Schlagschatten des Körpers der anderen Frau, ein transparenter oder ›verkörperter‹ Schatten ... Und wenn man sich mit dem Phänomen der Mode befassen will, ohne ihm einfach linguistische oder psychoanalytische Begriffe überzustülpen, sieht man darin zunächst ein privilegiertes Moment bei der Übermittlung des Weiblichen: die abstrakte Figur der anderen Frau wird hier durch das Modell verkörpert, das die Schar der Mannequins vorführt« (D. Sibony, 1978, 1984, S. 122 f.).

Lösungsversuche

1 Diese Dreiteilung folgt der Analyse der pragmatischen Unterschiede zwischen Aussagesystemen von Gilbert Dispaux, 1984.

2   Zu einer Reflexion über das Verhältnis zwischen Schmerz und
     Innerlichkeit vgl. Patrick Pharo, 1989.
3   Diese Haltung wurde aus ethnopsychoanalytischer Sicht von
     Georges Devereux (1967) beschrieben.
4   In der anthropologischen Literatur über die der Benennung zuge-
     schriebenen Kräfte sei hier nur die Untersuchung von Jeanne Fa-
     vret-Saada über den Hexenglauben im Hainland von Westfrank-
     reich (1977) erwähnt, wo die Benennung des Zauberers für die Ver-
     hexten entweder tabu ist (sie achten allgemein darauf, so wenig wie
     möglich »darüber zu reden«, um dem Zauber nicht zu erliegen,
     nicht noch mehr »gepackt« zu werden) oder für den Entzauberer
     notwendig ist, wenn er es »auf sich nimmt«.
5   Diese Frage wurde auf exemplarische Weise von Alice Miller in
     ihrem ersten Werk (1979) behandelt (das bezeichnenderweise den
     Untertitel »Die Suche nach dem wahren Selbst« trägt).
6   Wir wollen hier nicht entscheiden, ob die Erzählerin eher de-
     pressiv, zwangsneurotisch, schizophren oder paranoid oder gar
     ob sie wirklich psychopathisch, einfach neurotisch oder völlig
     normal ist: wichtig allein ist zu verstehen, was die Situation
     pathogen macht und sie die verschiedenen Stadien des Leidens
     durchlaufen läßt, deren Augenblicke der Roman in exemplari-
     scher Weise beschreibt. Denn die Arbeit des Forschers besteht
     darin, »den Akteuren zu folgen«, wenn er – was zum Gegen-
     stand seiner Forschung gehört – zwischen diesen psychiatri-
     schen Kategorien wie zwischen den Kategorien der gewöhnli-
     chen Welt, dem Normalen und dem Pathologischen, dem Ratio-
     nalen und dem Irrationalen unterscheidet: eine anthropologi-
     sche »gleichschwebende« Aufmerksamkeit, deren Notwendigkeit
     Jeanne Favret-Saada in ihrer Untersuchung des Hexenglaubens
     aufgezeigt hat (1977, S. 161).
7   In den Termini der »Rahmen-Analyse« nach Erving Goffman liegt
     hier eine Transformation des Rahmens zweiten Grades vor: zur
     ersten Transformation, dem Übergang des Realen (»primärer Rah-
     men«) zum Roman (»Modus« der Fiktion) kommt innerhalb des
     Romanmodus die Einführung jener besonderen (aber besonders
     »gut gemeinten«) »Hervorbringung« hinzu, welche die Selbsttäu-
     schung darstellt, wo Täuscher und Getäuschter zusammenfallen:
     Gestalten des Traums, wenn er nicht als solcher wahrgenommen

wird, oder des Phantasmas, wenn das Subjekt an das Produkt seiner Einbildung glaubt.

8   Zum Unterschied zwischen Neid und Eifersucht – dem Wunsch zu erlangen, was man nicht besitzt, und dem Wunsch, nicht zu verlieren, was man besitzt – vgl. George M. Foster, 1972.

9   *Rebecca* erreichte in Frankreich eine Auflage von über 1,7 Millionen Exemplaren, im Wettstreit mit *Maria Chapdelaine, Nana, Vom Winde verweht* und *Lady Chatterley*. In den Vereinigten Staaten wurde *Rebecca* in über 3 Millionen Exemplaren verkauft, während der Film, David O. Selznick (1984, S. 233) zufolge, »nach *Vom Winde verweht* die erfolgreichste Liebesgeschichte war«.

Vom Roman zum Mythos

1   Nichtsdestoweniger gibt es symbolisierte Darstellungen des Vater/Tochter-Inzests, wenn man der Interpretation von G. M. Goshgarian (1992, S. 79) glauben darf, dem zufolge »in den Jahren um 1850 die häusliche Fiktion ebenso rein wie rein inzestuös« war.

2   Jean Laplanche und Jean-Bertrand Pontalis, 1973, S. 79.

3   »... während beim Mädchen sich die spezifische Zuneigung und die entsprechende Eifersuchtseinstellung gegen die Mutter entwickelt« (C. G. Jung, 1913, S. 370). Diese Assoziation wurde von André Green (1969) aufgegriffen, der in bezug auf Elektra von einem »positiven Ödipuskomplex« spricht. »Vielleicht wäre es klarer, von einem ›positiven weiblichen Ödipuskomplex‹ zu sprechen, als Merkmal der Zuneigung zum Vater und der Aggressivität gegenüber der Mutter« (Pierre Brunel, 1971, S. 38).

4   Sigmund Freud, 1920, S. 281, Anm. »Unser Eindruck ist hier, daß unsere Aussagen über den Ödipuskomplex in voller Strenge nur für das männliche Kind passen, und daß wir recht darin haben, den Namen Elektrakomplex abzulehnen, der die Analogie im Verhalten beider Geschlechter betonen will«, wiederholte er zehn Jahre später (1931, S. 521).

5   »Was Freud über die unterschiedlichen Wirkungen des Kastrationskomplexes bei jedem Geschlecht, über die Bedeutung der präödipalen Anhänglichkeit des Mädchens an die Mutter, über die Prävalenz des Phallus bei beiden Geschlechtern gezeigt hat, rechtfertigt seine Verwerfung des Ausdrucks Elektrakomplex, der eine Analogie zwischen der Haltung des Mädchens und der des Knaben den Eltern

gegenüber voraussetzt« (J. Laplanche und J.-B. Pontalis, 1973, S. 78 f.). »Die schicksalhafte Beziehung von gleichzeitiger Liebe zu dem einen und Rivalitätshaß gegen den anderen Elternteil stellt sich nur für das männliche Kind her« (S. Freud, 1931, S. 521).

6   Für verschiedene kritische Untersuchungen des psychoanalytischen Androzentrismus vgl. besonders Simone de Beauvoir, 1949, I, S. 80 und passim; Luce Irigaray, 1974 und 1977; Sarah Kofmann, 1980, bes. S. 163–170; Christiane Olivier, 1980. Für einen anschaulichen Nachweis des Androzentrismus der Wissenschaftler im allgemeinen vgl. Fabio Lorenzi-Cioldi, 1988, S. 54 f.

7   S. Freud, 1931, S. 521, und 1932, S. 138. Glücklicherweise wurde auf die Unannehmbarkeit dieser Behauptung hingewiesen: »Eine ödipale Position, in der das Mädchen sich wirklich mit der Mutter identifiziert und sie von ihrem Platz vertreibt, dürfte wohl alles andere als bequem sein. Die Schwierigkeiten, die das Mädchen in diesem Falle sowohl wegen seiner Liebe zum Vater als auch wegen seiner Rivalität gegenüber der Mutter zu bewältigen hat, sind so schwerwiegend, daß der Ödipuskomplex beim Mädchen im gleichen Maße wie beim Knaben als ›Kern der Neurose‹ begriffen werden muß« (Janine Chasseguet-Smirgel, 1964, S. 179). Man mag es bedauern, daß André Green, der seine eigene Lesart der Formen des Ödipuskomplexes in der Tragödie vorlegt, nicht zur Kenntnis genommen hat, daß er alle möglichen Konstellationen des Paars Begehrter/Begehrender (Mutter/Sohn, Gattin/Gatte, Tochter/Vater) beschreibt *außer* denjenigen, die ein weibliches Wunschsubjekt gegenüber einem männlichen Objekt ins Spiel brächten, insbesondere die Konstellation begehrter Vater/begehrende Tochter, deren männliches Homolog indes, mit dem Ödipuskomplex, ein grundlegendes Schema der analytischen Theorie bildet. (»Die *Orestie, Othello, Iphigenie in Aulis* enthüllen uns die dunkelste, die verborgenste Seite des Ödipuskomplexes. Die Kehrseite dieses Komplexes, da die Schlußfolgerung jedesmal den Tod des Objekts der Begierde zur Folge hat, herbeigeführt durch den begehrenden Teil: so den Tod der Mutter durch den Sohn, der Gattin durch den Gatten, der Tochter durch den Vater«, A. Green, 1969, S. 221).

8   Paul Veyne (1976, S. 21) hat den grundlegenden Unterschied zwischen diesen beiden Praktiken des Vergleichs hervorgehoben, dessen Verwechslung immer wieder zu Mißverständnissen führt.

444

9 Mythos und Roman wurden oft miteinander verglichen, um entweder ihre Analogien zu betonen, wie Claude Lévi-Strauss, der die Kontinuität zwischen mythologischer Erzählung und Fortsetzungsroman hervorhebt (1968, S. 105 f.), oder, häufiger, ihre Unterschiede zu unterstreichen: so Marc Augé, für den die Eigentümlichkeit des Mythos darin besteht, daß er einen Helden ohne Autor zeigt, während der Roman eine individuelle Psychologie einführt (1982, S. 170); oder Paul Ricœur, der den Roman durch die Neuheit der Fabel und die Partikularisierung der Personen charakterisiert (1984, S. 14); oder auch Northrop Frye (1976), der eine Abstufung der fiktionalen Modi je nach der hierarchischen Position des Helden gegenüber den anderen Menschen und seiner Umgebung vorschlägt. Paul Veyne schließlich (1983) hat auf die Unannehmbarkeit einer Auffassung des Mythos hingewiesen, die seine Besonderheit auf den vom Empfänger ins Werk gesetzten »Glauben« gründen würde. Zu literarischeren Untersuchungen der Frage vgl. Gérard Genette, 1991, S. 34 f.; Michel Zéraffa, 1971.

10 In der akademischen Hierarchie der kultivierten Werte in einer sekundären Position gehalten, wurde »diese traurige Gattung des Romans«, wie Michelet 1859 in *L'Amour* schrieb, nicht vor der zweiten Hälfte des 19. Jahrhunderts in die Académie française zugelassen und nahm erst im 20. Jahrhundert den Aufschwung, der in der Geschichte der westlichen Kultur seinesgleichen sucht (vgl. P. Chartier, 1990, S. 29, 48, 107 f.). Die Spezialisten sehen in der *Prinzessin von Clèves* (1678) die Geburtsstunde des »wahrscheinlichen« Romans, der weder eine Novelle noch ein Abenteuer- oder Ritterroman ist, was das Wort »Roman« im 17. Jahrhundert bedeutete (vgl. J. D. Lyons, »Le roman s'affirme«, in Denis Hollier, Hg., 1989, 1993).

11 Nur ein Beispiel, das wir Daphne Du Maurier entlehnen, die es wiederum den Schwestern Brontë verdankt: »Als Branwell in seinen Hut griff – den gewohnten Behälter seiner flüchtigen Schnitzel, und wo er seine Dichtung versorgt zu haben glaubte –, entdeckte er, daß er versehentlich einige lose Blätter eines Romans mitgebracht, an denen er seine ›ungeübte Hand‹ versucht hatte. Bekümmert über die Enttäuschung, die er verursacht hatte, war er schon dabei, die Blätter wieder in den Hut zu legen, doch da drängten ihn beide Freunde sehr ernsthaft, sie ihnen vorzulesen, denn sie waren

neugierig darauf zu sehen, wie er seine Feder als Romanschrift-steller zu handhaben vermochte. Nach einigem Zögern fügte er sich der Bitte und fesselte unsere Aufmerksamkeit etwa eine Stunde« (*Die dämonische Welt des Branwell Brontë*, 1960).

12   Vgl. Roger Caillois, 1974, und Marc Angenot, 1975.

13   B. Bettelheim, 1976, 1988, S. 177. Vgl. auch Pierre Saintyves, 1923 und Marie Louise von Franz, 1972, 1977.

14   Abgesehen von der Rekurrenz der Figuren der Zweiten teilt der Roman mit dem Märchen einige Figuren, die Vladimir Propp (1928, 1972) in den Märchen identifizierte: der »Kampf mit dem Gegenspieler«, die »unrechtmäßigen Ansprüche des falschen Hel-den«, die »Enttarnung des falschen Helden«, die »Transfigurati-on«, die »Bestrafung des falschen Helden oder Gegenspielers«, die »Hochzeit« und die »Thronbesteigung« – lauter Figuren, die im letzten, »romanhaftesten« Teil von *Rebecca* auftauchen und die phantasmatische Auflösung des Dramas vorbereiten.

15   Gérard Genette, 1972, S. 68.

16   S. Freud, 1932, S. 145.

17   Über den fast religiösen Fanatismus des sexuellen Reduktionis-mus bei Freud siehe das sehr aufschlußreiche Zeugnis von C. G. Jung (1962, S. 157). Der Vorrang der Identitätsfrage vor der sexu-ellen Frage wurde allerdings auch von Psychoanalytikern aufge-worfen, z. B. von Nicole Berry (1987, S. 14 und 18): »Das Bedürf-nis, von einem anderen Menschen in seiner Besonderheit aner-kannt zu werden, kann ebenso wesentlich sein wie das Bedürfnis nach Liebe«; oder: »Ist das Gefühl unserer Identität nicht wichti-ger, inständiger als die Lust?«

18   Das berühmte »Rätsel der Weiblichkeit« war, bevor es zu einem Topos der Freudschen Lehre wurde, ein Gemeinplatz der Roman-literatur, wie Pierre Fauchery (1972, S. 556 f.) im Zusammenhang mit dem Roman des 18. Jahrhunderts betont, in denen »sich eine neue Gestalt der Frau entfaltet, welche die kongenitale Unmög-lichkeit jeder Erklärung offenbart. Die Frau wird hier als ein Wesen vorgestellt, das alle Techniken der Erkenntnis hintertreibt: aus einem Objekt – das für jeden, der sich für es interessiert, lebenswichtig ist – wird es in dem Sinne zum vollkommenen Objekt, als es sich nicht erfassen läßt. (...) Doch ist nicht jede Frau eine Anwärterin auf die Funktion des Rätsels? Vom euphori-

schen Rätsel bis zum bösartigen Rätsel führen die Romanciers
viele Arten vor Augen, die ewige Sphinx zu betrachten.«

19   Jacques Lacan, 1966, S. 736. Eingeweihte kennen vermutlich noch
andere Texte, die Antworten geben könnten, aber ihre Komplexität untersagt den Zugang zu ihnen und, noch mehr, die Diskussi-
on. Da Lacan dafür Sorge getragen hat, seiner eigenen Lektüre
solche Hindernisse in den Weg zu legen, besteht dann nicht der
beste Weg, sie ernst zu nehmen, darin, nicht zu versuchen, sie zu
überwinden?

20   Darauf hat vor allem Jean Laplanche hingewiesen (1993, S. 106 f.)
in einem anregenden Beitrag zur Kritik des sexuellen Reduktionismus bei Freud, wie auf psychosoziologischer Ebene auch
Gérard Mendel sie übt (1988, S. 24 und 105).

21   Für dessen sozioökonomische Analyse vgl. François de Singly,
1987.

22   Psychoanalytiker drücken es folgendermaßen aus: »Was immer
wir beabsichtigen mögen, wenn wir diejenigen zum Mann oder
zur Frau nehmen, die bereits der Mann oder die Frau einer/eines
anderen sind, verändern wir das Feld der symbolischen Kräfte.
Unabhängig von unserer Rede und von der Reinheit ›unserer Herzen und Hände‹ können sich in der Welt des gesprochenen Worts
zwei Subjekte ebensowenig an ein und derselben Stelle befinden
wie in der physikalischen Welt. Man kann mit dieser Wahrheit
nicht hadern, ohne sich am Ende selbst zu verlieren« (Marie Balmary, 1986, S. 179 f.); oder: »Feststeht, daß die grundlegende
Rivalität für eine Frau die gegenüber der Anderen-Frau ist (die,
wie wir uns erinnern, als solche nicht existiert, nur ihr ›Platz‹ und
ihre Funktion sind unausweichlich)...« (D. Sibony, 1978, S. 16).

23   »Ich halte es für wichtig, an dieser Stelle darauf hinzuweisen, daß
die Faszination, die die Hexengeschichten ausüben, vor allem
daher rührt, daß sie in der realen, wenn auch subjektiven Erfahrung wurzeln, die jedermann in verschiedenen Augenblicken seines Lebens mit Situationen machen kann, wo es keinen Platz für
zwei gibt, Situationen, die in den Hexengeschichten die extreme
Form eines Zweikampfs auf Leben und Tod annehmen. Damit
diese Geschichten eine überzeugende und faszinierende Wirkung
ausüben können, muß dieses Register der subjekiven Erfahrung,
in welcher Form auch immer, wirklich real existieren, und es darf

niemand ihm entrinnen können. Sonst wäre nicht zu begreifen, warum diejenigen, die damit konfrontiert waren, (...) das Bedürfnis haben, es anderen zu erzählen; warum die natürlichen Adressaten dieser Erzählung (...) so heftig wünschen, sie jedem zu wiederholen, der sie zu hören vermag; warum ich selbst diese Erzählungen gesammelt habe, ohne mich je von der Schwierigkeit des Unternehmens abschrecken zu lassen; und warum ich sie heute Lesern übermittle, von denen man annehmen darf, daß sie sich nicht ganz durch Zufall darauf eingelassen haben, mir in dieses Abenteuer zu folgen« (J. Favret-Saada, 1977, S. 96 f.).

24   J. Favret-Saada, 1989, S. 494 f.

Vierter Teil: Die Stadien der Zweiten

Konkubinen und Mätressen

1   Michel Serres (1987, S. 331 f.) hebt diesen sehr alten Gegensatz zwischen Ehefrau und Mätresse hervor: »Lot, Orpheus: die jüdische Lektion läßt die Ehefrau vorausgehen; in der griechischen Mythologie geht die Mätresse hinterher; die im ersten Text erstarrte Frau verflüchtigt sich in der zweiten Erzählung; im einen Fall ist sie für immer sichtbar, fortdauernd; für immer verloren, unauffindbar im andern.«

Kurtisanen zwischen Glanz und Elend

1   Dumas, dessen Roman in der Nachfolge des Abbé Prévost steht, erinnert daran, daß »Hugo *Marion de Lorme,* Musset *Bernerette,* Alexandre Dumas *Fernande* geschaffen hat und daß Denker und Dichter aller Zeiten der Kurtisane Barmherzigkeit erwiesen haben«. Über die Opern, die dieses Thema behandeln *(La Traviata, Manon Lescaut, Madame Butterfly),* vgl. Catherine Clément, 1979.

Liederliche Frauen

1   Über die Schauspielerin als »Emblem der imaginären Frau« vgl. Stéphane Michaud, 1985.

2   J. Guillais-Maury, 1984, S. 233.

Vom gefallenen Mädchen zur Straßendirne

1 »Im allgemeinen handelte es sich um arme Frauen, Dienstmädchen, Ortsfremde oder Frauen, die im Verdacht standen, außereheliche sexuelle Beziehungen zu einem oder mehreren Männern zu unterhalten. Im übrigen wurden sie alle, ob zu Recht oder zu Unrecht, von ihren Verführern als liederlich betrachtet. Jedenfalls stieß die kollektive und öffentliche Vergewaltigung sie aus der Kategorie der anständigen Frauen, auf die sie Anspruch erhoben, in die der ›gemeinen Dirne‹, d. h. aus der von den verheirateten Männern kontrollierten Kategorie in die, die den Junggesellen zur Verfügung stand« (J. F. Flandrin, 1981, 1986, S. 284 f.).

2 Veröffentlicht 1947 bzw. 1956. Zu diesen Romanen vgl. Marie Guérin und Dominique Paulvé, 1994.

3 Symptomatisch für die Schwierigkeit, die Prostitution zu definieren, sind die Bedeutungsverschiebungen: *demi-monde* und *demi-mondaine* »bezeichneten ursprünglich frei gewordene Frauen (Witwen, getrennt Lebende, Ausländerinnen), die jedoch marginal waren und deren matrimonialen Status man nicht kannte (...). Sehr schnell, d. h. nach dem Sturz des Kaiserreichs und wahrscheinlich schon vorher, wurde die ›demi-monde‹ zu einer ›Spielart der Galanterie‹, die die ersten Maisons de Rendez-vous förderte; von nun an bezeichnete das Adjektiv ›demi-mondaine‹ eine hochrangige Prostituierte« (Alain Corbin, 1978, S. 191).

Fünfter Teil: Die Sicht der »Dritten«

Die Gouvernante

1 Diese Anordnung mit vier Erzählern wurde von Michel Butor (1973) analysiert.

2 Zu diesen beiden grundlegenden Haltungen - die »tautologische« und die »gläubige« - vgl. Georges Didi-Huberman, 1990, Kap. II. Zu dem »Unglaublichen und seinen Beweisen« vgl. die Nummer 14 der Zeitschrift *Terrain,* bes. Elisabeth Claverie.

3 »Neben der Masse von 750 000 Dienstmädchen in England im Jahre 1851 wurden zwar nur 25 000 Gouvernanten gezählt, doch wurden sie trotz dieser bescheidenen, wirtschaftlich unbedeutenden und politisch unsichtbaren Gesamtzahl Leitfiguren für die Werte, Pro-

bleme und Ängste der viktorianischen Mittelschicht. Der Definition nach war die Gouvernante Hauslehrerin oder Gesellschaftsdame und Erzieherin der Kinder einer Familie. In Wirklichkeit aber lebte sie in einem schmerzlichen Widerspruch zwischen den Werten ihrer Erziehung als *gentlewoman* und den Aufgaben, die sie gezwungenermaßen wahrnehmen mußte« (Cécile Dauphin, »Alleinstehende Frauen«, in G. Duby, M. Perrot, 1991, 1994, Bd. 4, S. 488).

4   Die besonders grausame Lage der Dienstmädchen, die von ihren Arbeitgebern als sexuelle Sklaven behandelt und, sobald sie schwanger waren, entlassen wurden, ist von Anne Martin-Fugier in hervorragender Weise untersucht worden; sie schreibt, daß »ledig und schwanger sein gleichsam ein Stereotyp des Dienstbotendaseins ist« (1979, S. 321). »Als Vorbereitung für die Ehe war das Dienstbotendasein ein Durchgangsstadium (...). Doch wie bereits die hohe Zahl der fünfzig Jahre alten und älteren alleinstehenden Frauen im häuslichen Dienst zeigt, wurde das Dienen häufig zum Dauerzustand und verurteilte viele Tausend von Frauen zum Zölibat« (C. Dauphin, a.a.O., S. 487 f.). Martha Vicinus (1985) zeigt den regelmäßigen Anstieg unverheirateter und über fünfundvierzigjähriger Frauen in England, von denen Anfang des Jahrhunderts etwa die Hälfte als Dienstboten angestellt waren.

5   In den Romanen des 18. Jahrhunderts bezweckt die Reihe der Prüfungen häufig die Wiederherstellung der anfänglichen Lage, womit sie die Gouvernante zu einer irrtümlich Deklassierten erklären: »Oft haben wir es mit einer ursprünglichen Deklassierung zu tun, die durch eine Reklassierung berichtigt wird« (P. Fauchery, 1972, S. 229 f.).

6   »Im Gegensatz zur Heldin ist sie groß und hager, mit straffem, zu einem Nackenknoten gebundenem grauen Haar, dunkler und strenger Kleidung und einem feindseligen Gesicht (...). Falls die Gouvernante dem Helden bedeutungslos ergeben ist, wird sie am Ende des Romans zur Verbündeten der Heldin; behält sie dagegen ihr gehässiges Verhalten bei, dann wird sie entlassen« (J. Bettinotti, 1990, S. 43).

7   Die Geschichte des Terminus *parthenos* legt nahe, daß es in der griechischen Antike nicht anders war, denn »er bezeichnete einfach eine Person weiblichen Geschlechts, die, ob *Jungfrau oder nicht,* unverheiratet war – will sagen, keinem Gatten untertan« (G. Devereux, 1982, 1988, S. 80).   -1 Zl.

8   A. Farge und Ch. Klapisch-Zuber, 1984, S. 7. »Im Konfliktdreieck
zwischen Eltern und Kindern konnte die Gouvernante nicht bei
den anderen Dienstboten Trost suchen. Mit Kost, Logis und einem
geringen Entgelt konnte sie bei Krankheit, im Alter oder nach einer
Kündigung nur noch bei Wohlfahrtseinrichtungen (...) Hilfe
suchen. (...) Sie hatten mit vielen Umgang, aber zu niemandem
eine enge Beziehung, sie waren verbannt ohne Aussicht auf Heimkehr, sie wirtschafteten in Haushalten, hatten aber keine eigenen
vier Wände. Dieses Eingeschlossensein, das die Kontrolle über den
Körper und die Negation der eigenen Identität bedeutete, galt
auch in weiten Bereichen von Industrie und Gewerbe« (C. Dauphin, a.a.O., S. 488 f.).

Die alte Jungfer und der Blaustrumpf

1   Der Terminus »kommt vom englischen *bluestocking,* ein Wort, das
Benjamin Stillingfleet zugeschrieben wird, einem Mitglied des Zir-
kels von Lady Montague (1690–1772), die den üblichen schwarzen
Seidenstrümpfen blaue Wollstrümpfe vorgezogen haben soll. (...)
In den Jahren um 1840 bestimmte die *Physiologie du bas-bleu* von
Frédéric Soulié sozusagen die Farbe: ›Molière nannte sie *gelehrte
Frauen.* (...) Sobald eine Frau ein *Blaustrumpf* ist, muß man unbe-
dingt von ihr sagen, daß sie unsauber, bösartig, eine Pest ist‹«
(Christine Planté, 1989, S. 28).

2   »Der Roman des 18. Jahrhunderts stellt die Frauenliteratur ausdrücklich als einen unseligen Ersatz für die Liebe dar; und die
Romanschriftstellerinnen sind nicht die letzten, die ihre Ge-
schlechtsgenossinnen karikieren. Die ›gelehrte‹ Frau, und allgemeiner die Intellektuelle, wie wir sie nennen würden, wird nicht
sehr viel besser behandelt. Wenn die Autoren bestimmten Frauen,
die eingehende Kenntnisse besitzen, gern Kredit einräumen, dann
nur unter der Bedingung, daß sie sie schamhaft verbergen; und
dazu finden nur wenige den Mut. Daher entgehen sie selten der
Lächerlichkeit« (P. Fauchery, 1972, S. 438).

3   M. Cacouault, »Diplôme et célibat«, in A. Farge, Ch. Klapisch-
Zuber, 1984, S. 117. Es besteht ein offenkundiger Gegensatz zwischen den Lehrern, bei denen die Ehelosigkeit die Ausnahme ist,
und den Lehrerinnen, bei denen sie die Regel ist, sowohl im Bild
ihrer Situation als auch in der Realität (vgl. Jean und Mona Ozouf,

451

1992, S. 321 f.). Zur Lage der Mädchen in den Grundschulen vgl. Yvette Delsaut, 1992.

4   Um die Figur einer heldenhaften Intellektuellen zu finden, muß man die Welt des Romans verlassen und sich der zeitgenössischen Geschichte zuwenden, mit der Person von Simone Weil, einer militanten und konvertierten Lehrenden, der eine außergewöhnliche Verbindung von intellektueller, politisch-prophetischer und geistiger Berufung gelang. Aufgrund der Beispielhaftigkeit ihres Lebens und ihres tragischen Todes ist sie tatsächlich eine der wenigen heldenhaften sowie heiligen Gestalten der »Dritten«, jedoch in der Realität und nicht in der Fiktion – von der sich Roberto Rosselini in *Europa 51* inspirieren ließ, dargestellt von Ingrid Bergmann (vgl. Marie-Magdeleine Davy, 1966).

5   Es hat auch professionalisierte Formen der Frömmigkeit gegeben: als semireligiöse Junggesellinnen, die zwischen dem Klerus und den Laien standen, übernahmen die Betschwestern die Erziehung der Kinder und die Pflege der Kranken. Vgl. Elisja Schulte van Kessel, »Jungfrauen und Mütter zwischen Himmel und Erde«, in G. Duby, M. Perrot, 1991, 1994, Bd. 3.

Die Witwe

1   »Für diese Frauen erweist sich die Witwenschaft als abgeschlossenes Schicksal, die interessanten Bezirke der Welt sind erloschen. (...) Wir haben es hier also mit einer der bevorzugten Gestalten der verzichtenden Frau zu tun. (...) Umgekehrt ist die Witwenschaft für viele Frauen im Roman das Signal für eine Entfesselung von Begierden« (P. Fauchery, 1972, S. 419 ff.).

2   »Die Aufgabe einer Mutter ist es, nicht nur ein Kind zu produzieren, sondern einen Umkreis von Möglichkeiten, in dem ihr Kind jemand anders, eine andere Person werden kann. (...) Wenn es der Mutter nicht gelingt, einen Bereich wechselseitigen Handelns zu schaffen, so daß der Säugling lernt, sie als ein anderer zu berühren, dann wird dem Kind die Voraussetzung für das Gewahrwerden seiner persönlichen Autonomie fehlen. Es wird für immer ein Ding, ein Anhängsel, etwas nicht ganz Menschliches, eine lebendige Puppe bleiben« (David Cooper, 1967, 1971, S. 35.).

3   Vgl. Alice Miller, 1981 und 1988 a. Dieser Bruch mit der Psychoanalyse erfolgte nach einer eindringlichen Analyse der Frage, warum

Freud die Verführungstheorie zugunsten der Triebtheorie aufgab, eine jener Theorien, »die die Aufmerksamkeit vom Tun des Erwachsenen auf die Phantasien des Kindes ablenkten und die damit der von der Schwarzen Pädagogik geprägten Generation entgegenkam« (»Die Einsamkeit des Entdeckers«, in 1981, 1983, S. 147).

4   Vgl. bes. Hitlers Kindheit, die Alice Miller in *Am Anfang war Erziehung* (1980) untersucht; die von Kafka in *Du sollst nicht merken* (1981); die von Nietzsche in *Der gemiedene Schlüssel* (1988 b). Der narzißtische Mißbrauch findet eine frappierende Veranschaulichung mit dem Fall von Romain Gary, dessen Analyse durch Pierre Bayard, obwohl nicht mit einer Theorie der Identität verschränkt, vor Augen führt, was der mütterliche Einfluß bewirken kann, wenn eine Witwe von ihrem Kind verlangt, es solle an ihrer Statt das grandiose Schicksal verwirklichen, zu dem sie selbst außerstande ist: ein Einfluß, der zu einer Verdopplung führt, die, sofern sie sich nicht in der Fiktion, zu der das Schreiben verhilft, zu verwirklichen vermag, einen Ausweg nur in der Mythomanie, in der Lüge oder im Selbstmord finden kann – lauter Lösungen, zu denen Romain Gary bekanntlich gegriffen hat (vgl. Pierre Bayard, 1990).

5   So fehlt der Analyse von François Héran (1988) – der aufzeigt, auf welche Weise sich die Vorliebe für den Besitz von Hunden oder Katzen nach der Struktur des ökonomischen oder kulturellen Kapitals richtet – nur die Berücksichtigung ihrer Entwicklung nach Altersgruppen.

6   Vgl. P. Bourdieu, »L'Invention de la vie d'artiste«, wiederaufgenommen in 1992.

Sechster Teil: Krisenzustände

Grenzpositionen

1   Leider berührt das klassische Werk von Erving Goffman (1963, 1967) diese doch so fundamentale Frage der Verletzung des Gerechtigkeitsgefühls nur oberflächlich, wenn der Autor im Hinblick auf die Nützlichkeit einer »guten Anpassung« des Stigmatisierten für die Normalen anmerkt, »daß die Unfairneß und die Pein, ein Stigma tragen zu müssen, ihnen niemals vorgehalten werden wird« (S. 151).

2   Diese »Kennzeichnung« des Besonderen scheint im Bereich der
    Zauberei immer wiederzukehren: »Der *piqueur* sucht nach dem
    teuflischen Zeichen auf dem Körper der mutmaßlichen Hexe,
    indem er mit Nadeln in die verdächtigen Zonen sticht. (...) Es ist
    wahrscheinlich, daß die Unglückliche, die ein Zeichen trägt, eines
    Tages von ihren Mitbürgern den Richtern angezeigt wird. Jeden-
    falls drohen ihr ernsthafte Gefahren« (Robert Muchembled, 1979,
    1991, S. 128 ff.). Wie in den Konzentrationslagern, wo jedes unge-
    wöhnliche Körpermerkmal dazu führen konnte, daß man vor den
    anderen von den Henkern selektiert wurde, ist die Kennzeichnung
    in Krisenzeiten eine Gefahr, eine Bedrohung.

3   Vgl. R. Muchembled, 1979, 1991, S. 176; J.-M. Sallmann, »Hexen«,
    in G. Duby, M. Perrot, 1991, 1994, Bd. 3, S. 462; M. Augé, 1982,
    S. 216 ff.

4   Jules Michelet, 1862, 1964, S. 343.

5   »Das deutlichste Beispiel für die Vielzahl der Modelle wird vielleicht
    von einem anderen Merkmal im Leben einer Hexe geliefert: dem
    Umherirren« (N. Jacques-Chaquin, 1985, S. 70). Die Hexerei »wäre
    die antisoziale psychische Kraft, die Personen in relativ unstruktu-
    rierten Bereichen der Gesellschaft zugeschrieben wird, wobei die
    Anklage ein Mittel darstellt, dort Kontrolle auszuüben, wo prakti-
    sche Formen der Kontrolle nur schwer einzusetzen sind. Hexerei
    findet sich demnach im nicht strukturierten Bereich. Hexer und
    Hexen (...) ziehen die Ängste und Abneigungen auf sich, mit denen
    in anderen Denksystemen andere Zweideutigkeiten und Widersprü-
    che belegt sind. Die Art der Kräfte, die sie haben sollen, symbolisiert
    ihren zweideutigen, ungeordneten Status. (...) Sie sind legitime Ein-
    dringlinge. Ein glänzendes Beispiel für diese Gruppe wäre Jeanne
    d'Arc: eine Bäuerin am Hof, eine Frau in Rüstung, eine Außenseite-
    rin im Kriegsrat. Die Tatsache, daß man sie der Hexerei anklagte,
    ordnet sie dieser Kategorie zu« (M. Douglas, 1966, 1988, S. 135 f.).

6   Vgl. René Girard, 1972.

7   Lotis Unterfangen war nicht völlig vergebens, denn wenige Jahre
    später verwendete Louise Weiss den Terminus »entzaubert« *(désen-
    chantée)* – jedoch um sich selbst zu bezeichnen –, als sie am Vor-
    abend des Ersten Weltkriegs die symmetrische Erfahrung einer
    Frau aus dem Westen macht, die aus dieser Haremsweiblichkeit
    ausgestoßen wird (1937, S. 165).

8 Diese Geschichte steht in der Kontinuität des äußerst komplexen Verhältnisses zwischen Realität und Fiktion, realer Identität und romanhafter Identität, das Pierre Loti, alias Julien Viaud, mit seinem Pseudonym und seinen fiktiven Heteronymen stets aufrechterhielt: vgl. Bruno Vercier, 1993.

9 »Die durchschlagende Wirkung des Romans – eine Auflage von einer Million; gelesen von 12 bis 25 Prozent aller Franzosen; in zwölf Sprachen übersetzt – zeugt von der Bedeutung des Skandals, der dem Autor den Ausschluß aus der Ehrenlegion einbrachte. (...) Eine öffentliche Debatte entwickelte sich, vor allem in der Presse, und selbst im Familienkreis wurde lebhaft diskutiert. Journalisten, Politiker und Romanschriftsteller verurteilten, manchmal mit extrem scharfen Worten, die ›Frau, die ihr eigenes Leben lebt‹, das ›Luder‹. Die meisten Feministinnen waren schockiert über den ›pornographischen‹ Charakter des Romans. Die gespaltene Linke verteidigte die Meinungsfreiheit, zeigte sich aber reserviert gegenüber dem Inhalt. Die Kommunisten, nach deren Meinung die Frauenemanzipation erst durch die Französische Revolution ermöglicht wurde, äußerten ihre Verachtung für diese ›Pseudoforderungen‹ eines ›republikanischen Bourgeois‹. Lediglich die revolutionären Feministinnen, insbesondere Lehrerinnen, die in der Gewerkschaft CGTU organisiert waren, unterstützten das Modell im Namen der Gleichheit der Geschlechter« (Anne-Marie Sohn, »Zwischen den beiden Weltkriegen. Weibliche Rollen in Frankreich und England«, in G. Duby, M. Perrot, 1991, 1995, S. 113). Zu den Auswirkungen, welche die Emanzipation der Frauen auf die Männer hatte, vgl. Annelise Maugué, 1987.

Siebter Teil: Die ungebundene Frau

Auf der Suche nach der verlorenen Identität

1 Vgl. hierzu besonders G. Duby, M. Perrot, 1991.

2 Vgl. Susan R. Gorsky, 1973.

3 Sören Kierkegaard, 1949, 1995, S. 33.

4 So werden »die Gestalten freier Frauen, denen in den Untersuchungen über das 18. Jahrhundert Bedeutung beigemessen wird,

nie mit alten Jungfern verwechselt« (C. Dauphin, »Histoire d'un stéréotype: la vieille fille«, in A. Farge. Ch. Klapisch-Zuber, 1984, S. 215).

5   »Diese Verbindung hat sich nach einem Modell aus dem 18. Jahrhundert herausgebildet: die Dame führt einen Salon, in dessen Mittelpunkt sich ihr großer Liebhaber bewegt. (...) Diese illegitimen Paare sind zwar nicht wie die legitimen mit der Weitergabe des Namens und des Erbes betraut, haben aber nichtsdestoweniger eine wichtige gesellschaftliche Funktion, nämlich durch die Kulturpolitik und die Protektion der Künste für die Überlegenheit des Geistes zu sorgen« (A. Martin-Fugier, 1990, S. 212).

6   Auch hier gibt es in der Geschichte eine Fülle von Beispielen, so daß im Jahre 1843 der Graf von Castellane eine Frauenakademie gründen wollte: ein Projekt, das unter anderen Hindernissen auf Meinungsverschiedenheiten in bezug auf die Kleidung stieß, bis »jemand Einigkeit herstellen konnte, indem er für den Turban plädierte, der jedem Alter stehe und seit Madame de Staël zum Symbol der Literatin geworden ist« (ebd., S. 306). »Immer mehr Frauen schreiben im Laufe des letzten Jahrhunderts in immer unterschiedlicheren Gattungen. Ende des 19. Jahrhunderts zählt man nicht weniger als 778 schreibende Frauen, deren Namen in den Katalogen der Buchhandlungen erscheinen. Einer anderen Schätzung zufolge hat sich die Zahl der Literatinnen von etwa zwanzig im Jahre 1860 auf über 700 im Jahre 1908 erhöht, was sich auch 1928 – bei einer Gesamtzahl von 3000 französischen Schriftstellern – nicht geändert hat« (Monique de Saint-Martin, 1990, S. 52). Zu den Widersprüchen der Schriftstellerinnen (Sand, Eliot, Colette) vgl. A. Maugué, »Die neue Eva und der alte Adam. Geschlechteridentität in der Krise«, in G. Duby, M. Perrot, 1991, 1994, Bd. 4, S. 579 ff.

7   Danielle Deltel, »Colette: L'autobiographie prospective«, in S. Doubrovsky, J. Lecarme und Ph. Lejeune, 1993, S. 123 und 133. »Damit bringt Colette ihr Unternehmen zum Abschluß: zuerst drückte sie sich mit Hilfe ihrer fiktiven Personen aus, jetzt drückt sie sich selbst als fiktive Person aus. Dieses originelle Vorgehen entstand aus der Bewußtwerdung dessen, was die bisher praktizierte Form des Schreibens implizierte. Man schreibt nicht ungestraft: man konstruiert den Anderen als das Selbst, man entdeckt sich beim Schreiben, das Schreiben formt das Leben« (S. 130).

8 »Die Wahl männlicher Pseudonyme wurde lange bekrittelt, und wie groß der reale gesellschaftliche Vorteil für die Frauen, die sie benutzten, zunächst auch sein mochte, so erschöpft diese Erklärung das Problem doch keineswegs. Die männlichen Kritiker sahen darin meist das Indiz für einen Hang zur Männlichkeit, der eine bei einer Frau anormale Geisteskraft erklären würde, die Verleugnung einer enttäuschten Weiblichkeit oder ein Zeichen von Ehrgeiz und Neid« (Ch. Planté, 1993, S. 34). Man muß sich jedoch hüten, in einer Situation, die dem literarischen Leben ganz allgemein eigentümlich ist, eine weibliche Besonderheit zu sehen, einer Situation, die Schriftsteller männlichen sowie weiblichen Geschlechts veranlassen kann, ihre wahre Identität zu verbergen (vgl. R. Chartier, 1993, S. 1006). Zum Paradox des weiblichen Pseudonyms als Strategie des Geheimnisses in der Welt der Werbung vgl. Mary Kelley, 1984, S. 128. Zum Pseudonym des Schriftstellers vgl. Maurice Laugaa, 1986.

9 Theodor Zeldin gibt dafür einige Anhaltspunkte im Roman ab der Jahrhundertwende: *Starke Frauen* von Marcel Prévost im Jahre 1900 und, im selben Jahr, *Les Sévriennes* von Gabrielle Rêval; *Les Cervelines* von Colette, 1903; *Histoire de Sibylle* von Renée-Toby d'Ulmès, 1904; *La Rebelle* von Marcelle Tinayre, 1905, die den Gegensatz zwischen Emanzipation und Liebe schildert; *Ruban de Vénus* von Gabrielle Rêval, 1906; *Princesses de sciences* von Colette Yver, 1907; und natürlich, fünfzehn Jahre später, *La Garçonne* von Victor Margueritte, oder auch *Hélène Barraux, celle qui défiait l'amour* von Camille Marbo, 1926 (Th. Zeldin, 1973, 1978, S. 410, und Jules Bertaut, 1907). Vgl. auch Grace Stewart, 1979. Im Gegensatz dazu findet man Satiren auf die Emanzipation der Frauen durch das Schreiben wie *Maison pour dames* von Jean Lorrain (1908): die Geschichte der Mißgeschicke einer Provinzlerin, die einen von einer Zeitung ausgeschriebenen Poesiewettbewerb gewonnen hat, einer Zeitung, von der sich herausstellt, daß sie unter dem Deckmantel des Feminismus ein Ort der Ausschweifung ist.

10 »So konnten französische Frauen erst ab 1907 frei über ihren Lohn verfügen, während jenseits des Ärmelkanals schon 1870 entsprechende Gesetze erlassen worden waren. In der Zwischenkriegsperiode änderte sich der zivilrechtliche Status der Frauen in beiden Ländern in ähnlicher Weise; damit wurde eine Emanzipation, die

sich im Alltag bereits durchgesetzt hatte, nachträglich rechtlich abgesegnet. 1920 erhielten Frauen in Frankreich das Recht, ohne Erlaubnis des Ehemanns einer Gewerkschaft beizutreten; ab 1927 konnten sie im Fall einer Eheschließung mit einem Ausländer ihre Nationalität behalten. Das Erbrecht von Witwen wurde gegenüber der Familie des Ehemannes gestärkt, ein Zeichen für die wachsende Bedeutung des Paares zu Lasten der männlichen Abstammungslinie. Aber vor allem beseitigte das Gesetz vom 18. Februar 1938 die zivilrechtliche Unmündigkeit der verheirateten Frau und schaffte so faktisch den Artikel 215 des Code civil und die eheliche Gewalt des Mannes ab. Frauen konnten von nun an vor Gericht auftreten, Verträge abschließen, ein Konto eröffnen, studieren und Examina ablegen und einen Paß beantragen, ohne die Erlaubnis des Ehemannes einzuholen« (A.-M. Sohn, »Zwischen den beiden Weltkriegen. Weibliche Rollen in Frankreich und England«, in G. Duby, M. Perrot, 1991, 1995, S. 134.

11   »In Frankreich brachte das Gesetz von 1884, obwohl es Männer und Frauen ungleich behandelte (ein Mann konnte nur dann wegen Ehebruch verurteilt werden, wenn er eine Konkubine in der ehelichen Wohnung aushielt), vor allem den Frauen Vorteile. In mehr als der Hälfte aller Fälle waren es die Frauen, die die Scheidung einreichten. Auch die Zahl der Verfahren stieg immer mehr an: 8000 zwischen 1880 und 1890 (...), 25 000 im Jahre 1935« (A.-M. Sohn, a.a.O., S. 132 f.).

12   Vgl. Colette Dowling, 1981.

13   In seiner Untersuchung der Trivialromane unterscheidet Bruno Péquignot (1991, S. 17 f.) verschiedene Perioden des Harlequin-Romans: nach einer ersten Periode (1977–1982), wo gemäß den traditionellen weiblichen Statusformen die Heldin Jungfrau und meist auch Waise ist und wo es keine sexuelle Beziehung gibt, tauchen in der zweiten Periode (1982–1988) geschiedene Frauen, Witwen oder Frauen auf, die älter und bereits in die Sexualität eingeweiht sind.

Schlußfolgerung: Die elementaren Strukturen der weiblichen Identität

1 Siehe Norbert Elias, 1987.

2 »Ich habe den Mann gefunden, der zum Kleid meines Lebens paßt«: Mit der komischen Umkehrung der Werte verrät dieser Werbeslogan für eine Kleidermarke auf bemerkenswerte Weise die Realität des Ehewunschs bei den Frauen, der weniger mit einer affektiven und sexuellen Frage (den Mann ihres Lebens finden) zusammenhängt als vielmehr mit einer Identitätsfrage (verheiratet sein), die sich in der Bekleidung äußert.

3 Vgl. Erik H. Erikson, 1959.

4 Siehe besonders Georges Devereux (1982, 1988, S. 13 f.): »Der Mann muß lediglich den affektiven Inhalt seiner Initialbeziehung neu formen, indem er sie sexualisiert (...). Die künftige Frau muß dagegen einem viel gewundeneren Weg folgen: sie muß selbst zu dem *werden*, was zunächst das *Objekt* ihrer (ersten) Liebe war. Sie muß ihre Selbstverwirklichung vollenden, indem sie zum anderen Bezugsglied ihrer ersten Beziehung wird. Dieser Weg ist aber zwangsläufig mit einer Durchquerung der narzißtischen Wüste verbunden, deren Erfahrungen den Psychismus der Frau nachhaltig prägen. (...) Die Rivalität des Mädchens mit der Mutter um die Liebe des Vaters führt zu einer schöpferischen Identifikation mit ihr und sichert die Ausprägung ihrer Weiblichkeit. Kurz, wenn die Reifung und die Mannwerdung des Knaben nur eine sexuelle Modulation seiner ursprünglichen affektiven Bindung an die Frau ohne Wechsel des Objekttyps beinhalten, verlangt die Reifung des Mädchens schon *vor* der Sexualisierung ihrer Bindung an ein ›Totalobjekt‹ Identifikation mit dem ersten mit Libido besetzten Objekt: ihrer Mutter.«

5 Elisabeth Badinter, 1992, 1994, S. 73, 122, 88 und 14. Unser Ansatz unterscheidet sich also grundlegend von dem von E. Badinter, die sich für die (männliche) Identität als solche interessiert und ihre Gedanken gelegentlich durch Romane veranschaulicht, während wir uns hier für die Gestaltung der (weiblichen) Identität im Roman interessieren, die wir gelegentlich durch Beispiele aus der realen Erfahrung veranschaulichen.

6 Vgl. u. a. die Untersuchungen von Erik H. Erikson, Roland D. Laing, Georges Devereux, Erving Goffman. Zu einem interdisziplinären Zugang und einer Bibliographie zu dieser Frage vgl. bes.:

Claude Lévi-Strauss, 1977; Guy Michaud, 1978; Pierre Tap, 1980; Carmel Camilleri u. a., 1990.

7   Diese Frage wurde erörtert in N. Heinich, 1990. Die hier vorgetragene Reflexion über die Identität verdankt viel den Untersuchungen von Michael Pollak über die Deportation (1990).

8   J.-M. Genève, 1980, S. 12.

9   »Freiwillig angenommene Namen offenbaren noch viel wirkungsvoller das unlösbare Band zwischen Namen und Selbstbild. Die Veränderung des Namens zeigt einen Übergangsritus an. Das bedeutet, daß die Person jenen Namen haben möchte, der sie ihrer Auffassung nach charakterisiert, und nicht länger die von ihrem früheren Namen bezeichnete Person sein will. Der gewöhnlichste und emotional wahrscheinlich am wenigsten belastete Fall des Namenswechsels ist der, wo eine Braut den Familiennamen ihres Mannes übernimmt und damit ihren veränderten Status anzeigt« (Anselm L. Strauss, 1959, 1968, S. 14).

10   Vgl. P. Bourdieu, 1982.

11   *Sex Role Pressures in the Socialization of the Male Child*, zitiert von E. Badinter, 1992, 1994, S. 57. »Jedenfalls ist die Männlichkeit, von der Kindheit bis ins Erwachsenenalter und gelegentlich das ganze Leben lang, eher ein Abwehren als ein Annehmen. Der kleine Junge definiert seine Position, indem er Gegenpositionen aufbaut: Ich bin nicht meine Mutter, ich bin kein Säugling, ich bin kein Mädchen verkündet sein Unterbewußtsein. Um einen Ausdruck von Alfred Adler zu verwenden: Männlichkeit realisiert sich über einen männlichen Protest« (ebd., S. 91).

12   Hieran sieht man, wie trügerisch es sein kann, »auf eine für spezifisch weiblich gehaltene Identität Abweichungen oder Gegensätze zu beziehen, die in Wirklichkeit anderen Unterscheidungsprinzipien unterliegen«: hier eine durch endogene Abgrenzung errichtete Identität als Beherrschter, im Gegensatz zu einer durch exogene Abgrenzung errichteten Identität als Beherrschender (R. Chartier, 1993, S. 1006).

13   Vgl. P. Bourdieu, 1990.

14   Zu einer im Hinblick auf die Kollusion dieser verschiedenen Symptome besonders beredtes Zeugnis vgl. Philippe Lejeune, 1989, S. 62 f. Zur konstitutiven Ambivalenz des Bulimie/Anorexie-Syndroms vgl. Laurence Igoin, 1979.

15 Zur Besonderheit der »Rolle« im Vergleich zum »Status« (der die
    Situation im Realen mit dem Platz im Symbolischen verbindet)
    vgl. Ralph Linton, 1945, 1986, S. 71 f. Daß man »an einen Platz
    gestellt« werden kann, ohne zu wissen, daß man »eine Rolle spielt«,
    wird sehr gut von Jeanne Favret-Saada (1977, S. 30) erklärt, die
    nach den »vielen Situationen, in denen meine Gesprächspartner
    mich auf diesen oder jenen Platz stellten«, versteht, »daß es diesen
    Platz schon vor meiner Ankunft gegeben hatte und er durchaus
    von anderen eingenommen werden konnte«.

16 »Introduction à la problématique de l'identité«, in C. Camilleri
    u. a., 1990, S. 16.

17 »Unter anderem erzählt der Roman den Kampf der Bewußtseine
    mit diesen vorgefertigten Lebensformen. Wir wollen diese For-
    men ›Rollen‹ nennen: die Rolle ist eine ein für allemal eingenom-
    mene konventionelle Haltung, die die Gesten und Worte in ein
    Ritual einschließt und die Moral in fehlerlose Routine verwan-
    delt. (...) Beschränken wir uns darauf, diejenigen zu untersuchen,
    die der Fabel die meisten Möglichkeiten bieten und der sich die
    Heldin auf die für ihre Authentizität gefährlichste Weise nähert«
    (P. Fauchery, 1972, S. 428).

18 S. Freud, 1907, S. 33. Für die Freudsche Interpretation der identi-
    tätsstiftenden Funktion der Fiktion vgl. Sarah Kofmann, 1970,
    1975, S. 157–162.

19 Jacques Rancière (1993, S. 1018), der zu Recht eine Auffassung
    der Darstellung als zu enthüllender Illusion kritisiert, schreibt im
    Hinblick auf das Bild sowie alle Formen von »Schein«, daß er
    »keine Illusion ist, sondern die prekäre und strittige Organisati-
    on des Sichtbaren, die sich dafür eignet, daß ein Subjekt darin
    auftaucht und seinen Streitfall bekundet« – ein Satz, der sich
    ebensogut auf den Roman anwenden ließe.

20 Als Literaturwissenschaftler unterstreicht Pierre Fauchery die
    durchschlagende Wirkung auf das kollektive Imaginäre, welcher
    der Roman seine geographische Ausbreitung verdankt (1972,
    S. 73); als Soziologe oder besser als Philosoph des »Sozialen«
    begründet Niklas Luhmann (1982, 1994, S. 37) seine Verwendung
    der Romane als soziologisches Material mit dessen »gesellschaftli-
    cher Rolle« bei der Übermittlung »funktionaler Notwendigkei-
    ten«; als Analytiker der Literatur betont Martin Price (1983, S. 64)

den hohen Definitionsgrad der Romanfiguren, die »Quasi-Perso-
nen« sind; als Philosoph des Romans sieht Vincent Descombes
(1987, S. 70) die strukturierende Rolle des Romans in seinen drei
Verwendungsarten: Unterhaltung, Träumerei und Aufklärungs-
arbeit (1987, S. 70); ebenfalls als Philosoph unterstreicht P. Ricœur (1990, S. 129) die Arbeit am Selbst, die die Identifizierung
mit einem fiktiven Anderen ermöglicht; und als Essayist bekräftigt Fethi Benslama (1994, S. 41) anläßlich der Affäre Rushdie
erneut die besondere Kraft der Fiktion gegen die neutralisierende
Auffassung, die die gelehrte westliche Welt im Namen der schöpferischen Freiheit vertritt. Für eine Analyse der Funktionen, die
durch die Zuflucht zum Roman als dem Zeugnis einer extremen
Situation übernommen werden, vgl. N. Heinich, 1993.

21   J.-L. Flandrin, 1981, 1986, S. 298. »Die Romanphantasie läßt sich
als eine Träumerei über die Veränderungen der jeweiligen Situation zwischen den Menschen definieren, die sich gegebenenfalls
aus einem ›komplexen Spiel von Umständen‹ ergeben würden. Im
Prinzip kann nichts einer Romanphantasie widerstehen. Deshalb
genießt diese Gattung, zumindest in ihrer unterhaltsamen Version, wenig Wertschätzung« (V. Descombes, 1987, S. 70).

22   Simone de Beauvoir (1949, II, S. 115) erwähnte auf anschauliche
Weise die Affinität der Frauen zur Fiktion: Die junge Frau »weiß
sich ohne Verantwortung, ohne Gewicht in dieser Männerwelt,
und eben darum, weil sie nichts Ernsthaftes zu tun hat, macht sie
›Geschichten‹. Giraudoux' Elektra ist eine solche Frau, die
Geschichten macht, weil es Orest allein beschieden ist, einen richtigen Mord mit einem richtigen Schwert zu vollbringen«.

23   Für den Konsum der *romans roses* durch die Frauen vgl. M. Angenot, 1975; Janice A. Radway, 1983; Anne-Marie Thiesse, 1984; J.
Bettinotti, 1990; B. Péquignot, 1991.

24   Noch radikaler behauptet Michel Riffaterre, daß die Literatur keineswegs eine transparente Darstellung des Realen sei, sondern
ihre Logik lediglich in ihrer eigenen Komposition habe: »Sie
spricht über nichts, verbirgt diese Stummheit jedoch unter dem
Lärm ihrer Wahrscheinlichkeit« (M. Riffaterre, »L'illusion réfé-
rentielle«, in G. Genette, T. Todorov, 1982).

Literaturverzeichnis

ANGENOT Marc, 1975, *Le Roman populaire. Recherches en littérature*, Montreal.

AUERBACH Erich, 1946, *Mimesis. Dargestellte Wirklichkeit in der abendländischen Literatur*, Bern.

AUGÉ Marc, 1982, *Génie du paganisme*, Paris.

BADINTER Elisabeth, 1992, *XY. De l'identité masculine*, Paris 1994 [dt.: *XY. Die Identität des Mannes*, übers. v. Inge Leipold, München 1993].

BAKER Catherine, 1979, *Les Contemplatives, des femmes entre elles*, Paris.

BALMARY Marie, 1986, *Le Sacrifice interdit. Freud et la Bible*, Paris.

BASCH Françoise, 1976, »Mythes de la femme dans le roman victorien«, *Romantisme*, Nr. 13–14.

BAYARD Pierre, 1990, *Il était deux fois Romain Gary*, Paris.

BEAUVOIR Simone de, 1949, *Le Deuxième Sexe*, Paris [dt.: *Das andere Geschlecht*, übers. v. Uli Aumüller und Grete Osterwald, Reinbek 1992].

BENSLAMA Fethi, 1994, *Une fiction troublante. De l'origine en partage*, La Tour d'Aigues.

BERRY Nicole, 1987, *Le Sentiment d'identité*, Paris.

BERTAUT Jules, 1907, *La Littérature féminine d'aujourd'hui*, Paris.

BETTLHEIM Bruno, 1976, *Psychoanalyse des contes de fées*, Paris 1988.

BETTINOTTI Julia (Hg.), 1990, *La Corrida de l'amour. Le roman Harlequin*, Montréal.

BOLTANSKI Luc, 1990, *L'Amour et la justice comme compétences. Trois essais de sociologie de l'action*, Paris.

BOLTANSKI Luc/THÉVENOT Laurent, 1991, *De la justification. Les économies de la grandeur*, Paris

BOURDIEU Pierre, 1979, *La Distinction. Critique sociale du jugement*, Paris [dt.: *Die feinen Unterschiede. Kritik der gesellschaftlichen Urteilskraft*, übers. v. Bernd Schwibs und Achim Russer, Frankfurt 1982].

–, 1982, *Ce que parler veut dire*, Paris [dt.: *Was heißt sprechen?*, übers. v. Hella Beister, Wien 1990].

–, 1990, »La domination masculine«, *Actes de la recherche en sciences sociales*, Nr. 84, September.

–, 1992, *Les Règles de l'art. Genèse et structure du champ littéraire*, Paris.

BOUTONIER Juliette, 1938, *La Notion d'ambivalence. Étude critique, valeur sémiologique*, Toulouse 1972.

BRUNEL Pierre, 1971, *Le Mythe d'Électre*, Paris.

BUTOR Michel, 1973, »L'usage des pronoms personnels dans le roman«, in I. Meyerson, *Problèmes de la personne*, Paris.

CAILLOIS Roger, 1974, *Approches de l'imaginaire*, Paris.

CAMILLERI Carmel u.a, 1990, *Strategies identitaires*, Paris.

CHALVON-DEMERSAY Sabine, 1994, *Mille scénarios. Une enquête sur l'imagination en temps de crise*, Paris.

CHARTIER Pierre, 1990, *Introduction aux grandes théories du roman*, Paris.

CHARTIER Roger, 1993, »Différences entre les sexes et domination symbolique«, *Les Annales ESC*, Nr. 4, Juli–August.

CHASSEGUET-SMIRGEL Janine, 1964, *La Sexualité féminine. Recherches psychoanalytiques nouvelles*, Paris 1982, [dt.: *Psychoanalyse der weiblichen Sexualität*, übers. v. Grete Osterwald, Frankfurt 1974].

CLAVERIE Élisabeth, 1990, »La Vierge, le désordre, la critique«, *Terrain*, Nr. 14.

CLÉMENT Catherine, 1979, *L'Opéra ou la défaite des femmes*, Paris [dt.: *Die Frau in der Oper*, übers. v. Annette Holoch, München 1994].

COMTE-SPONVILLE André, 1994, *Valeur et verité. Études cyniques*, Paris.

COOPER David, 1967, *Psychiatrie und Anti-Psychiatrie*, übers. v. Hilde Weller, Frankfurt.

CORBIN Alain, 1978, *Les Filles de noce. Misère sexuelle et prostitution (XIXe et XXe siècles)*, Paris.

CYRULNIK Boris, 1993, *Les Nourritures affectives*, Paris.

DARMON Pierre, 1983, *Mythologie de la femme dans l'ancienne France, XVIe – XIXe siècles*, Paris.

DAVY Marie-Magdeleine, 1966, *Simone Weil, sa vie, son œuvre*, Paris.

DELSAUT Yvette, 1992, *La Place du maître. Une chronique des Écoles normales d'instituteurs*, Paris.

DELTEL Danielle, 1993, »Colette: l'autobiographie prospective«, in Serge Doubrovsky, Jacques Lecarme, Philippe Lejeune (Hg.), *Autofictions et Cie.*, Paris.

DESCOMBES Vincent, 1987, *Proust, philosophie du roman*, Paris.

DEVEREUX Georges, 1967, »La renonciation à l'identité: défense contre l'anéantissement«, *Revue française de psychanalyse*, XXXI, Nr. 1.

–, 1982, *Femme et mythe*, Paris [dt.: *Frau und Mythos*, übers.v. Heinz Jatho, München 1994].

DIDI-HUBERMAN Georges, 1992, *Ce que nous voyons, ce qui nous regarde*.

DISPAUX Gilbert, 1984, *La Logique et le quotidien. Une analyse dialogique des mécanismes d'argumentation*, Paris.

DOUGLAS Mary, 1966, *Reinheit und Gefährdung*, übers.v. Brigitte Luchesi, Frankfurt 1988.

DOWLING Colette, 1981, *Le Complexe de Cendrillon. Les femmes ont secrètement peur de leur indépendance*, Paris 1982.

DUBY Georges/PERROT Michelle (Hg.), 1991, *Histoire des femmes*, Paris [dt.: *Geschichte der Frauen*, 5. Bde., Frankfurt 1993–1995].

DUMONT Louis, 1983, *Essais sur l'individualisme*, Paris [dt.: *Individualismus: zur Ideologie der Moderne*, übers.v. Una Pfau und Achim Russer, Frankfurt 1991].

DURKHEIM Émile, 1912, *Les Formes élémentaires de la vie religieuse*, Paris [dt.: *Die elementaren Formen des religiösen Lebens*, übers.v. Ludwig Schmidts, Frankfurt 1994].

ELIAS Norbert, 1969, *Die höfische Gesellschaft*, Frankfurt 1983.

–, 1983, *Engagement und Distanzierung*, übers.v. Michael Schröter, Frankfurt 1987.

–, 1987, »The Changing Balance of Power between the Sexes«, *Theory, Culture and Society*, Bd. 4, Nr. 2–3, Juni.

ELIAS Norbert/DUNNING Eric, 1986, *Sort et civilisation. La violence maîtrisée*, Paris 1994.

ERIKSON Erik H., 1959, *Identität und Lebenszyklus*, übers. von Käthe Hügel, Frankfurt 1966.

FARGE Arlette/KLAPISCH-ZUBER Christiane, 1984, *Itinéraires de la solitude féminine, XVIIIe – XXe siècle*, Paris.

FAUCHERY Pierre, 1972, *La Destinée féminine dans le roman européen du XVIIIe siècle, 1713–1807*, Diss., Lille.

FAVRET-SAADA Jeanne, 1977, *Les Mots, la mort, les sorts*, Paris [dt.: *Die Wörter, der Zauber, der Tod. Der Hexenglaube im Hainland von Westfrankreich*, übers. v. Eva Moldenhauer, Frankfurt 1979].

–, 1989, »La genèse du producteur individuel«, in *Singularités. Textes pour Éric de Dampierre*, Paris.

FLANDRIN Jean-Louis, 1981, *Le Sexe et l'Occident, Évolution des attitudes et des comportements,* Paris.

FOSTER George M., 1972, »The Anatomy of Envy: a Study in Symbolic Behaviorisme«, *Current Anthropology,* Februar.

FOUCAULT Michel, 1984, *Histoire de la sexualité. III. Le souci de soi,* Paris [dt.: *Sexualität und Wahrheit. 3. Die Sorge um sich,* übers. v. Ulrich Raulff und Walter Seitter, Frankfurt 1986].

FRANZ Marie Louise von, 1972, *Das Weibliche im Märchen,* übers. v. Jutta von Graevenitz, Stuttgart 1977.

FREUD Sigmund, 1905, »Der Witz und seine Beziehung zum Unbewußten«, in *Gesammelte Werke (GW),* Bd. VI.

–, 1907, »Der Wahn und die Träume in W. Jensens ›Gradiva‹«, *GW,* VII.

–, 1920, »Über die Psychogenese eines Falles von weiblicher Homosexualität«, *GW,* XII.

–, 1931, »Über die weibliche Sexualität, *GW,* XIV.

–, 1932, »Neue Folge der Vorlesungen zur Einführung in die Psychoanalyse«, *GW,* XV.

FRYE Northrop, 1957, *Anatomie de la critique,* Paris 1969.

–, 1976, *The Secular Scripture. A Study of the Structure of Romance,* Harvard University Press.

GENÈVE Max/GENG Jean-Marie, 1980, *La Prise de Genève,* Straßburg.

GENETTE Gérard, 1972, *Figures III,* Paris.

–, 1991, *Fiction et diction,* Paris [dt.: *Fiktion und Diktion,* übers. v. Heinz Jatho, München 1992].

GENETTE Gérard/TODOROV Tzvetan (Hg.), 1982, *Littérature et réalité,* Paris.

GIRARD René, 1961, *Mensonge romantique et vérité romanesque,* Paris 1978.

–, 1972, *La violence et le sacré,* Paris [dt.: *Das Heilige und die Gewalt,* übers. v. Elisabeth Mainberger-Ruh, Frankfurt 1992].

GLEYSES Chantal, 1994, *La Femme coupable. Petite histoire de l'épouse adultère au XIXe siècle,* Paris.

GOFFMAN Erving, 1956, *La Mise en scène de la vie quotidienne. 1. La présentation de soi,* Paris 1973.

–, 1963, *Stigma,* übers. von Frigga Haug, Frankfurt 1975.

–, 1965, »Identity Kits«, in: Mary Ellen Roach und Joanne Bubolz Eicher (Hg.), *Dress, Adornment, and the Social Order,* New York.

–,   1974, *Rahmen-Analyse. Ein Versuch über die Organisation von Alltagserfahrungen*, übers. v. Hermann Vetter, Frankfurt 1980.

GORSKY Susan R., 1973, »Old Maids and new Women: Alternatives to Marriage in Englishwomen's Novels, 1847–1915«, *Journal of Popular Culture*, VII.

GOSHGARIAN G. M., 1992, *To Kiss the Chastening Rod. Domestic Fiction and Sexual Ideology in the American Renaissance*, London.

GRAVES Robert VAN RANKE, 1958, *Griechische Mythologie*, übers. v. Hugo Seinfeld, Reinbek 1960.

GREEN André, 1969, *Un œil en trop. Le complexe d'Œdipe dans la tragédie*, Paris.

GUÉRIN Marie/PAULVÉ Dominique, 1994 *Le Roman du roman rose*, Paris.

HEINICH Nathalie, 1980, »L'Absente«, in *les Monstresse*, Nr. 5 der *Cahiers du cinéma*, Sondernummer.

–,   1990, *Être écrivain*, Paris.

–,   1991, *La Gloire de Van Gogh. Essai d'anthropologie de l'admiration*, Paris.

–,   1993, »Récits de rescapées: le roman comme témoignage«, *Bulletin trimestriel de la Fondation Auschwitz*, Nr. 36/37, April–September.

–,   1995, »L'Inceste du deuxième type et les avatars du symbolique«, *Critique*, Nr. 583, Dezember.

HÉRAN François, 1988, »Comme chien et chats. Structures et genèse d'un conflit culturel«, *Ethnologie française*, XVIII, Nr. 4.

HÉRITIER Françoise, 1994, *Les Deux Sœurs et leur mère. Anthropologie de l'inceste*, Paris.

HOLLIER Denis (Hg.), 1989, *De la littérature française*, Paris 1993.

IGOIN Laurence, 1979, *La Boulimie et son infortune*, Paris.

IRIGARAY Luce, 1974, *Speculum. De l'autre femme*, Paris [dt.: *Speculum. Spiegel des anderen Geschlechts*, Frankfurt 1980].

–,   1977, *Ce sexe qui n'en est pas un*, Paris.

JACQUES-CHAQUIN Nicole, 1985, »Vies de sorcières«, *Cahier de sémiotique textuelle*, IV.

JUNG Carl Gustav, 1913, »Versuch einer Darstellung der psychoanalytischen Theorie«, *Jahrbuch für psychoanalytische und psychopathologische Forschungen*, Bd. V.

–,   1961, *Träume, Gedanken, Erinnerungen*, Zürich und Stuttgart 1962.

KELLEY Mary, 1984, *Private Women, Public Stage: Literary Domesticity in Nineteenth Century America*, Oxford.

KIERKEGAARD Sören, 1849, *Die Krankheit zum Tode*, übers. v. Hans Rochol, Hamburg 1995.

KOFMAN Sarah, 1970, *L'Enfance de l'art. Une interprétation de l'esthétique freudienne*, Paris 1975. [dt.: *Die Kindheit der Kunst: eine Interpretation der Freudschen Ästhetik*, übers. v. Heinz Jatho, München 1993].

–, 1980, *L'Énigme de la femme. La femme dans les textes de Freud*, Paris.

LACAN Jacques, 1966, *Écrits*, Paris.

LAPLANCHE Jean, 1993, *Le Fourvoiement biologisant de sexualité chez Freud*, Paris.

LAPLANCHE Jean/PONTALIS Jean-Bertrand, 1973, *Vocabulaire de la psych-analyse*, Paris [dt: *Vokabular der Psychoanalyse*, übers. v. Emma Moersch, Frankfurt 1972].

LAUGAA Maurice, 1986, *La Pensée du pseudonyme*, Paris.

LEITES Edmund, 1986, *La Passion du bonheur. Conscience puritaine et sexualité moderne*, Paris [dt.: *Puritanisches Gewissen und moderne Sexualität*, übers. v. Fritz Griese, Frankfurt 1990].

LEJEUNE Philippe, 1989, *Cher cahier… Témoignages sur le journal personnel*, Paris.

LEMOINE-LUCCIONI Eugénie, 1983, *La Robe. Essai psychanalytique sur le vête-ment*, Paris.

LENG Flavia, 1995, *Daphne Du Maurier. A Daughter's Memoir*, London.

LÉVI-STRAUSS Claude, 1967, *Les Structures élémentaires de la parenté*, Paris [dt.: *Die elementaren Strukturen der Verwandtschaft*, übers. v. Eva Moldenhauer, Frankfurt 1981].

–, 1968, *Mythologiques, III. L'origine des manières de table* [dt.: *Mythologica III: Der Ursprung der Tischsitten*, übers. v. Eva Moldenhauer, Frankfurt 1973].

–, 1977 (Hg.), *L'Identité*, Paris.

–, 1993, *Regarder écouter lire*, Paris.

LINTON Ralph, 1945, *Le Fondement culturel de la personnalité*, Paris 1986.

LLOYD Geoffrey E. R., 1900, *Pour en finir avec les mentalités*, Paris 1994.

LORENZI-CIOLDI Fabio, 1988, *Individus dominants et groupes dominés. Images masculines et féminines*, Grenoble.

LUHMANN Niklas, 1982, *Liebe als Passion. Zur Codierung von Intimität*, Frankfurt.

MARTIN-FUGIER Anne, 1979, *La Place des bonnes. La domesticité féminine à Paris en 1900*, Paris.

–, 1990, *La Vie élégante, ou la Formation du Tout-Paris, 1815–1848*, Paris.

MAUGUÉ Annelise, 1987, *L'Identité masculine à la fin du siècle*, Marseille.

MENDEL Gérard, 1988, *La psychanalyse revisitée*, Paris.

MICHAUD Guy (Hg.), 1978, *Identités collectives et relations interculturelles*, Brüssel.

MICHAUD Stéphane, 1985, *Muse et madone. Visages de la femme de la Révolution française aux apparitions de Lourdes*, Paris.

MICHEL Arlette, 1977, »Structures romanesques et problèmes du mariage d'Indiana à La Comtesse de Rudolstadt«, *Romantisme*, Nr. 16.

–, 1978, *Le Mariage chez Balzac. Amour et féminisme*, Paris.

MICHELET Jules, 1860 a, *La Femme*, Vienne.

–, 1860 b, *La Sorcière*, Paris 1964 [dt.: *Die Hexe*, hg. v. Traugott König, München 1974].

MILLER Alice, 1979, *Das Drama des begabten Kindes und die Suche nach dem wahren Selbst*, Frankfurt 1990.

–, 1980, *Am Anfang war Erziehung*, Frankfurt 1988.

–, 1981, *Du sollst nicht merken*, Frankfurt 1983.

–, 1988 a, *Das verbannte Wissen*, Frankfurt 1990.

–, 1988 b, *Der gemiedene Schlüssel*, Frankfurt 1991.

MONTRELAY Michèle, 1977, *L'Ombre et le nom. Sur la féminité*, Paris.

MUCHEMBLED Robert, 1979, *La Sorcière au village, XVe – XVIIIe siècle*, Paris 1991.

OLIVIER Christiane, 1980, *Les Enfants de Jocaste. L'empreinte de la mère*, Paris [dt.: *Jokastes Kinder. Die Psyche der Frau im Schatten der Mutter*, übers. v. Siegfried Reinke, Düsseldorf 1987].

OZOUF Jacques und Mona, 1992, *La République des instituteurs*, Paris.

PAVEL Thomas, 1986, *Univers de la fiction*, Paris 1988.

PÉQUIGNOT Bruno, 1991, *La Relation amoureuse. Analyse sociologique du roman sentimental moderne*, Paris.

PHARO Patrick, 1989, »Agir et pâtir au travail«, *Revue de médecine psychosomatique*, XX.

PLANTÉ Christine, 1989, *La Petite sœur de Balzac. Essai sur la femme auteur*, Paris.

POLLAK Michael, 1900, *Die Grenzen des Sagbaren*, Frankfurt.

PRICE Martin, 1983, *Forms of Life. Characters and Imagination in the Novel*, Yale University Press.

PRIOLLAUD Nicole (Hg.), 1983, *La Femme au XIXe siècle*, Paris.

Propp Vladimir, 1928, *Morphologie des Märchens*, übers. v. Christel Wendt, München.

Radway Janice A., 1984, *Reading the Romance. Women, Patriarchy, and Popular Literature*, University of North Carolina Press.

Rancière Jacques, 1993, »L'Histoire des femmes entre subjectivation et représentation«, *Les Annales ESC*, Nr. 4, Juli–August.

Ricœur Paul, 1984, *Temps et récit. II. La configuration dans le récit de fiction*, Paris [dt.: *Zeit und Erzählung. II. Zeit und literarische Erzählung*, übers. v. Rainer Rochlitz, München 1989].

–, 1990 a, »Approches de la personne«, *Esprit*, März–April.

–, 1990 b, Soi-même comme un autre, Paris [dt.: *Das Selbst als ein Anderer*, übers. v. Jean Greisch, München 1996].

–, 1991, *Lectures I*, Paris.

Roche Daniel, 1989, *La Culture des apparences. Une histoire du vêtement, XVIIe – XVIIIe siècle*, Paris.

Rosset Clément, 1971, *Logique du pire*, Paris.

Rousset Jean, 1981, *Leurs yeux se rencontrèrent. La scène de première vue dans le roman*, Paris.

Roustang François, 1900, *Influence*, Paris.

Saint-Martin Monique de, 1990, »Les femmes écrivains et le champ littéraire«, *Actes de la recherche en sciences sociales*, Nr. 83, Juni.

Saintyves Pierre, 1923, *Les Contes de Perrault*, Paris 1987.

Selznick David O., 1984, *Cinéma. Mémos*, Paris 1985.

Sémon Marie, 1984, *Les Femmes dans l'œuvre de Léon Tolstoi*, Paris.

Serres Michel, 1987, *Statues*, Paris.

Sheperd Simon, 1981, *Amazons and Warriors Women. Varieties of Feminism in Seventeenth-Century Drama*, Brighton.

Sibony Daniel, 1978, *La Haine du désir*, Paris 1984.

Singly François de, 1987, *Fortune et infortune de la femme mariée*, Paris.

Stewart Brace, 1979, *A New Mythos. The Novel of the Artist as Heroine, 1877–1977*, New York.

Stubbs Patricia, 1979, *Women and Fiction. Feminism and the Novel, 1880–1920*, The Harvester Press.

Strauss Anselm L., 1959, *Spiegel und Masken*, übers. v. Heidi Munscheid, Frankfurt 1968.

Tannen Deborah, 1990, *You Just Don't Understand. Women and Men in Conversation*, New York [dt.: *Du kannst mich einfach nicht verstehen*, übers. v. Maren Klostermann, Frankfurt 1991].

TAP Pierre (Hg.), 1980, *Identité individuelle et personnalisation,* Toulouse.

THIESSE Anne-Marie, 1984, *Le Roman du quotidien. Lecteurs et lectures populaires à la Belle Époque,* Paris.

VEBLEN Thorstein, 1899, *Theorie der feinen Leute,* übers. v. Suzanne Heintz und Peter von Haselberg, Köln 1957.

VERCIER Bruno, 1993, »Loti: Fiction«, in Serge Doubrovsky, Jacques Lecarme, Philippe Lejeune (Hg.), *Autofictions et Cie,* Paris.

VERDIER Yvonne, 1979, *Façons de dire, façons de faire. La laveuse, la couturière, la cuisinière,* Paris.

VEYNE Paul, 1976, *L'Inventaire des différences,* Paris.

–, 1983, *Les Grecs ont-ils cru à leurs mythes?,* Paris [dt.:*Glaubten die Griechen an ihre Mythen?,* übers. v. Markus May, Frankfurt 1987].

VICINUS Martha, 1985, *Independant Women. Work and Community for Single Women, 1850–1920,* University of Chicago Press.

WALZER Michael, 1983, *Spheres of Justice,* Oxford University Press [dt.: *Sphären der Gerechtigkeit,* übers. v. Hanne Herkommer, Frankfurt 1992].

WEISS Louise, 1973, *Souvenirs d'une enfance républicaine,* Paris.

ZELDIN Theodor, 1973, *Histoire des passions françaises. I. Ambition et amour,* Paris 1978.

ZÉRAFFA Michel, 1971, *Roman et société,* Paris.

Register der literarischen Werke

Die Abtei von Northanger (Jane Austen, 1818) 432
Adam Bede (George Eliot, 1859) 90
Adriana, ein römisches Mädchen (La Romana) (Alberto Moravia, 1947)
    265, 292 f.
Adultera (Theodor Fontane, 1882) 165
Die alte Jungfer (Honoré de Balzac, 1836) 287, 320 f.
A Misalliance (Anita Brookner, 1986) 399
Amber (Kathleen Winsor, 1944) 292
L'Amour attend (Lucie Delarue-Mardrus, 1936) 202
Amelia (Henry Fielding, 1751) 65, 101
Die Andere (La Seconde) Colette, 1929) 118–121, 125, 126, 395
Angélique (Anne und Serge Golon, 1956) 292
Anna Karenina (Lev N. Tolstoj, 1877) 163
Anne Elliot (Jane Austen, 1818) 432
Die Armut und die Gier (La femme pauvre) (Léon Bloy, 1897) 287 f.
Aschenputtel 251
Auf Dienstfahrt im Westen (Thomas Hardy, 1891) 74
Aufforderung zum Tanz (Rosamond Lehmann, 1932) 56, 200
Augenblicke (Moments of being) (Virginia Woolf, 1940) 201
Aziyadeh (Pierre Loti, 1879) 363

Back Street (Fannie Hurst, 1931) 107 f., 267 ff., 386
Das Bad der Diana (Pierre Klossowski, 1956) 38
Beate und Mareile (Eduard von Keyserling, 1903) 118
Beatrix (Honoré de Balzac, 1839) 64 f., 117, 276 f., 379
Belle de jour (Joseph Kessel, 1928) 165
Bellissima (Luchino Visconti, 1951) 342 f.
Blaubart 204, 221, 251
Bonjour tristesse (Françoise Sagan, 1954) 244

Carmen (Prosper Mérimée, 1945) 268
Caroline chérie (Cécile Saint-Laurent, 1947) 292
Les Cervelines (Colette Yver, 1903) 331, 457
Ces dames aux chapeaux verts (Germaine Acremant, 1922) 324–327
Clarissa (Samuel Richardson, 1748) 49, 101
Claudine erwacht (Colette-Willy, 1900) 27, 330
Claudine in der Ehe (Colette-Willy, 1902) 149
Claudine in Paris (Colette-Willy, 1901) 28, 45
Corinne (Germaine de Staël, 1807) 31 ff., 129, 136, 143, 348, 377 f.
La Courtisane passionée (J. H. Rosny jeune, 1919) 287
Crampton Holnet (Barbary Pym, 1930, 1965) 317 f.

Daisy Miller (Henry James, 1878) 89 f., 268
Die Dame in Grau (Georges Ohnet, 1895) 115 f., 236, 266
Die Damen von Croix-Mort (Georges Ohnet, 1886) 179 f.
Die Dame vom Maxim (Georges Feydeau, 1897) 126, 360
Die dämonische Welt des Branwell Brontë (Daphne du Maurier, 1969) 445 f.
Die Damen aus Boston (Henry James, 1885) 33
Desperate Remedies (Thomas Hardy, 1870) 310
Die Dirne Elisa (Edmond de Goncourt, 1877) 294
Doktor Pascal (Emile Zola, 1893) 89
Don Quijote (Cervantes, 1605) 162
Dornröschen 251
Die Drehung der Schraube (Henry James, 1898) 301, 302–307, 309, 318, 343
Drei Lieben (Archibald-Joseph Cronin, 1932) 345

Effi Briest (Theodor Fontane, 1895) 172
Eheglück (Lev N. Tolstoj, 1852) 41, 142
Ehescheidung (Paul Bourget, 1904) 383
Eine Frau mit Phantasie (Thomas Hardy, 1893) 52, 144
Ein Leben (Guy de Maupassant, 1883) 112 ff.
Ein Zimmer für sich allein (Virginia Woolf, 1929) 144, 395
Die Elenden (Victor Hugo, 1862) 291 f.
Elizabeth und ihr Garten (Elizabeth von Arnim, 1898) 144
Emilie ou la Jeune Fille auteur (Sophie Ulliac-Trémadeure, 1837) 378
Emma (Jane Austen, 1816)

Die Entzauberten (Pierre Loti, 1906) 364 f.
Erwachende Herzen (Le blé en herbe) (Colette, 1923) 27
Esclave ... ou reine (Delly, 1910) 80, 237, 313
Die Eselshaut 251
Eugenie Grandet (Honoré de Balzac, 1833) 74
Europa 51 (Roberto Rossellini, 1952) 452
Evelina, oder eines jungen Frauenzimmers Eintritt in die Welt (Fanny Burney, 1778) 46, 52–56, 101

Fanny (Ernest Feydeau, 1858) 160, 174
Faust (Charles Gounod, 1859) 21
Die Favoritin (Le rempart des béguines) (François Mallet-Joris, 1951) 244 f.
Fedora (Billy Wilder, 1977) 223
Feinde. Die Geschichte einer Liebe (Isaac Bashevis Singer, 1972) 351, 360–361
Die Felder der Ehre (Jean Rouaud, 1990) 335
Die Fessel (Colette, 1913) 269 ff., 344, 398 f.
Fettklößchen (Boule de suif) (Guy de Maupassant, 1880) 294
Les flammes de l'été (Jules Roy, 1956) 387
François le bossu (Sophie de Ségur, 1864) 435
Die Frau von dreißig Jahren (Honoré de Balzac, 1832) 136, 159
Die Fürstin von Ermingen (Marcel Prévost, 1904) 73

La Garçonne (Victor Margueritte, 1922) 70, 314, 324, 366 ff., 375, 457
Gefährliche Liebschaften (Choderlos de Laclos, 1782) 166 f.
Das Geheimnis hinter der Tür (Fritz Lang, 1947) 222
Die Geheimnisse von Paris (Eugène Sue, 1842) 293
Die gelehrten Frauen (Molière, 1672) 327
Die Geliebte des französischen Leutnants (John Fowles, 1969) 89, 370, 394
Die Geschichte einer Ehe (Les yeux qui s'ouvrent) (Henry Bordeaux, 1908) 383 f.
Germinie Lacerteux (Edmond und Jules de Goncourt, 1865) 289
Geschichte des Chevalier des Grieux und der Manon Lescaut (Antoine-François Prévost d'Exiles, 1731) 293
Gespenstergeschichten (Edith Wharton, 1937) 301, 308
Glanz und Elend der Kurtisanen (Honoré de Balzac, 1938) 273 f., 275, 277–281

Gräfin Sarah (Georges Ohnet, 1883) 74
Granatapfelkerne (Edith Wharton, 1911) 287
Das große ABC (Topaze) (Marcel Pagnol, 1931) 266
Die große Pause (Vicki Baum, 1941) 283

Halbjungfern (Les demi-vierges) Marcel Prévost, 1984) 42, 369
Hannah (Paul-Loup Sulitzer, 1985) 393
Die Heimkehr (The Return of the Native) (Thomas Hardy, 1878) 41
Heimkehr zur Erde (Gone to Earth) (Mary Webb, 1917) 28 f., 73
Hélène Barraux, celle qui défiait l'amour (Camille Marbo, 1926) 457
Hellé (Marcelle Tinayre, 1898) 423
Die Herzogin von Langeais (Honoré de Balzac, 1834) 147, 162
Histoire de Sibylle (Renée-Toby d'Ulmes, 1904) 457
Der Hüttenbesitzer (Le maître de forge) (Georges Ohnet, 1882) 74, 79, 84, 110

Ihr Schatten (Le Fantôme) (Paul Bourget, 1901) 180 f.
Ich möchte nicht noch einmal jung sein (Daphne du Maurier, 1932) 370
Im Schuldbuch des Hasses (Georges Ohnet, 1891) 34, 77 ff.
Indiana (George Sand, 1832) 128, 147, 154, 379
L'Initiatrice aux mains vides (Jeanne Galzy, 1929) 333f., 343
Inselzauber (Island Magic) (Elisabeth Goudge, 1934) 30, 109
L'Institutrice (Eugène Sue, 1851) 313
L'Institutrice de province (Léon Frapier, 1897) 332
In Swanns Welt (Marcel Proust, 1913) 276
Irrungen, Wirrungen (Theodor Fontane, 1887) 288

Jane Eyre (Charlotte Brontë, 1847) 217, 219, 222, 228, 229–233, 241, 253, 254, 296 f., 301, 309 f., 332, 358
Jane Eyre (Robert Stevenson, 1944) 228
Jennie Gerhardt (Theodor Dreiser, 1911) 267
La Jeune Fille bien élevée (René Boylesve, 1912) 68 ff.
Journal d'un homme trompé (Pierre Drieux La Rochelle, 1934) 165, 384
Juliette Faustin (Edmond de Goncourt, 1882) 284 f.
Die jungen Mädchen (Henry de Montherlant, 1936) 370
Justine oder Die Leiden der Tugend (Donatien A. F. Marquis de Sade, 1791) 50

Die Kameliendame (Alexandre Dumas Fils, 1848) 274, 279, 283, 290
Die Kartause von Parma (Stendhal, 1839) 165
Die Katze (Colette, 1933) 344
Die kleine Meerjungfrau (Hans-Christian Andersen, 1835) 25 f.
König Ödipus (Sophokles) 253, 254
Die Krebsfischerin (La rabouilleuse) (Honoré de Balzac) 265
Krieg und Frieden (Lev N. Tolstoj, 1867) 57

Lady Chatterley (David Herbert Lawrence, 1926) 160, 443
Lamiel (Stendhal, 1842) 43 f., 89
Die launische Marianne (Alfred de Musset, 1833) 339
Das Leben der Marianne (Pierre de Marivaux, 1731) 53
Die Leiden des jungen Werther (Johann Wolfgang von Goethe, 1774) 66
Lehrjahre des Herzens (L'Éducation sentimentale) Gustave Flaubert, 1869) 111, 287, 346 f.
Lelia (George Sand, 1834) 378
Die Liebe der Prudence Sarn (Mary Webb, 1924) 353–358
Liebende Frauen (David Herbert Lawrence, 1921) 390 ff.
Die Liebenden vom Tajo (Joseph Kessel, 1926) 242
The Lifted Veil (George Eliot, 1859) 233, 330
Die Lilie im Tal (Honoré de Balzac, 1836) 116 f., 156 ff., 165
Lise Fleuron (Georges Ohnet, 1884) 285 f.
La Louve dévorante (Delly, 1951) 244, 324
Lucien Leuwen (Stendhal, 1836–1894) 377

Madame Bovary (Gustave Flaubert, 1857) 111, 161 f., 365
Madame Chrysanthème (Pierre Loti, 1887) 363
Mädchen auf der Suche (Dusty answer) Rosamond Lehmann, 1927) 195
Das Mädchen mit den Goldaugen (Honoré de Balzac, 1834) 288
Das Mädchen Orchidee (Imperial Woman) (Pearl S. Buck, 1956) 363
Madeleine jeune femme (René Boysleve, 1912) 72, 373
Mademoiselle ma femme (Eugène Labiche, 1846) 74, 105
Mademoiselle de Maupin (Théophile Gautier, 1835) 283
La Madone des sleepings (Maurice Dekobra, 1925) 166
Maisie (Henry James, 1897) 317
Maison pour dames (Jean Lorrain, 1908) 457 f.
La Maîtresse (Jules Claretie, 1880) 268
Les malheurs de Sophie (Sophie de Ségur, 1864) 252

Manette Salomon (Edmond und Jules de Goncourt, 1867) 265
Man spielt nicht mit der Liebe (Alfred de Musset, 1834) 233
Mansfield Park (Jane Austen, 1814) 432
Maria Chapdelaine (Louis Hémond, 1914) 67, 443
Le Mariage de Chiffon (Gyp, 1894) 64
Le Mariage de Loti (Pierre Loti, 1882) 363
Die Marquise von O... (Heinrich von Kleist, 1810) 337
Meine Cousine Rachel (Daphne du Maurier, 1951) 235 f.
Mein Mann hat immer recht (Les Stances à Sophie) (Christiane Rochefort,
    1963) 384 f.
Memoiren zweier Jungvermählter (Honoré de Balzac, 1842)
    130–135, 138
Middlemarch (George Eliot, 1871) 111
Mother's Recompense (Edith Wharton, 1925) 178 f.
Die Mühle am Floß (George Eliot, 1860) 42, 66
La Muse du département (Honoré de Balzac, 1843) 168 ff.
My mortal enemy (Willa Cather, 1927) 111

Nana (Émile Zola, 1879) 279 ff., 282, 295, 443
Nêne (Ernest Perrochon, 1920) 311 f., 343
Die Neue Heloïse (Jean-Jacques Rousseau, 1761) 66, 147, 156
Das neue Kleid (Virgina Woolf, 1925) 200
Die Nonne (Denis Diderot, 1760) 34, 430

Olivia (Olivia, 1949) 39, 330

Pamela (Samuel Richardson, 1740) 46–49, 50 f., 101, 431
Penthesilea (Heinrich von Kleist, 1808) 37
Das Piano (Jane Campion, 1993) 176
La Pigeonne (J.-H. Rosny jeune, 1925) 89
Le Plaisir (Jean-Gustave Binet-Valmer, 1912) 141
Portugiesische Briefe (Anonymus, 1669) 34
Princesses de sciences (Colette Yver, 1907) 457
Die Prinzessin von Clèves (Madame de La Fayette, 1678) 147, 156, 445
Der Professor (Charlotte Brontë, 1857) 330
Professor Unrat (Heinrich Mann, 1905) 281

Rebecca (Daphne du Maurier, 1938) 79, 108, 122, 185–204, 206–229,

241, 242, 245, 253, 254, 258, 301, 305, 313, 323, 358, 409, 416, 439, 440, 443, 446

Rebecca (Alfred Hitchcock, 1940) 185, 301

La Rebelle (Marcelle Tinayre, 1905) 457

Reigen (Arthur Schnitzler, 1903) 346

Die Reisegesellschaft (Elizabeth von Arnim, 1909) 238

The Room upstairs (Mildred Davis, 1950) 222

Rot und Schwarz (Stendhal, 1830) 89, 158

Ruban de Vénus (Gabrielle Rêval, 1906) 457

Das Ruhekissen (Christiane Rochefort, 1958) 80, 123, 385

La Rustaude (Zénaide Fleuriot, 1904) 65

Sa femme (Emmanuèle Bernheim, 1993) 239

Salome (Oscar Wilde, 1893) 80 f.

Sappho (Alphonse Daudet, 1884) 271 f., 288

Schach von Wuthenow (Theodor Fontane, 1882) 182

Der scharlachrote Buchstabe (Nathaniel Hawthorne, 1850) 173–177, 301, 359

Schneewittchen 196, 251

Die Schöne des Herrn (Albert Cohen, 1968) 147

Der Schritt zur Liebe (Georges Ohnet, 1902) 148

Die Schule der Frauen (André Gide, 1929) 111, 143

Le Secret des »Désenchantées« (Marc Hélys, 1923) 365

Sergius Panin (Georges Ohnet, 1881) 74 f., 343 f.

Les Sévriennes (Gabrielle Rêval, 1900) 331, 457

Sie kam und blieb (L'Invitée) (Simone de Beauvoir, 1943) 121–125, 126

Sie und er (George Sand, 1859) 378

Silas Marner (George Eliot, 1860) 114, 264

Sir Edmund Orme (Henry James, 1891) 338 ff.

The Son's Veto (Thomas Hardy, 1891) 67

Der Spahi (Pierre Loti, 1881) 363

Stark wie der Tod (Guy de Maupassant, 1889) 172, 180

Starke Frauen (Les Vierges fortes) Marcel Prévost, 1900) 457

Stolz und Vorurteil (Jane Austen, 1813) 432

Sturmhöhe (Emily Brontë, 1847) 66

Tagesanbruch (Colette, 1926) 380

Tante Lisbeth (Honoré de Balzac, 1843) 108, 155, 275, 282, 283, 287, 322 f.
Die Tat der Thérèse Desqueyroux (François Mauriac, 1927) 76
Therese (Arthur Schnitzler, 1928) 369 f.
The Third Person (Henry James, 1900) 318 f.
Tess von den d'Urbervilles (Thomas Hardy, 1891) 90–101, 290
Der Totschläger (L'Assommoire) Emile Zola, 1877) 111
Der Traum (Émile Zola, 1888) 42, 65

Über die Liebe (Stendhal, 1822) 378
Una donna. Geschichte einer Frau (Sibilla Aleramo, 1906) 380
Das unbekannte Meisterwerk (Honoré de Balzac, 1831) 287
Une femme empêchée (Henriette Bernier, 1994) 238
Une honnête femme (Henry Bordeaux, 1903) 118, 141, 237
Unersättliches Herz (The Ballade and the Source) (Rosamond Lehmann, 1945) 200
Un lycée de jeunes filles. Professeurs femmes (Gabrielle Rêval, 1901) 331
Unser Herz (Guy de Maupassant, 1890) 110, 166, 377

La Vagabonde (Colette, 1910) 70, 394–399
Vampir Weib (Les Don Juanes) (Marcel Prévost, 1925) 369
Vera (Elizabeth von Arnim, 1921) 237 f.
Die Verachtung (Alberto Moravia, 1954) 111
Der verdorrte Arm (Thomas Hardy, 1888) 234 f.
Verlorene Illusionen (Honoré de Balzac, 1837–43) 377
Verstand und Gefühl (Jane Austen, 1811) 58–62, 219, 432
Die Verzückung der Lol V. Stein (Marguerite Duras, 1964) 85–88, 182, 239
The Visited (Joan O'Donovan, 1959) 321 f.
Voici ton maître (Marcel Prévost, 1930) 73
Vom Winde verweht (Margaret Mitchell, 1936) 57, 79, 443

Die Wahrheit über Lorin Jones (Alison Lurie, 1988) 387 f.
Washington Square (Henry James, 1881) 67
Die Watsons (Jane Austen, 1803) 59
Das Weibtier (L'Animale) (Rachilde, 1893) 288, 345
Wellen (Eduard von Keyserling, 1911) 172 f.
Das Werk (Émile Zola, 1886) 141, 265, 289
Wie Wind in den Straßen (Rosamond Lehmann, 1937) 140, 385 f.

Die Woodlanders (Thomas Hardy, 1887) 82

Yamilé sous les cèdres (Henry Bordeaux, 1923) 65

Die Zwei Gesichter (Henry James, 1903) 202, 204
Zum Paradies der Damen (Émile Zola, 1883) 46

Register der zitierten Autoren

ACREMANT Germaine 324
ALERAMO Sibilla 380, 382
ANDERSEN Hans-Christian 25
ANGENOT Marc 446, 463
ARNIM Elizabeth von 144, 237, 238
AUERBACH Erich 430
AUGÉ Marc 445, 454
AUSTEN Jane 57, 58, 59, 219, 232, 382

BADINTER Elisabeth 407, 459 f.
BAKER Catherine 430
BALZAC Honoré de 18, 64, 70, 74, 108, 116, 117, 130, 136, 147, 149, 155, 156, 159, 160, 168, 170, 265, 273, 275, 276, 282, 287, 288, 320, 321, 322, 325, 377, 378 f.
BALMARY Marie 447
BAUM Vicki 283
BAYARD Pierre 453
BEAUVOIR Simone de 121, 380, 393, 444, 462
BECKETT Samuel 18
BENSLAMA Fethi 362
BERNHEIM Emmanuèle 239
BERNIER Henriette 238
BERRY Nicole 446

BERTAUT Jules 457
BETTELHEIM Bruno 252, 446
BETTINOTTI Julia 341, 451, 463
BINET-VALMER Gustave 141
BLOY Léon 287
BOLTANSKI Luc 437
BONALD 136, 143
BORDEAUX Henry 65, 118, 141, 237, 383, 394
BOURDIEU Pierre 347, 413, 414, 424, 429, 453, 460
BOURGET Paul 180, 181, 383, 394
BOUTONIER Juliette 152 f., 437
BOYSLEVE René 68, 72, 81, 373
BRONTË Charlotte 9 f., 219, 228, 229, 234, 310, 330, 382, 445
BRONTË Emily 66, 445
BROOKNER Anita 399
BRUNEL Pierre 443
BUCK Pearl S. 363
BURNEY Fanny 46, 52
BUTOR Michel 449

CAILLOIS Roger 446
CAMILLERI Carmel 460, 461
CAMPION Jane 176
CHARTIER Pierre 439, 445

CHARTIER Roger 457, 460
CHASSEGUET-SMIRGEL Janine 444
CHODERLOS DE LACLOS 166
CLARETIE Jules 268
CLAVERIE Elisabeth 450
CLÉMENT Catherine 448
CLIFFORD-BARNEY Natalie 380
COLET Louise 137, 163
COLETTE 27, 39, 45, 118, 119,
    122, 144, 149, 269, 330, 344,
    345, 363, 380 ff., 382, 394,
    456, 457
COMTE-SPONVILLE André 435 f.
COOPER David 341, 453
CORBIN Alain 449
CORNEILLE Pierre 63, 66
CRONIN Archibald-Joseph 345
CYRULNIK Boris 435

DARMON Pierre 430
DAUDET Alphonse 271, 288
DAUPHIN Cécile 450, 456
DAVIS Mildred 222
DAVY Marie-Magdeleine 452
DEKOBRA Maurice 166
DELARAUE-MARDRUS Lucie 202
DELEUZE Gilles 430
DELLY 18, 80, 237, 244, 313, 324
DELSAUT Yvette 452
DELTEL Colette 456
DESCOMBES Vincent 462
DEVEREUX Georges 442, 450,
    459, 460
DIDEROT Denis 34, 35, 430
DIDI-HUBERMAN Georges 449
DISPAUX Gilbert 442
DRIEU LA ROCHELLE Pierre 165,
    384

DOUGLAS Mary 54, 432, 555
DOWLING Colette 458
DREISER Theodor 267
DUBY Georges 431, 450, 454,
    455, 456, 458
DUMAS Alexandre 274, 448
DU MAURIER Daphne 79, 108,
    185, 201, 203, 228, 229, 234,
    235, 237, 348, 370, 445
DUMONT Louis 154, 437
DURAS Marguerite 18, 84, 182
DURKHEIM Émile 430

ELIAS Norbert 19, 405, 422, 435,
    437, 438, 459
ELIOT George 42, 66, 90, 111,
    114, 233, 234, 264, 330, 382,
    456, 457
ERIKSON Erik H. 406, 459

FARGE Arlette 451, 452, 456
FAUCHERY Pierre 418, 430, 431,
    432, 433, 434, 438, 440, 446,
    451, 461
FAVRET-SAADA Jeanne 215, 258 f.,
    442, 448, 450, 452, 461
FEYDEAU Ernest 160, 174, 360
FEYDEAU Georges 126, 360
FIELDING Henry 65
FLANDRIN Jean-Louis 159, 422,
    436, 449, 462
FLAUBERT Gustave 111, 127, 160,
    161, 163, 287, 364, 433
FLEURIOT Zénaïde 65
FONTANE Theodor 165, 172,
    182, 288
FOSTER George M. 443
FOUCAULT Michel 11, 438

FOWLES John 89, 370, 394
FRANZ Marie Louise von 446
FRAPIÉ Léon 332
FREUD Sigmund 12, 246–249,
   255 f., 406, 420, 431 f., 443,
   444, 446, 447, 453, 461
FRY Northrop 439, 445

GALZY Jeanne 333
GAUTIER Théophile 283
GENETTE Gérard 445
GENG Jean-Marie 439
GIDE André 111, 143
GIRARD René 120, 160, 215,
   241 f., 434, 455
GLEYSES Chantal 438
GOETHE Johann Wolfgang von
   66
GOFFMAN Erving 437, 440, 442,
   454, 459
GONCOURT Edmond und Jules
   265, 284, 289, 294
GORSKY Susan R. 456
GOSHGARIAN G. M. 443
GOUDGE Elizabeth 30, 109, 348
GOUNOD Charles 21, 23 f.
GRAVES Robert von Ranke 430
GREEN André 443, 444
GUÉRIN Marie 449
GYP 64

HARDY Thomas 18, 41, 52, 67,
   74, 82, 90 f., 144, 234, 310
HARTLEY Ruth 413
HAWTHORNE Nathaniel 173, 301
HEINICH Nathalie 438, 460, 462
HÉLYS Marc 364, 366
HÉMON Louis 453

HÉRAN François 181, 433, 438
HERMANN Claudine 377
HITCHCOCK Alfred 185, 439
HOLLIER Denis 445
HOMER 37
HUGO Victor 271, 291, 448
HURST Fanny 107, 267, 269

IGOIN Laurence 461
IRIGARAY Luce 444

JACQUES-CHAQUIN Nicole 454
JAMES Henry 33, 67, 89, 203,
   204, 268, 301, 302, 307, 317,
   318, 337, 340
JOCYE James 18
JUNG Carl G. 153, 248, 435, 437,
   443, 446

KELLEY Mary 457
KESSEL Joseph 165, 242
KEYSERLING Eduard von 118, 172
KIERKEGAARD Sören 376, 397
KLAPISCH-ZUBER Christiane 451,
   452, 456
KLEIST Heinrich von 37, 337
KLOSSOWSKI Pierre 38
KOFMAN Sarah 444, 461
KUHN Thomas 13

LABICHE Eugène 74, 105
LACAN Jacques 256, 342, 408,
   409, 447
LA FAYETTE Madame de 156
LAING Ronald D. 459
LANG Fritz 222
LAPLANCHE Jean 443, 447
LAUGAA Maurice 457

LAWRENCE David Herbert 160, 390, 394
LEHMANN Rosamond 56, 140, 195, 200, 348, 385
LEITES Edmund 50 f., 431
LEJEUNE Philippe 461
LEMAITRE Jules 78
LEMOINE-LUCCIONI Eugénie 441
LÉVI-STRAUSS Claude 433, 440, 445, 460
LÉVY-BRUHL Lucien 151, 436
LINTON Ralph 461
LLOYD Geoffroy E. R. 436
LORENZI-CIOLDI Fabio 444
LORRAIN Jean 457
LOTI Pierre 363, 364, 365, 366, 455
LUHMAN Niklas 432 f., 461
LURIE Alison 387
LYONS J. D. 445

MALLET-JORIS Françoise 244
MANSFIELD Katherine 348
MARBO Camille 457
MARGUERITTE Victor 314, 324, 366, 375, 457
MARIVAUX Pierre de 53, 63
MARTIN-FUGIER Anne 429, 450, 456
MARX Karl 12
MAUGUÉ Annelise 455, 456
MAUPASSANT Guy de 110, 112, 114, 166, 172, 180, 377
MAURIAC François 76
MEAD Herbert 424
MENDEL Gérard 477
MÉRIMÉE Prosper 268
MICHAUD Guy 460

MICHAUD Stéphane 449
MICHEL Arlette 135, 434, 435
MICHELET Jules 73, 299, 359, 434, 445, 454
MILLER Alice 153, 341, 342, 437, 442, 452 f.
MITCHELL Margaret 57
MOLIÈRE 63, 327
MONTHERLANT Henry de 370
MONTRELAY Michèle 433
MORAVIA Alberto 111, 265, 292
MUCHEMBLED Robert 454
MUSSET Alfred de 233, 339, 448

NAHOUM-GRAPPE Véronique 431
NIETZSCHE Friedrich 264

O'DONOVAN Joan 321
OHNET Georges 18, 74, 77, 78, 84, 110, 115, 148, 236, 266, 285, 343
OLIVIA 39
OLIVIER Christiane 444
OZOUF Jean und Mona 451

PAGNOL Marcel 266
PAULVÉ Dominique 449
PAVEL Thomas 439
PÉQUIGNOT Bruno 431, 458, 463
PERROCHON Ernest 311
PERROT Michelle 431, 450, 454, 455, 456, 458
PHARO Patrick 442
PLANTÉ Christine 451, 457
POLLAK Michael 460
PONTALIS Jean-Bertrand 444
PRÉVOST Abbé 293

PRÉVOST Marcel 42, 73, 357, 369, 448
PRICE Marin 461
PROPP Vladimir 446
PROUST Marcel 18, 276, 377
PYM Barbara 317

RACHILDE 288, 345
RACINE Jean 63
RADWAY Janice A. 463
RANCIÈRE Jacques 461
RÊVAL Gabrielle 331, 447
RICHARDSON Samuel 46, 49, 431
RICŒUR Paul 146, 435, 445, 462
RIFFATERRE Michel 463
ROCHE Daniel 440
ROCHEFORT Christiane 80, 123, 384, 394
ROSNY J. H. der Jüngere 89, 287
ROSSELLINI Roberto 452
ROUAUD Jean 335
ROUSTANG François 153, 437
ROUSSEAU Jean-Jacques 66, 223, 276
ROUSSET Jean 429
ROY Jules 387

SADE Donatien de 50
SAGAN Françoise 244
SAINT-MARTIN Monique 456
SAINTYVES Pierre 446
SAND George 128 f., 130, 144, 149, 370, 379, 382, 434, 456
SCHNITZLER Arthur 346, 369
SÉGUR Sophie de 252, 435
SÉMON Marie 441

SELZNICK David O. 185, 301, 439, 443
SERRES Michel 448
SHEPHERD Simon 430
SIBONY Daniel 441, 447
SINGER Isaac Bashevis 351, 360
SINGLY François 447
SOHN Anne-Marie 455, 458
SOPHOKLES 245, 246, 252, 255
STAËL Germaine de 31, 129, 136, 170, 348, 377, 378
STENDHAL 43, 89, 158, 159, 160, 165, 377, 378
STEVENSON Robert 228
STEWART Grace 457
STRAUSS Anselm 413, 460
STUBBS Patricia 430
SUE Eugène 18, 293, 313
SULITZER Paul-Loup 18, 393

TANNEN Deborah 433
TAP Pierre 460
THÉVENOT Laurent 437
THIESSE Anne-Marie 463
TINAYRE Marcelle 423, 457
TOLSTOJ Lev N. 41, 57, 65, 141, 142, 160, 163

ULLIAC-TREMADEURE Sophie 378
ULMES Renée-Toby d' 457

VEBLEN Thorstein 136, 197, 312, 435
VERCIER Bruno 455
VERDIER Yvonne 438
VEYNE Paul 437, 444, 445
VICINUS Martha 450
VISCONTI Luchino 342

VIVIEN Renée 380

WALZER Michael 437
WEBB Mary 28, 73, 429, 523
WEIL Simone 452
WEISS Louise 455
WHARTON Edith 178, 237,
    301, 308
WILDE Oscar 80
WILDER Billy 223
WILLY 381
WINSOR Kathleen 292

WOOLF Virginia 18, 143 f., 200,
    348, 380, 395

YVER Colette 331, 457

ZELDIN Theodor 457
ZÉRAFFA Michel 445
ZOLA Émile 42, 46, 65, 89,
    111, 141, 265, 279, 281,
    282, 289
ZWETAJEWA Marina 257